Nadav Eyal
Revolte

Nadav Eyal

Revolte

Der weltweite Aufstand gegen die Globalisierung

Aus dem Hebräischen
von Ruth Achlama

Ullstein

Die Originalausgabe erschien 2018
unter dem Titel
*Revolt. Inside the Trenches of the Uprising
Against Globalization*
bei Yedioth, Rishon Lezion

Ullstein ist ein Verlag
der Ullstein Buchverlage GmbH

ISBN: 978-3-550-20071-7

Gesetzt aus der Kepler Std
Satz: LVD GmbH, Berlin
Druck und Bindearbeiten: GGP Media GmbH, Pößneck
Printed in Germany

FÜR TAMAR

INHALT

EINLEITUNG

Das Gebäude sah aus wie ein typischer Büroturm der Bauart, die man im Zentrum jeder florierenden Großstadt – von Manhattan über Shanghai bis London – findet. Die hohen Gäste wurden durch einen rückwärtigen Gang zu einem kleinen Wirtschaftsaufzug gelotst, der dem Ereignis unangemessen war, ihm aber etwas Geheimnisvolles verlieh. Unten angekommen, bot sich ein erfreulicher Anblick: ein »geheimer« privater Weinkeller, wie der Gastgeber erklärte. An einem Ende des Raums stand ein berühmter Chefkoch, der das Abendessen für die Gäste zubereitete. An den durchsichtigen Wänden lagerten dicht an dicht Weinflaschen, die eigens aus Weinkellereien in aller Welt eingeflogen worden waren. Die Anwesenden – Hightech-Unternehmer, ein ehemaliger Regierungschef, ein Ex-General, der sich aktuell gesellschaftlich engagierte, Generaldirektoren führender Firmen – waren sichtlich angetan, obwohl diese Leute sonst nicht so leicht zu begeistern sind. Der legendäre Name des großzügigen Gastgebers war allen Geladenen bekannt, eigentlich sogar aller Welt.

Als wir uns zu Tisch setzten, sah ich in die Runde und zählte die Millionäre, diejenigen, die sich um ihre finanziellen Bedürfnisse und die ihrer Kinder und vermutlich auch ihrer Enkel keine Sorgen zu machen brauchten. Ich war gewiss als Einziger in einem Toyota Corolla mit lockerer Stoßstange vorgefahren.

Ich sollte ein wenig über die Weltlage reden, über die Globalisierung und die Revolte dagegen. Im sorgfältig ausgeleuchteten Halbdunkel des Weinkellers lauschten die Anwesenden aufmerksam meinen Ausführungen über die Bevölkerungskreise, die von der Wohlstandsgesellschaft der neuen Weltordnung ausgeschlossen waren, und über die riesenhaften Tech-Konzerne, die sich der praktischen Verantwortung für die Gebrechen der – von ihnen selbst geschaffenen – digitalen Welt entzogen. Ich sprach über die liberalen Werte und ihre Bedrohung durch das Wiedererstarken der

Fortschrittsgegner und davon, dass junge Menschen immer seltener bereit seien, für die Demokratie zu kämpfen, und lieber über radikale Lösungen nachdächten. Die Daten zeigten, sagte ich, dass es der Menschheit gut ginge. Warum hätten dann so viele das Gefühl, dass alles schlecht sei?

Ich hätte die Reaktion voraussehen müssen. Die meisten Angehörigen des obersten Prozents der Weltbevölkerung halten die Krise von 2008 für eine vorüberziehende dunkle Wolke, Präsident Trumps Wahl für einen einmaligen historischen Unfall und den Fortschritt – in seiner aristokratischen Version – für unaufhaltsam. Der Gastgeber und ein oder zwei seiner Gäste begriffen die Analyse, auch wenn sie ihr nicht zustimmten. Die anderen wehrten ab. »Das ist übertriebener Pessimismus«, bemerkte jemand, und die Übrigen skandierten ihm leise nach: »Pes-si-mis-mus.« Die Gäste waren schnell mit der üblichen Auffassung zur Hand: Das sei alles nur eine »populistische Welle«, eine kurze Gegenreaktion, die ohne nennenswerten Schaden verebben werde. Das Gespräch verfiel zusehends in einen Anachronismus, in den typischen Diskurs der 1950er- und 1960er-Jahrgänge, mit den gängigen Klischees von »man muss nur an den Erfolg glauben«, »wer nicht wagt, der nicht gewinnt«, »wir haben eine fantastische Jugend« und vor allem »man darf nicht schwarzsehen«. Die meisten wollten nicht zuhören, sondern mich – und damit meine ganze Generation – belehren, dass alles bestens ausgehen werde, wenn wir nur positiv dächten. Das Dessert setzte der höflichen Diskussion elegant ein Ende. Obwohl ich der Jüngste im Raum war, wusste ich, dass jede Diskussion entspannt verläuft, wenn die Zukunft der eigenen Kinder durch solide Wertpapiere gesichert ist.

Das Gespräch erinnerte mich an ein weit dramatischeres Ereignis, das ich zwei Jahre zuvor als Journalist erlebt hatte. Zu beiden Anlässen spielte Angst die Hauptrolle. Wenn die Steinreichen Angst bekommen, verfallen sie in lautstarken Optimismus. Die Mittelschicht wählt eine simplere Taktik: Sie schreit auf.

Es war ein kühler, festlicher Abend am 8. November in Manhattan. Durch die riesige Glasdecke des Kongresszentrums lugte ein wolkenloser Himmel, bereit für die Amtseinführung der Anführerin der freien Welt. Außerhalb des Saals boten Verkaufsstände typische Siegesfeierartikel an: T-Shirts mit *President Hillary* oder Hillary Clinton in Superwoman-Outfit oder Bills Konterfei und der Aufschrift *The First Gentleman,* Blechbuttons in allen Farben, Souvenirs eines historischen Tages. Draußen versammelten sich Hunderte von Polizisten und Sicherheitskräfte, begleitet von einem Heer an Sendewagen und einem Meer von Satellitenschüsseln. Die Medienaufmerksamkeit für dieses Ereignis überstieg bei Weitem jene, die einer kleinen, bescheidenen Wahlzentrale, keinen Kilometer Luftlinie von dort, gewidmet war: der von Donald Trump. John Lennon hatte gesagt: *»Woman is the nigger of the world«,* und nun schickte Hillary Clinton sich an, die überaus rostigen Ketten zu sprengen und der mächtigste Mensch auf der Welt zu werden.

Auf der Bühne hatte man, in allen Farben des Regenbogens, das repräsentative und politisch korrekte Amerika platziert, Vertreter sämtlicher Bevölkerungsgruppen: Heteros und Homosexuelle; Hispanics, Schwarze und Weiße; Frauen und Kinder. Diese Menschen sollten die neue Zeit symbolisieren, die mit der Wahl der Präsidentin eingeläutet werden würde. Sie warteten stundenlang geduldig auf den Moment, in dem der Ruhm ihre Gesichter erleuchten würde, jene wertvollen Sekunden, die ihre Kinder im Fernsehen sehen und für immer behalten würden: Wie sie dort hinter dem Rücken der ersten Frau gesessen hatten, die zur Präsidentin der Vereinigten Staaten von Amerika gewählt worden war. Auch als der Himmel über dem Kongresszentrum sich verdunkelte, verließ keiner von ihnen seinen Platz.

Clinton betrat nie diesen Saal. Sie sah nichts von der Party, die man für sie vorbereitet hatte. Die Nacht brach herein und fegte alles hinweg.

Der journalistische Blick hat etwas Grausames an sich. Du siehst die Szene vor deinen Augen entstehen, und die Distanz lässt dich manches voraussehen. Du ahnst die Enttäuschung, die sich bald im Publikum ausbreiten wird, das verstörte Murmeln und die Verzweiflung. Du siehst das Banale der menschlichen Reaktion: die Leugnung, die Enttäuschung und die verzweifelte Hoffnung, die unter den Getreuen noch anhält – und schließlich die Tränen.

Als die Wahlergebnisse langsam einliefen, klammerten sich die Clinton-Unterstützer an ihre Handys, tuschelten ungläubig. Das war der springende Punkt. Sie wollten es nicht glauben, begriffen nicht, wie das sein konnte. Als die Realität einzusickern begann, fingen viele heftig zu weinen an. Einer sagte mir, er sei Jude und schwul und fürchte nun einen Holocaust.

Ich fragte ihn, ob er das jetzt als Metapher verwende.

»Nein«, antwortete er schluchzend, »ich habe wirklich Angst.«

Er reagierte extrem, aber die Atmosphäre in Amerika war und ist extrem in den Jahren seit der Wahl Trumps. Auf den ersten Blick besteht kein Zusammenhang zwischen den hellauf entsetzten Clinton-Fans in jener Herbstnacht und den arroganten Superreichen, denen ich im Weinkeller begegnet war. Letztere waren höchst optimistisch, wollten unbedingt erklären, wie großartig die Weltordnung sei, die es mit ihnen persönlich so gut meinte. Die Clinton-Aktivisten sahen die Demokratie in Gefahr und glaubten sich ihrer Zukunft beraubt. Aber beiden Gruppen – und das ist der springende Punkt – merkte man abgrundtiefe, unausgesprochene Furcht an. Die Wohlhabenden äußerten sie durch euphorisches Augenverschließen, die politischen Aktivisten, indem sie ihre Ängste am Ort von Hillarys Niederlage herausweinten.

Sie fürchteten nicht etwa, Trump, die Brexiteers, die europäischen Nationalisten oder die islamischen Fundamentalisten würden mit ihren verantwortungslosen Schritten eine ungeheure Katastrophe auslösen. Nein, ein solches Unheil würde ja gerade beweisen, wie richtig sie mit ihrem Beharren auf liberalen Werten und/oder

der freien Marktwirtschaft gelegen hatten. Nein, was sie wahrlich fürchteten, waren keine Katastrophen, sondern das Gegenteil: einen möglichen Erfolg. Sie fürchteten, Trump und Co. könnten Erfolge einfahren. Dieser Erfolg würde eine dauerhafte antiliberale Weltordnung mit deutlich eingeschränkter internationaler Zusammenarbeit bedeuten. Es wäre eine Welt, in der sämtliche Grundannahmen – der Sieg des Guten über das Böse im Zweiten Weltkrieg, Freiheit als Voraussetzung für eine gedeihende Wirtschaft, die Ablehnung von Bigotterie, der starke Glaube an den Sieg des Fortschritts – sich als vorübergehend erweisen würden. Falls so eine Welt entstünde und bestehen bliebe, würde die Geschichte zum Stillstand kommen und sich zurückbewegen. Viele sehen in den letzten Jahren den Beweis dafür, dass diese Entwicklung bereits begonnen hat.

———

Ich bin weder Amerikaner noch Europäer; ich lebe in einer entlegenen Provinz unter den Fittichen des Imperiums, das die USA aufgebaut haben. Dies verschaffte mir die Position eines Beobachters mit einigem inneren Abstand von dem aufziehenden Sturm. In den anderthalb Jahren vor Trumps Wahlsieg 2016 war ich als Journalist fast obsessiv mit ihm beschäftigt, bereiste Monate zuvor Amerika, um einer simplen Frage nachzugehen: Könnte Trump gewinnen, und wenn ja, wie? Den Umfragen zufolge schien es unmöglich zu sein, aber der Zweifel blieb. In Pennsylvania, dem Ausgangspunkt der Industriellen Revolution in Amerika, saß ich im Wohnzimmer einer Bergarbeiterfamilie. Draußen fiel der Regen und pfiff der Wind, und die Familienangehörigen äußerten pessimistische, düstere und resignierte Ansichten und Gefühle, weit entfernt von dem überschwänglichen amerikanischen Optimismus, auf den ich, als Bürger des Imperiums, so fest vertraut hatte. Schwarze Aktivisten in Philadelphia bezeichneten Präsident Obama ohne Zögern als eine weitere Maske, die die Weißen angelegt hatten, um ungestraft Schwarze umbringen zu können. Sie versicherten, keinesfalls *that Hillary person* wählen zu wollen. Eine Frauengruppe in Michigan versuchte etwas säuerlich zu erklären, warum Hillary die beste Kandidatin sei, und ein kleines Mädchen, das mit ihren Transgender-Müttern in Charlotte, North Carolina, aufwuchs, erzählte mit Tränen in den Augen, dass ihre beste Freundin sie nicht mehr zum Geburtstag einlade, weil ihre Mütter als Männer auf die Welt gekommen waren; aus dieser Geschichte war die aufkeimende Feindschaft gegen das neue Amerika herauszuhören. In North Carolina ging ich zum Sonntagsgottesdienst in eine Kirche, deren Pfarrer mir erklärte, die USA würden wegen der Unzucht, die die Homosexuellen trieben, mit einer schweren Ebola-Epidemie bestraft werden. Auf meine Frage, ob sein Amerika nicht vom Erdboden verschwinde, antwortete er: »Hey, tragen Sie uns noch nicht zu Grabe.«

Trumps Regierungsantritt hat keine gewöhnliche politische Wende in den USA eingeleitet, aber auch keine Revolution, die eine neue und geordnete Idee hervorbringt. Bekanntlich steckte auch hinter dem Brexit kein einheitlicher Gedanke. Diese Vorgänge und die Wahlen allerorten – von Brasilien bis Italien – waren ein Blitzangriff auf die laufende Globalisierung, ein dezentralisierter Aufschrei gegen die Ungerechtigkeiten, die die Mittelschicht der Industrieländer in aller Welt heimsuchten. Wer zu sehr das Geschehen in Amerika, Europa oder Asien ins Auge fasst, übersieht das hauptsächliche soziale, kulturelle und politische Phänomen unserer Zeit. Wie bei einem pointillistischen Gemälde ergeben die kleinen Punkte ein großes, düsteres Gesamtbild: Revolte. Es ist ein Aufbegehren weiter Bevölkerungskreise gegen die Globalisierung – gegen ihr Wirtschaftssystem wie auch gegen ihre kulturellen Einflüsse und universalen Werte. Die Revolte ist weltweit, ungeordnet und fließend, sie dreht sich mehr um die Ablehnung bestehender Machtstrukturen als um den durchdachten Aufbau von Alternativen.

Der prinzipielle Widerstand gegen die Globalisierung ging von entgegengesetzten Extremen aus – von linksradikalem Anarchismus wie von religiösem Fanatismus. Im Schatten wachsenden gesellschaftlichen Unbehagens gelangten Ideen der Avantgarde in die Mittelschichten – die entscheidenden Faktoren in jeder Revolution. Es ist eine Revolte: der Beschluss der Briten, die Europäische Union zu verlassen, der Aufstieg der Rechtsradikalen in Europa, der anschwellende Fundamentalismus, das Erstarken radikaler Kräfte in der globalen Linken und die wachsende Feindschaft gegen Großkapitalisten. Der Aufstand ist breit gefächert, betrifft auch den veränderten Diskurs in den sozialen Netzwerken und den Statusverlust der Nachrichtenmedien. Die Politiker haben die Bedeutung dieses Ausbruchs durchaus erkannt und versuchen verzweifelt, auf dem Tiger zu reiten. In den vergangenen Jahren hat der amerikanische Präsident den heimischen und den internationalen Diskurs wahrlich überschwemmt. Das Tastengeklapper seiner Tweets ist so laut, dass wir vergessen haben, was alle Welt gleich bei seiner Wahl begriffen hatte: Trump ist Ausdruck eines größeren Phänomens, das bereits vor den Wahlen von 2016 existierte. Jetzt, aus dem Abstand mehrerer Jahre, können wir die letzten Jahrzehnte endlich als Teil eines politischen und historischen Mosaiks betrachten. Die Ära der Revolte ist zu wichtig und zu schicksalhaft, als dass man es Trump und seinem Twitter-Wahn überlassen dürfte, sie zu erläutern.

Die Rebellen bilden eine vielfältige Koalition der Ablehnung. Manche klagen, die Globalisierung samt den mit ihr verbundenen liberalen Werten und der von ihr verbreiteten Technologie habe ihrem Leben oder ihrer Community schweren Schaden zugefügt. Andere protestieren gegen eine politische Klasse, die ihnen versprochen habe, dass globale Lösungen Wohlstand für alle schaffen würden, dabei jedoch mit dem einen Prozent der Reichsten der Welt klüngele. Sie rebellieren, weil man ihnen erzählt hatte, die Globalisierung würde eine flache Welt schaffen – alles liegt vor dir ausgebreitet, alles ist in Reichweite, greif zu und nimm. Das ist natürlich ein hohles Schlagwort, denn die Weltwirtschaft basiert mehr auf Ungleichheit als auf Gleichheit. Die Unzufriedenen gehören überwiegend der Mittelklasse an. Sie rebellieren, weil ihre Kinder sich von ihrer Kultur entfernen und weil die grassierende politische Korrektheit sie daran hindert, simple, verständliche Nöte zu äußern. Sie sehen ihre Sicherheit, ihre Identität und ihr Einkommen gefährdet. Der Terror kann an jeder Ecke lauern, die Migranten wollen überallhin, und ihr Arbeitgeber denkt ständig daran, sie zu entlassen.

Sie als Leser spüren gewiss diesen mächtigen Quell, den beängstigenden Strom von Klagen, die unsere Welt verändern. Wenn ich Ihnen einen Ratschlag erteilen darf: Sprechen Sie kein voreiliges Urteil. Anders als das Bild, das die Medien verbreiten, sind die Proteste gegen den Welthandel oder gegen universale Werte keine organisierten Ausbrüche von Hass und Ignoranz. Protest gegen wachsende Anteile von Einwanderern in der westlichen Gesellschaft ist keine nationalistische Propaganda. Die Globalisierung hat die Lage der Menschen verbessert, aber auch Gemeinschaften geschwächt und Ökosysteme verwüstet – und damit den Samen des Widerstands gesät. Als das Zeitalter der Verantwortung zu Ende ging, brach die Revolte mit aller Macht los.

———

Auf den Zweiten Weltkrieg folgte eine Epoche relativer Stabilität, geleitet von Pflichtgefühl und Vorsicht. Das Zeitalter der Verantwortung war geprägt von den schrecklichen persönlichen Erlebnissen der Staatschefs und ihrer Wähler. Die führenden Politiker blickten auf eine zerstörte, verbrannte und verunsicherte Welt. Sie sahen mit eigenen Augen die entsetzlichen Folgen von Rassismus, nationaler Rachgier, wirtschaftlichen Niedergang, Handelskriegen und verblendetem ideologischem Extremismus – und wandten sich davon ab. Für kurze Zeit ging eine Welle von Optimismus über die Zivilisation, wie ein Regen nach langer Dürre: »Wir glauben, künftige Generationen werden wissen, dass hier, in der Mitte des 20. Jahrhunderts, eine Zeit angebrochen ist, in der Menschen guten Willens einen Weg fanden, sich zusammenzuschließen und produktiv zu sein und den Zerstörungskampf gegen die Kräfte der Ignoranz und der Intoleranz und der Sklaverei und des Krieges aufzunehmen«, sagte Präsident Franklin Delano Roosevelt 1943, zwei Jahre vor Kriegsende.[1]

Das einfache Ziel, das er verkündet hatte, war erreicht: Sowjets, Amerikaner, Chinesen, Briten und Franzosen meinten einstimmig, dass es ein gerechter Krieg gewesen war, und begriffen die Bedeutung der Gräuel, die sie gesehen hatten. Doch damit endete ihre Einigkeit. Roosevelt sprach von den künftigen Generationen, aber lange bevor diese zur Welt kamen, hörten die gegenwärtigen Generationen von den amerikanischen Atombomben auf Hiroshima und Nagasaki und beobachteten 1949 entsetzt die sowjetischen Kernwaffentests. Geboren war eine Welt, die in Erwägung zog, sich selbst zu zerstören.

In aller Welt zitterte man vor einem neuen Weltkrieg, der sich an den gefährlichen Reibungen des Kalten Krieges entzünden könnte. An die Stelle des Optimismus trat tiefer Pessimismus: Hatte Amerika gleich nach dem Krieg noch fest auf eine Kooperation mit der Sowjetunion und einen möglichen Weltfrieden gesetzt, trauten ein Jahr später nur noch wenige Amerikaner den Beziehungen zu Russland, und 65 Prozent erwarteten den nächsten großen Krieg in spätestens fünfundzwanzig Jahren. Trotzdem wollten sechs von zehn Amerikanern, einer Umfrage zufolge, die UNO stärken oder eine »Weltregierung« installieren, in der alle Nationen vertreten sein sollten.[2]

Die Fortentwicklung von Kernwaffen gefährdete zusehends die menschliche Existenz, aber Ängste haben manchmal auch Vorteile, speziell für die Regierenden. Ein solcher Vorteil ist die Vorsicht, und zu deren Wahrung braucht es Verantwortung.

William A. Lydgate, der Leiter des Gallup-Instituts für Meinungsforschung, schrieb 1947 eine lange Analyse, und seine Betrachtungen definieren weitgehend das Zeitalter der Verantwortung: »… der Lasst-uns-ein-paar-Atombomben-auf-Moskau-werfen-Extremismus findet keinen Anklang bei unseren Leuten … Dass die Lage so düster aussieht, könnte jedoch ein gutes Zeichen sein. Statt idealistisch anzunehmen, die Welt sei felsenfest für die Demokratie, wie viele es 1918 taten, erkennt die Nation jetzt nüchtern, dass man arbeiten muss, um den Frieden zu wahren.«[3]

Damals, während des Kalten Krieges, haben wir nicht wahrgenommen, dass wir im Zeitalter der Verantwortung lebten. Der Westen löste sich langsam und mörderisch von seinen Kolonien in den Entwicklungsländern. Wir hörten die Kriegstrommeln in der Kubakrise, während der Konflikte um Berlin und im Vietnamkrieg. Eine Reihe von Stellvertreterkriegen nutzte den Großmächten und machte die ständige Nähe der ultimativen Torheit eines Atomkriegs spürbar.

Und doch war es eine von Verantwortung getragene Welt, wie man rückblickend zugeben muss. Es fällt schwer, das Gute in der Gegenwart zu erkennen, und noch schwerer, den schnellen Flug des Bösen wahrzunehmen. Die führenden Nachkriegspolitiker lebten in ständigem Bangen vor einem weiteren Krieg. Diese Angst zügelte sie – und noch mehr tat es die öffentliche Meinung. In der kommunistischen Propaganda oder in den Reden amerikanischer Generäle[*4] war der Frieden der höchste Wert, zumindest dem politischen Anschein nach. Haben die Ideologien die Staatschefs gezügelt oder in die Fesseln der Verantwortung gezwungen? Nicht wirklich. Es war eine weit stärkere Macht: die persönliche und kollektive Erinnerung derer, die den Krieg miterlebt hatten, und die darauf fußende mora-

---

* General MacArthur, der als ziemlicher Militarist galt, sprach mehr von Frieden, von Soldaten, »die für den Frieden beten«, als jeder andere, redete von »unseren Anstrengungen, den Frieden zu wahren«, und natürlich war da sein Ratschlag, die Ehre »für den Frieden« hintanzustellen. »Betet für Frieden.« »Wir müssen im Frieden bewahren, was wir im Krieg gewonnen haben.«

lische Warnung. »Alle Kriege beginnen aus Dummheit«, sagte Präsident Kennedy während der Auseinandersetzungen im Kalten Krieg um Berlin.[5] Als Kennedy in der Kubakrise den Plan seiner Generäle über die totale Auslöschung des Ostblocks durch atomaren Erstschlag (einschließlich hundertsiebzig Wasserstoffbomben allein auf Moskau) vorgelegt bekam, verließ er entsetzt den Raum. Auf dem Weg ins Oval Office sagte er erbittert zu seinem Außenminister Dean Rusk: »Und wir bezeichnen uns als menschliche Rasse.«[6] Eskalation war das zentrale Problem jedes internationalen Konflikts. Regierungschefs hüteten sich zu sagen, sie würden bis zum Äußersten gehen – in Korea und Vietnam, in den Nahostkriegen oder in Afghanistan. Es gab nur zwei Weltpolizisten: einen in Moskau und einen in Washington. Es genügt, sich die Anführer der damaligen Welt anzuschauen: Chruschtschow oder Kennedy, Jugoslawiens Tito, Konrad Adenauer, David Ben Gurion, Leonid Breschnew, Clement Attlee und François Mitterrand. Sie hatten in ihrem Leben einen großen, zerstörerischen Krieg gesehen, manche sogar zwei, und verfügten deshalb über Ernst und Achtsamkeit. Ohne einen Deut naiven Pazifismus verfolgten sie bescheidene Ziele: Stabilität, internationale Institutionen, den Ausbruch des nächsten Krieges verhindern.

Im Westen brachte diese Verantwortung die Schwächung extremer Kreise auf der Rechten wie auf der Linken und wachsende Unterstützung für die Demokratie. Die Forscher Roberto Foa und Yascha Mounk zeigen, dass über 70 Prozent der in den 1930er-Jahren geborenen Amerikaner es für »unabdingbar« halten, in einer Demokratie zu leben. In Großbritannien denken das etwa 65 Prozent ihrer Altersgenossen. Die Demokratie galt auch für die 1940er- und 1950er-Jahrgänge als lebenswichtig.[7] Sie waren die Erbauer des Westens in den USA, in Deutschland oder Frankreich. Sie hatten eine gemeinsame Sprache aufgrund einer bleibenden, schrecklichen Erfahrung – der Vernichtung. Sie waren die Generation unserer Eltern oder Großeltern, und nicht umsonst finden wir, dass es einen länderübergreifenden, gemeinsamen Geist gab: penible Achtsamkeit, fast geheiligte Sachlichkeit, Ernsthaftigkeit gegenüber der aktuellen Lage. Diese Menschen verlangten eine zentristische und relativ verantwortungsvolle Politik – und bekamen sie auch.

Das Zeitalter der Verantwortung führte langsam und mühevoll zu Stabilität, Frieden und der schrittweisen Abnahme zwischenstaatlicher Kriege. Die beiden Großmächte konkurrierten konfliktreich, aber überwiegend rational und verantwortungsbewusst, betrachteten Wissenschaft und Technologie als probate Mittel zur Verbesserung der materiellen Lebensbedingungen menschlicher Gesellschaften und verpönten Populismus. In ihren getrennten Welten in Ost und West wünschten beide Großmächte übernationale Institutionen und idealisierten internationale Zusammenarbeit innerhalb ihres Blocks.

Tatsächlich ist die Zahl zwischenstaatlicher Kriege seit dem Zweiten Weltkrieg kontinuierlich zurückgegangen, trotz einiger Konflikte nach dem Zerfall des Ostblocks.[8] Das letzte Gefecht ganzer Panzerbrigaden hat im zweiten Golfkrieg 2003 stattgefunden. Die Zahl der in bewaffneten Konflikten Getöteten nimmt stetig ab und ist weltweit offenbar so niedrig wie nie zuvor.[9] 1950 lebten über 70 Prozent der Weltbevölkerung in bitterer Armut, also von weniger als zwei Dollar pro Tag, heute sind es knapp 16 Prozent.[10] 1950 konnte kaum die Hälfte der Weltbevölkerung lesen und schreiben, heute können es 86 Prozent.[11] Zur selben Zeit kam eine Freiheitsbewegung in Schwung, die Anfang der 2000er-Jahre auf ihrem Höhepunkt war, als die Mehrheit der Weltbevölkerung in irgendeiner Form von Demokratie lebte.[12] Die Sterblichkeit unter Kindern bis zu fünf Jahren ist seit 1990 um gut die Hälfte gesunken.[13] Von 2003 bis 2013 stieg das weltweite Medianeinkommen um fast 100 Prozent.[14] Diese Dinge sind nicht »einfach so« geschehen. Die zutiefst erschütterten Gesellschaften und die furchtsamen Politiker hatten nach dem Zweiten Weltkrieg einen Baum der Stabilität gepflanzt. Dies waren seine Früchte.

Zwei Dinge über das Zeitalter der Verantwortung sollte man im Gedächtnis behalten. Erstens war es eine seltene Erscheinung in der stürmischen und kriegerischen modernen Geschichte. Der Zweite Weltkrieg hatte dem politischen Fanatismus und dem Populismus einen ordentlichen Tiefschlag versetzt. Er dauerte den Bruchteil einer Sekunde in der Geschichte. Viele Leser dieses Buches sind in diesem Sekundenbruchteil geboren. Doch danach verblasste die Erinnerung; die Träger der Verantwortung sterben aus. Anders als die in den 1930er-Jahren Geborenen halten die 1980er- und 1990er-Jahrgänge in Großbritannien und den USA die Demokratie nicht mehr für unverzichtbar. Nur 30 Prozent von ihnen – in beiden Staaten – glauben noch an sie.[15] Gut möglich, dass ihre Großväter im Zweiten Weltkrieg bei der Landung in der Normandie ihr Leben für die Bewahrung der Freiheit geopfert haben, für ihre Nachkommen ist sie nur noch ein leeres Schlagwort.

Das Zweite, was man über das Zeitalter der Verantwortung wissen muss, ist längst bekannt: Es ist vorüber.

———

Historisch gesehen leben wir alle erst kurz nach dem Einsturz der Twin Towers. Wenn wir das Ende des Zeitalters der Verantwortung bestimmen wollen, können wir sagen, dass es am 11. September 2001 vorüber war.

Die von Al-Qaida auf US-amerikanischem Boden verübten Anschläge waren eine Kriegshandlung zwischen Agenten des Fundamentalismus und der universalistischen Vision, die Amerika vertrat. Die Terroristen wünschten einen weltweiten Krieg zwischen Christentum und Islam, aber der Pfropfen, der aus der Flasche flog, ließ unterdrückte Geister frei, die teils gar nichts mit einem interreligiösen Konflikt zu tun hatten. Es war der offizielle Startschuss für ein Ringen um das Schicksal der Welt, nicht zwischen Religionen, sondern zwischen Ideen: zwischen denen, die meinen, die Welt gehe langsam auf eine politische und kulturelle Vereinigung zu, und denjenigen, die dieses Szenario für einen furchtbaren Albtraum halten und bereit sind, Menschenleben zu opfern, damit dies nie eintritt. Im Zentrum des Kampfes steht die globale Mittelschicht, vor allem jene im Westen, unschlüssig schwankend zwischen Nationalstaat und Globalisierung, zwischen Identität und universalen Werten.

Edward Grey, britischer Außenminister im Ersten Weltkrieg, sagte bei dessen Ausbruch: »In ganz Europa gehen die Lichter aus, wir werden sie zu unseren Lebzeiten nicht wieder angehen sehen.«[16] Die Lichter unserer Zeit sind noch nicht verloschen, aber die Globalisierung in ihrer jetzigen Form wird kaum von Bestand sein; die Ära relativen Friedens, die seit dem Zweiten Weltkrieg andauert, ist bedroht, und die Instabilitätsfaktoren mehren sich. Der bedrohlichste betrifft die Umwelt. Der Erfolg des Industriezeitalters ist mit massiver Umweltzerstörung für alle Lebewesen dieser Erde erkauft.

Dieses Buch ist ein Reisebericht von den Schauplätzen der Revolte, eine detektivische Suche auf den Spuren einer Weltlage in Aufruhr, in ihren lichten und düsteren Bereichen. Im Norden Sri Lankas sah ich die letzten Elefantenherden, die sich in den schwindenden Waldstücken drängten, kurz bevor man ihnen ihr Land zugunsten armer Bauern wegnehmen würde, die selbst mit den Auswirkungen des Welthandels zu kämpfen haben. Syrische Flüchtlinge im Teenageralter sprachen mit mir über die Zukunft, als wir die Eisenbahnschienen entlanggingen, auf dem langen Treck von Griechenland nach Deutschland. Ich war in Mumbai, dieser quirligen Stadt, die plötzlich stumm und leer war wegen einer Serie von Terroranschlägen, begleitete die israelische Delegation ins Nariman House, das jüdische orthodoxe Chabad Center, gleich nachdem der Kampf mit den Terroristen von Laschkar e-Taiba beendet war und der Pulvergeruch noch in der Luft hing. Ich war in Griechenland bei den Unruhen anlässlich der 2010 ausgebrochenen Wirtschaftskrise und in der Londoner City, wo 2008 die schwerste Finanzkrise begann, welche die Welt seit den 1930er-Jahren gesehen hatte. Ich sprach mit Rassisten und Nationalisten, die mit leuchtenden Augen ihre Zukunftshoffnungen schilderten.

Aus diesen und vielen anderen Perspektiven ergeben sich große Fragen, und dieses Buch behandelt sie: das wachsende globale Bewusstsein unter den Menschen, über geografische und kulturelle Grenzen hinweg, und die Art und Weise, wie die Globalisierung das Moralempfinden der Menschheit verändert. Die Ära relativen Friedens zwischen den Nationen, die eine historische Flüchtlingskrise auslöst. Die große Finanzkrise, die vorbei zu sein scheint, aber die Mittelklasse immer noch spaltet – und die Globalisierung und ihre Institutionen bedroht. Eine Welt, die die Zusammenarbeit der einzelnen Akteure ausgerechnet zu einem Zeitpunkt einschränkt, als sie die größte globale Krise angehen müsste, die des Klimas. Den Fundamentalismus, der just in einer Zeit schwindender Armut und steigender Bildung Fahrt aufnimmt. Gesellschaften, die verbesserte Gesundheitsfürsorge und steigende Einkommen genießen, aber immer weniger Kinder haben – mit den entsprechenden Begleiterscheinungen. Eine internationale Gemeinschaft, die auf einer liberalen Mainstream-Vision erbaut wurde, jedoch immer mehr den extremen Rändern zuneigt.

Aus diesen Spannungen braut sich ein wahrer Kreuzzug gegen die Ideen des Fortschritts zusammen – nicht gegen den Fortschritt als den deterministischen Gedanken einer linearen Verbesserung menschlicher Gesellschaften, sondern vielmehr gegen die Werte, die dem Zeitalter der Aufklärung entstammen: Vertrauen auf Vernunft und Fakten; Anerkennung von Wissenschaft und Technologie als Mittel zur Verbesserung der *conditio humana;* Liberalismus im weitesten Sinn. Unter dem Deckmantel der Revolte gegen die Globalisierung sind die alten und neuen Fortschrittsgegner auf dem Vormarsch: populistisch-rassistische Politiker; wissenschaftsfeindliche Scharlatane; Anarchisten à la Bakunin; Fundamentalisten;

Wähler, die sich nur in den sozialen Netzwerken informieren; totalitäre Ideologen; eine neue Generation von Maschinenstürmern; Anhänger von Verschwörungstheorien aller Arten. Die Herausforderung ist klar. Man kann die Macht und Gesinnung der Revolte dafür einspannen, um die Weltordnung gerechter und damit stärker zu machen; um einen Ausgleich zwischen dem Lokalen und dem Globalen herzustellen; um mehr Chancengleichheit einzufordern und jene ökologische Kooperation anzustoßen, die für unser Überleben unabdingbar ist. Aber dieses optimistische Szenario muss nicht zwangsläufig eintreten. Wenn wir etwas in den letzten anderthalb Jahrzehnten gelernt haben, dann dass es nichts »Unvermeidliches« und keinen »unaufhaltsamen« Fortschritt gibt. Der Fortschritt gibt sich bärenstark, ist tatsächlich jedoch sehr fragil, stets abhängig von der Bereitschaft menschlicher Gesellschaften, für ihn zu kämpfen, und dem Entschluss der Regierenden, Torheiten zu verwerfen. Menschen in aller Welt durchleben diesen extremen Moment. Dieses Buch ist ein Versuch, ihnen zuzuhören.

EIN ANGRIFF AUF EINE PAKISTANISCHE ZEITUNG

»Reporter ohne Grenzen äußerte sich schockiert über einen Angriff von rund dreißig bewaffneten islamistischen Kämpfern auf die Büros der in Privatbesitz befindlichen Pressegruppe Jang in Karatschi im Süden des Landes. Der nächtliche Überfall am 29.–30. Januar 2005 folgte auf die Verbreitung eines Interviews mit dem israelischen Vizeministerpräsidenten Schimon Peres.«

Reporter ohne Grenzen, Januar 2005[1]

Beim Flanieren in London vergisst man leicht die Zeit und den Terminkalender. Die Augen verschlingen die belebte Straße, ihre Intensität, die Zeitschichten, die Menschen über die Jahrhunderte auf ihr abgelagert haben. Man könnte leicht glauben, die Londoner selbst würden die vielfältigen Straßenbilder ihrer Stadt gelassen hinnehmen, da sie für sie ja alltäglich sind. Doch das ist ein Irrtum. Das Gefühl der Fremdheit – befremdend und anregend zugleich – wird von vielen Einwohnern der Stadt geteilt, und vielleicht liegt das allem anderen zugrunde. In London werden dreihundert Sprachen gesprochen, und knapp 40 Prozent der Einwohner sind außerhalb Großbritanniens geboren, die meisten von ihnen sogar außerhalb der Europäischen Union.

Ich war ein Fremder unter diesen Fremden. Meine Frau und ich hatten den journalistischen Karrierewettlauf daheim unterbrochen, um im Ausland, fern von zu Hause, einen höheren Abschluss zu machen. New York, London, Paris oder Washington – ehrlich gesagt war es uns ziemlich gleich, wo wir landen würden. Für uns, die aus einer fernen Provinz kamen, war jede dieser Städte das Zentrum eines eigenen, wunderbar fremden Universums.

Mein gewohnter Fußweg zur Universität führte mich durch die Straßen am Rand von Bloomsbury zur Theobald Road, und dann kam meine namenlose Lieblingsstrecke. Es war eine schmale, sicht-lich alte Gasse, die von einer großen Straße abzweigte, nach Bratfett roch und neben einem alten Pub ein paar billige Cafés mit faden Sandwiches aufwies. Ich sah im Geist die Ratten wuseln, die hier einst die Pest verbreiteten, sah die Leute ihr Abwasser in die Gosse ausleeren, spürte es förmlich an den dreckigen Mauern und der plötzlichen Enge. Die moderne Stadt hat die kleine Gasse verändert, sie in einen fast exotischen Pfad verwandelt. Jetzt lärmt hier der Verkehr, und zur morgendlichen Hauptverkehrszeit wimmelt es von hastenden Anzugträgern.

Am Ende der Gasse und nach einer kleinen Grünanlage er-reichte ich die Gebäude, die den städtischen Campus der London School of Economics and Political Science (LSE) bilden, nahe der Holborn Station und dem Britischen Museum. Diese mitten in Lon-don gelegene Universität ist nicht Oxford oder Cambridge; anstelle von Rasenflächen und Fahrradwegen gibt es hier das geschäftige Treiben einer ehrgeizigen Großstadt. Das Städtische – praktisch und direkt – ist wichtiger als das tiefe Durchatmen auf einer grünen akademischen Insel.

Damals, im September 2007, war die Welt relativ überschaubar, wenn auch zutiefst gespalten zwischen der Ideologie des regieren-den US-Präsidenten George W. Bush und der Weltgemeinschaft. Empfindliche Ohren spürten bereits das Beben der Eisenbahnschie-nen, auf denen die alte Zeit davonrollte und der Wandel her-ansauste, aber nur wenige Menschen erfassten die tiefe Bedeutung der Anschläge vom 11. September 2001 und der anschließenden Wirtschaftspolitik. Zu den Studienfächern unseres Jahrgangs ge-hörten Globalisierung und Global Governance: Weltbank, Welt-handel, Zinspolitik, Postkolonialismus, Gleichheit und wachsende Unterschiede in der Welt, Fragen der Migrationspolitik. Doch in-nerhalb weniger Monate erlebte die Globalisierung ihre schlimmste Krise seit der Weltwirtschaftskrise, und die Weltpolitik änderte sich auf kaum geahnte Weise.

Selbstverständlich tauchten die tektonischen Verschiebungen in Weltwirtschaft und Weltpolitik weder in unseren Lehrbüchern noch in den lange zuvor ausgearbeiteten Vorlesungen auf; nur die radikalsten Anschauungen, von denen wir hörten, beschäftigten sich irgendwie mit dem lautstarken Geschehen. Die Ereignisse jagten einander: Gegen Ende 2007 erkannte die US-Notenbank, dass infolge von Ramschhypotheken ein Liquiditätsproblem entstand, das sich zu einer veritablen Kreditkrise auswuchs. Anfang 2008 versuchte die Bush-Regierung die Lage mit einem Wachstumsplan zu retten, was jedoch scheiterte. Und dann, zwischen Frühjahr und Herbst, kollabierten amerikanische Großkonzerne, für die meine Mitstudierenden später gerne gearbeitet hätten, Banken wie Bear Stearns und dann natürlich Lehman Brothers.

Es war einer der seltenen Momente, in denen unsere Lehrbücher obsolet wurden, ehe wir sie ausgelesen hatten; einige Theorien erwiesen sich als nichtig, bevor sie hatten erprobt werden können, und das rapide Geschehen zwang dazu, alles infrage zu stellen. Wir, überwiegend in den 1980er- oder frühen 1990er-Jahren geboren, waren in einer Welt mit wachsender Vernetzung und atemberaubendem Wandel aufgewachsen. Aber dann kollabierte die falsche Hypothese von der angeblich unaufhaltsamen Globalisierung.

SCHIMON PERES UND DIE PAKISTANISCHE ZEITUNG

Da ich aus einem kleinen Nahost-Staat kam, wo ich mich zumeist mit der stürmischen Politik in der Region beschäftigt hatte, war ich weniger als meine Mitstudierenden vertraut mit der Politik der Welthandelsorganisation oder dem Zusammenhang zwischen direkten Auslandsinvestitionen und der Ungleichheit in Entwicklungsländern. Denn ich war als einziger Student Journalist, hatte Wahlkampagnen begleitet und Regierungschefs bei bohrenden

Fragen ausrasten gesehen, hatte über den zweiten Libanonkrieg berichtet, gelegentlich Schutz vor Raketenangriffen auf den Norden Israels gesucht und im Oval Office eine Frage an den amerikanischen Präsidenten einschieben können. Das war das Rüstzeug, das ich mitbrachte. In anderen Worten konnte ich, wie jeder Journalist, fehlendes Wissen notfalls durch Anekdoten ersetzen. Tatsächlich sollten wir am ersten Tag eines Seminars eine persönliche Anekdote über die Globalisierung erzählen, und ich hatte eine parat.

2004 lernte ich Amara Durrani kennen, eine leitende Redakteurin der Mediengruppe Jang in Pakistan, die für die auflagenstärkste englischsprachige Zeitung, *The News International*, schrieb. Wir waren eine Gruppe Journalisten, die zu einer längeren Fortbildung in die USA gekommen waren, finanziell unterstützt vom amerikanischen Außenministerium und auf Einladung eines der wichtigsten öffentlichen Hörfunksender in Amerika, WBUR, der im Raum Boston sendet. Die Radioleute setzten dabei eine Idee um, die sie für glänzend hielten: Sie arrangierten Begegnungen zwischen den feindlichen Stämmen, brachten Israelis mit Palästinensern, Inder mit Pakistanis zusammen, alles unter dem Titel: »Die Aufgabe der Medien in Konflikten«. Das war eine höfliche Art zu sagen, dass Journalisten gern Konflikte anheizen und die öffentliche Meinung aufstacheln – und sie das wohl besser lassen sollten. Die Bush-Regierung suchte derartige Projekte, weil sie den »Krieg gegen den Terror« führte, den Irak besetzt hielt und das Feigenblatt von »Dialogen« brauchte, die ihre Verpflichtung gegenüber der Weltgemeinschaft illustrierten. Die Initiatoren glaubten vielleicht, Israelis und Palästinenser würden Tausende Kilometer von zu Hause und angesichts eines ähnlichen Konflikts auf dem indischen Subkontinent eine gemeinsame Sprache finden. Diese Hoffnung war vergeblich. Unter Fremden zogen sich Israelis und Palästinenser – und wohl auch Inder und Pakistanis – auf ihre traditionellen Haltungen zurück. Doch es entstanden außergewöhnliche, interkulturelle Freundschaften, und mit der Pakistanerin Amara kamen alle zurecht. Sie war ein Oxford-Typ, um deren geschliffenes Englisch und sprachgewaltigen Ernst sie Palästinenser wie Israelis beneideten.

Jeder pakistanische Pass gilt für alle Staaten mit Ausnahme Israels. Für Israel ist Pakistan ein Feindstaat, und die Sicherheitsbehörden argwöhnen, pakistanische Wissenschaftler hätten am iranischen Atomprogramm mitgewirkt. Trotzdem oder deshalb blieben Durrani und ich nach der Begegnung in den USA in E-Mail-Kontakt, und Anfang 2005 arbeitete sie an einem Artikel, der die inoffiziellen Beziehungen zwischen den beiden Staaten und die Möglichkeit voller diplomatischer Beziehungen untersuchte. Für diese Story, schrieb sie mir, würde sie gern den damaligen israelischen Staatschef, Ariel Scharon, interviewen. Ich meinte, es würde wohl schwierig werden, Scharon für ein Interview zu gewinnen, aber sie könne den Vizepremier und Friedensnobelpreisträger Schimon Peres befragen, den ich gut kannte. Durrani machte beinahe einen Freudensprung, denn Peres war international nicht weniger bedeutend als Scharon und deutlich bekannter. Doch es gab ein technisches Problem: Durrani erklärte, es bestehe keine direkte Telefonverbindung zwischen den beiden verfeindeten Staaten. 2005 konnte man noch kein Interview über Skype oder eine andere Applikation führen, oder zumindest kannten wir keine solche Technologie. Deshalb schlug ich vor, sie solle mir ihre Fragen per E-Mail schicken, und ich würde mit Peres' Pressesprecher ein Interview vereinbaren. Ich würde als ihr Sprachrohr und Sekretär ihre Fragen wortwörtlich stellen, dann die Antworten in den Computer eingeben und ihr mailen.

In Peres' Büro freute man sich über die Möglichkeit, der größten englischsprachigen Zeitung Pakistans ein Interview zu geben, und so saß ich Mitte Januar 2005 mit Schimon Peres in der Cafeteria der Knesset. Statt routinemäßig die Frage zu erörtern, ob er erneut für den Vorsitz in der Arbeitspartei kandidieren wolle, interviewte ich ihn für die pakistanische Zeitung. Ich tippte die Antworten ein und mailte sie an Amara Durrani, die das Interview hochzufrieden an ihre Zeitung durchgab.

Vierzehn Jahre später besteht immer noch keine offizielle Verbindung zwischen den beiden Staaten, aber wir sprechen nun per Video über Handy zwischen Karatschi und Tel Aviv über jenes Interview und seine Folgen. Amara gesteht mir, seinerzeit habe sie mir nicht all ihre Bedenken bezüglich der Konsequenzen jenes Interviews verraten. »Ich hatte Angst«, sagt sie. »Es war das erste Mal, dass ein israelischer Spitzenpolitiker einer pakistanischen Mediengruppe ein Statement gab. Das war noch nie da gewesen. Deshalb hatte ich schreckliche Angst und erwartete negative Auswirkungen, und zwar erhebliche. Wirklich geholfen hat mir dabei die Unterstützung meiner Redakteure – es war ein augenblickliches ›Ja klar, machen wir!‹. Und sie machten es. Das Interview prangte auf der ersten Seite, gefolgt von einem vierseitigen Artikel, der Amtsträger in Israel, den USA und Pakistan zitierte und die Beziehung zwischen den Staaten erörterte.« Die Schlagzeile lautete: »Peres: Wenn Pakistan und Indien das hinbekommen, dann auch Israel und Pakistan«. Im Untertitel stand »Frieden ist keine Schande«, und Peres, der unermüdliche Optimist, erwähnte sogar eine mögliche Vermittlung Pakistans im Nahost-Friedensprozess.

Doch weder Frieden noch diplomatische Beziehungen folgten dem Beitrag. Kurz nach der Veröffentlichung erschien mitten in der Nacht ein Trupp Bewaffneter vor dem Hauptsitz der Mediengruppe Jang, der die Zeitung gehört. Sie fuhren mit Motorrädern vor, schossen in die Luft, brachen ins Gebäude ein, griffen die Sicherheitsleute an, beschädigten die Redaktionsräume und versuchten Feuer zu legen. Es gab keine Toten. Sie flohen unter »Allahu Akbar«-Rufen. Der Angriff der Islamisten war eine direkte Reaktion auf das Interview mit Schimon Peres, hieß es in Pakistan – nicht darauf, was er gesagt hatte, sondern auf den Präzedenzfall, dass ein großes pakistanisches Medienunternehmen ein Interview mit einem hochrangigen Politiker Israels veröffentlicht, der zum Frieden zwischen den Staaten aufruft. Nachrichtenagenturen, darunter auch Reuters, berichteten über den Angriff, der ein paar Schlagzeilen machte, vor allem wegen des Kontextes. Die pakistanische Regierung verurteilte ihn, wie auch die Organisation Reporter ohne Grenzen. Die Berichte fanden wiederum einigen Nachhall in Israel – der Kreis schließt sich durch Nachrichten, die ihrerseits neue Nachrichten generieren.

Was war der Punkt an dieser Geschichte?

Zwei Journalisten, die Tausende Kilometer entfernt voneinander aufwuchsen, begegnen sich auf einer Fortbildung unter Schirmherrschaft der USA, einer Großmacht, die bemüht ist, ihre Stellung durch ständige Vermittlung in globalen Konflikten zu festigen und zu wahren, während sie gleichzeitig große Gebiete in Nahost besetzt hält. Die Staaten der beiden Journalisten sind verfeindet, aber sie selbst kommunizieren frei dank moderner Technologie, überwinden mit E-Mails Entfernungen und nationale Barrieren. Die Kooperation führt zu einem Interview, das viele für bahnbrechend halten. Fanatische Elemente in der Gesellschaft reagieren auf die Idee – in diesem Fall auf Frieden und Versöhnung – mit Gewalt. Über diese Reaktion wird in aller Welt berichtet, und so kehrt sie als Nachrichtenmeldung nach Israel zurück.

Die ganze Geschichte, von Anfang bis Ende, hat ein paar Tage gedauert. Sie handelt von zwischenmenschlichen Beziehungen, der Macht von Ideen, einer Technologie, die den politischen Konservativismus herausfordert, von Fundamentalismus, Medienwirksamkeit und natürlich einem kapitalistischen Interesse – hier dem dringenden Wunsch nach einer zündenden Schlagzeile, um Zeitungen zu verkaufen. Man sollte beachten, dass dies der wichtigste Faktor ist: Ohne Nachfrage nach einem bestimmten Produkt, in diesem Fall einer Zeitung, wäre das Ganze nicht geschehen. Das gewalttätige Ende der Geschichte zeigt, wie derartige internationale Verbindungen lokale Machtstrukturen, Traditionen und religiöse

Anschauungen zunehmend bedrohen. In einer schwach und begrenzt globalisierten Welt wäre all dies nicht geschehen – von der eigentlichen Begegnung bis zu der technischen Möglichkeit, einzelstaatliche Verbote und kulturelle Barrieren zu umgehen.

EINE PERMANENTE REVOLUTION

Die Geschichte vom Überfall auf die pakistanische Zeitung veranschaulicht das transformative Wesen der Globalisierung. In den letzten Jahren hat der Begriff im internationalen Diskurs einiges von seinem Sex-Appeal eingebüßt. Vielleicht hat die große Finanzkrise die Grundannahmen der Globalisierung erschüttert, oder man hat einen öffentlichen Diskurs satt, der die optimistischen Vorhersagen von der angeblich irreversiblen, technologiegetriebenen Globalisierung feiert, deren dunkle Seiten jedoch gefährlich herunterspielt.

Aber die schwankende Beliebtheit des Begriffs ändert nichts an der unzweideutigen Wahrheit: Die Globalisierung ist eine permanente Revolution. Ich entlehne hier den alten kommunistischen Begriff,* um die Aggressivität zu schildern, mit der die Globalisierung unser heutiges Dasein dauerhaft und intensiv verändert. In ihrem Rahmen wird das menschliche Leben materiell und ideell von der Auseinandersetzung mit der Welt als Ganzer diktiert. Indem die Globalisierung voranschreitet, ändert sich die Realität ständig radikal. Sie ist ein politisches Perpetuum mobile, angetrieben von der Spannung zwischen dem Lokalen und dem Globalen und ihrerseits steten Wandel auslösend.

---

* Leo Trotzki verwendete den von Marx und Engels geprägten Begriff »permanente Revolution«, um die verschiedenen Phasen der Gesellschaft auf dem Weg zum kommunistischen Staat zu beschreiben, sowie die Aufgabe des Bolschewismus, dem Proletariat weltweit zum Sieg zu verhelfen.

Jede Beschleunigung oder Rückwärtsbewegung der Globalisierung beeinflusst die Realität in aller Welt und wird sie auch in absehbarer Zeit bestimmen. Eigentlich ist das ein uraltes Phänomen. Die Globalisierung und ihre Werte beschäftigen die Geistesgeschichte seit den Zeiten der antiken Imperien Chinas und Roms bis in die Gegenwart: die Welt als Ort, der auf eine Einheit zusteuert, oder als eine Ansammlung einzelner Gemeinschaften. Der Umstand, dass immer mehr Staatsführer und politische Verbände – von Erdoğans Türkei über Emmanuel Macron in Frankreich bis zu Trump in den USA – entscheidende Bereiche ihrer Politik durch ihr negatives oder positives Verhältnis zur Globalisierung definieren, zeigt heute die zentrale Bedeutung dieser politischen Frage. Mehr noch: Man benutzt die Globalisierung als historische Erklärung, ökonomische Ausrede oder kulturelles Argument. Für Mainstream-Ökonomen verspricht sie aktuell die Vernichtung der Armut; für französische Bauern ist sie ein böser Fluch, der ihre Gemeinschaft und gelegentlich sogar ihre Lebensgrundlage zu zerstören droht. Die Ausbreitung einer Grippeepidemie oder der Wettbewerb auf dem Smartphone-Markt in Asien lässt sich ohne ein gewisses Grundwissen in Sachen Globalisierung nicht begreifen. Das Phänomen ist so allumfassend, dass es inzwischen beinahe alles oder nichts besagt, zum entleerten Klischee mutiert. Doch im engeren Sinne ist der Begriff klar. In den Worten von David Held, der ihn schon früh beschrieben hat, ist Globalisierung eine immer umfassendere, immer tiefere und immer schnellere Vernetzung von Staaten, Kulturen und Individuen.[2]

Das Ergebnis ist eine zunehmende Integration durch den Welthandel, der einen freien Fluss von Kapital, Arbeit, Wissen, Kultur und Technologie verlangt und schafft. In den Industriestaaten ist jeder Mensch ein wandelnder Atlas. Jeder trägt Dinge am Leib, die in Design und Herstellung vielen Ländern und mehreren Kontinenten entstammen, von Brillengläsern über Schmuckstücke bis zum Herzschrittmacher. Sollten wir in einer solchen Welt nicht gelegentlich innehalten, um Inventur zu machen? Die Kleidungsstücke und alles Übrige ablegen und ihren Ursprung feststellen?

Diese interessante Übung empfehle ich gerne meinen Zuhörern (zumeist allerdings nicht zur Durchführung in der Öffentlichkeit). Sie veranschaulicht, wie selbstverständlich uns diese Wirklichkeit schon geworden ist. Dabei genügt es nicht, lediglich nachzuschauen, wo das Hemd oder die Unterhose genäht wurde, man muss auch prüfen, wo der Stoff und seine Farbe, sein Label und Design herstammen. Woher kommt das Metall in Schmuck oder Brillengestell, wo wurden die Stücke hergestellt und zusammengesetzt? Und erst das Smartphone, dieses Universum im Kleinstformat, an dessen Herstellung multinationale Konzerne aus mehreren Kontinenten beteiligt sind – und das noch ohne den Abbau der erforderlichen Mineralien einzubeziehen, der manchmal in Afrika, Australien und/ oder der Mongolei erfolgt. Diese Entblößung zwecks Konfrontation des Menschen mit seiner persönlichen Ausstattung ist bitter nötig. Am Leib tragen wir die Dramen und Chancen ferner Orte, von Menschen, die wir nie kennenlernen werden.

Und Chancen sind äußerst wichtig. Die bedeutendste Nachricht unserer Epoche ist die, dass nach den Daten der Weltbank seit 1990 1,1 Milliarden Menschen den Ketten absoluter Armut entkommen sind.[3] Noch nie sind so viele Menschen so schnell vom schieren Überlebenskampf in eine Lage gelangt, die Chancen verleiht, und seien sie noch so bescheiden. Die von der UNO für das Jahr 2000 gesetzten Ziele zur Armutsreduzierung wurden fünf Jahre früher als erwartet erreicht. Die meisten Menschen sind in Indien und China dem elenden Leben entkommen, doch gab es dramatische Erfolge in der Armutsbekämpfung in vielen Ländern: Vietnam, Äthiopien, Ruanda und Bangladesch sind glänzende Beispiele. Absolute Armut wird im Allgemeinen am täglichen Einkommen oder Prokopfverbrauch gemessen, aber auch andere Daten illustrieren die verbesserte materielle Situation in der südlichen Hemisphäre: geringere Kindersterblichkeit, steigende Lebenserwartung und steile Alphabetisierungserfolge. Überall dort, wo Wachstum und Einkommensanstieg erreicht wurden, war der dramatische Einfluss des Welthandels erkennbar.[4] Betrachtet man diese Daten aus breiter historischer Perspektive, wird rasch klar, dass sich hier die Verbesserung der Lebensbedingungen fortsetzt, die mit der industriellen Revolution und den in deren Folge gewachsenen globalen Beziehungen einsetzte.

Bis vor zweihundert Jahren lag die durchschnittliche Lebenserwartung bei der Geburt weltweit zwischen dreißig und vierzig Jahren,[5] und die Menschen lebten von einer Summe, die heute 400 US-Dollar pro Jahr entspricht. Die weitaus meisten waren arm, krank und Analphabeten. Viele lebten in diversen Formen von Knechtschaft: Sklaven von nichtweißer Hautfarbe, deren Versklavung auf Rassismus basierte, aber auch europäische und asiatische Leibeigene und Knechte, die zum Eigentum adliger oder vermögender Herren gehörten. Manche behaupten, drei von vier Menschen auf der Erde seien auf irgendeine Weise geknechtet gewesen, aber das hängt natürlich davon ab, wie man Knechtschaft definiert.[6]

Diejenigen, die als »frei« galten, soweit das in einer Welt ohne Frauenrechte und echte Demokratie möglich war, knechtete bittere Armut. Ökonomen schätzen, dass mindestens 84 Prozent der Bevölkerung in absoluter Armut lebten.[7] Es war ein furchtbares Elend, bei dem alles menschliche Trachten dem täglichen Überlebenskampf galt und die vorhandenen Ressourcen kaum genutzt werden konnten. Am schmerzlichsten war für den Durchschnittsmenschen, seine Kinder hilflos sterben zu sehen. Anfang des 19. Jahrhunderts verlor eine Familie etwa die Hälfte ihrer Sprösslinge, bevor diese das fünfte Lebensjahr erreichten. Die hohe Säuglings- und Kindersterblichkeit dauerte bis in die 1930er-Jahre an.[8] Die Lebensverhältnisse waren für den Großteil der Menschheit über die meiste Zeit erbärmlich, mal beinahe erträglich und mal elend bis zur Apathie.

Der verbreitete Glaube an eine unwandelbare, zyklische Welt, dazu Hierarchien, die permanent »die guten alten Zeiten« priesen, diktierten irriges und irreführendes Gedankengut. Im Lauf der Geschichte galt Armut zumeist als ein natürlicher, für den Erhalt der menschlichen Gesellschaft unabdingbarer Zustand, den die Eliten zu rechtfertigen suchten. Martin Ravallion von der Georgetown University zitiert einige dieser Auffassungen in einer Studie darüber, wie die Menschheit schließlich erkannte, dass Armut bekämpft werden muss.[9] Der britische Schriftsteller Arthur Young schrieb 1771: »Jeder, der kein Idiot ist, weiß, dass man die unteren Klassen arm halten muss, sonst werden sie niemals fleißig sein.«[10] Und ein anderer Ökonom erklärte im 18. Jahrhundert: »Um die Gesellschaft glücklich und das Volk unter den erbärmlichsten Bedingungen gefügig zu machen, ist es erforderlich, sie in großer Anzahl unwissend und arm zu halten.«[11] Für diese Leute war Armut etwas Wünschenswertes – natürlich nur, wenn sie andere betraf –, denn: »Die Armen … sind wie die Schatten in einem Gemälde: Sie liefern den nötigen Kontrast«, um den lyrischen Geistesblitz des französischen Arztes Philippe Hecquet zu zitieren.[12]

Die *conditio humana* verbesserte sich nicht dank eines kosmischen Ereignisses oder eines Geschenks der Götter. Es waren *Ideen,* die alles veränderten, Ideen, die der wissenschaftlichen Revolution und der Aufklärung zugrunde lagen. Die Rettung der Menschheit aus dem erschütternden Elend ihrer Vorväter kam mit der Anerkennung von Gedankenfreiheit, der Befreiung von Knechtschaft und Aberglaube, der Zerschlagung des kirchlichen Monopols über das Wissen und der Achtung der Autonomie des Individuums. Die Werte der Aufklärung, darunter Freiheit und Gerechtigkeit, bildeten den Grundstein für den Aufbau sozialer Einrichtungen und den Schutz privaten Eigentums, brachten einen erheblichen Fortschritt in die Lebensumstände der Menschen. »Aufklärung ist der Ausgang des Menschen aus seiner selbstverschuldeten Unmündigkeit. Unmündigkeit ist das Unvermögen, sich seines Verstandes ohne Leitung eines anderen zu bedienen. Selbstverschuldet ist diese Unmündigkeit, wenn die Ursache derselben nicht am Mangel des Verstandes, sondern der Entschließung und des Mutes liegt, sich seiner ohne Leitung eines anderen zu bedienen. *Sapere aude!* Habe Mut, dich deines eigenen Verstandes zu bedienen! ist also der Wahlspruch der Aufklärung«, schrieb Immanuel Kant.[13] Der Schutzpanzer des erstarkenden Liberalismus bewahrte die wissenschaftliche Revolution vor Verfolgung und ermöglichte so die industrielle Revolution. Diese brauchte die Globalisierung, um ihre Erzeugnisse in der Welt zu vertreiben und so am Leben zu bleiben.

Nehmen wir den Besitzer einer Webmühle im England des 19. Jahrhunderts. Der revolutionäre Übergang zum maschinellen Weben beschleunigt und erweitert die Produktion weit über den lokalen Bedarf hinaus, zumal der heimische Markt mit der Ware der Konkurrenz überschwemmt ist. Unser Unternehmer muss schnell zu Einkünften kommen – und verschickt seine Ware daher an jeden erdenklichen Ort, von London bis Asien. Außerdem zwingen ihn die Konkurrenz und der technische Fortschritt, auf dem Laufenden zu bleiben, den Betrieb zu vergrößern, neue Maschinen anzuschaffen und erhebliche Summen für deren Wartung aufzubringen, wofür er häufig Fremdkapital mobilisieren muss. In diesen Stadien braucht der Unternehmer – ob er nun in Manchester in der Textilbranche oder im Maschinenbau tätig ist – neue Märkte wie die Luft zum Atmen. Und wenn Großbritannien in seinen Kolonien die lokale Produktion benachteiligen oder seine Flotte ausschicken muss, um Märkte für die neuen Großunternehmer zu öffnen, dann soll es so sein. Karl Marx und Friedrich Engels verstanden das schon 1848: »Das Bedürfnis nach einem stets ausgedehnteren Absatz für ihre Produkte jagt die Bourgeoisie über die ganze Erdkugel, überall muss sie sich einnisten, überall anbauen, überall Verbindungen herstellen.«[14] Bald nach Erscheinen des *Kommunistischen Manifests* vertrieb Großbritannien bereits die Hälfte seiner Baumwollstoffe in alle Welt, obwohl es selbst gar keine Baumwolle anbaute.[15]

Doch entgegen der kommunistischen Überzeugung lag das kaum an der politischen Macht der »Bourgeoisie« oder an der gewaltsamen Behauptung der Produktionsmittel durch die Kapitalisten, sondern an der Produktivität – der Produktivität der industriellen Revolution, die billigere Waren ermöglichte und sie in weite Fernen verbreitete – und an der Verlockung großer Reichtümer, die damit einherging. *Die Globalisierung erbittet nichts, sie befiehlt – und ihr Befehl ist Produktivität.* Sie beurteilt Produktivität nach wirtschaftlichen Kriterien aus dem Blickwinkel der Konzerne – und das Lokale ist nur insoweit relevant, als es dieses Ziel fördert oder behindert. Deshalb sind Sweatshops zur Textilherstellung in Indonesien oder die massive Verschickung von Giftmüll in die südliche Hemisphäre natürliche Folgeerscheinungen der Globalisierung. Wenn sie ungeregelt und ohne ethische Grundsätze abläuft, ist sie völlig blind, angetrieben schlichtweg durch Angebot und Nachfrage, mit dem Sprit der Produktivität im Herzen. Sie ist ein allumfassender, rücksichtslos vorpreschender Prozess mit hellen und dunklen Facetten. Starke soziale Institutionen waren eine – relativ optimistisch stimmende – Folge, und Bildung ist ein gutes Beispiel dafür. Die industrielle Revolution brauchte eine Arbeiterschaft, die zumindest Grundschulwissen besaß, um in den Fabriken arbeiten zu können;[16] das war ein kapitalistisches Bedürfnis. Das staatliche Schulwesen löste sich jedoch von diesem Ursprung und entwickelte sich zu einem eigenständigen Wert, der mit Gleichheit zu tun hatte. Allein im 19. Jahrhundert verdoppelte sich der Anteil der über Fünfzehnjährigen mit Grundschulbildung (in aller Welt) annähernd, von 17 Prozent auf 33 Prozent, in der Mitte des 20. Jahrhunderts erreichte er 50 Prozent und im Jahr 2000 80 Prozent.[17]

Ist dieser Sprung die historische Folge der kapitalistischen Nachfrage nach Arbeitskräften? Anscheinend ja. Doch neben diesem ausbeuterischen Aspekt ermächtigte die öffentliche Schulbildung große Bevölkerungskreise, die zuvor mundtot gewesen waren, und erlaubte es ihnen, ihre Lebensumstände auf privater und politischer Ebene zu verbessern. Standesstrukturen wurden abgebaut, Demokratie und Arbeitnehmerrechte gestärkt.[18]

Die Globalisierung ist kein Dorf, wo Angehörige verschiedener Nationen im Kreis sitzen und »Kumbaya« oder »Die flache Welt« singen. Dieses Dorf ist eine Fata Morgana, die eine Realität voller Schlaglöcher und Haarnadelkurven kaschiert – und diese sind existenznotwendig für die Globalisierung. »Ein Dorf« ist ja gerade der große ökonomische Albtraum der heutigen Globalisierung, denn sie nährt sich von Ungleichheit. Internationale Produktion und grenzüberschreitender Handel brauchen die Ausnutzung von Differenzen bei Lohnkosten, Kaufkraft, Preisen, Wechselkursen, Minenerträgen und Materialkosten. Unternehmer haben diese Unterschiede zunehmend genutzt, um in einer Export-Import-orientierten Weltwirtschaft profitable Konzerne aufzubauen, eine Entwicklung, die seit dem Fall der Berliner Mauer zusätzlich an Fahrt aufnahm. Gleichzeitig entkamen in den folgenden fünfundzwanzig Jahren täglich rund 128 000 Menschen der Armut.[19] Ungleichheit und das Bemühen, daraus Kapital zu schlagen, war ein wichtiger Antrieb für die Erhöhung von Löhnen und Lebensstandard. Die Globalisierung ermöglicht Ausbeutung und ist gleichzeitig ein bewährtes Heilmittel gegen Armut.

Letzteres ist eine wichtige neue Entwicklung. Internationalen Handel, der Waren von einem Ende der Welt ans andere befördert, hat es immer gegeben, in wechselnder Intensität. Doch im Gegensatz zu heute hat er früher nicht den weltweiten Lebensstandard gehoben und gewiss nicht das Elend verringert. Der Ausgebeutete, Diskriminierte, Elende spielte ein Nullsummenspiel und verlor immer.

Im 18. Jahrhundert verteidigte der Philosoph der Aufklärung, Voltaire, den Luxus und attackierte die Scheinheiligkeit eines seiner schärfsten Kritiker, der gegen die Konsumkultur wetterte, dabei jedoch eine Tasse Kaffee trank und die Annehmlichkeiten des Lebens genoss:»Musste ihn nicht menschliche Tätigkeit den Feldern Arabiens entlocken? Das Porzellan und die fragile Schönheit dieser in China aufgetragenen Glasur – von tausend Händen wurde es für Euch gebrannt und abermals gebrannt und bemalt und dekoriert. Dieses feine Silber, getrieben und kanneliert, sei es flach oder zu Gefäßen oder Schalen geformt, wurde der tiefen Erde, in Potosi, entrissen, aus dem Herzen einer neuen Welt. Das ganze Universum hat für Euch gearbeitet, damit Ihr in Eurer selbstgefälligen Rage mit frommer Erbitterung die ganze Welt beleidigen könnt, die sich verausgabt hat, um Euch Vergnügen zu bereiten.«[20]

Voltaires Behauptung, der Luxus – oder modern ausgedrückt, der Konsum – vereinige die Welt, weil er für Beschäftigung sorge, die wiederum Handel und Industrie ankurbele, war sicher verlogen, als er sie niederschrieb. Der Wirtschaftshistoriker Gregory Clark kleidet das in schlichte Worte:»… der Durchschnittsmensch in der Welt von 1800 war nicht besser dran als der von 100 000 v. Chr. Tatsächlich war der Großteil der Weltbevölkerung im Jahr 1800 ärmer als seine fernen Vorfahren.«[21]

Es war nicht das»Universum«, das für das hedonistische Leben im Paris des 18. Jahrhunderts arbeitete, sondern es waren geknechtete Menschen, teils bis zum Tod und aus rassistischen Gründen versklavt, ohne die geringste Chance, ihre materielle Lage zu verbessern. Nutznießer der ausländischen Luxusgüter waren eine dünne Schicht von Adeligen und Begüterten wie der wohlsituierte Voltaire. Die Massen verharrten im Elend, und auch die Gesamtwirtschaft profitierte kaum davon. Die durchschnittliche Wachstumsrate des Bruttoinlandsprodukts pro Kopf betrug in Westeuropa vom Jahr 1000 bis 1820 0,14 Prozent.[22]

Die industrielle Revolution und dann die heutige Globalisierung veränderten all das von Grund auf. Der industrialisierte, massenhafte und liberale Charakter dieser Phänomene gab der Menschengeschichte eine scharfe neue Wende und eröffnete der Mehrheit der Weltbevölkerung erstmals Chancen. Bei dem enormen Einfluss der Globalisierung vergisst man leicht, dass sie kein natürliches Phänomen ist, weder eine Demonstration des Fortschritts noch das »globale Dorf«. Sie ist eine politisch-ökonomische Schöpfung, die uns alle – auf Gedeih und Verderb – nötigt, Teil derselben Geschichte zu sein.

»WIR DUSCHTEN ALLE ZWEI WOCHEN«

Michael Wong gehört zur ersten Generation der Chinesen, die in der globalen Wirtschaft aufwuchs. Wir sind schon seit Jahren befreundet und telefonieren gelegentlich zwischen seiner turbulenten Geburtsstadt Shanghai und dem hitzigen Tel Aviv. Wir sind beide im selben Jahr, 1979, geboren, genau an der Scheidelinie zwischen der analogen Welt und unserer heutigen; für China war es ein Jahr historischer Reformen. Als er geboren wurde, lag das Bruttoinlandsprodukt Chinas unter 200 Dollar pro Jahr, das von Israel dreißig Mal höher. Seither ist der Abstand dramatisch geschrumpft. Der freundliche, fleißige und verlässliche Michael ist ein Experte für Hiphop in seinen westlichen und chinesischen Varianten und singt auch selbst. Ich mag den mathematischen Ernst, mit dem er solche kulturellen Phänomene analysiert; er hat eine unangestrengte, coole Art.

Vor einigen Jahren saßen wir zusammen und redeten über unsere Kindheit. Mein Lieblingstag in der Woche sei der mit dem Computerkurs gewesen, erzählte ich. Wir hatten keinen Computer zu Hause, und ich interessierte mich auch nicht fürs Programmieren, aber am Ende jeder Stunde durften wir ein paar Minuten lang Computerspiele, zum Beispiel *Montezuma's Revenge,* spielen. Michaels bester Tag war gänzlich anderer Art, erzählte er: Es war der Tag, an dem seine Eltern und er die öffentliche Dusche benutzen konnten.

Michaels Eltern lebten in der zweiten Generation in Shanghai. Während der Kulturrevolution hatten sie die Oberschule abbrechen müssen, und viele Familienangehörige waren in ländliche Gebiete verbannt worden. Wegen der Kulturrevolution habe sein Vater »sich das Oberschulpensum selbst beigebracht«, sagt Michael, und erst später studierte er Maschinenbau und lernte im Selbststudium Programmieren.

»Als ich in den Kindergarten und in die Grundschule ging, war das Leben wirklich ein Kampf«, erzählt er, »es war sehr hart. Wir lebten mit unseren Großeltern und unseren Vettern und Cousinen in einer Wohnung. Ich schlief in einem winzigen, fensterlosen Raum, ich hatte weder Tisch noch Bett. Mein Papa musste mir eigenhändig aus etwas Holz ein Bett zimmern. Wir brauchten Lebensmittelmarken, denn Nahrungsmittel waren rationiert, und wir aßen normalerweise kein Fleisch, meist nur Reis und Gemüse. An Festtagen und zu besonderen Anlässen, wenn wir alle an einem großen Tisch saßen, bekamen nur die Kinder und die Großeltern Fleisch, die Eltern am Tisch überließen das Fleisch ihren Kindern – wir waren alle Einzelkinder.« Seine Familie hatte keinen Kühlschrank; im Sommer benutzten sie das Wasser eines kleinen Brunnens auf dem Hof zum Kühlen der Nahrungsmittel, »und wir aßen stark gesalzenes Essen, denn es war in den Sommermonaten länger haltbar«. Er wuchs in einem Haus ohne Dusche und Toilette auf, man wusch sich rasch über einem Bottich. »Es gab einen winzig kleinen Raum unter der Treppe, die Leute brachten einen Vorhang an, und man benutzte sein eigenes Wasser, um sich abzuwaschen. Einmal im Monat oder alle zwei Wochen gingen wir mit unseren Eltern zu den öffentlichen Duschräumen. Dort konnte man sich endlich richtig säubern. Oft konnte man dort nicht hingehen, es kostete Geld.«

Michael tat, was arme Kinder überall tun, um es ihren Eltern leichter zu machen: Er überzeugte sie davon, dass er nicht viel brauchte. Vor jedem Geburtstag sagte er seinen Eltern, er mache sich nichts aus Kuchen, da er wusste, dass sie ihm gern einen schenken wollten, aber kein Geld dafür hatten. Dabei ist Michael für damalige chinesische Verhältnisse nicht in einer armen Familie aufgewachsen; die Armen in ländlichen Gebieten waren viel schlimmer dran.

Doch vom Ende der 1980er-Jahre an ging es dramatisch aufwärts. »Erstens verschwanden die Versorgungsprobleme in den

Läden«, sagt Michael, »plötzlich gab es Waren. Und zweitens entstanden private Märkte. Man konnte tatsächlich selbst kaufen und verkaufen. Damals begannen viele Leute, auf eigene Rechnung Geschäfte zu machen, und wir bekamen langsam einen freien Markt ... Das Leben wurde immer besser. Es änderte sich jedes Jahr«, erklärt er. Seine Eltern arbeiteten beide in Fabriken, die elektronische Geräte herstellten, und bauten sich selbst einen Schwarz-Weiß-Fernseher aus Teilen, die sie an verschiedenen Orten gesammelt hatten. Michael gewann einen wichtigen Schülerwettbewerb in Shanghai, und danach war sein Weg weitgehend geebnet. Zu Beginn der 1990er-Jahre habe er bereits Dateien mittels BBS heruntergeladen, einer frühen Technologie zur Kommunikation zwischen Computern durch Einwählen und eine Vorstufe des Internets.

An diesem Punkt des Gesprächs geschieht etwas Eigenartiges: Unsere Lebenswege kreuzen sich zum ersten Mal, denn wir haben eine gemeinsame Kindheitserinnerung. In meiner Kindheit gab es in Israel nicht viele Menschen, die kein fließendes Wasser im Haus oder keinen Kühlschrank hatten. Es gab Armut, sogar recht bittere, aber nicht die absolute Armut, von der Michael berichtete. Ich wuchs in einer Mittelschichtsfamilie auf, die sich gelegentliche Auslandsreisen und sogar zwei Autos leisten konnte. Wir lebten unter gänzlich anderen Umständen, aber als das Internet aufkam, entstand der erste Berührungspunkt zwischen uns Jahrgangsgenossen, die 1979 in zwei weit voneinander entfernten Ecken der Welt geboren waren. Wir beide luden Anfang der 1990er-Jahre Dateien herunter und kommunizierten mit unseren Freunden über BBS, trotz unserer so unterschiedlichen Ausgangspunkte. Wir waren Kinder der 1980er-Jahre, und das Internet begann die Kluft zwischen uns zu schließen.

Michaels Geschichte handelt nicht bloß von offenen und üppigen Märkten. Als Kind profitierte er von staatlichen Investitionen in Schulen, wo seine Begabung erkannt wurde, von den traditionellen chinesischen Wertvorstellungen, die der Bildung in der Fa-

milie höchste Priorität geben, und vom Werdegang seiner technisch
außerordentlich begabten Eltern. Doch er würde sofort zugeben,
dass er auch viel Glück hatte.

Heute wird die Firma von Michael – dem Jungen aus Shanghai,
dessen Eltern Geld zusammenkratzten, um alle paar Wochen in
den öffentlichen Waschräumen duschen zu können – in New York
gehandelt; es ist anzunehmen, dass viele Leser dieses Buches eine
App verwenden, die sein Unternehmen entwickelte.»Meine Generation ist zutiefst dankbar«, sagt er.»Es ist ein Schatz für mich, weil
nichts selbstverständlich ist. Diese Krisen in unserer Kindheit lassen uns viele Dinge mehr wertschätzen. Wir sind dankbar gegenüber unseren Eltern, den Zeiten, der Regierung, weil wir den Wandel miterlebt haben.« Dieser Wandel kam durch Deng Xiaoping
und seine Mitstreiter. 1978 leitete China unter seiner neuen Führung
eine Reihe von Reformen ein. Sie erlaubten einen begrenzten Handel auf privaten Märkten und schufen besondere Entwicklungs-
zonen für Industrie und Export. Der private Handel veränderte in
kurzer Zeit das tägliche Leben in China und lockte ausländische
Investoren an, die die niedrigen Arbeitskosten ausnutzen wollten.
Bald florierte der Staat bei einer durchschnittlichen jährlichen
Wachstumsrate von 10 Prozent, manchmal sogar 15 Prozent. 1980
betrug das Bruttoinlandsprodukt pro Kopf in China 195 Dollar. 2017
waren es 8827 Dollar.[1] Von 1980 bis 1990 sank die Zahl der Chinesen,
die in absoluter Armut lebten, um 167 Millionen Menschen,[2] und
bis 2013 entkamen über achthundert Millionen Chinesen der tödlichen Armutsfalle.[3]

Die Globalisierung fördert wechselseitige Beziehungen, und im
Falle Chinas brachte sie blitzschnelle Veränderungen – an die Stelle
von Wirtschaftsplänen im Rahmen einer umständlichen Entwicklungspolitik, die erst Jahrzehnte später Erfolge verhieß, traten rasch
greifbare Verbesserungen in allen Lebensbereichen. Die Alphabe-
tisierungsrate in China lag 1990 bei 78 Prozent, das heißt, Hunderte
Millionen waren Analphabeten. Zwei Jahrzehnte später konnten

95 Prozent der Chinesen lesen und schreiben. Anfang der 1990er-Jahre konnten nur 68 Prozent der Frauen lesen und schreiben, 2010 hatte sich die Lücke zwischen Männern und Frauen fast geschlossen.[4] Von 1990 bis 2017 sank die Säuglings- und Kindersterblichkeit bis zum fünften Lebensjahr in China um 83 Prozent.[5] Nach jedem denkbaren Kriterium haben sich die Lebensumstände in China erheblich verbessert. Eigentlich gilt das in unterschiedlichem Maß für ganz Asien, abgesehen von Nordkorea, der letzten stalinistischen Diktatur der Welt.

Industrialisierung ist ein Schlüsselwort. Es besteht ein deutlicher Zusammenhang zwischen industriellem Fortschritt und höherem Lebensstandard. Die Chinesen sprangen spät auf den Zug der industriellen Revolution auf. Der Zug war im 19. Jahrhundert in den Bahnhof eingefahren, doch sie haben ihn erst im 20. Jahrhundert bestiegen, nach den Maßstäben der Menschheitsgeschichte nur einen Wimpernschlag später. Sieben von zehn Chinesen arbeiteten 1978 in der Landwirtschaft. 2018 war es genau umgekehrt – sieben bis acht von zehn Chinesen arbeiteten in Nichtagrarberufen: Handel, Industrie, Dienstleistungen. Manchmal frage ich bei Vorträgen, wer der wichtigste Staatsmann des 20. Jahrhunderts gewesen sei. Churchill, Hitler und Stalin sind die gängigen Antworten. Vielleicht schaut ihr einmal weiter nach Osten?, schlage ich vor. Stalin meinte, ein Sowjetreich zu errichten, das ewig bestehen und sich über die ganze Welt ausbreiten würde. Churchill hoffte, das britische Empire zu retten, und Hitler träumte vom Tausendjährigen Reich. Alle drei scheiterten, wenn auch Churchill tatsächlich die westliche Zivilisation rettete. Nur ein Anführer im 20. Jahrhundert übernahm einen armen, rückständigen Staat und verwandelte ihn in einen Supermachtanwärter – Deng Xiaoping. Mit seiner Politik erlöste er Hunderte Millionen Menschen aus bitterster Armut, und das gelang ihm, weil er sich – im Gegensatz zu anderen – die Globalisierung zum Bündnispartner erkor.

DIE ÜBERWINDUNG VON ZEIT UND ENTFERNUNG

An Michael Wong und vielen anderen werden die raschen globalen Veränderungen sichtbar – nicht nur die vage Hoffnung, dass es unsere Kinder einmal besser haben werden, sondern die Möglichkeit eines sofortigen Wandels in den Lebensverhältnissen. Millionen Menschen, die in Behausungen ohne fließendes Wasser geboren wurden, arbeiteten als junge Leute bereits in exportorientierten Fabriken oder entwickelten Applikationen und Computerprogramme – und das in weniger als einer Generation.

Handelsbeziehungen zwischen Nationen und Kulturen sind im Grunde nichts Neues. Das klassische Beispiel ist die Seidenstraße, auf der über 1500 Jahre hinweg Waren aus Fernost bis ans Mittelmeer transportiert wurden. Die Globalität der Seidenstraße ist ein Mythos, der im 19. Jahrhundert aufkam und die Antike als eine Zeit der Fülle und Vielfalt mit regem Freihandel und interkulturellem Ideentransfer darstellte. Heute wissen wir, dass die langen Kamelkarawanen, die halb Asien durchmaßen, um Seidenballen gegen römische Münzen zu verkaufen, mehr romantische Illusion als Wirklichkeit waren. Valerie Hansen erklärt in ihrem Buch *The Silk Road: A New History,* an der Seidenstraße habe es keine immensen, stets geschäftigen »Handelsstationen« gegeben, auch nicht nach Begriffen der antiken Welt. Es war auch keine einzige Straße, sondern ein Nebeneinander vieler Routen. Die Reisegeschwindigkeit betrug höchstens siebzehn Kilometer pro Tag, und der Verkehr pendelte hauptsächlich zwischen dörflichen, agrarischen Zentren, die ihren Bedarf mit heimischen Gütern deckten.[6] In anderen Worten: Die Seidenstraße war weder unsere Globalisierung noch die des 19. Jahrhunderts; sie war kein Güterzug, der Staaten durchquerte, sondern ein Pferdekarren, der langsam von Dorf zu Dorf zog.

Anderes galt für die Großstädte des Imperiums, wohin Güter und Menschen aus aller Welt strömten. In Rom beklagte Plinius der Ältere die schreckliche Globalität des Luxusgütermarkts seiner Zeit:»Wir sehen jetzt … Reisen nach China, um Tuch zu erlangen, die Tiefen des Roten Meeres nach Perlen abgesucht, die Tiefen der Erde nach Smaragd aufgegraben … Nach den niedrigsten Berechnungen erleichtern Indien, Seres und die Arabische Halbinsel unser Imperium um hundert Millionen Sesterze pro Jahr. Das ist der Preis, den unser Luxus und unsere Frauen uns kosten.«[7] Dieser vor knapp zweitausend Jahren verfasste Text ist vielleicht der erste (chauvinistische) Protest gegen eine negative Handelsbilanz – den Fehlbetrag zwischen Import und Export. Plinius sprach von Luxusgütern für eine sehr dünne Schicht des Imperiums. Für die überwältigende Mehrheit der Weltbevölkerung waren derlei Dinge bis vor rund zweihundert Jahren ohnehin unerschwinglich. Diese Leute kauften keine Vanillestangen oder Seidentücher, sie waren hauptsächlich damit beschäftigt, Nahrung für den nächsten Tag zu ergattern. Die wenigen weltweiten Beziehungen wurden von einer dünnen Schicht Adeliger und Begüterter unterhalten, und der Fernhandel war überschaubar. Der Umfang des heutigen Welthandels ist daran abzulesen, dass der meiste Hausrat eines Bewohners der Industriestaaten nicht in seiner näheren Umgebung hergestellt wurde. Aber was bedeutet noch »nah« und »fern« in einer Welt, in der Distanzen immer weniger spürbar sind?

1881 veröffentlichte die britische Royal Geographic Society eine große Landkarte, wie sie heute nicht mehr erscheinen würde. Sie ist in Grün, Gelb, Braun und Blau gehalten und zeigt Fahrtzeiten von London aus an. In der Ära der Pferdekutschen und Schiffe war so eine Karte für die Planung langer, anstrengender Reisen wichtig. Westeuropa ist dunkelgrün eingezeichnet, was bedeutet, dass diese Staaten innerhalb einer Woche von London aus erreichbar waren. Die Ostküste der USA hingegen ist gelb, weil die Reise von der britischen Hauptstadt bis zu zwanzig Tage in Anspruch genommen hätte – die Dauer der Atlantiküberfahrt auf einem relativ schnellen Schiff. Braun eingefärbt sind die wirklich fernen Ziele, zu denen man anderthalb Monate oder länger unterwegs gewesen wäre, Ostasien zum Beispiel.

Diese langsame und isolierte Welt, in der die Übermittlung der Nachricht vom Ausgang eines Krieges von Windgeschwindigkeit, Seegang und der Leistungsfähigkeit der Segel abhing, hat sich in eine Augenblickswelt verwandelt, in der Nachrichten und Waren mit rasanter Geschwindigkeit reisen und Geschäfte augenblicklich abgeschlossen und umgesetzt werden. Und der Wandel beschleunigt sich weiter. Fünfzig Jahre waren nötig, um die Hälfte der Amerikaner mit häuslichen Telefonanschlüssen zu versorgen. Achtunddreißig Jahre vergingen von der Erfindung des Radios bis zu dem Moment, als es in den USA fünfzig Millionen Hörer fand. Dreizehn Jahre brauchte das Fernsehen, um die gleiche Nutzerzahl zu erreichen.[8] Facebook hingegen hatte im ersten Jahr seines Bestehens sechs Millionen Nutzer, und diese Zahl wuchs innerhalb von fünf Jahren um das Hundertfache.[9]

Diese Entwicklungen sind nicht nur Handel und Technologie zu verdanken, sondern auch – und vielleicht hauptsächlich – der politischen Stabilität, die nach 1945 und noch mehr nach dem Fall der Berliner Mauer erreicht wurde. Der wachsende Wissens-, Kapital- und Warenfluss wurde möglich, weil die Entscheidungsträger und Wähler im Zeitalter der Verantwortung präzise und umsichtig vorgingen. Man schuf internationale Zoll- und Besteuerungsstandards, billigere Transportdienste und mehr Sicherheit für Investoren auf dem Weltmarkt. Es gibt keine florierende Wirtschaft ohne starke Institutionen und keine wachsende Globalisierung ohne eine maßvolle internationale Politik, die sie zu schützen bereit ist.

———

Diese bittere Lektion hat die Welt am eigenen Leib gelernt. Der Glaube, dass Wissen, Technologie und Profite unaufhaltsamen Fortschritt garantierten, beflügelte die politischen Eliten im ersten

Jahrzehnt des 20. Jahrhunderts. Er platzte mit dem Ausbruch des Ersten Weltkriegs. Diese frühe Globalisierung zwischen dem Deutsch-Französischen Krieg von 1870/71 und dem Ersten Weltkrieg wird als »Belle Époque«, »schöne Epoche«, bezeichnet. Es war eine beeindruckende Blütezeit. Die Welt erlebte eine der größten Migrationswellen zu Friedenszeiten, vor allem in Richtung Nordamerika. Italiener, Iren, Juden, Holländer, Deutsche, Tschechen, Engländer, Schotten, Polen und viele andere Nationalitäten verließen den alten Kontinent auf der Suche nach einer neuen Zukunft, die sie oft auch fanden. Gewaltige wissenschaftliche und technische Entwicklungen hielten Einzug. Die Entdeckung der Radioaktivität, Fortschritte in der Bakteriologie, die Produktion von Kraftfahrzeugen, die Einführung von Telefon und elektrischer Beleuchtung und die Erfindung des Films sind nur einige der Veränderungen, die seinerzeit die Welt bewegten.

Häufig wird die Belle Époque als kulturelle Blütezeit charakterisiert, und tatsächlich bleibt sie ein Sehnsuchtsort für Kunstliebhaber: Impressionismus, Post-Impressionismus, Kubismus und Expressionismus in der Kunst, Realismus in der Literatur, von Thomas Mann bis Marcel Proust. Sie alle waren bezeichnend für eine zweifellos außergewöhnlichen Epoche. Doch manche behaupten, die gegenwärtige Globalisierung sei nur eine Wiederholung (wenn auch mit technologischen Verbesserungen) dieser früheren Epoche, und verweisen auf einen zentralen Punkt: den Anteil des Welthandels an der Wirtschaftsleistung führender Staaten. Der Außenhandel umfasste 1913 44 Prozent des britischen Bruttoinlandsprodukts – noch sechzig Jahre später lag der Anteil niedriger.[10] Am Vorabend des Ersten Weltkriegs erreichte der Wert der Exportgüter weltweit circa 14 Prozent der globalen Wirtschaftsleistung, eine Marke, die erst in den 1980er-Jahren wieder erreicht wurde.[11]

Der Erste Weltkrieg verschlang das alles. Vor diesem schicksalsschweren Ereignis sagte der britische Außenminister Edward Grey die in der Einleitung zitierten Worte – dass die Lichter in ganz

Europa ausgingen und sie zu seinen Lebzeiten nicht wieder leuchten würden. Er hatte recht. Nach dem Gemetzel 1914 bis 1918 kamen die stürmischen Zwanziger- und Dreißiger-Jahre und ein neuer Weltkrieg, gefolgt von einer in zwei Blöcke geteilten Welt, umgeben von Mauern, Stacheldraht und Zöllen.

Ein japanischer Freund erklärte mir einmal, der Kalte Krieg habe für die Welt das getan, was der Schnee für die Kirschbäume in Japan tue – je kälter es werde, desto üppiger trieben sie im Frühling Blüten und Früchte. Die im Zeitalter der Verantwortung gelegten Fundamente bewährten sich, als der Winter endete. Nach dem Fall der Berliner Mauer und des Ostblocks nahmen die internationalen Handelsbeziehungen außerordentlichen Aufschwung, und die jetzige Globalisierung hat alle Rekorde der Belle Époque gebrochen. Eine Welt voll Mauern und Barrieren machte einer viel freieren Welt Platz, wie wir sie in den letzten hundert Jahren nicht gesehen hatten – und eigentlich noch nie.

Und noch etwas geschah: Die weltumspannenden Verbindungen wurden nicht bloß beschleunigt und erweitert, sondern auch erheblich vertieft. Die Verbindungen zwischen Zivilisationen und Individuen sind nicht mehr nur »internationale Beziehungen« oder »Weltwirtschaft«. Ein Fabrikarbeiter in Indonesien und sein Einkommen hängen von Angebot und Nachfrage in einem amerikanischen Internetshop ab, er benutzt ein Handy, das nach amerikanischen Patenten in China hergestellt wurde, und ist von Zinssätzen beeinflusst, die die amerikanische Zentralbank festlegte. Ein Deutscher kann einen Wohnsitz in Berlin beibehalten, tatsächlich aber auf einem anderen Kontinent leben, seine Geschäfte, Freundschaften und Hobbys können sich vollständig von den Bewohnern seiner Heimatstadt lösen. Er liest Fachzeitschriften, die auf einem dritten Kontinent verfasst wurden und im Internet erscheinen; er kauft auf internationalen Internetplattformen ein, investiert seine Ersparnisse in weit entfernte Unternehmen und bemüht sich, seine Wertvorstellungen einer gänzlich andersartigen

Kultur zu entnehmen. Immer öfter entscheiden sich Menschen, fern von ihrem Geburts- oder Heimatort zu leben. Die Globalisierung geht uns tief unter die Haut und bis ins Blut, wenn wir uns Gentests unterziehen, ehe wir uns entscheiden, Kinder in die Welt zu setzen, und auch dabei, wie wir sie erziehen. Länderübergreifende Beziehungen sind schneller geworden, haben sich verändert und entwickelt – und entfalten nun eine große Bedeutung im Leben der Menschen.

GLOBALES BEWUSSTSEIN

Worin liegt diese Bedeutung? Zum Beispiel in einer größeren Identifikation mit dem Globalen zulasten des Lokalen. Eine für die BBC durchgeführte Langzeitstudie untersuchte, wie viele Menschen sich mehr als Weltbürger denn als Bürger ihres Landes fühlen. Danach erreichte die Idee des Weltbürgertums 2016 ihren Höhepunkt: Erstmals betrachteten sich rund die Hälfte der Befragten in den beteiligten Staaten als »Weltbürger«,[12] ein Anstieg um 15 Prozent seit 2001, als die Umfrage erstmals durchgeführt wurde.* Eine in den USA durchgeführte Studie ergab für 2017 ein ähnliches Ergebnis: Etwa die Hälfte der Befragten antwortete, sie wollten sich den Werten der »Weltgemeinschaft« verpflichten; es gab keine wesentlichen Unterschiede nach demografischen Gruppen.[13] Wer sich mehr als Weltbürger denn als Bürger seines Staates bezeichnet, empfindet beziehungsweise wünscht sich, dass sein Leben nicht vollständig irgendeinem »Lokalen« verhaftet bleibt. Darin zeigt sich das wachsende Empfinden, dass uns »eine ganze Welt zu Füßen« liegt, um Bert aus dem Film *Mary Poppins* zu zitieren, und dass nicht nur

---

* Die Teilnehmer wurden gefragt, ob sie dem Satz zustimmten: »Ich betrachte mich mehr als Weltbürger denn als Bürger meines Staates.« Seither hat die Neigung zum »Weltbürger« in den westlichen Staaten nachgelassen. Mehr dazu im Kapitel zu Migration.

»die Vögel, die Sterne und die Schornsteinfeger« sie zu sehen bekommen.

Wer kam schon in der früheren Menschheitsgeschichte in den Genuss der Erkenntnis, dass er in einer großen Welt, einem Universum lebte? Sehr wenige. Der Römer Lukrez schrieb im 1. Jahrhundert v. Chr. sein herausragendes Werk *Über die Natur der Dinge (De rerum natura)*, das eine atomistische Weltsicht vertritt und die Schöpfung harmonisch und gänzlich atheistisch betrachtet. Die Neuentdeckung dieser Schrift sollte enormen Einfluss auf den Anbruch der Neuzeit gewinnen, wie Stephen Greenblatt in seinem Buch *The Swerve: How the World Became Modern* zeigt, doch als sie entstand, erreichte sie nur eine kleine Elite, und allein für diese war sie auch geschrieben worden. Die große Masse kämpfte ums nackte Überleben; dies und der Mangel an Bildung (bis Anfang des 19. Jahrhunderts waren rund 85 Prozent der Erdbevölkerung Analphabeten) gaben den Menschen kaum Gelegenheit, über den Tellerrand hinauszublicken. Ferne Ereignisse hatten – so interessant sie auch sein mochten – ohnehin kaum materiellen Einfluss auf ihr tägliches Leben.

Das lässt sich an dem Großen Brand illustrieren, der 1666 in London wütete. London war damals schon die Hauptstadt einer erstarkenden Seemacht mit großen Kolonien in Übersee. Das Feuer zerstörte drei Viertel der mittelalterlichen Stadt, über 13 000 Häuser, 87 große Kirchen und anderes mehr. Es hatte kulturelle, architektonische, literarische, gesellschaftliche und sogar religiöse Auswirkungen.

Aber wer wusste davon? Wer hatte von dem Geschehen erfahren?

Selbstverständlich wussten die Bewohner von London und Umgebung Bescheid, vermutlich auch viele Menschen in England. Wir wissen, dass man am französischen Königshof wohlinformiert war und sich auch in den protestantischen Niederlanden das Gerücht von der himmlischen Strafe verbreitete, die der Schöpfer über die Stadt verhängt hatte. Nach einer parlamentarischen Untersuchung fanden die Engländer einen Sündenbock: Sie gaben den »Papisten«, den Katholiken, die Schuld an der Katastrophe. Religiöse Fanatiker und Fremdenfeinde fanden eine willkommene Rechtfertigung für ihren Hass, und tatsächlich wurden Ausländer in London eine Zeit lang verfolgt. Erst 1830 löschte man die die Katholiken anklagende Inschrift vom Denkmal für die Feuersbrunst in London.

Obwohl der Brand den großen europäischen Zwist zwischen Katholiken und Protestanten berührte, war er dem Großteil der Weltbevölkerung im Allgemeinen und den meisten Europäern im Besonderen unbekannt. Sie hatten nichts davon gehört und auch keinen Grund, sich dafür zu interessieren. Sie lebten in einer eng begrenzten Welt, im Lokalen. Natürlich gingen Gerüchte und Erzählungen um, wurden zu gesellschaftlichen Anlässen, etwa in der Sonntagspredigt des Pfarrers oder vom Geschichtenerzähler im Wirtshaus, verbreitet, aber das war nur bruchstückhaftes Wissen, Signale aus der großen Welt jenseits des kleinen Dorfes. Der Mensch definierte sich über seine Gemeinde oder die Gegend, in der er geboren war. Geistliche, Adelige und eine schmale Kaufmannsschicht bildeten die winzige globale Elite, die genug Wissen, Muße und Geld besaß, um mehr über die Welt zu erfahren. Dieses Wissen blieb jedoch in den verschlossenen Sälen adliger oder kirchlicher Bibliotheken verwahrt, wohlgehütet von strengen Wächtern.

Man kann sich vorstellen, in welcher Weise das Große Feuer den Durchschnittsbriten des Jahres 1666 persönlich berührte. Das Wäldchen vor seiner Haustür wird abgeholzt worden sein, weil für den Wiederaufbau Londons Holzbalken gebraucht wurden. Der teilweise Kahlschlag konnte sein Leben in so mancher Hinsicht beeinflussen, aber er selbst spielte keine Rolle in diesem Drama. Er war nur eine kleine, stumme Marionette in einer völlig willkürlichen Welt. Arbeiter im Auftrag des örtlichen Adeligen werden angerückt sein und die Bäume gefällt haben, und unser Durchschnittsbürger wird zugesehen haben – falls ihn der Grundherr nicht auch selbst zur Arbeit verpflichtete. Möglicherweise sickerten Wissensfetzen über den Grund des Abholzens, den fernen Großbrand zu ihm durch. Aber das ist eher unwahrscheinlich, und selbst wenn – hätte dieses Wissen sein Leben irgendwie verändert? Sein Einfluss auf Entscheidungen, seine Selbstbestimmung beschränkten sich faktisch auf die eigenen vier Wände – ein Gebäude, das zuweilen einem Adeligen gehörte.

Der Londoner Großbrand gestattet den Vergleich mit einer modernen Katastrophe, dem Einsturz der Zwillingstürme des World Trade Centers in New York, dem Angriff der Al-Qaida auf die USA am 11. September 2001. Schätzungen zufolge haben über zwei Milliarden Menschen den Einsturz des zweiten Turms live auf dem Bildschirm gesehen.[14] Über die Hälfte der Menschheit sah, vorsichtig geschätzt, die legendären Bilder unseres Zeitalters: den Einschlag der Flugzeuge in die Türme und deren Kollaps, ein Mord an 2606 Menschen im World Trade Center. Der Anschlag war ein schreckliches Ereignis mit weitreichenden geopolitischen Auswirkungen, doch war der Vorfall in Manhattan geringfügiger als das Geschehen in Auschwitz oder auch das in Hiroshima und Nagasaki am Ende des Zweiten Weltkriegs. Natürlich war dies der größte Terrorangriff der Geschichte, und er richtete sich gegen die mächtigste Nation der Erde, aber es war kein Völkermord und auch kein beispielloser technologischer Moment wie der Atombombenabwurf.

Aber es war ein gefilmtes Ereignis. Das ist der springende Punkt. Der Einsturz der Twin Towers war ein Schauspiel, ein ultimatives, grenzübergreifendes Bild, das ins Bewusstsein der Weltöffentlichkeit eindrang. Ein großer Teil der Menschheit nahm als Zuschauer Anteil an dem Trauma. Die Auslegung dieses Bildes mag in Pakistan anders ausgefallen sein als in Amerika, teils zu anderen Folgerungen geführt und entgegengesetzte Gefühle geweckt haben, aber das Wissen als solches und das damit verbundene Bild waren überall präsent. Inder, Deutsche, Franzosen und Amerikaner, die weit weg von Manhattan lebten, verkauften ihre Aktienpakete, als die Zwillingstürme einstürzten, und Millionen andere in aller Welt taten dasselbe, sie alle aus demselben Blick auf die sich abzeichnende Entwicklung der Finanzmärkte. Europäische Touristen, die eine Reise nach New York geplant hatten, überdachten ihr Vorhaben, und unzählige weitere Entscheidungen wurden wegen des Terrorangriffs und seines Einflusses auf die vernetzte und wohlinformierte Welt getroffen. Früher war solches Wissen begrenzt auf direkt Betroffene, Ortsansässige und jene schwer fassbare und vor allem schmale Schicht der globalen Elite. Heute sind derlei Informationen allgemein zugänglich.

Da die weltumspannenden Beziehungen wachsen und sich vertiefen, können viele Vorkommnisse in fernen Regionen sich dramatisch auf Menschen am anderen Ende der Welt auswirken. Dadurch entsteht ein breites, länderübergreifendes Fundament an Informationen, Ideen, Erinnerungen und Schlussfolgerungen. Am spannendsten ist jedoch nicht, dass die Menschen mehr über Dinge wissen, die ihr Leben beeinflussen, denn das ist ja ihr natürliches Interesse. Wirklich spannend ist die Tatsache, dass sie auch mehr über Dinge wissen, die scheinbar *keinen* direkten Einfluss auf ihr Leben ausüben. Zweieinhalb Milliarden Menschen sahen 1997 zumindest teilweise die Trauerfeierlichkeiten für Prinzessin Diana. Die Eröffnungsfeier der Fußballweltmeisterschaft 2018 verfolgten dreieinhalb Milliarden. Eine Milliarde Menschen hörte oder sah etwas von der Rettung der Bergleute bei dem Grubenunglück 2010 in Chile. Jeder Mensch, der nicht in absoluter Armut lebt, hat die Möglichkeit, seinen Horizont zu erweitern, als wäre er ein Benediktinermönch von einst, der in einer alten Klosterbibliothek über seinen Büchern saß und das Privileg des Forschens genoss, fernab von den grausamen Schlachten des Mittelalters.

Die Welt ist kein Hort der Gleichheit. Wenn aber Alphabetisierung, der Zugang zu fließendem Wasser, zu Strom und Internet gegeben sind, verändern sie die Lebensverhältnisse und erlauben dem Interessierten einen weiteren Blick. In der permanenten globalen Vernetzung bildet sich ein gemeinsames Bewusstsein heraus. Ein Kind kann mit einem anderen online über ein Videospiel chatten; ein Erwachsener kann sich daran erinnern, wo er gerade war, als die Twin Towers einstürzten. Zwei Fremde können gemeinsam bitter über den närrischen Politiker einer Großmacht lachen, den alle kennen. Intuitiv wird die Marktwirtschaft verstanden, die es fast überall auf der Welt in diversen Modellen gibt. Während sich die internationalen Beziehungen verstärken, wächst das gemeinsame Bewusstsein um eine weitere Information, ein Bild oder ein Paradigma zur Analyse der Realität. Die Menschen müssen all dies nicht mögen oder akzeptieren, aber es wird Teil ihres gemeinsamen Bewusstseins: Porno, Fast Food, Hollywood, die Macht des Dollar, Terrorfurcht, das Smartphone, Fundamentalismus, Frauenrechte.

Dieses wachsende Bewusstsein nährt gemeinsame Ziele und gemeinsame Ängste, die die Gesellschaft beeinflussen und spalten – vom Verbraucherwillen bis zur Lokalpolitik. Die Technologie ist dabei Antrieb und Beschleunigungskraft zugleich. Sie verändert dramatisch, auf welchem Wege und in welchem Maße die Menschen etwas über die Welt erfahren.

Das beweist anschaulich ein Experiment des Bildungsforschers Sugata Mitra von der Universität Newcastle in Großbritannien zum Umgang mit Computern. Es lief unter dem Titel »Hole in the Wall« und inspirierte den Roman *Q&A* und den Film und Kassenschlager *Slumdog Millionaire.* 1999 installierte Mitra in der Wand eines Kiosks in einem Armenviertel von Neu-Delhi einen Computer mit einer Maus zum freien Surfen im Internet. Es war einfach ein Loch in der Wand, eine Nische mit einem fest verankerten Rechner. Er platzierte keine Wachleute oder sonstige Erwachsene daneben, filmte nur mit einer verborgenen Kamera die Reaktion der Kinder, von denen viele zum ersten Mal einen Computer nutzen konnten, und zeigte, wie sie sich gruppenweise, ohne Frontalunterricht, selbst beibrachten, im Internet zu surfen und Programme, Spiele und Musik herunterzuladen. Sie lernten dabei auch Englisch, wenn es zum Weitersurfen nötig war. Mitra weitete das Experiment auf andere indische Städte aus, immer in Armenvierteln, sogar an entlegenen Orten ohne Internetempfang. Dort hinterließ er eine Bibliothek von CDs mit Spielen und Unterrichtsmaterial, alles auf Englisch, obwohl die Kinder dort die Sprache gar nicht beherrschten. Als er an einen dieser Orte zurückkehrte, hörte er als ersten Satz von den Kindern:»Wir brauchen eine bessere Maus und einen stärkeren Prozessor.« Außerdem sagten sie: Du hast uns Geräte gegeben, die nur auf Englisch funktionieren, und so haben wir Englisch gelernt. Mitra beweist experimentell, wie ein Internetzugang Kinder befähigt, in der Gruppe und selbstständig, also ohne Aufsicht durch Erwachsene, zahlreiche Fähigkeiten, Wissen und Bildung zu erwerben, zu denen sie ohne den Computer am örtlichen Kiosk keinerlei Zugang bekommen hätten. Dazu gehörten Grundkenntnisse in der Bedienung des Rechners, aber auch die Suche nach Informationen, die Förderung mathematischer und sprachlicher Begabungen, erhöhte Kritikfähigkeit und Resistenz gegen Indoktrination und anderes mehr. Das Interaktive am Internet und an der Computernutzung überhaupt hat einen selbstständigen Lernprozess bei den Kindern angeregt.[15] »Der Analphabet von morgen wird nicht der Mensch sein, der nicht lesen kann, sondern derjenige, der nicht das Lernen gelernt hat«, erklärte der Psychologe Herbert Gerjuoy schon 1970.[16] Die Kinder, die sich in Mumbai ein Smartphone teilen (und früher im Internet-Café saßen), lernen auf eigene Faust, wie man lernt. Sie können potenziell zu jeder Webseite surfen und jede Information lesen. Sie haben andere Hindernisse zu überwinden, manchmal auch furchtbare, aber diese fesseln weniger als die Ketten der Ignoranz früherer Zeiten. In der Welt von heute sind die wesentlichen Fakten über die Computertastatur in Hör- oder Sichtweite – und wie wir wissen, sind auch die Lügen nicht fern.

———

Als Ende 2010 die Revolution in Tunesien ausbrach, suchten westliche Journalisten einen treffenden Namen und nannten sie »Jasminrevolution« nach der tunesischen Nationalblume.* Der Aufstand
in Tunesien griff innerhalb weniger Wochen auf den gesamten
Nahen Osten über und löste eine Welle von Veränderungen aus,
die als »Arabischer Frühling« bezeichnet wurde, jedoch bis in den
Fernen Osten – und speziell nach China – schwappte. Im Februar 2011 begannen Demonstrationen in Peking und andernorts in
ganz China, die politische Reformen forderten. Die Demonstranten
benutzten die – in der chinesischen Tradition sehr wichtige – Jas-
minblüte als Code für politischen Wandel, riefen nach Verteilung
dieser Blüten und sangen das bekannte chinesische Lied »So ein
schöner Jasmin«. Da die Menge sehr wohl wusste, was in Tunesien
geschehen war, brauchte es keine schärferen oder klareren Worte;
der Zusammenhang war eindeutig. Dies ist ein vorzügliches Beispiel
für einen lokalen Beitrag zum globalen Bewusstsein: Die Erinnerung
an die Revolution in Tunesien und das Symbol des Jasmin wurden
über die internationalen Medien verbreitet. Die Demonstrationen
sprangen auf ihrem Höhepunkt auf über ein Dutzend chinesische
Städte über, und die Regierung reagierte mit Zensur – gegen das
Wort »Jasmin«. Sucheingaben in den sozialen Medien und Applikationen nach »Jasmin« oder auch »Jasminrevolution« wurden
gesperrt. Als der Aufstand auf Ägypten übergriff, blockierten einige
chinesische Internetseiten sogar die Suche nach dem Wort »Ägypten«.[17] Die Zensur ging sehr weit: Der frühere Präsident von China,
Hu Jintao, sang einmal das Volkslied über den Jasmin, und plötzlich
war es im Internet unauffindbar. Es gibt ein internationales Jas-
min-Festival in China, aber in jenem Jahr wurde es kurzfristig verschoben. Mancherorts untersagte die Polizei sogar den Verkauf der

---

* Die Tunesier verwendeten eine aussagekräftigere Bezeichnung, die das Verlangen nach
Demokratie betonte: Thawrat al-Karaama – Revolution der Würde.

Blumen, was deren Züchter in der chinesischen Provinz Daxing an den Rand des Bankrotts brachte, weil ihre Ware – eine Sorte von domestiziertem Jasmin – nicht mehr gefragt war. Die *New York Times* berichtete, auf bestimmten Märkten in China seien die Blumenverkäufer angewiesen worden, jede ungewöhnliche Begebenheit um die Blume zu melden und vor allem die Autokennzeichen derjenigen, die größere Mengen kaufen wollten, zu notieren.[18] Das ist eine einfache Geschichte über die Globalisierung einer Idee und den Versuch, sie zu bekämpfen. Die Idee war Freiheit, und sie wurde – wegen gewisser politischer Umstände in Tunesien – durch den Jasmin repräsentiert. Hätte die chinesische Bevölkerung keine Ahnung von der demokratischen Revolution in Tunesien gehabt, hätte China die Verwendung des Wortes »Jasmin« nicht zu verbieten brauchen – es wäre unverfänglich für das Land gewesen, eine Blume und nichts weiter. Sobald der Jasmin für viele Menschen an zahlreichen Orten zu einem Sinnbild wurde, entstand ein gemeinsamer Nenner, und so rudimentär er auch sein mochte, bedrohte er doch an all diesen Orten das Machtgefüge.

Es hat keinen Sinn, in rosaroten Optimismus zu verfallen; das globale Bewusstsein wird massiv ausgebremst. Einmal äußerte ich gegenüber einem chinesischen Freund, der ehrgeizige aktuelle Präsident Chinas, Xi Jinping, sei der stärkste seit Mao. »Oh nein«, erwiderte der Chinese, »er ist eindeutig stärker als Mao.« Ich fragte überrascht, wie das sein könne. Mao sei schließlich der Urheber der kommunistischen Revolution gewesen. »Mao war sehr stark und hat alles beherrscht, aber er wusste nicht, was die Leute denken«, antwortete der Chinese. Damit meinte er die perfekte technologische Überwachung der sozialen Netzwerke durch die chinesische Regierung. Autoritäre Regime erkennen, dass es keine größere Bedrohung für das politische und soziale Machtgefüge gibt als die Globalisierung des Bewusstseins. Ideen sind die Kanonenboote der Globalisierung.

Kritiker der jetzigen Globalisierung erklären, es handele sich um ein trügerisches Bewusstsein. Sein einziger Zweck sei es, das Unterdrückungssystem der oberen Zehntausend – oder vielleicht einer Supermacht – aufrechtzuerhalten. Ein globales Bewusstsein, so behaupten sie, gebe es eigentlich gar nicht, sondern bloß Amerikanisierung: Es gehe um die Durchsetzung von Hollywood-Bildern, von internationalen Medien, die in der Mehrzahl amerikanisch seien, von amerikanischen Konsumartikeln und vor allem der amerikanischen Auffassung von Glück. Der kulturelle Köder sei mit einer klaren politischen Botschaft verbunden. 1941 versuchte Henry Luce, der Gründer des *Time Magazine* und anderer Zeitungen, ein solches Narrativ zu formulieren – die Überschrift: »Das amerikanische Jahrhundert«. Es war ein großer Essay in der Zeitschrift *Life,* das den amerikanischen *Way of Life* als Modell für die ganze Welt präsentierte. Er stand für die »unendlich wertvollen und typisch amerikanischen Dinge – Freiheitsliebe, ein Gefühl für Chancengleichheit, eine Tradition von Selbstvertrauen und Unabhängigkeit und auch von Kooperation«.[19] Der Verfasser dieses Textes war in China geboren, als Sohn von christlichen Missionaren, die Jesu Botschaft verbreiten wollten. Die alte Mission seiner Eltern hatte einer neuen, weltlichen Version Platz gemacht, umweht vom berauschenden Geist einer Nation, die »im Abenteuer gezeugt« worden war, wie Luce erklärte.

Augenblicklich wurde dieser glänzende Vorschlag weltweit als Bedrohung für die lokale Identität, Machtstruktur und Tradition aufgefasst. Kaum jemand leugnete den Wirtschaftsaufschwung, den die Globalisierung mit sich brachte, aber viele wendeten sich gegen das entstehende globale Bewusstsein, insbesondere gegen dessen amerikanische Einflüsse. Kultur kann sich auch in materieller Hinsicht sehr stark auswirken. Wenn Reisimporteure ihre Ware in Vietnam zu einem sehr attraktiven Preis anbieten, können heimische Reisbauern erheblichen finanziellen Schaden erleiden. Doch wenn vietnamesische Kinder plötzlich lieber Pommes frites essen wollen wie die Teenager im Westen, ist das eine weit größere Bedrohung.

Kartoffeln sind ein wichtiger Kohlenhydratlieferant im Westen, Fastfoodketten machen ausgiebig Gebrauch davon, und in Verbindung mit der Ausbreitung der amerikanischen Kultur kann man sich durchaus eine sinkende Nachfrage nach Reis vorstellen. Dann würde den örtlichen Reisbauern nicht scharfe Konkurrenz, sondern das Verschwinden drohen. Die ausgesäte Idee entfaltet ihre Wirkung – und diese bedeutet Untergang. Der Welthandel kann Märkte und Lebensweisen verändern, Ideen hingegen können sie erfinden oder gänzlich zerstören. Das entstehende globale Bewusstsein schafft eine neue Welt, ist aber gleichzeitig wie der Gott Krishna in der Bhagavadgita:»Ich bin die mächtige, weltenzerstörende Zeit.«[20]

Die Globalisierung ist ein prachtvolles Schiff, das schmutzige Geheimnisse in den hinteren Bereichen, tief unter Deck und im Maschinenraum versteckt; in seinen dunklen Teilen werden die Massen ausgebeutet, nur um das Schiff in Fahrt zu halten. Es ist symbolisch, dass Luces dramatischer Essay über das amerikanische Jahrhundert nicht als Titelgeschichte des Magazins erschien, sondern diskret auf seinen inneren Seiten. Auf dem Titel der *Life*-Ausgabe prangte das Foto einer glamourösen Filmdiva im Abendkleid, unter der Überschrift»Party in Hollywood«.

DIE GLOBALISIERUNGSKRIEGE

> *»Peitschenknallen, unterdrückte Schreie, das qualvolle Stöhnen der Neger, die den Sonnenaufgang verfluchten, weil er nur neue Qualen und Schmerzen ankündigte, weckten den Fremden in San Domingo.«*
>
> C. L. R. James, *Die schwarzen Jakobiner*[1]

PEKING, CHINA, 2017

Wir sind mit dem Moped in der Innenstadt von Peking unterwegs, ich halte mich ängstlich am Rücken des Fahrers vor mir fest. Nein, rote Ampeln werden hier nicht bloß als Empfehlung aufgefasst, doch behalten sich die Fahrer ihre Entscheidungen immer bis zum letzten Augenblick vor. Der Freund, der mich fährt, trägt keinen Helm und blickt gelegentlich auf sein Smartphone, während er sich zwischen den Autos hindurchschlängelt. Ringsum wuseln Heerscharen von E-Scootern auf den riesigen kommunistischen Straßen, gelenkt von Menschen, die einen weißen Mundschutz gegen die Luftverschmutzung tragen.

Peking umspült und beeindruckt einen augenblicklich. Man spürt den großen Sprung nach vorn, das ständige Brummen der Entwicklung. China ist vielleicht noch keine Supermacht, aber Peking steht schon bereit, die Hauptstadt einer solchen Macht zu sein. Sie wurde bereit geboren. Dies ist nicht das Gewimmel von Neu-Delhi, doch fühlt man sich gewiss nicht wie in dem schnellen und praktischen Universum von New York. Peking ist riesig, aber wohlgeordnet, quicklebendig, jedoch ohne exotische Farbexplosionen. Seine Straßen wurden von Anfang an für Millionen Menschen gebaut, wie es sich für den immer noch bevölkerungsreichsten Staat der Welt gebührt, und Planungsbeschlüsse werden mit unsentimentaler Eile umgesetzt.

Wir halten vor einem leer stehenden Einkaufszentrum. Mein Begleiter erzählt mir eher gleichmütig, es sei auf den Trümmern eines Wohnviertels errichtet worden, dessen Bewohner man innerhalb weniger Tage aus ihren Häusern vertrieben und in entfernte Vororte umgesiedelt habe. Doch die Geschäfte seien schlecht gelaufen, die Läden schlossen, und nun würde man das Einkaufszentrum, das anstelle des geräumten Wohnviertels entstanden war, wieder abreißen, um dort ein Hotel zu bauen. Das Schild des Bauunternehmers kündigt schon in großen Lettern das neue Projekt an. Die ganze Entwicklung dieses Stückes Boden, die das Leben Tausender Menschen veränderte, hat keine zwei Jahre gedauert.

Glücklichen Bewohnern kleiner, traditioneller Viertel in der Innenstadt gelingt es bisher, die Willkür der Stadtverwaltung abzuwehren. Diese »Hutongs« bestehen aus niedrigen Häusern, meist um einen gemeinsamen Innenhof errichtet, manchmal sogar mit einem alten Brunnen in der Mitte. Im Stadtzentrum haben Designershops und Boutiquen diese malerischen Gegenden erobert, aber hier und da entdeckt man einige Häuser, die sich ihre Ruhe bewahrt haben, eine grüne Insel im Herzen der graubraunen Stadt. An Wochenenden sieht man dort alte Chinesen morgens im Pyjama spazieren gehen und die Nachbarn grüßen, die draußen sitzen und die Passanten betrachten. Sie können natürlich nach oben blicken, aber die Hälfte der Zeit werden sie den Himmel nicht sehen, nur eine dunkle Smogschicht.

Luftverschmutzung ist ein häufiges Übel in Peking. »Heute wird es gut oder schlecht, je nachdem, was das Ei sagt«, erklärt mein Gefährte, der rasante Mopedfahrer. Das »Ei« ist das sogenannte »Laser Egg«, ein mobiles Feinstaubmessgerät, das die Luftbelastung misst und in der Stadt unerlässlich ist. Jedes Jahr fällt Schulunterricht wegen der schlechten Luftqualität aus, und an manchen Tagen lassen die Eltern ihre Kinder wegen des Smogs überhaupt nicht ins Freie. Die Schulen für Reiche versprechen den

Schülern dagegen geschützte Räume und große Sporthallen. Städter erwerben Luftfilter für ihre Wohnungen, in dem verzweifelten Bemühen, das Eindringen von Feinstaub zu verhindern. Es ist eine Status- und Einkommensfrage. Es gibt ganz billige Filter oder solche, die Hunderte von Dollar kosten. Gute Modelle sollen ein halbes Jahr halten, können jedoch nach wenigen Wochen unter den Mengen an Kohlenstaub und anderen Partikeln in der Luft verstopfen.

Bis 2017 war die Lage wahrhaft apokalyptisch. Die Luftverschmutzung färbte den Himmel graugelb, und die dichten Schmutzpartikel in der Luft erschwerten es den Verkehrsteilnehmern, Zusammenstöße zu vermeiden. Zeitungsberichte erzählten von einer Flut an Kleinkindern und Senioren, die in Krankenhäuser eingeliefert werden mussten, weil sie schlicht und einfach Sauerstoff brauchten. Die *New York Times* schilderte bereits 2013, wie die Luftverschmutzung das Leben der Kinder in Peking veränderte. Die Überschrift lautete:»In China wird Atmen zum Risiko für Kinder«.[2]

Das ist keine abwegige Aussage: Studien haben einen Zusammenhang von starker Luftverschmutzung mit bleibenden Lungenschäden sowie einem häufigeren Auftreten von Autismus und Krebserkrankungen festgestellt, ebenso mit einer niedrigeren Lebenserwartung.[3] Selbstverständlich war und bleibt das Tragen einer Atemmaske im Freien unerlässlich; bei Smog verursachen zwanzig Minuten ohne sie bereits schwere Übelkeit. An schlechten Tagen übersteigt die Verschmutzung jeden Grenzwert der Weltgesundheitsorganisation und gilt als akute Gesundheitsgefahr. Die meisten Staubteilchen wurden von direkt um die Megastadt gelegenen Industriebetrieben und Kohlekraftwerken und in den Industriestädten Harbin und Hebei ausgestoßen. Partei und Regierung erkannten klar die entstehende Bedrohung für die Bevölkerung und erlegten den Fabriken und Kraftwerken präzise Pläne zur Verringerung der Emissionen und strenge Vorgaben gegen die Luftverschmutzung auf. Scheinbar funktionierte der Plan, und die Luftqualität verbesserte sich um Dutzende Prozent.

Warum nur scheinbar? Weil aktuelle Studien zeigen, dass die Regierung eigentlich nichts weiter getan hat, als die Hälfte der Stromproduktion außerhalb des Großraums Peking zu verlegen. Einer Studie zufolge ist der Kohlendioxid- und Feinstaubausstoß in ganz China infolge des Programms zur Luftverbesserung in Peking tatsächlich sogar *gestiegen;* die Regierung hat die Verschmutzung einfach in ländliche Regionen, in die ohnehin schwache Peripherie, verlagert.[4] Die Messwerte dort erregen weniger nationale und internationale Aufmerksamkeit, der politische Einfluss der Bevölkerung ist gering, und ihre Nöte bleiben relativ verborgen. In dem mitreißenden chinesischen Dokumentarfilm von 2015, *Under the Dome* (Unter der Glocke), sieht man ein sechsjähriges Mädchen aus der Kohlenbergbauprovinz Shanxi, einer der am stärksten belasteten Regionen Asiens.[5]

»Hast du jemals Sterne gesehen?«, fragt die Interviewerin.

»Nein«, antwortet die Kleine.

»Und was ist mit blauem Himmel?«, lautet die nächste Frage.

»Ich hab mal einen Himmel gesehen, der ein bisschen blau war«, erwidert die Sechsjährige.

»Und weiße Wolken?«

»Nein«, sagt das Mädchen entschieden.[*]

Nach den Daten der Weltgesundheitsorganisation sterben weltweit jährlich 4,2 Millionen Menschen an Luftverschmutzung außerhalb ihrer Häuser,[**] viele davon in China.[6] Kinder sind meist die ersten Opfer: Jedes Jahr verlieren weltweit 1,7 Millionen Kinder

---

[*] Der Film, eine unabhängige Produktion der Journalistin Chai Jing, wurde innerhalb knapp einer Woche rund 300 Millionen Mal aufgerufen und dann von den chinesischen Behörden aus dem chinesischen Internet gelöscht.

[**] Es gibt auch Luftverschmutzung innerhalb der Häuser, häufig wegen der Benutzung von Petroleum zum Kochen, von Kohleöfen usw. Sie kostet jährlich 3,8 Millionen Menschen das Leben.

infolge von Umweltverschmutzung jeglicher Art ihr Leben, meist an toxischen Partikeln und Schwermetallen in der Atemluft.[7] Neun von zehn Menschen, die an solchen Belastungen sterben, wohnen in Staaten mit niedrigen oder mittleren Löhnen, vorwiegend in Asien und Afrika.[8]

AUSBEUTUNGSZENTREN

Das ist der Preis einer schnellen industriellen Revolution, und diesen bezahlen heute Menschen in Peking, wie ihn früher Bewohner von Manchester oder London bezahlten, wo erstmals der Begriff »Smog« geprägt wurde. Aber es gibt einen bedeutenden Unterschied zu früher: Jene Fabriken in ganz China, die den Himmel und die Flüsse der Einwohner verschmutzen, produzieren mehr denn je riesige Warenmengen, die zumeist nicht für China, sondern für Kunden in Übersee, vor allem im Westen, bestimmt sind. Das ist oft der springende Punkt. Die Verlagerung der Industriezentren nach Ostasien exportiert auch die Umweltverschmutzung der nördlichen Hemisphäre in die Entwicklungsländer. Laut einer internationalen Studie von 2017, die Daten von 228 Staaten und Territorien untersuchte und in der Zeitschrift *Nature* veröffentlicht wurde, starben innerhalb nur eines Jahres weltweit an die 750 000 Menschen an Luftverschmutzung als Begleiterscheinung von Güterproduktion und Dienstleistungen, die in einem geografischen Bereich erbracht und in einem anderen verbraucht wurden.[9] Vermutlich ist diese Zahl seither erheblich gestiegen.* Keine Mauern oder Zäune können diese giftigen Partikel aufhalten, und sie lassen sich auch nicht einer bestimmten Fabrik zuordnen. Die Verfasser der Studie schätzten, dass im selben Jahr auch 411 000 Menschen an Partikeln

---

* Untersucht wurden die Daten von 2007.

starben, die aus Schloten und Fabriken in anderen Weltgegenden stammten.

»Wenn Importwaren weniger kosten, weil in ihren Herstellungsregionen Luftverschmutzung lascher kontrolliert wird, dann sind die Ersparnisse der Konsumenten möglicherweise mit anderswo verlorenen Menschenleben erkauft«, sagen die Wissenschaftler.[10] Nicht nur das Smartphone wird wegen der billigen Lohnkosten in Asien hergestellt, sondern auch die dabei entstehende Umweltverschmutzung bleibt größtenteils dort – und tötet auch dort. Die vollkommene Form der Globalisierung findet über unseren Köpfen in der Atmosphäre statt. Ohne Passkontrollen, Zölle oder organisierte internationale Koordination bewegen sich die Partikel frei im Raum – und natürlich auch die Treibhausgase. Mit dem Voranschreiten dieser Art Globalisierung wird auch die Zahl der Opfer weltweit wachsen. Konkrete Schätzungen gehen davon aus, dass allein in China jährlich 110 000 Menschen an der Luftverschmutzung sterben, die bei der Produktion für Westeuropa und die USA entsteht.[11]

Globalisierung schafft nicht nur *Hightech hubs,* Hightech-Zentren, sondern auch *exploitation hubs,* Ausbeutungszentren. Europäische und amerikanische Konzerne, die Rohstoffe in Afrika abbauen oder Waren in Asien produzieren lassen, nutzen nicht nur – wie vor Ort gewünscht – die niedrigeren Lohn- und Herstellungskosten, sondern auch die niedrigeren Umweltstandards und ihre nachlässige Durchsetzung. Die Beschäftigung in westlich geführten Betrieben bietet örtlichen Arbeitskräften gelegentlich bessere Bedingungen, aber Ausbeutung findet dennoch statt aufgrund einer ganzen Bandbreite einander teils überschneidender Ungerechtigkeiten. In diesen Ausbeutungszentren arbeiten Menschen womöglich unter schlechten Bedingungen, genießen keinen Schutz durch Gewerkschaften oder andere Arbeiternehmervertretungen, leiden an den Folgen von Luftverschmutzung und sind auch noch ihrer Bürgerrechte beraubt. In vielen Fällen lässt ein Staat es zu, sein Gebiet oder einzelne Landstriche in Ausbeutungszentren zu verwandeln, weil seine politischen Institutionen schwach oder korrupt sind und nach Devisen hungern. Diese Institutionen – und die Oligarchien, die sie steuern – können ihrerseits Teile der Bevölkerung ausbeuten. Wenn Ausbeutungszentren emporwachsen, florieren auch heimische Unternehmen, Behörden und Repräsentanten, die von diesem Wachstum profitieren, erhebliche Summen darin investieren und ein entsprechend großes Interesse an ihrem Fortbestand haben. Hinzu kommt eine weitere Gefahr: Wenn Regierungen und Behörden von Entwicklungsländern erstarken und auf öffentlichen Druck der örtlichen Bevölkerung höhere Standards durchsetzen können, flüchten die Industriekonzerne unter Umständen aus den Ausbeutungszentren und hinterlassen Arbeitslosigkeit und einen Wirtschaftskollaps.

Es hat keinen Sinn, die Ausbeutungszentren unter dem Gesichtspunkt einer strikten Unterscheidung in »Zentrum« und »entlegene Regionen«, Peripherie und Metropole zu betrachten.* Wir leben nicht im antiken Rom – einst ein echtes Zentrum, von dem Wege und Machtausübung weit in die Provinzen reichten – und auch nicht in der Zeit des britischen Empires. Heutzutage befinden sich die Zentren legendären Reichtums nur einige Kilometer oder wenige Hundert Meter entfernt von den Zentren der Ausbeutung. Diese sind flexibel und dynamisch – ebenso wie der Fluss von Kapital, Arbeit und Produktion. Früher beispielsweise dienten die chinesische Hauptstadt Peking und ihre Peripherie als Ausbeutungszentrum mit massiver Luftverschmutzung durch Kraftwerke und Produktionsstätten. So gab es ein Nebeneinander der Macht und der Privilegien der Hauptstadt einerseits und der Ausbeutung andererseits, unter der die schwachen Bewohner der-

---

* Bedeutend in diesem Zusammenhang ist Immanuel Wallersteins wegweisende Arbeit, die die Dynamik zwischen Peripherie und Zentrum in Weltwirtschaft und Welthandel behandelt.

selben Stadt litten, diejenigen, die lange Stunden körperliche Arbeit im Freien, in der verseuchten Luft, leisten mussten und sich keine teuren Filter für ihre Häuser leisten konnten. Die Dynamik des Strebens in die Peripherie besteht natürlich weiterhin. Die chinesische Regierung macht immer neue schwächere und ärmere Regionen – vor allem Industriestädte, die weniger wichtig sind als Peking – zu Ausbeutungszentren, indem sie Kraftwerke und Fabriken mit hohem Schadstoffausstoß dorthin verlagert. Im Grunde verfährt China mit seinen abgelegenen Provinzen, wie die industrialisierte Welt mit China und dem globalen Süden verfährt.

Ein Ende ist nicht abzusehen, im Gegenteil: Seit einigen Jahren verlegt China viele seiner CO_2 ausstoßenden Fabriken in andere südasiatische Staaten wie Bangladesch und Vietnam.[12] So kopieren die Ausbeutungszentren einander, wie Agent Smith in den Matrix-Filmen.

Wiegt der niedrige Preis unserer technischen Spielzeuge die grassierenden Krankheiten auf oder die künftige Behandlung von Kindern, die sich Bleivergiftungen aus der Luft zuziehen? Natürlich nicht. Die Globalisierung beurteilt Effizienz allein nach dem engen Standpunkt der Konzerne. Wer bezahlt letztlich den Preis für jene Kosten, die nicht im Verbraucherpreis zum Ausdruck kommen – den Schaden für die Umwelt und den Menschen? Der Erdball und die Toten – sie können nicht reden. Und wichtiger noch: Die leidenden Menschen stellen keine direkte Bedrohung für Politiker und Konzerne dar.

————

Umweltverschmutzung ist die äußerste Form von Ausbeutung. China ist ein hervorragender Ausgangspunkt für die Untersuchung dieser Ausbeutung wegen des entscheidenden historischen Augenblicks der Opiumkriege. Die dunkle Seite der Globalisierung bleibt unverständlich, wenn man nicht an die britischen Kriegsschiffe und die sie entsendenden Kräfte erinnert.

Wirtschaftshistoriker behaupten, Indien und China hätten in den letzten zweitausend Jahren zumeist über 70 Prozent der Weltproduktion hervorgebracht.[13] Diese Zahl illustriert die Überlegenheit und Stärke, die der Ferne Osten bis vor rund dreihundert Jahren fast in jeder Hinsicht innehatte. Schon Marco Polo bewunderte Chinas Wirtschaftsstärke, und auch seine Regierungsform und die konfuzianische Philosophie fanden großen Anklang. Der deutsche Philosoph Gottfried Wilhelm Leibniz meinte 1699, die Chinesen seien in ihrem Rechtssystem und ihrer Ethik überlegen, in Mathematik und Kriegsführung jedoch unterlegen, »weniger aus Ignoranz als aus Absicht. Denn sie verachten alles, was bei den Menschen Aggressionen erzeugt und fördert.«[14]

Zweiundzwanzig Jahre später hielt der deutsche Philosoph Christian Wolff als Prorektor der Universität Halle vor rund tausend Zuhörern eine Festrede über die praktische Philosophie der Chinesen. Der Vortrag erwies sich als schicksalhaft. Seine Ausführungen über Konfuzianismus und Christentum wurden – wohl zu Unrecht – als Ausdruck einer atheistischen Grundhaltung ausgelegt. Wegen seiner Sympathie für die chinesische Philosophie musste er die Universität und die Stadt Halle augenblicklich verlassen, um nicht der Gotteslästerung angeklagt zu werden.[15]

Dieser Skandal zeigt, wie sehr China den Westen beeindruckte, aber letztlich standen Handelsbeziehungen im Vordergrund. Schon zu Zeiten des Römischen Reiches war chinesische Seide ein absoluter Verkaufsschlager, so sehr, dass der Senat 14 n. Chr. das Tragen von Seidenkleidung verbieten musste – wegen des vielen Goldes und Silbers, das in den Osten floss, um diese teure Mode zu finanzieren. Mit dem Fortschritt des Schiffsverkehrs wollten die großen Handelsimperien möglichst viel in China einkaufen: Seide, Porzellan, Gewürze und natürlich den modischen Trend seit dem 17. Jahrhundert – Teeblätter. Die Schiffe machten sich von den chinesischen Häfen vollbeladen auf den Weg zu begeisterten Kunden im Westen, doch stießen die Kaufleute, nicht anders als heute, auf ein dramatisches Problem: ein Handelsdefizit. Die Chinesen wollten schlichtweg nichts aus dem Westen importieren und auch keine gleichberechtigten Handelsbeziehungen aufbauen.

Kaiser Qianlong erklärte das anschaulich in einem Brief von 1793 an den englischen König Georg III.:»Unser Himmlisches Reich besitzt alle Dinge in reicher Fülle und entbehrt kein Produkt in seinen Grenzen«, schrieb er.»Daher bestand keinerlei Bedarf, die Erzeugnisse ausländischer Barbaren im Austausch für unsere eigenen Waren zu importieren.«[16] Der Kaiser erklärt dem britischen König, als sei dieser wahrlich begriffsstutzig, dass die Chinesen sich überhaupt als großzügig erwiesen, da sie den britischen Kaufleuten erlaubten, ihre hervorragenden Produkte zu erwerben. Insofern sei er bereit, einige Barmherzigkeit walten zu lassen, denn:»Ich vergesse nicht die einsame Entlegenheit Eurer Insel, von der Welt abgeschnitten durch Meeresströme.« Traditionell wurde dieser Brief dahingehend ausgelegt, dass man in China nichts von Großbritanniens damaliger Stärke ahnte und sich beharrlich von der Welt abschotten wollte. Heutige Wissenschaftler meinen, der Kaiser habe die wachsende Macht Großbritanniens möglicherweise erkannt und mit seinem scheinbar überheblichen Brief die drohende britische Einmischung abwehren wollen.

Falls er das beabsichtigte, erlitt er einen Misserfolg. Die britischen Kaufleute suchten beharrlich nach einer Ware, die ihr wachsendes Handelsdefizit ausgleichen könnte. Da die Chinesen keine legalen Waren vom Westen haben wollten, fanden die Kaufleute und die Ostindien-Kompanie, die sich in jenen Jahren etablierte, eine illegale Ware: Opium. Chinesische Kaiser hatten den Anbau von Schlafmohn sowie den Verkauf und Genuss von Opium untersagt, aber das Verbot erhöhte nur die Nachfrage. Das Monopol des Opiumanbaus, das die Ostindien-Kompanie in Bengalen errichtete, diente dem über Zwischenhändler abgewickelten Import und Schmuggel der Droge nach China. Mit den in China gemachten Einnahmen erwarb die Kompanie Seide, Porzellan und Tee für ihre

Kunden in Großbritannien. Das Problem des Handelsdefizits war gelöst.

Tatsächlich wurde die Ostindien-Kompanie in den ersten Jahrzehnten des 19. Jahrhunderts so zum größten Drogenhändler der Welt. Das Opium brachte den Briten mehr ein als die Steuern, die sie von der indischen Bevölkerung eintrieben, ja sogar mehr als jedes andere Agrarprodukt in Indien.[17] Die Briten erkannten sehr wohl das moralische Problem des Opiumhandels und seiner schlimmen Folgen. William Jardine, einer der großen Akteure im Opiumschmuggel nach China, warnte einen Passagier, der im Begriff stand, an Bord zu gehen, brieflich: »Wir zögern nicht, Ihnen offen zu erklären, dass wir uns im Wesentlichen auf Opium stützen ... Viele betrachten dies als unmoralischen Handelsverkehr, doch dieser Handel ist absolut notwendig, um jedem Schiff eine vernünftige Chance zur Deckung seiner Kosten zu geben ...«[18]

Die chinesischen Behörden versuchten den Opiumhandel aus wirtschaftlichen und sozialen Gründen zu bekämpfen. Abgesehen vom Kapitalabfluss nach Großbritannien, der den Kaiserhof erboste, machte die Droge weite Bevölkerungskreise abhängig und zerstörte ganze chinesische Stadtviertel. Die Behörden vernichteten ungeheure Mengen an Opium und Opiumpfeifen, konnten jedoch die Nachfrage einer wachsenden Zahl von Süchtigen nicht bremsen – wie die USA heute in ihrem Kampf gegen die um sich greifende Heroinepidemie scheitern. Das Ganze war ein enormer Handelserfolg für die Briten – und ein Drama für das chinesische Imperium.

DER ERSTE OBERSTE DROGENBEKÄMPFER

Heute kann man durch die Straßen der Verbotenen Stadt schlendern und trotz der Touristenmassen und Kamerablitze noch das Gefühl der Nichtigkeit und Unterlegenheit empfinden, das die Stadt

Normalsterblichen einzuflößen suchte. Schon die Ortsbezeichnungen sollten den chinesischen Hofbeamten in ehrfürchtiges Beben versetzen, wenn er dort ein und aus ging, wo der Kaiser höchstpersönlich wandelte. Er trat durch das »Tor der göttlichen Macht« und wandte sich der »Halle der höchsten Harmonie« zu. Hier hasteten zu Beginn des 19. Jahrhunderts die verzweifelten Hofbeamten des Kaisers Daoguang, eines wohlmeinenden Herrschers, der die wachsenden Nöte seines Landes recht gut kannte. Von diesen uralten Straßen aus versuchte das Chinesische Kaiserreich seine Souveränität zu verteidigen. Lin Zexu, ein treuer, sorgfältiger und unbestechlicher Mann, wurde dazu auserkoren, das Reich auf einem stolzen, aber rückblickend grundfalschen Weg zu leiten, der in Zerstörung endete.

Auf Gemälden sieht man ihn elegant und mit klugen Augen, der Bart lang, schmal und weiß. Lin war der Archetyp des chinesischen Gelehrten, ein ausgezeichneter Administrator, ein Meister der Ethik und der politischen Führung. Er wusste, dass das Opium eine schreckliche Krankheit war, die es auszurotten galt, und er brachte den Kaiser auch davon ab, einen radikalen Ratschlag zur Legalisierung anzunehmen. Seine Erfolge im Kampf gegen die Droge in den Provinzen, die ihm unterstanden, sicherten ihm einen kometenhaften Aufstieg am Kaiserhof. Er wurde der erste oberste Drogenbekämpfer der Weltgeschichte. Der Vizekönig Lin brachte es fertig, immer wieder größere Mengen der Droge zu vernichten; einmal bat er sogar den Geist des Meeres um Vergebung, weil er dessen Reich mit dem harten Stoff besudelte.[19] Im Rahmen dieser Kampagne schrieb er seinen berühmten Brief an die britische Königin Victoria, in dem er das seiner Nation angetane Unrecht anprangerte: »Eure fremden Schiffe kommen hierher, wetteifern untereinander um den Handel mit uns, und das einfach nur wegen ihres starken Begehrens, Profit zu machen ... Aus welchem vernünftigen Grund sollten diese Fremden im Gegenzug eine giftige Droge schicken, die eben jene Einwohner Chinas zerstört? ...

Und da dies der Fall ist, müssen wir fragen, was mit dem Gewissen geschehen ist, das der Himmel in die Brust aller Menschen eingepflanzt hat?«[20] Königin Victoria hat den Brief vermutlich nie gelesen. Das britische Empire machte sich in heiligem Zorn auf, sein Recht auf die Verbreitung von Drogen zu verteidigen. 1839 begann der Erste Opiumkrieg, der erste Krieg der modernen Globalisierung. China verlor ihn und danach den Zweiten. Das Land kapitulierte, musste erniedrigende Bedingungen und Landverluste akzeptieren. Das war nur der Anfang der chinesischen Katastrophe; nach den beiden Opiumkriegen sank der chinesische Anteil an der Weltwirtschaft um die Hälfte.[21] In Peking nennt man diese Epoche »das Jahrhundert der Demütigung«.

Es waren die Globalisierung und der dahinterstehende technische Fortschritt, die China unterwarfen; es gab Nachfrage, Angebot und eine Handelsgesellschaft, die von einer imperialen Macht unterstützt wurde.[22] Es war von Anfang an eine ruchlose Angelegenheit. William Gladstone, der spätere legendäre britische Premierminister, opponierte gegen die Förderung des Opiumhandels und warnte im britischen Parlament: »Ich kenne keinen Krieg und habe auch von keinem gelesen, der von seinem Ursprung her ungerechter und mehr dazu angetan ist, Schande über dieses Land zu bringen.« Einmal sagte er sogar, die Chinesen seien »berechtigt«, die Brunnen zu vergiften, um die Engländer fernzuhalten.[23]

Gladstones scharfer Protest änderte nichts. Der Kapitalismus und Chinas militärische Schwäche verwandelten das Land unweigerlich in ein Ausbeutungszentrum. Diese Demütigung erschütterte den gesamten altehrwürdigen Staat und bestimmte den politischen Diskurs für viele Jahre.

1920 ging ein kleiner, schmaler, junger Chinese an Bord eines Schiffes, um in einer Gruppe von gut zweihundert Schülern nach Frankreich zu fahren. Mit sechzehn Jahren und vier Tagen war er der Jüngste. Sein ergriffener Vater hatte ihn am Vorabend gefragt, warum er wegfahren wolle. »Um Wissen und Wahrheit vom Westen zu lernen, um China zu retten«, hatte der Junge daraufhin seine Lehrer zitiert.[24] Die Demütigung saß so tief in den Herzen der Chinesen, dass Jahrzehnte nach der Niederlage in den Opiumkriegen Jungen und Mädchen mit dem Gefühl aufwuchsen, ihr Land – zerrissen und ökonomisch rückständig – bedürfe der Rettung. Anders als der traditionalistische Staatsführer Lin Zexu hatten die Lehrer dieser jungen Leute eingesehen, dass China nur durch ständige Interaktion mit dem Westen und dessen Ideen zu retten war.[*] Die Kommunistische Partei Chinas betrachtet Kaiser Qianlongs überhebliche Antwort – mit der Verachtung für die Briten und ihre Erzeugnisse – bis heute als versäumte historische Gelegenheit, sodass China vom ersten Kapitel der wirtschaftlichen Globalisierung ausgeschlossen blieb.[25]

Der Name des Jungen war Deng Xiaoping, von dem schon im vorigen Kapitel die Rede war. Die Geschichte von seiner Antwort auf die Frage seines Vaters ist die offizielle, zweckmäßige Version: Man kann und muss vom Westen lernen. Sein Aufenthalt in Paris führte ihn zum Marxismus und zur Revolution. Fünfzig Jahre später sollte er zum chinesischen Staatsführer aufsteigen und das Land in die größten Reformen seiner Geschichte führen, die China in eine wichtige Industriemacht des 21. Jahrhunderts verwandelten.[26] Als wachsende Supermacht ist der Anteil des Landes an der Weltproduktion von rund 4 Prozent 1989 auf 19 Prozent 2019 gestiegen. Gleichzeitig überstieg die Luftverschmutzung 2019 in Peking die von der Weltgesundheitsorganisation empfohlenen Grenzwerte um das Zehnfache.[27] Daneben schätzten Forscher der Chinese University of Hong Kong 2018, dass in China jährlich über 1,1 Millionen Menschen wegen des dichten Smogs vorzeitig sterben.

---

[*]   Lin wird in China bis heute als heldenhafter Patriot gefeiert, aber seine Politik wurde, wie gesagt, zugunsten eines pragmatischen Realismus aufgegeben.

DER SKLAVENAUFSTAND IN HAITI

Im Rahmen der Globalisierung und des technischen Fortschritts können die Triebkräfte von Angebot und Nachfrage sehr rasch in Gewalt ausarten. Das trifft für die Briten in China genauso zu wie für das monströse Regime, das Leopold II. von Belgien im Kongo unterhielt. Millionen Kongolesen starben unter der Schreckensherrschaft, die seine Agenten im »Kongo-Freistaat« aufbauten, der weder frei noch ein Staat war. König Leopold schuf sich eine Art Privatstaat zur Gewinnoptimierung mit einer Zwangsarbeitshölle. Gummi war ein gefragtes neues Gut, und die Kongolesen wurden zum Sammeln von Kautschuk gezwungen. Die Nichterfüllung der Sollmenge konnte mit dem Tod bestraft werden, manchmal auch mit der Entführung von Kindern als Geiseln. Die einheimischen Soldaten, die das Zwangssystem durchsetzten, erhielten Sold und Munition nur dann, wenn sie mit den abgehackten Händen exekutierter Kongolesen belegten, dass jede Kugel bestimmungsgemäß verwendet worden war. So wurden abgehackte Hände selbst zu einer Art Währung.

Dies ist ein besonders extremes Beispiel für die Entmenschlichung, die der Fremde in einem Ausbeutungszentrum bewirkt. Besitzt der Fremde militärische und wirtschaftliche Macht, tut er alles in seiner Kraft Stehende, um die Unterschiede auszunutzen und seine Gewinne zu erhöhen, ungehindert von moralischen Erwägungen. Wie die Borg, jene kybernetischen Organismen, die in den *Star-Trek*-Science-Fiction-Filmen Kulturen vernichten, erklären: »Wir sind Borg ... Eure biologische und technologische Singularität wird sich der unseren anschließen. Eure Kultur wird sich anpassen, um unserer zu dienen. Gegenwehr ist zwecklos.«

Aber Menschen wehren sich, erst recht, wenn sie mit liberalen Werten in Berührung kommen. Der Sklavenaufstand und die Revolution auf Haiti im 18. Jahrhundert waren direkte Folgen des internationalen Waren- und Sklavenhandels. Im Gegensatz zum Sklavenaufstand des Spartakus in Rom betraf das Geschehen auf der Karibikinsel das wirtschaftliche Machtgefüge, mit dem die Globalisierung bis heute einhergeht. »Die Haitianische Revolution bietet die beste Fallstudie überhaupt für eine revolutionäre Veränderung in der modernen Weltgeschichte«, schreibt Franklin Knight,[28] und sie ist sogar mehr als das: ein anschauliches Beispiel für das wiederkehrende Muster der Ausbeutung in der globalisierten Welt.

Haiti, oder Saint-Domingue, war eine der gewinnträchtigsten Kolonien der Welt und zweifellos die lukrativste für Frankreich. Sie deckte 40 Prozent des Zuckerbedarfs in Großbritannien und Frankreich, und Zucker war damals eine kostspielige Angelegenheit; außerdem lieferte die Insel 60 Prozent des Kaffees auf der Welt. Zu Beginn des 18. Jahrhunderts exportierte Saint-Domingue so viel wie die dreizehn britischen Kolonien in Nordamerika zusammen.[29] Es war ein Paradies des Profits für die Plantagenbesitzer und die Aktionäre, die hinter ihnen standen, aber die absolute Hölle für diejenigen, die diesen Reichtum schufen: die Sklaven.

Von 1697 bis 1804 trafen an die 800 000 Sklaven aus Afrika in Saint-Domingue ein, eine enorme Zahl für damalige Verhältnisse. Der Sklavenimport war derart umfangreich, weil die Sterberate jener Menschen, die eingefangen und unter harten Bedingungen verschleppt wurden, sehr hoch war. Die Grausamkeit der Plantagenbesitzer in Haiti war sprichwörtlich. Überlieferten Berichten zufolge wurden aufbegehrende Sklaven auf verschiedene Weise zu Tode gebracht: in Säcken ertränkt, in Sümpfen gekreuzigt, bei lebendigem Leib in die Kessel geworfen, in denen die Zuckermasse kochte, an den Beinen aufgehängt, bis sie starben, und was den abscheulich grausamen Plantagenbesitzern sonst noch einfiel. Über die Jahre wurden einige aus der Sklaverei entlassen; andere wurden als Kinder weißer Sklavenhalter und afrikanischer Sklavinnen geboren.[30]

Nach und nach gewannen die »*Gens de couleur libres*«, die »freien Farbigen«, wie die weißen Franzosen sie nannten, Landbesitz, Macht und Einfluss und wurden ein wichtiger Faktor in der Kolonie. Vor allem wurden sie sich ihrer Rechte und ihres Anteils an der Wirtschaftstätigkeit auf der Insel bewusst. In Haiti bildeten sich voneinander geschiedene Stände: befreite Schwarze und Mulatten, reiche Weiße (»grands blancs«), arme Weiße (»petits blancs«) und eine Stufe unter all diesen die große Mehrheit der Hunderttausenden Sklaven sowie Gruppen entflohener Sklaven, die in den Bergen lebten und als »marrons« bezeichnet wurden.

Der Machtzuwachs der Farbigen beunruhigte zunehmend den Stand der Sklavenhalter. Die französischen Gouverneure der Insel schrieben in den 1750er-Jahren an das französische Überseeministerium: »Diese Menschen beginnen die Kolonie anzufüllen, und es ist die größte Verdrehung, sie, deren Zahl unter den Weißen stetig steigt, oft mit größeren Vermögen als die Weißen zu sehen. ... Da ihre strikte Genügsamkeit sie veranlasst, ihre Profite alljährlich zur Bank zu bringen, häufen sie ungeheure Kapitalmengen an und werden arrogant, weil sie reich sind, und ihre Arroganz wächst im Verhältnis zu ihrem Reichtum. Auf diese Weise gehört in vielen Distrikten das beste Land den Mischlingen ... Diese Farbigen imitieren den Stil der Weißen und sind bemüht, jede Erinnerung an ihren früheren Stand auszulöschen.«[31]

Der Unmut der Weißen war verständlich. Die befreiten Schwarzen und ihre Nachkommen sowie die Mulatten (»affranchis«) verletzten die gängige weiße Wahrnehmung von Sklaven – und Afrikanern im Allgemeinen –, deren Ausbeutung wegen ihrer Herkunft und ihrer angeblich geringen Geisteskräfte berechtigt sei. Dies geschah überall in der Karibik, und der französische König gab die oberste Maxime aus: Menschen, die keine Weißen sind, könnten dem rassischen Kainsmal nicht entgehen. In seinen Worten: »Sie behalten auf ewig die Prägung der Sklaverei.«[32]

Wegen der Bedrohung, die die »freien Farbigen« für das Machtgefüge der Plantagenkolonie darstellten, erließen die reichen weißen Kaufleute Bestimmungen, die man als die wohl ersten Apartheidsgesetze der Welt bezeichnen kann. Dies verstärkte sich noch gegen Ende des 18. Jahrhunderts. Befreite Schwarze und Mulatten durften sich nicht wie Weiße kleiden, nicht mit Weißen speisen, sich nicht nach 21 Uhr versammeln, nicht wetten, nicht verreisen, keine juristischen oder medizinischen Berufe ausüben, kein öffentliches Amt bekleiden und anderes mehr.[33] Die Strafen reichten von Bußgeldern bis zum Verstümmeln. Da die Nichtweißen jedoch vorsichtiger mit ihren Geldern umgingen als die französischen Kolonialisten, durften sie Finanzgeschäfte betreiben. Ihr Fleiß und die von ihnen vergebenen Kredite trugen wesentlich zur außerordentlichen Blüte Saint-Domingues bei.

Und dann trafen Nachrichten von der Französischen Revolution ein. Gerüchte über die Niederwerfung des Adels und die Absetzung des Königs erreichten die Kolonie und wurden von befreiten Schwarzen und Mulatten verbreitet. Mit den Gerüchten kam die Hoffnung auf eine andere Ordnung. Diese arglosen Menschen glaubten, der Liberalismus würde auch ihnen, den Schwarzen, gelten. Einer von ihnen war Vincent Ogé, ein Mulatte, der aus dem revolutionären Paris mit dem glühenden Glauben zurückkehrte, die Vormacht der Weißen in Saint-Domingue müsse aufhören. Er begann einen Aufstand. Ogé wurde festgenommen, gerädert, verstümmelt und geköpft.[34] Später gewährten die Revolutionäre in Paris den Mulatten und den freien Schwarzen gewisse Bürgerrechte, keinesfalls jedoch den Sklaven. Im August 1791 wurde bei einer geheimen Voodoo-Zeremonie im Bois Caïman der Aufstand ausgerufen. Die Haitianische Revolution nahm ihren Lauf. Es war kein »Ausbruch«, sondern der sorgfältige Plan einer etablierten, kleinen Zivilisation, die gegen alle Erwartungen unter den Fittichen des französischen Kolonialismus hatte wachsen können.

Die schwarzen Jakobiner heißt das Standardwerk, mit dem Cyril Lionel Robert James die Geschichte jener Revolution dem historischen Vergessen entriss und auch erklärt, wieso sie bis heute relevant ist. James schildert, wie der Kampf zwischen den weißen Plantagenbesitzern und den Sklaven Haiti zerriss, und wie dem Feuer eine Reihe von Anführern entstiegen, an erster Stelle Toussaint L'Ouverture, ein befreiter Sklave, der fast immer in französischer Uniform abgebildet ist. James erklärt den Erfolg des Revolutionsführers mit seiner vollständigen Emanzipation vom weißen Mann. »Es gehört zu Toussaints höchsten Verdiensten, daß er einerseits die europäische Zivilisation als wertvoll und notwendig ansah und sich bemühte, sie seinem eigenen Volk zu erschließen, sich andererseits aber keinerlei Illusionen hinsichtlich ihrer etwaigen moralischen Überlegenheit hingab. Er kannte die französischen, britischen und spanischen Imperialisten als die unersättlichen Gangster, die sie waren. Er wußte, es gab keinen Eid, der ihnen so heilig gewesen wäre, daß sie ihn nicht gebrochen, kein Verbrechen, keinen Betrug, keinen Verrat, keine Grausamkeiten, keine Vernichtung menschlichen Lebens und materieller Werte, die sie an Wehrlosen nicht verübt hätten.«[35] L'Ouverture lavierte zwischen den Mächten, die in der Gegend agierten – Franzosen, Spaniern und Briten –, und wechselte gelegentlich die Seiten. Die Haitianische Revolution war nicht einfach eine Konfrontation von Sklaven und Mulatten gegen weiße Europäer; anfangs stellten sich einige der Mulatten an die Seite der Weißen gegen die aufständischen Sklaven, und auch die Weißen waren uneinig untereinander.

Die Revolution war ein brutaler Kampf mit Überfällen, Gefechten, Massenhinrichtungen und Folter. Über 200 000 Menschen starben, vorsichtig geschätzt, in diesem Krieg. Jedes Abkommen wurde verletzt, jeder Waffenstillstand gebrochen. Es war eine der großen Niederlagen Napoleons als Anführer Frankreichs; all seine Bemühungen, darunter die Festnahme L'Ouvertures und sein Tod im Gefängnis, konnten den Aufstand nicht unterdrücken. »Die Reichen geben sich nur geschlagen, wenn sie um ihr Leben laufen«, bemerkt James in seinem Buch.[36]

Und schließlich wurden sie besiegt und flohen. 1801, einige

Jahre nach Errichtung der Französischen Republik, setzten die schwarzen Sklaven von Haiti das bis dahin radikalste Gesellschaftsmodell der Geschichte um: echte Gleichheit. Sie verkündeten eine Verfassung, die den Werten der amerikanischen Verfassung angelehnt war, im Gegensatz zu dieser jedoch jeglichen Rassismus ablehnte:»Alle Menschen, ungeachtet ihrer Hautfarbe, sind berechtigt, jeder Beschäftigung nachzugehen ... Es soll keine andere Unterscheidung bestehen als die nach Tugend und Talent und kein anderer Vorrang als der in Ausübung eines öffentlichen Amtes vom Gesetz gewährte.«[37]

Die Haitianische Revolution, die 1804 – nach einem schrecklichen Massaker an den französischen Siedlern – endete, führte zur Gründung des ersten modernen Staates in der Karibik, des ersten schwarzen Staates der Welt, der zweiten Demokratie in der westlichen Hemisphäre und eines Gebiets ohne Sklaverei, während die USA noch ein halbes Jahrhundert bis zu deren Abschaffung benötigen sollten – und auch das erst nach dem Blutbad des Bürgerkriegs.

Die Kolonie war derart zerstört und die Zahl ihrer Opfer so groß, dass nur 170 000 der 425 000 befreiten Sklaven gesundheitlich in der Lage waren zu arbeiten. Aber das größte Problem des Staates war schlichtweg seine Existenz: ein unabhängiger Inselstaat rebellischer schwarzer Sklaven in einer Welt, die von weißen Imperien und Sklavenhändlern beherrscht wurde. Haiti litt unter Ächtung und häufigen Angriffen. Die Gründerväter der Vereinigten Staaten von Amerika, angeführt von Thomas Jefferson, der selbst Sklaven hielt, ignorierten das unerhörte Staatsgebilde, die unabhängige Insel der Schwarzen, und untersagten jeglichen Handel mit ihr.[38] Kein Staat erkannte Haiti an, und einer der blühendsten Orte der westlichen Hemisphäre verwandelte sich in ein verfluchtes Land.

Die Franzosen entsandten 1825 eine Flotte, um Rache zu üben. Der Widerstand Haitis war vergebens, und der Staatschef musste einen demütigenden Vertrag mit Frankreich unterzeichnen. Unter der Bezeichnung »Unabhängigkeitsentschädigung« sollten die Verluste ausgeglichen werden, die dem französischen Staat und seinen Sklavenbesitzern verursacht worden waren, und das mit Zins und Zinseszins. In der Moderne ersetzt eine Staatsschuld mit Leichtigkeit die Peitsche. Der junge und heimgesuchte Staat war mittellos. Er zahlte die ersten Raten mittels Anleihen einer französischen Bank, die vom französischen Staat das Monopol für die Eintreibung erhalten hatte. Die Bank und ihre Institutionen nutzten das Monopol zu astronomischen Zinsforderungen, die dem Karibikstaat auferlegt wurden. Haiti zahlte diese Erpressersummen, die mit militärischem und ausbeuterischem Zwang eingetrieben wurden – *bis 1947*. Diesen letzten Satz kann man mit gar nicht genug Ausrufezeichen versehen.

2003 schätzte die Regierung Haitis, dass die arme kleine Insel um mindestens 21 Milliarden Dollar beraubt worden war – Gelder, die mehr als hundert Jahre lang dem Wiederaufbau hätten dienen können.[39] Die Franzosen weigern sich bis zum heutigen Tag, diese Beträge zurückzuerstatten. Warum sollten sie auch? Werden die Briten gegenüber China die Schäden der Opiumkriege wiedergutmachen? Und die Belgier – werden sie den Kongo für die schrecklichen Narben entschädigen, die sie dem Land zugefügt haben?

Haiti hat sich von dieser Bürde nie wieder erholt. Es hat um seine Freiheit gekämpft, doch die Ketten der Sklaverei wurden von anderen – finanziellen – Ketten abgelöst.[40] Darin liegt auch die große Bedeutung dieser Geschichte über die Haitianische Revolution: Es geht nicht nur um die Rebellion und deren Erfolg, auf die gewöhnlich abgehoben wird, sondern um die langfristige Zerstörung des zum Ausbeutungszentrum erniedrigten Landes.

Bougainville ist die größte Insel im Archipel der Salomonen, dem sie auch kulturell zugehört. Infolge eines Kolonialvertrags wurde die Insel jedoch dem rund tausend Kilometer entfernten Papua-Neuguinea angegliedert – und nicht dem Inselstaat der Salomonen.[*] Das war die eine Wurzel des Übels. Ende der 1960er-Jahre entdeckte man Bodenschätze auf der Insel, vor allem ungeheure Mengen an Kupfer und Gold im Schätzwert von Dutzenden Milliarden Dollar. Die Firma Bougainville Copper Limited, im Besitz des großen britisch-australischen Bergbauunternehmens Rio Tinto, erwarb die Schürfrechte und eröffnete in den 1960er-Jahren die Panguna-Mine, eines der größten Tagebau-Bergwerke der Welt. Deren riesiger Bergkegel veränderte die örtliche Landschaft, und die Anwohner behaupteten, die giftigen Rückstände, die beim Abbau anfielen, würden in das Guava-Tal und seine Flussläufe entsorgt.[41] Es ging um ein strategisches Wirtschaftsprojekt für Papua-Neuguinea, so groß, dass die Einnahmen daraus irgendwann knapp 45 Prozent des gesamtstaatlichen Exporterlöses erreichten. Damit einher gingen natürlich die wirtschaftliche Entwicklung von Bougainville, die Übersiedlung von Arbeitern aus Papua-Neuguinea und eine dramatische Veränderung der Gesellschaftsstruktur. Spannungen entstanden vor allem wegen der geringen Entschädigungen, die die ursprünglichen Eigentümer der Bergbauflächen erhielten. Hinzu kamen die Arbeitsmigranten und die Umweltverschmutzung durch den Kupferabbau: Bauerngruppen behaupteten, ihre Flüsse seien vergiftet worden und ihre Kinder erlitten gesundheitliche Schäden wegen der Verschmutzung. Eines ist unstrittig: Die Insel und ihre Bewohner wurden in nur unerheblichem Maß an den

---

[*] Ende des 19. Jahrhunderts bemächtigte sich Deutschland der Insel. Während des Ersten Weltkriegs besetzte Australien sie und gliederte sie dem Territorium von Papua-Neuguinea an, 1920 wurde sie Teil des vom Völkerbund an Australien übertragenen Mandatsgebiets.

Riesengewinnen beteiligt, die man aus ihrem Boden holte. Dieser Umstand ist besonders heikel, weil die Einheimischen sich ohnehin kaum mit der Regierung des fernen Papua-Neuguinea verbunden fühlten.

1988 rebellierten die Inselbewohner. Sie brachen in die Mine ein, stahlen Sprengstoff und begannen so den Aufstand. Die örtliche Führung, die der Regierung von Papua-Neuguinea gegenüber loyal war, rief das Militär zu Hilfe. Die Kämpfe in Bougainville entwickelten sich zum tödlichsten Konflikt im Stillen Ozean seit dem Zweiten Weltkrieg. Jahrelang verhängte die Regierung von Papua-Neuguinea, mit australischer Unterstützung, eine Seeblockade über die kleine Insel. Patrouillenboote umrundeten ihre Küsten und ließen keine Waren, Nahrungsmittel oder Medikamente hinein. Parallel dazu brach ein Bürgerkrieg zwischen verschiedenen Gruppen auf der Insel aus, der ebenfalls viele Opfer kostete. Schätzungsweise 15 000 Bewohner von Bougainville starben, darunter Hunderte von Kindern, die einer Malariaepidemie erlagen. 6 bis 10 Prozent der Inselbewohner kamen infolge dieser Ereignisse ums Leben.

Die Blockade hielt die Rebellen nicht auf. Sie konnten das Militär aus Papua von der Insel vertreiben und schafften es mit außerordentlichem Einfallsreichtum, die Motoren ihrer Schiffe, Autos und Lastwagen mit aus heimischen Kokosnüssen gewonnenem Palmöl anzutreiben. Sie richteten eine Selbstverwaltung ein und nutzten Wasserkraft für eine bescheidene Stromproduktion, die örtliche Gemeinschaft reaktivierte längst aufgegebene landwirtschaftliche Methoden. Der Krieg dauerte Jahre und endete mit einem relativen Sieg der Inselbewohner: Sie erreichten einen Friedensvertrag, die Anerkennung ihres Selbstbestimmungsrechts und die Anerkennung der Rechte der Bewohner an den Bodenschätzen ihrer Insel. 2014 entschuldigte sich die Regierung bei den Bewohnern von Bougainville für den tödlichen Krieg.[42]

Wie in Haiti ist dies ein ermutigender Ausgang. Weitere Folgen waren die Schließung der Mine, der massive Schaden für die lokale Wirtschaft und tiefe Narben in der Seele der fragilen und zerstrittenen Gesellschaft. Diese kämpft weiter intern und mit der Regierung von Papua-Neuguinea um die Rechte an der Mine. Während des Verfassens dieser Zeilen verrotten große Laster in der offenen Grube, die der Tagebau ins Land gefressen hat, umspült von verseuchten Wasserläufen. Die örtliche Regierung erklärte 2019, sie werde die Mine bis auf Weiteres geschlossen halten, aus Sorge, die Wiedereröffnung würde erneut Tod und Gewalt auslösen.

Und der Bergbaumulti Rio Tinto? Die Gesellschaft verzichtete 2016 auf ihren Anteil an der Mine. Der australische *Sydney Morning Herald* veröffentlichte ihre Antwort auf die Forderung der Inselregierung nach Entschädigung für die Umweltzerstörung:»Wir glauben, dass [die Gesellschaft] alle gesetzlichen Regelungen und geltenden Standards jener Zeit voll erfüllt hat«, zitierte das Blatt ein Schreiben von Rio Tinto an John Momis, den Präsidenten der autonomen Region Bougainville.[43]

Der permanenten Revolution der Globalisierung steht das Lokale gegenüber. Es möchte auf ihren großen Wellen mitschwimmen, aber auch sich selbst, seine Rechte und seine Identität bewahren. Wie wir im Fall Bougainville gesehen haben, gibt es keine unantastbaren Inseln. Die ökonomischen Kräfte entdeckten das Potenzial der Bodenschätze auf jener entlegenen Insel. Sie verwirklichten die dunkelste Seite der Globalisierung:»Ich kam, beutete aus und ging.« Trotzdem haben die Bewohner von Bougainville heute mehr Rechte an ihren Bodenschätzen als jemals zuvor und auch mehr Souveränität über ihr Schicksal. So kam es, weil sie gekämpft haben. Der große Tagebau ist in ihren Händen und kann ihnen bald großen Nutzen bringen.

———

Diese drei Kriege zeigen ein wiederkehrendes Muster von Handel und Globalisierung, das sich durch die Jahrhunderte zieht. Die Globalisierung verlangt weltweit die Gewinnung von Rohstoffen, die Öffnung der Märkte, die Diffusion von Arbeit und internationalem Kapital. In allen drei Fällen schuf die Gelegenheit, einen gefragten Rohstoff zu gewinnen, anzubauen oder zu verkaufen, Verhältnisse, in denen es, für einige Zeit, profitabel war, individuelle Rechte, örtliche Gemeinschaften oder nationale Souveränität mit Füßen zu treten. Konzerne nutzten die Staatsgewalt und staatliche Unterdrückung, um diese Ziele zu erreichen, gewannen Politiker, um ihre Profite zu schützen. Angebot und Nachfrage sind der Motor all dieser Geschichten, gelenkt von den Zyklen kurzfristiger wirtschaftlicher Effizienz. Diese Zyklen ignorieren lokale Gemeinschaften und verursachen irreparablen Schaden am physischen Zustand der Erdkugel. Wird die moralische und politische Distanz zwischen Konzern und Lokalem nicht durch starke, repräsentative Institutionen geregelt, führt sie unweigerlich zu Gewaltanwendung. Alle und alles außerhalb der florierenden Metropolen steht zur Verfügung, und sogar die Metropole selbst kann schnell ein Ausbeutungszentrum werden.

Doch es gibt eine positive Veränderung. In Haiti ging es um Vorgänge, die Jahrhunderte vor dem Sklavenaufstand stattgefunden hatten. Infolge der Opiumkriege wurde China für rund hundert Jahre unterdrückt. In Bougainville dauerte es nur einige Jahrzehnte, bis die Bevölkerung aufbegehrte. Die heutige Globalisierung mit ihren liberalen Werten gibt dem Lokalen die Möglichkeit, das Leben vor Ort zu verbessern, und diese Ermächtigung hindert die Ausbeutung daran, sich langfristig einzunisten. Einfach ausgedrückt: In einer enger denn je vernetzten Welt, mit wachsendem globalen Bewusstsein, kann man nicht so handeln wie in den Opiumkriegen.

China war weltweit der wichtigste Standort auf dem Gebiet des Recyclings, und in den letzten Jahrzehnten trafen enorme Mengen Plastik, Papier und Metall aus den Industrieländern zur Wiederverarbeitung ein. Gewaltige Umweltschäden veranlassten die chinesische Regierung, 2018 einen totalen Einfuhrstopp für Plastik zu verhängen. Fast augenblicklich versuchten die privaten Konzerne, ihren Müll stattdessen Ländern in Südostasien aufzudrängen. Doch im selben Jahr brachten Malaysia, Vietnam und Thailand Gesetze auf den Weg, um ihre Staaten vor den toxischen Abfällen aus dem globalen Norden zu schützen, und der malaysische Umweltminister sagte, sein Land werde nicht länger als »Müllhalde« der Welt dienen. Der Präsident der Philippinen drückte sich noch drastischer aus, als er erklärte, er werde 1500 Tonnen Müll, die aus Kanada eingetroffen waren, in dessen territorialen Gewässern verklappen.

Diese Beispiele zeigen, wie die Lebensdauer von Ausbeutungszentren sich drastisch verkürzt. Die Stärkung des Lokalen und das globale Bewusstsein verhindern ihr längeres Bestehen. Sie müssen nun rasch von Ort zu Ort verlegt werden. Konzerne und staatliche Institutionen, die Mütter und Väter der Ausbeutungszentren, suchen jetzt verzweifelt nach Zufluchtsorten, an denen die Menschen nichts von den Folgeschäden ahnen oder zu schwach sind, um sich dagegen zu wehren – zum Beispiel vom Westen nach Peking, von Peking in Nachbarstädte und von dort weiter in ländliche Gebiete Chinas oder sogar in andere Länder. Langfristig ist dies eine positive Entwicklung, die auch die ständige Verbesserung der menschlichen Lebensbedingungen erklärt, was Einkommensraten, Lebenserwartung und allgemeinen Gesundheitszustand betrifft. Kurzfristig gesehen bedeutet sie jedoch, dass die Ausbeutungszentren jetzt wandern wie die starken Hurrikane, die in einer von der Erderwärmung geplagten Welt wüten, willkürlich und mit wachsender Gewalt. Davon langfristig am stärksten betroffen ist die Umwelt.

DAS LAND DER LETZTEN ELEFANTEN

Im nächsten Moment wird Sampath Ekanayaka über den morastigen Bachlauf setzen, und ich weiß, dass ich ihm nachspringen werde. Die Sonne geht gleich unter, und die Büsche verdunkeln sich unter ihren sinkenden Strahlen. Sobald sie ganz verschwunden ist, können wir die Suche nicht mehr fortsetzen. Überall auf der sumpfigen Erde sind große Spalten, die aussehen, als würden gleich abendliche Mückenschwärme daraus hervorschwirren, begierig auf ein Stückchen nicht eingesprühter Haut. »Man kann sie hören«, sagt Sampath, auf einer flachen Erhebung anhaltend, und blickt auf das kleine Waldstück und das Unterholz. Vor mir läuft sein Spurenleser, stolz eine kleine Videokamera haltend. Ich sehe die Suchenden sich nähern und sich entfernen, rennen und dann wieder stehen bleiben. Sie sind beunruhigt. »Jetzt sind wir im Land der Elefanten«, sagt Sampath, einfach so, ohne dass ich eine Bemerkung gemacht hätte. Das Lächeln, das ihn auf dem ganzen Weg begleitete, ist verschwunden. Ich weiß, es ist eine Warnung und Bitte: Dräng uns nicht zum Weitergehen in Richtung des leisen Knackens brechender Zweige.

Wir sind in der Gegend von Galgamuwa im Norden Sri Lankas – nicht in der dampfenden, vor rascher Entwicklung vibrierenden Hauptstadt Colombo und nicht an den Stränden voller sonnenverbrannter Touristen. Hier leben die Menschen auf ihren Feldern. In den flussnahen Regionen sind es Reisfelder, die sich bis zum Horizont erstrecken, ihre feinen grünen Blätter wogen im Wind. Wo wir uns befinden, sind die Felder ganz anderer Art: relativ kleine Ackerstücke, deren Grenzen nach der Rodung der großen Wälder in der Trockenzone mit grober Hand gezogen wurden. Für die Familien, die diesen Boden bestellen, macht das Feld den Unterschied zwischen relativem Wohlstand und hohem Armutsrisiko. In dieser Jahreszeit, womöglich auch sonst, sind Elefanten ihre größten Gegner.

Dies ist ein Krieg. Jedes Jahr sterben in Sri Lanka durchschnittlich Dutzende von Menschen und an die zweihundert Elefanten in Auseinandersetzungen. Mitten durchs Feld verläuft ein tiefer Graben, der die Elefanten davon abhalten soll, sich auf die süße Ackerfrucht zu stürzen. In der Nähe wird ein mobiler Elektrozaun errichtet, zurzeit ein blühendes Geschäft in der Region Galgamuwa. Ringsum stehen mindestens drei oder vier provisorische Wachtürme, die genauso aussehen wie die Baumhäuser, die wir als Kinder gebaut haben. Nur ist das hier kein Spiel. Sie sind zumeist sehr hoch auf einzeln stehenden Bäumen errichtet, mit niedrigem Dach und zur Gefahr hin, dem bedrohlichen Wäldchen, ausgerichtet. Die Menschen, die sich jetzt auf den Feldern befinden, haben allerlei Abschreckungsmittel dabei, von starken Taschenlampen bis zu Töpfen. Kleine Autos mit aufgeregten jungen Leuten rumpeln über die holprigen Wege. Gerüchte schwirren umher. Der Spurenleser hört von einem der Männer, man habe auf der anderen Seite des Feldes einen Elefanten gesehen, und alle rennen dorthin, begeistert, ängstlich. Als wir den Pick-up starten, kommt ein Spurenleser mit einer weiteren Nachricht. So geht das immer weiter, ein ununterbrochener, festgelegter Ablauf. Hier sind diese großen Kothaufen, und dort sind jene Spuren, hier hört man Geräusche, und da ist der Elefant gestern herausgekommen.

Ich denke an all diese jungen Männer, die in ihren Autos herumkurven oder auf den Wachtürmen sitzen, an ihre leidenschaftlichen Bewegungen, und das lenkt meine Aufmerksamkeit noch auf etwas anderes, vertraut und fremd zugleich: machomäßige Genugtuung. Die Fackeln oder Taschenlampen. Die Suche und Verfolgung. Angst gepaart mit Gewalt. Die gemeinsame Aktion gegen den Anderen, den Bedrohlichen. Plötzlich erinnere ich mich: Es ist wie in dem amerikanischen Film, der die Vorbereitungen zu einem Lynchmord in einer Kleinstadt im Süden während der 1950er-Jahre schildert. Nur geht es hier um Elefanten.

Fast augenblicklich schäme ich mich für diesen Gedanken. Die armen Menschen hier tun sich zusammen, um die Elefanten aufzuhalten, nicht um sie zu töten. Das Waldstück ist klein und exponiert. Es wäre ein Leichtes für diese Bauern, mit Traktoren und ein, zwei Gewehren darauf loszugehen und ihre Probleme ein für alle Mal zu erledigen. Sie tun es nicht. Sie handeln nicht so, wie unsere Vorfahren im Westen, im Norden oder in Nahost handelten. Das hinduistische und buddhistische Prinzip Ahimsa ist hier noch stark. Ahimsa ist ein Grundprinzip des Hinduismus, Buddhismus und Jainismus. Zugrunde liegt das Gebot der Barmherzigkeit gegenüber allem Lebenden. Wörtlich bedeutet es schlicht Nicht-Verletzen, Gewaltlosigkeit. Und die Elefanten sind ein nationaler Schatz.

Die Sri-Lanka-Elefanten, *Elephas maximus maximus,* sind die größte Unterart der asiatischen Elefanten. Sie können eine Schulterhöhe von drei bis dreieinhalb Metern und ein Gewicht von 5500 Kilogramm erreichen. Kaum 10 Prozent der Bullen haben Stoßzähne. Das ist keine zufällige oder evolutionäre Entwicklung im gängigen Wortsinn. Wissenschaftler gehen davon aus, dass die ausgiebige Jagd und der Einsatz von Elefanten als Arbeitstiere während der britischen Kolonialzeit in Ceylon, dem heutigen Sri Lanka, die Anzahl der Bullen mit Stoßzähnen verringerte, deren Merkmale folglich seltener vererbt wurden.[1] Das Jagdfieber der Briten und die Tatsache, dass Sri Lanka eine Insel ist, dezimierten diese Bullen hier schneller als anderswo.

Der wohl berühmteste viktorianische Elefantenjäger auf der Insel war Samuel Baker, ein echter englischer Abenteurer des 19. Jahrhunderts. Baker, eng befreundet mit Leuten wie Henry Morton Stanley und Charles George Gordon (»Gordon von Khartum«), schrieb sein erstes Buch über die Jagd in Sri Lanka. *The Rifle and the Hound in Ceylon* ist ein langweiliges Werk voll selbstgerechter Mordlust.[2] Baker verhöhnt Menschen, die Mitleid mit Elefanten haben:»Die Ärmsten! Ich möchte die Person, die ihnen so ihr Mitleid ausdrückt, gemächlich gehen sehen, mit einem wilden Elefanten hinter sich.«[3] Und er bringt immer neue Anekdoten über die

Tötung von Elefantenkühen und ihren Jungen – wohl eine Obsession Bakers. »Am nächsten Abend betrachteten wir erneut den Tümpel, und wieder kam eine Mutterkuh mit ihrem Jungen zur Tränke. W. und B. löschten das Junge aus, während ich die Mutter tötete.«[4] In der abscheulichsten Passage erzählt er, wie er eine Elefantenkuh tötete, deren Euter noch voller Milch waren, und dann die Milch direkt aus den Zitzen trank, »zur sichtlichen Abscheu der Eingeborenen«,[5] wie er schrieb.

Baker ist nur ein Beispiel von vielen. Imperialistische Legenden erzählten stolz von einem britischen Offizier, der eigenhändig tausend Elefanten erlegt hatte. Nach der Befreiung Sri Lankas vom Kolonialismus wurde die Jagdorgie durch Entwicklung und die massive Zerstörung von Lebensräumen abgelöst. Der erbitterte Bürgerkrieg zwischen der Regierung und der tamilischen Minderheit kostete ebenfalls Menschen wie auch Tieren das Leben: Laut dem WWF ging die Elefanten-Population in Sri Lanka seit Beginn des 19. Jahrhunderts um fast 65 Prozent zurück.

Die Sri Lanker sind zunehmend besorgt über das voranschreitende Verschwinden ihrer Elefanten. Elefanten werden noch – teils unter schlechten Bedingungen – in vielen buddhistischen Tempeln gehalten, als eine Art Talisman oder örtliche Attraktion. Sie sind Gegenstand des Stolzes und ein konsensstiftendes Element in der komplizierten nationalen Identität des Inselstaats. Sie sind auch ein regelmäßiges Gesprächsthema. Die Schlagzeilen auf den Titelseiten der Zeitungen verlangen Antworten von der Regierung über die zwei letzten in einem isolierten Naturschutzgebiet übrig gebliebenen Tiere. Auf die Tötung eines Elefanten zum Zweck der Jagd steht formell die Todesstrafe,[*] und eine der wichtigsten Touristenattraktionen der Insel ist das sogenannte »Elefantenwaisenhaus« in Pinnawala.

---

[*] Seit den 1970er-Jahren gibt es keine Hinrichtungen infolge von Strafprozessen in Sri Lanka mehr.

Sampath Ekanayaka arbeitet an einem Projekt zur Lösung von Konflikten zwischen Menschen und Elefanten am Centre for Conservation and Research in Galgamuwa. Er ist der freundliche und geduldige Ansprechpartner für Bauern und Dorfbewohner bei Klagen über Elefanten, und er ist auch derjenige, der die Probleme zu lösen versucht.

In diesen Gegenden waschen die Menschen sich und ihre Wäsche noch im Fluss, sie achten sorgfältig auf jedes Anzeichen für Malaria und gehen jede Woche kilometerweit mit einer Opfergabe zum Tempel. Für sie repräsentiert Sampath den Staat, verkörpert den Fortschritt. Allein schon das Gespräch mit ihm lindert einige Sorgen, und von denen gibt es viele. Eigentlich ist das Problem einfach: Die Lebensräume der Elefanten sind zugunsten von Feldern und Häusern immer weiter geschwunden, und jetzt kehren die Elefanten in ihre angestammten Regionen zurück und suchen Nahrung. Die Zusammenstöße kosten Todesopfer auf beiden Seiten. Elefanten fressen bis zu sechzehn Stunden pro Tag, wobei der Sri-Lanka-Elefant 140–190 Kilogramm pflanzlicher Nahrung vertilgt. Das natürliche Bevölkerungswachstum zusammen mit den staatlichen Entwicklungsprogrammen, die relativ arme Familien mit Land ausstatteten, machen die Kollision zwischen Elefanten und Menschen unausweichlich. Das Internet ist voll mit körnigen Handy-Videoclips über solche Zusammenstöße in Sri Lanka: Ein Mann versucht einem Elefanten zu drohen, der sein Feld überquert, und der Elefant trampelt ihn daraufhin zu Tode. Traktoren heben ihre Schaufeln gegen Elefanten, die dagegen anzukämpfen versuchen, und Elefanten stehen mitten auf der Straße und stoßen Autos beiseite. Der Ausgang dieses Konflikts ist voraussehbar: Der Mensch wird immer den Sieg davontragen.

Vor einem stattlichen Haus hält Sampath das Auto an und bittet mich in holprigem Englisch hinzusehen: Drinnen im Hof gebe es viel zu essen, Bananenstauden und Kokospalmen. Deshalb sei das Haus von einem Elektrozaun umgeben. »Überhaupt, wenn sie diesen Zaun sehen, versuchen sie einzudringen«, sagt Sampath, »Elefanten lernen jetzt. Wenn wir einen Zaun hinstellen und drinnen ist nichts, bricht er [der Elefant] durch den Zaun, weil er denkt, da gibt's was zu fressen. Sie passen sich an.«

Elektrozäune sind tatsächlich eine beliebte Methode, um den Ansturm hungriger Elefanten aufzuhalten. Die Felder längs der Straße sind mit ihren abschreckenden Drähten umgeben, die bei Berührung einen ordentlichen Stromschlag abgeben, ohne jedoch zu töten. Manche Elektrozäune umspannen ganze Dörfer, andere nur einzelne Häuser, darunter Schulen und öffentliche Gebäude. Ihre Verbreitung ist ungewöhnlich groß, und noch ungewohnter ist der Gedanke, dass komplette Dörfer und Familien dahinter leben. Der sonst so sympathische Sampath wird nur einmal wütend, nämlich als er über das Stück Land spricht, das die Regierung Familien neu zugeteilt hat – ohne die für Elektrozäune nötigen Stromleitungen. Die armen Familien umgeben sich jetzt mit einem vermeintlichen Elektrozaun, der die Elefanten täuschen soll, was jedoch nicht funktioniert. Die Elefanten sind schlauer. Tatsächlich sind sie so schlau, dass sie sich auch an echte Elektrozäune gewöhnt haben. Sampath berichtet: »Junge Bullen haben gelernt, dass sie einen Baum auf den Zaun werfen und dann hinübersteigen können. Wir haben angefangen, die Bäume nahe am Zaun zu fällen. Jetzt werfen sie woanders einen Baum um, schleppen ihn heran, schmeißen ihn auf den Zaun – und passieren.« Es gebe nur drei oder fünf »Jungs«, die es gelernt hätten, erklärt er. »Du nennst sie Jungs«, sage ich. Er kichert.

In einem gepflegten Haus mit großem Garten, umgeben von einem Elektrozaun, sitze ich mit Sampath und Somanwathi, die vor acht Jahren ihren Mann bei einem Elefantenangriff gleich auf dem Hinterhof verlor. Sie serviert uns Reiswürfel und Linsen, die im Kohleherd gebacken wurden, dazu ein scharfes Chutney. Dann holt sie ein Schwarz-Weiß-Foto ihres getöteten Mannes. Ihr jetziger Mann klagt, die Lage sei »noch schlimmer« geworden. Wenn man einen Arzt brauche, müsse man ein großes Fahrzeug oder »das ganze Dorf« beibringen, um sich gegen die Elefanten zu schützen. Ob sie wütend sei, frage ich die Witwe. Es habe keinen Sinn, Tieren böse zu sein, antwortet sie und lacht glockenhell. Sie erklärt, manchmal gehe sie hinaus, um sie sich zum Vergnügen anzuschauen, natürlich von der sicheren Seite des Zauns aus. Als sie das erzählt, überlege ich, wie viele Menschen im Westen bereit wären, hinter einem elektrischen Zaun zu leben, um sich vor einem tonnenschweren Tier zu schützen. Wie schnell würde die unmissverständliche Forderung danach aufkommen, die Elefanten umzusiedeln – oder nach Schlimmerem.

Die Elefanten kamen in jener Nacht nicht aus ihrem Waldstück heraus; ihre Geräusche drangen durchs Dunkel, mal ein erstickter Schrei, mal die Laute von Kälbern, und vor allem das ständige, gierige Knistern brechender Zweige. Eigentlich wollte außer mir niemand, dass sie herauskamen. Letztlich werden sie das gleiche Schicksal wie andere ihrer Artgenossen erleiden: Ihre Zahl wird sich – wegen Zusammenstößen mit Menschen oder anhaltendem Hunger – verringern, sie werden in einen Graben stürzen oder irgendwo vereinzelt zurückbleiben, fern der Herde. Wenn sie Glück haben, kommen sie nach Pinnawala, einer wichtigen Touristenattraktion des Landes. Zweimal am Tag werden die Elefanten dort zum Baden an den großen Fluss hinuntergetrieben. Dieses außergewöhnlichen Schauspiels wegen sind dort schon Hotels, Restaurants und Souvenirshops entstanden. Der Zug der Elefanten ans Wasser hinunter, begleitet von Wärtern mit Elefantenhaken, wobei die Bullen mit Fußfesseln versehen sind, damit sie nicht ausbrechen, sieht aus wie ein Zug von Gefangenen eines besiegten Stammes im Römischen Reich. Sie werden zum Vergnügen der am Straßenrand versammelten Massen vorgeführt, die Eisenketten rasseln auf dem Pflaster. Dieser Laut hallt mir im Ohr wie ein monotones Lamento: Einst waren wir frei, jetzt sind wir's nicht mehr, einst war dies unser Land, nun sind wir eine Attraktion.

Nach Anbruch der Nacht kamen wir an einem Maisfeld vorbei, auf dem Wachturm saß eine alte Frau, das Gesicht vom weißen Haar umrahmt und von der Taschenlampe beleuchtet, als sei sie eine Gestalt aus einer alten buddhistischen Legende. Ich unterhielt mich schreiend mit ihr, ich unten am elektrischen Zaun und sie oben im Turm, und sie erzählte mir mittels einer Dolmetscherin von ihrer armen Familie und von den langen Monaten, die sie in diesem Turm verbrächten, um Elefanten zu vertreiben. »Wird dein Sohn, wenn er mal groß ist, Elefanten in freier Wildbahn sehen, wie du jetzt?«, fragte ich Sampath. Er formte ein Rechteck mit der Hand. »Nur auf Fotos«, sagte er, »wenn wir so weitermachen, dann nur auf Fotos. Vielleicht noch im Zoo.« Er lächelte verlegen.

———

Das Bedrohlichste an der Globalisierung sind die destruktiven Auswirkungen, die die Konsumkultur in Verbindung mit industrieller Produktion und globalen Märkten auf die Erdkugel ausübt. Die Entwicklung ist ganz einfach nicht nachhaltig in Bezug auf das Überleben von Lebewesen, einschließlich von Menschen. Es ist grausam, aber wahr, dass man Menschen und lokale Gemeinschaften ausbeuten und zerstören kann, was Zivilisationen seit Urzeiten auch tun. Doch eine schwere Schädigung unseres Planeten als Ganzem durch den Menschen ist präzedenzlos und möglicherweise unumkehrbar.

Was den Elefanten in Sri Lanka passiert, geschieht auf die eine oder andere Weise Tieren überall und permanent. Der Schwund von Lebensräumen ist der Hauptgrund für das massive und beispiellose Artensterben. Über 60 Prozent der frei lebenden Lebewesen sind seit 1978 verschwunden.[6] Die Zahl der Säugetierarten sinkt weltweit dramatisch, und ihre Lebensräume schwinden ständig weiter. Manche Wissenschaftler bezeichnen die jetzige Entwicklung als ein Zeitalter »biologischer Vernichtung«[7] und erklären, wir befänden uns inmitten eines – vollständig menschengemachten – sechsten Massenaussterbens. Der Klimawandel ist der Hauptauslöser dieser raschen Vernichtung, und seine Auswirkungen wachsen ständig. Wir wissen nicht, ob täglich eine Art oder 150 aussterben. Wissenschaftliche Schätzungen fallen sehr unterschiedlich aus, weil Mittel fehlen, um zu bestimmen, wie viele Arten noch übrig sind.* Fest steht, dass das Artensterben unnatürlich schnell voranschreitet. 90 Prozent der Geparden verschwanden im letzten Jahrhundert. Das ist ein noch höherer Anteil als bei den Elefanten in Afrika: 1930 gab es zehn Millionen afrikanische Elefanten, heute gibt es 415 000. Allein in Mosambik wurden innerhalb von zwei Jahren, von 2009 bis 2011, an die 7000 Elefanten wegen ihres Elfenbeins getötet.[8] Die Gesamtzahl der Vögel in Nordamerika ist seit den 1970er-Jahren um 30 Prozent zurückgegangen, Milliarden von Vögeln sind verschwunden.[9] Eine präzise, wegweisende Studie, die 2017 in Deutschland veröffentlicht wurde, befand, dass die Gesamtzahl der Insekten in den letzten drei Jahrzehnten um 75 Prozent einbrach, und bezog sich dabei zudem auf Naturschutzgebiete, die relativ geschützt vor Umweltschäden sein sollten.[10] Wir wissen nicht, welche Ökosysteme ohne die immense Fülle an Insekten bestehen können, von denen sich größere Tiere ernähren und die die Pflanzen bestäuben, von denen wir alle abhängen. Über 75 Prozent der landwirtschaftlichen Erträge weltweit bedürfen der Bestäubung durch Tiere. Von 2014 bis 2018 verloren die Imker in den USA vier von zehn Bienenvölkern an das »Colony Collapse Disorder« genannte Bienensterben, das die für die Blütenbestäubung wichtigsten Insekten auslöscht.

Diese Entwicklungen betreffen nicht nur das Festland. Der Säuregehalt unserer Meere ist in den letzten zweihundert Jahren

---

* Ein UN-Bericht von 2019 erklärte, es gebe noch etwa acht Millionen Arten.

um rund 30 Prozent gestiegen, und es gibt immer weniger Fische. Riesige Fischtrawler durchpflügen jedes Jahr ein Seegebiet mindestens so groß wie Südamerika. Ein besonders zerstörerischer Nebeneffekt dieses industrialisierten Fischfangs ist das wahllose Töten auch solcher Arten, die keinerlei kommerziellen Wert haben, der sogenannte »Beifang«. Die Grundschleppnetze beschädigen Laichplätze und vernichten ganze Fischschwärme. 60 bis 90 Prozent der großen maritimen Raubfische sind seit 1950 verschwunden.[11] Eine Studie stellte fest, Menschen würden mit ihren Fischfangmethoden stündlich etwa 11 000 Haie töten, 260 000 am Tag.

In Gansbaai, an der Westküste Südafrikas, sah ich Hilfskräften in einer Pflegestation für angeschwemmte, ausgehungerte Tiere bei der hingebungsvollen Zwangsfütterung von Pinguinen zu. Es gebe keine andere Möglichkeit, sie zu ernähren, erklärte mir der für die Fütterung zuständige Xolani Lawo. Ihr Instinkt sage ihnen, dass Beute in Bewegung geschnappt werden müsse. »Freiwillig rühren sie keinen reglosen Fisch an. Einige von ihnen hassen es, gefüttert zu werden, hassen es, auf diesem Tisch zu sein.« Der Reihe nach packte er sie am Hals und öffnete ihnen gewaltsam den Schnabel, um ihnen die Fische in den Schlund zu stopfen. Das Hauptproblem dieser Vögel, abgesehen vom Verlust von Lebensraum und Nistplätzen an der Küste, besteht darin, dass sie in der einst fischreichen, aber jetzt stark überfischten Meeresregion kaum noch Nahrung finden.*

Ich streichelte einen der jungen Pinguine, den Xolani festhielt, und man konnte die dürre Haut spüren. Er war ausgezehrt. »Wir verlieren neunzig pro Woche«, sagte er. Das Füttern in der Station

---

* Die Pinguine Afrikas haben sich nie mehr vom Abbau des Guanos erholt, der viele Jahre lang als Dünger eingesetzt wurde. Sie hatten ihre Nester darin gebaut, geschützt vor Raubtieren und Witterungseinflüssen. Außerdem galten ihre Eier als Delikatesse. In der Cafeteria des südafrikanischen Parlaments wurden den Abgeordneten einmal in der Woche Pinguineier serviert.

verlief derart routiniert, dass man leicht das Irrsinnige daran vergaß: dass man eine Tierart – großartige Schwimmer und glänzende Jäger – nur durch Zwangsernährung erhalten kann. Die Stationsleiterin und Tierpflegerin, Theanet Stall, erzählte mir unter Tränen von dem verzweifelten Überlebenskampf der Art. »Es sind doch nicht unsere Pinguine oder die von Südafrika, es sind die Pinguine von allen«, sagte sie. Die afrikanische Unterart wird vermutlich aussterben, beim gegenwärtigen Tempo bis 2026.

Ein Bericht der Vereinten Nationen von 2019 stellte fest, dass eine Million Arten und Unterarten von Tieren und Pflanzen dem Aussterben nahe seien, die meisten nur einige Jahrzehnte davon entfernt. Mehrfach kehrt in dem Bericht der Begriff »transformative Veränderung« wieder. Ohne eine solche würde, nach Ansicht der Wissenschaftler, die Lage sich weiter verschlechtern. Eine so hohe Gefahr des Aussterbens und eine tektonische Verschiebung in der Ökologie der Erde sind Herausforderungen, denen die Menschheit noch nie gegenüberstand, wobei die Menschen sie auch noch ganz allein verursachen. Einer der Urheber des Berichts, der deutsche Biologe Josef Settele, sagte: »Ökosysteme, Arten, Wildpopulationen, lokale Variationen sowie Sorten und Rassen domestizierter Pflanzen und Tiere schrumpfen, verfallen oder verschwinden. Das unentbehrliche Netzwerk des Lebens auf Erden wird immer kleiner und schwächer. Dieser Verlust ist direkt auf menschliches Handeln zurückzuführen und bedroht das menschliche Wohlergehen in allen Weltregionen.«[12]

Die diesen und anderen Texten innewohnende Spannung ist klar: Um den Ernst der Stunde der Öffentlichkeit zu »verkaufen«, müssen die Wissenschaftler warnen, dass die menschliche Existenz gefährdet sei, dass es nicht nur um das Aussterben von Fröschen, Bienen, Geparden und Elefanten gehe, sondern dass auch die Menschen verletzlich seien, und wenn sie nicht verantwortlich handelten, würden die von ihnen ausgelösten Stürme der Vernichtung und des Todes letzten Endes auch sie selbst hinwegraffen. Es ist eine politische Frage, wie man die Öffentlichkeit zur Mitarbeit gewinnt. Medien und internationale Organisationen betonen die Gefahr für das Überleben des Menschen, um Unterstützer zu mobilisieren. Doch diese Marketingbemühungen haben noch immer gegen Meinungen anzukämpfen, wie der tiermordende Kolonialist Samuel Baker sie einst vertrat: Die Natur sei nur dazu da, ihm zu dienen, mitsamt der Zitzen der Elefantenkuh, die er gerade getötet hatte. Man kann sich vorstellen, wie eine wirklich transformative Veränderung aussehen würde. Sie würde eintreten, wenn Wähler darin übereinstimmten, dass das massenhafte Aussterben von Tieren infolge der außer Rand und Band geratenen menschlichen Zivilisation ein großes Übel ist, selbst wenn die Menschen es problemlos überstehen sollten. Dazu müsste man überzeugend erklären, dass biologische Vielfalt ein hoher gesellschaftlicher Wert ist, der sorgfältig gewahrt werden muss, und dass nicht nur Menschen, sondern auch andere Lebewesen reale Rechte haben. Das ist kein illusionärer Ausspruch, sondern eine reale Erkenntnis: Nicht die Konzerne liefern uns die Lebensgrundlagen. Nicht sie sind es, die Luft produzieren und reinigen, das Wasser sauber halten und den Anbau von Nahrungsmitteln ermöglichen. Diese Dinge geschehen aufgrund eines lebendigen, vielseitigen Ökosystems mit einer unbekannten Anzahl von Lebewesen. Und da uns die Funktionsweisen dieses Systems nicht ausreichend bekannt sind, müssen wir es unter allen Umständen schützen und bewahren. Das ist eine Frage des Überlebens. Historisch gesehen ist das keine radikale Auffassung, sondern eine, die den Menschen schon von alters her begleitet. Sie ist einfach in Vergessenheit geraten. Maimonides, der wichtigste jüdische Philosoph, auch bekannt als »der große Adler«, stellte eine einfache Regel auf: Nichts sei für etwas anderes bestimmt, und gewiss bestünden das Universum und die Welt nicht um des Menschen willen. Deshalb glaube er, »dass nicht die ganze Schöpfung des Menschen wegen, sondern dass jedes der Naturdinge seiner selbst wegen vorhanden ist«.[13]

In Sri Lanka sollen die Elektrozäune die Elefanten vom Eindringen abhalten. In Südafrika haben sie den umgekehrten Zweck: Sie sollen die Tiere daran hindern, hinauszugelangen und die Menschen am Betreten. Der Kruger-Nationalpark, das 20 000 Quadratkilometer große Wildschutzgebiet des Staates, ist vollständig von einem Elektrozaun umgeben. In Hoedspruit, nicht weit vom Kruger-Park, haben einige Farmbesitzer große private Safari-Reservate angelegt, zu den dort ohnehin lebenden Tieren einige aus anderen Landesteilen hinzugekauft und Luxushotels eröffnet, wo man zum Empfang feuchtkalte Handtücher mit Vanilleduft überreicht bekommt.

Es geht natürlich ums Geschäft. Man kann nach Südafrika fliegen, um Tiere zu sehen oder um sie zu erlegen. In beiden Fällen handelt es sich um Tourismus, und da Wildtiere Privatbesitz des Landeigentümers sind, sind beide Erlebnisse gleichermaßen legal. Die meisten Safari-Farmen in der Gegend von Hoedspruit dienen nicht der Jagd, sondern sind von zahlreichen Fahrpisten durchzogen, die an jeden erdenklichen Ort führen und das Ökosystem nur eingeschränkt funktionieren lassen. Sie sollen den Touristen die besten Fotoperspektiven bieten, um den Leoparden, den Elefanten oder das Nashorn abzulichten, möglichst als Selfie.

Tatsächlich handelt diese Geschichte von Nashörnern – oder richtiger gesagt, vom Schwarzmarktpreis ihrer Hörner, vor allem in Asien. Die bekannten Preise schwanken wild zwischen 50 000 und 100 000 Dollar pro Kilogramm Horn, dem in Ländern wie Vietnam und China außerordentliche Heilkräfte nachgesagt wird (wofür es keinerlei wissenschaftliche Bestätigung gibt). Diese Preise verlocken Jäger, in die Safari-Farmen einzudringen. Bestenfalls sägen sie die Hörner brutal ab, nachdem sie die Nashörner mit Pfeilen narkotisiert haben. Oft töten sie sie einfach. Die Safari-Betreiber setzen hochsensible Elektrozäune, Hubschrauber, paramilitärische Einheiten, ein Netz von Kameras und Sensoren, Drohnen, Teams von Kundschaftern, Spähern und Spurenlesern, die mitten im Busch wohnen, und vieles andere ein. Vergebens natürlich. Das hat mit der immensen Nachfrage zu tun und auch damit, dass jenseits ihrer Zäune ganze Städte aus Wellblechhütten stehen, in denen bitterste Armut herrscht. Das Durchschnittseinkommen in Südafrika beträgt 1400 Dollar pro Monat (nach dem Wert Q4 2018), doch ist das eigentliche Problem Arbeitslosigkeit: Einer von vier hat keine Arbeit.

Neconsithi Cahosa und Price Halatwassi sind zwei Kämpfer bei Protrack, einer privaten Wachgesellschaft, die Farmen und Safari-Gelände vor Wilderern schützt. Wir stehen nachts an einer improvisierten Straßensperre an der Einfahrt zu den Reservaten, unweit des kleinen Flugplatzes von Hoedspruit.»Wir können diese Wilderei nicht unterbinden, weil es da draußen keine Arbeit gibt«, sagt Neconsithi. Er spricht lange über die Not, das Gefühl der Ausweglosigkeit in der Bevölkerung, die keinen Anteil am Erfolg und an den Einnahmen der Safari-Parks hat.»Wir können die Wilderei nur verringern, mehr nicht.« Sie erzählen, sie müssten ihren Beruf verheimlichen, wenn sie heim in die Gemeinde kämen. Wüsste man, dass sie in den Reservaten arbeiten, könnte ein naher Verwandter entführt werden; zu seiner Auslösung müsste man Informationen verraten und Wilderer ins Reservat einlassen.»Wenn ich heimgehe, trage ich nie Uniform«, sagt Price,»nur meine normalen Sachen. Wenn man mich fragt, was ich arbeite, sage ich, bei Instandhaltungsarbeiten irgendwo. Ich sage nicht, dass ich in den Wildtierreservaten arbeite.« Diese traurige Verschleierung der beiden zeigt, wer in diesem Krieg siegt: Es sind nicht die Menschen, die die Tiere schützen.

Was siegt? Die Nachfrage.

Karen Trendler gilt in Südafrika als eine der wichtigsten Stimmen für den Naturschutz und engagiert sich im National Council of Societies for the Prevention of Cruelty to Animals. Wir sitzen in ihrem großen Garten. Seit Jahren gehört Trendler zu einer schnellen Eingreiftruppe zur Rettung von Tieren und speziell Wildtieren vor Quälerei. »Die Wirtschaft in Asien expandiert schnell. Es gibt einen starken Bevölkerungszuwachs, die Wirtschaft wächst und damit auch das verfügbare Einkommen. Die Leute haben Geld für Luxuswaren wie Nashornhörner und Tigerknochenwein.« Wein aus vergorenen Tigerknochen ist in ganz Asien begehrt und gilt als wahres Wundermittel. Weil Tigerknochen schwer erhältlich sind, werden dort jetzt auch Löwenknochen zum Renner. Im Fall von Löwen und anderen Großkatzen ist das ein perfekter und höchst effektiver Geschäftskreislauf. Touristen reisen nach Südafrika und besuchen dort »Hilfsstationen« für Löwenjunge, die »von ihren Müttern verlassen« oder deren »Eltern von Wilderern erschossen wurden«. Das Bild des verwaisten Bambis aus der Disney-Welt dient als wirksame Falle. Tatsächlich, sagt Trendler, »sind diese Jungen nicht von ihrer Mutter verlassen worden. Diese Jungen werden der Mutter im Alter von wenigen Tagen absichtlich weggenommen, weil es einen kommerziellen Gewinn einbringt, zahlungskräftige Freiwillige zu finden und Leute, die Selfies machen und die Jungtiere streicheln und mit ihnen spielen wollen. Und dann kommt der Punkt, an dem sie nicht mehr touristentauglich sind. Sie werden zu groß. Sie werden gefährlich. Sie sind nicht so anziehend wie die niedlichen kleinen Löwenbabys. So gibt es einen cleveren kommerziellen Markt, der sie zur Jagd freigibt.«

Tiger sind natürlich keine in Afrika heimischen Tiere, doch wurden sie dort eingeführt, und gemeinsam mit den Löwen werden sie jetzt aufgezogen und verkauft, um gejagt zu werden. Nachdem sie in Kuschelecken aufgewachsen sind, haben sie keine Scheu vor Menschen, und sie zu erschießen ist kein großes Kunststück. Nachdem der Jäger das Tier erlegt und den Kopf mitgenommen hat, um ihn stolz seinen Gästen zu präsentieren, erhält der Farmer die Knochen, die in der Folge zu Schmuck, Amuletten, Wein oder »Tiger Cake«, der in der traditionellen Medizin in Asien

Verwendung findet, verarbeitet werden. Die weiblichen Tiere hingegen verpaart man wieder und wieder, oft mit männlichen Tieren, die ihnen genetisch zu nahestehen. Eine ehemalige freiwillige Helferin schilderte mir mitleiderregende Szenen von Jungtieren, die infolge dieser Praktiken geschädigt zur Welt kamen. Natürlich können Tiere, die sich in diesem System befinden, niemals ausgewildert werden.

Das Frappierende an diesen Geschichten ist der ungeheure Einfluss, den der Weltmarkt und die Wechselbeziehungen der Globalisierung auf die lokale Ökologie ausüben. Dieses System wird im Grunde fast gänzlich von Fremden gesteuert. Sie haben es geschaffen und halten es am Laufen. Die Touristen finanzieren, unwissentlich, diese Streichelheime, und die freiwilligen Helfer tragen, aus Ignoranz, dazu bei, Tiere zwecks Verwertung ihrer Körperteile großzuziehen. Die Jäger kommen zum Großteil aus dem Ausland, aus den USA, Europa und Asien. Die Knochen gelangen auf diversen Wegen nach Asien. Der afrikanische Löwe lebt in der Natur nur auf diesem Kontinent, aber als Industrieprodukt gibt es ihn überall. Jedes seiner Lebensstadien bis zum Tod wird ausgenutzt, und das stets für fremde Interessenten, die nicht zur menschlichen Gemeinschaft in seiner Umgebung gehören.

Den Großkatzen geht es noch relativ »gut« im Vergleich zu den Nashörnern. Die Geschäftswelt will von diesen großen, edlen Tieren nicht viel, keine Kuschelecken oder Jagdabenteuer und nicht mal ihre Knochen: entweder Fotosafari oder ihre Hörner. Und wie mir John Hume, ein hartgesottener Farmer, der die Tiere genau zu diesem Zweck züchtet, sagte: »Ein totes Nashorn ist mehr wert als ein lebendes, ganz einfach.« Auf dem Weltmarkt der Nachfrage sind Nashörner vor allem an einem Ort begehrt (Asien), und das zu dem einzigen Zweck, Pulver aus ihren Hörnern zu gewinnen. Die Ausrottung vollendet sich: Das letzte Exemplar des Nördlichen Breitmaul- oder auch Weißen Nashorns ist 2018 gestorben. 769 Nashörner aller Arten wurden im Jahr 2018 in Südafrika von Wilderern

wegen ihrer Hörner erlegt, im Jahr 2017 waren es über tausend –
Zahlen, die das Überleben der Nashornarten in der afrikanischen
Natur infrage stellen.

Initiiert werden die Jagdzüge von – teils asiatischen – Verbre-
chersyndikaten, die ihre Wilderer in die Reservate schicken – aus-
gestattet mit Smartphones, um dem potenziellen Käufer in Asien
die Herkunft des Horns nachweisen zu können.[14] Aber hinter dem
Phänomen steht die Nachfrage: reine Nachfrage, losgelöst von der
örtlichen Umgebung, von staatlicher Norm, Gemeinschaftsbedürf-
nissen, Tradition oder Ökosystem. Das Lokale wird permanent
herausgefordert und angegriffen von einer fremden Macht, die ein
Gefühl von Willkür erzeugt. Manchmal ist das Lokale ein Nashorn.

»WIR WEIGERN UNS ZU STERBEN«

I n der Metropole Colombo, der Hauptstadt Sri Lankas, leben fünf Millionen Menschen in einem Klima, das sich seit Anfang der 1950er-Jahre wesentlich verändert hat. Die Regenfälle der Monsunzeit sind kürzer und heftiger als früher, die jähen Wolkenbrüche führen zu riesigen Überschwemmungen in den Armenvierteln. 2016 erlebte das Land die schlimmste Dürre der letzten vierzig Jahre. Im selben Jahr gingen im westlichen Tiefland innerhalb von zwei Tagen 300 Millimeter Regen nieder.[1] Im Jahr darauf wurde der Staat von den stärksten Regenstürmen seit vierzehn Jahren heimgesucht, die Dutzende Prozent der Reisernte vernichteten und Hunderttausende Einwohner ohne Ernährungssicherheit zurückließen.[2] Derartiges geschieht in armen Ländern immer wieder: Im Frühjahr 2019 erreichten nacheinander zwei tropische Wirbelstürme die Ostküste Afrikas und richteten schwere Schäden in Mosambik an. Der Zyklon Idai verwüstete weite Agrarflächen des Landes und vernichtete fast die gesamte Maisernte in der Küstenebene. Eine beispiellose humanitäre Katastrophe ereilte den armen Staat, der sich an die UN-Hilfsorganisationen wenden musste.

In den vorangegangenen Kapiteln haben wir uns mit den Ausbeutungszentren befasst, die die Globalisierung hervorbringt, aber wie wir sehen, hat ein Ausbeutungszentrum nicht nur mit Beschäftigung oder mit der Ausbeutung eines lokalen Bergwerks in einer für die Anwohner schädlichen Weise zu tun, auch nicht allein mit der Auslagerung von Umweltverschmutzung in schwache Staaten. Die ultimative Ausbeutung ist klimatischer Art.

Unzählige Studien haben die ungleichen Auswirkungen der Klimakrise untersucht und sind zu ähnlichen Ergebnissen gelangt: Die Rechnung wird nicht den wohlhabenden Staaten präsentiert. Eine aktuelle Studie zweier Forscher der Stanford University, Noah Diffenbaugh und Marshall Burke, die 2019 veröffentlicht wurde, zeigt, dass die armen Nationen in der Tat schon seit Jahrzehnten für die globale Erderwärmung zahlen.[3] Von 1961 bis 2010 ist der Wohlstand pro Person aufgrund der Klimaerwärmung in den ärmsten Ländern der Welt um 17 bis 30 Prozent gesunken. Mehr noch: Das Bruttoinlandsprodukt pro Kopf ist in den Staaten, die die meisten Treibhausgase ausstießen, im Vergleich zu einer Welt ohne Klimaerwärmung um 13 Prozent *gestiegen.*

Das sind verblüffende Zahlen. Sie beweisen, dass die südliche Hemisphäre, die ohnehin angefangen hatte, zur industrialisierten Welt aufzuschließen, in Windeseile vorankommen könnte, wenn da nicht das Klima wäre. Burke und Diffenbaugh erforschen schon seit Jahren die Auswirkungen von Wetter und Klima auf das Bruttoinlandsprodukt und gelangen zu spannenden Ergebnissen: Nationen, die viele Jahre lang in kaltem Klima lebten, profitieren wirtschaftlich von der jetzigen Erwärmung. Doch ohnehin schon heiße Staaten, die sich nun noch weiter erhitzen, nehmen schweren Schaden. Das Bruttoinlandsprodukt pro Kopf ging in Staaten wie Indien, Nigeria, Sudan, Indonesien und Brasilien um Dutzende Prozent zurück, während Norwegen und Kanada allein wegen der Erwärmung einen ähnlich großen Anstieg verzeichneten. Großbritannien, der Vorreiter der industriellen Revolution, gewann 9,5 Prozent Bruttoinlandsprodukt hinzu – immer in Bezug auf eine Welt ohne steigende Temperaturen. Die Wissenschaftler aus Stanford betonen, dass dies die Effekte einer Erwärmung um nur ein Grad gegenüber der vorindustriellen Zeit seien. Leicht lässt sich schließen, welch schwere Konsequenzen ein Anstieg von 1,5 Grad bis 2030 hätte, ein fraglos realistisches Szenario. Insgesamt, besagt eine andere Studie, könnte das Durchschnittseinkommen von Milliarden Menschen bis zum Ende des Jahrhunderts um 75 Prozent niedriger liegen als ohne Klimawandel.[4]

Die Ungleichheit hat mehrere Facetten: Diese Länder haben am wenigsten zum Entstehen des gravierendsten Umweltproblems in der Geschichte beigetragen. Sie zahlen für die Krise bereits einen hohen Preis in Bezug auf das Bruttoinlandsprodukt pro Kopf und werden ihn auch weiterhin bezahlen, sie sind wegen ihrer Schwäche und Armut ohnehin stärker durch extreme Ereignisse gefährdet, und Klimamodellen zufolge werden sie die stärkste Zunahme an extremen Temperaturveränderungen nach oben oder unten erleben.[5] Hoffnung und Wachstum auf der Welt beruhen darauf, dass die heutige Globalisierung kein Nullsummenspiel mehr ist. Menschen und Gemeinschaften können sich mithilfe weltumspannender Handelsbeziehungen aus einem Leben in totaler Armut befreien. Aber eine neue, dunkle Variable ist in die Gleichung eingedrungen. Die Länder im Norden ziehen beim Bruttoinlandsprodukt pro Kopf echten Nutzen aus der Erderwärmung, die sie selbst verursacht haben und weiter verursachen, und den Preis zahlt fast ausschließlich der Süden. Vom Welternährungsprogramm der Vereinten Nationen ging die Warnung aus, dass der Klimawandel die Zahl der Hungernden in den nächsten Jahrzehnten um 10 bis 20 Prozent anschwellen lassen wird.[6] Eine Studie kommt zu der Einschätzung, dass bis 2050 zusätzliche 1,7 Milliarden Menschen, rund ein Fünftel der Weltbevölkerung, unter mangelnder Ernährungssicherheit leiden werden. Stellen Sie sich vor, in einem großartigen Land wie Kanada würde ein bösartiger Politiker vorschlagen, ein chemisches Gift in die Luft zu sprühen, das fast nur armen, nicht weißen Menschen schadet, die in überseeischen Ländern leben. Der Stoff würde sie ärmer machen oder töten, andererseits jedoch die kanadische Wirtschaft ankurbeln. Ein entsetzlicher Vorschlag, nicht wahr? Aber genau das tun die starken Industriestaaten im Norden. Und sobald diese Studien veröffentlicht und den Entscheidungsträgern zugänglich sind, tun sie es auch wissentlich. Wegen der wachsenden Zahl bewaffneter Konflikte und der Klimakrise ist die Zahl der unter chronischer Hungersnot leidenden Menschen seit 2016 wieder im Steigen begriffen, nachdem sie jahrelang gefallen war. Vielleicht sind wir wieder beim Nullsummenspiel angelangt.

Die Daten beweisen eindeutig, dass die Klimakrise den Trend zur Verringerung absoluter Armut in sein Gegenteil verkehrt und die Welt mehr denn je spaltet. Während man in den skandinavischen Staaten Reben pflanzt, sich im unter dänischer Souveränität stehenden Grönland einen leichteren Zugriff auf Bodenschätze erhofft und in Großbritannien viel Geld fürs Heizen und für Urlaubsreisen in warme Länder einspart, geht der globale Süden zugrunde. Ein krasses Beispiel dafür ist Bangladesch mit seinen 168 Millionen Einwohnern. Dieser arme Staat war gut vorangekommen seit den Zeiten, als die Kindersterblichkeit dort zu den höchsten der Welt zählte. Die Lebenserwartung stieg deutlich auf derzeit etwa siebzig Jahre. Der Anteil der absolut Armen sank von 44 Prozent der Bevölkerung auf nur 13 Prozent. Es gibt kaum größere Hungersnöte, und auch die Alphabetisierung ist gut vorangekommen.[7] Das ist zu einem großen Teil dem Export und dem Welthandel zu verdanken.

Bangladesch liegt am Golf von Bengalen mit dem größten Flussdelta der Welt. Zwei Drittel des Staatsgebiets liegen auf höchstens 4,5 Meter Meereshöhe, und die Bevölkerung lebt überwiegend an den Flussläufen, wo der Boden fruchtbar ist und sich für die Landwirtschaft eignet. Das flache Wasser am Golf von Bengalen erwärmt sich stark, was nach Expertenansicht den Meeresspiegel steigen lässt. Seit den 1950er-Jahren erlebt das Land häufige Tropenstürme, die riesige Mengen Salzwasser aufs Festland drücken und dadurch viele Felder für immer vernichten. Außerdem schmelzen die Himalaja-Gletscher rapide ab, was die Flüsse des Deltas anschwellen lässt. Die Regierung von Bangladesch erklärt, in einem durchschnittlichen Jahr sei ein Viertel des Staatsgebiets irgendwann überschwemmt, und alle paar Jahre seien 60 Prozent betroffen.[8] In dieser Lage ist Boden eine sehr wertvolle Ressource für die zahlreiche Bevölkerung. Es gibt einfach nicht genug Land zum Leben und Bebauen.

Die Landbevölkerung flüchtet aus den südlichen und östlichen Regionen in die Hauptstadt Dhaka. Eine halbe Million Menschen übersiedelt jedes Jahr in die Großstadt, in die Armutsviertel, wo bereits sieben Millionen Menschen leben.[9] Und das ist leider erst der Anfang. Bis 2050 könnten nicht weniger als 13 Millionen Menschen aufgrund des Klimawandels ihre Häuser verlieren, und bis Ende des Jahrhunderts wird möglicherweise ein Gebiet, wo heute ein Drittel der Bevölkerung Bangladeschs lebt, dauerhaft unterhalb der Küstenlinie liegen.[10] Wir haben gesehen, wie die Globalisierung eine halbe Milliarde Menschen aus einem Leben in Hunger und Armut erlöste, die Weltbank jedoch schätzte, dass der Klimawandel bis 2030 120 Millionen Erdenbürger in die Armut zurückstoßen wird.[11] Vor ein paar Jahrzehnten hat das globale Wirtschaftswachstum Bangladesch erreicht, aber ehe die Bevölkerung den relativen Wohlstand einigermaßen genießen konnte, kamen die schweren Stürme, der steigende Meeresspiegel und die Vernichtung der Ackerflächen. Die Menschen dort könnten auf ihren Ausgangspunkt zurückgeworfen werden.

DIE MALEDIVEN, 2018

In Malé, der Hauptstadt der Malediven, geht es um den höchsten Preis: das Verschwinden. Die Touristen, die diese Inseln im Indischen Ozean überschwemmen, machen sich zumeist nicht die Mühe, die übervölkerte Stadt zu besuchen. Sie eilen auf Booten direkt zu den typischen, schicken Pfahlbauten an himmlischen Stränden. Die Inseln mit ihren Küsten und Korallenriffen gehören zu den beliebtesten Touristenzielen der Welt. Ich lande auf dem stark frequentierten Flughafen und nehme von dort ein Wassertaxi, das die Insel umrundet. Vom Wasser aus ist man kurz verwirrt und meint, einer optischen Täuschung aufzusitzen. Malé liegt so niedrig am Wasser, dass es wirklich so aussieht, als würden die – ohnehin kleinen – Häuser aus den Meereswellen aufsteigen, als sei unser

Boot höher als das Festland. Dieses Bild macht die Gefahr für den Archipel auf einen Blick deutlich. Im Durchschnitt liegen die Inseln 1,2 Meter über dem Meeresspiegel, und der höchste Punkt liegt bei nur 2,4 Meter.

Das Motorboot prescht dahin, die Gischt sprüht uns ins Gesicht. Die Inseln verteilen sich auf verschiedene Atolle, und wir sind auf dem Weg nach Thulusdhoo, nördlich der Inselgruppe von Malé. Wenn man sich dem winzigen Hafen nähert, erfasst man den Zauberreiz der Malediven schlagartig mit allen Sinnen: der goldene Strand, die hohen Kokospalmen, der frische Salzgeruch, das klare Wasser, die weißen Sandwege und die Kinder, die auf den schmalen Kais entlangrennen oder auf improvisierten Schaukeln sitzen, die man in die hohen Bäume am Strand gehängt hat. Es ist ein verlorenes Paradies, abgesehen davon, dass überall auf der Insel Coca-Cola-Schilder angebracht sind. Auf Thulusdhoo steht die Fabrik von Coca-Cola für die Malediven, die Insel ist der einzige Ort weltweit, wo das Getränk aus entsalztem Meerwasser hergestellt wird. Das ist ein Grund für Lokalstolz, und alle Geschäfte zieren sich mit einem roten Reklameschild. Die Globalisierung ist ein Imperium, das keine Grenzen kennt.

Thulusdhoo ist keine Hotelinsel, sondern eine Ortschaft mit mehr als 1500 ständigen Einwohnern, von denen viele noch Fischer sind und fast jeden Tag hinausfahren, um ihre Netze auszuwerfen. In unmittelbarer Nähe des Hafens stehen saubere Holzgestelle zum Trocknen der Fische, die nach dem Ausnehmen darauf ausgebreitet werden. Es ist Abend, und ein paar Frauen säubern die Bretter, rupfen Unkraut darunter aus und fegen mit kleinen Besen die Erde. Die Gestelle werden sauber bereitstehen, wenn die Männer mit den Booten zurückkehren, und falls sie mehr Fische mitbringen, als sich verkaufen lassen, kann man sie mit Salz konservieren.

Frühmorgens gehen mein Kameramann und ich tauchen, um die Korallen zu sehen. Die Sonne steigt langsam über dem stillen

Strand auf, der jetzt frei von Touristen und Surfern ist, und der Wind weht relativ scharf. Der Inhaber des kleinen Tauchladens, Asa Ismail, lässt uns in sein Boot steigen. Die See ist rau, und wir sind auf dem Weg zu einem flachen Korallenriff ziemlich weit vor der Insel. Die Riffe sind ein wesentlicher Faktor für die Kultur und Wirtschaft der Malediven. Die Fische, der Tourismus, der Schutz der Inseln vor Sturmfluten – alles hängt mit den Riffen zusammen.

Am Ziel angelangt, wirft Asa eine Art Anker aus, setzt eine Tauchermaske ohne Schnorchel auf und taucht ab, um die See zu prüfen. »Es gibt etwas Strömung«, ruft er uns aus dem Wasser zu, »ich steige ins Boot und ihr springt rein, ich werde versuchen, euch im Auge zu behalten.« Das war eine Warnung: Kaum bin ich im Wasser, habe ich das komische Gefühl, als würden mir die Flossen nicht gehorchen, egal wie viel Beinkraft ich einsetze. Innerhalb von zwanzig Sekunden ergreift die Strömung den Fotografen und mich und trägt uns rasch am Riff entlang, während Asa uns die ganze Zeit mit dem Boot folgt.

Nicht dass es viel zu sehen gäbe. Ab und zu zeigt sich ein wunderschöner Fisch, aber die Korallen sind bereits zerbröckelt. Die Korallenbleiche ist hier längst eingetreten, und das ganze Riff ist zerklüftet, sieht mehr und mehr aus wie eine Unterwasserwüste. Nur an den Enden, wo die brettartige Gesteinsformation tiefer in den Ozean eintaucht, sieht man noch Reste des virtuosen Lebens, von dem es in guten Zeiten bevölkert war. Als wir an den Strand zurückkehren, schätzt Asa nachdenklich und präzise, dass etwa 80 Prozent der Korallen rund um die Insel bereits ausgeblichen sind. Die globale Erderwärmung, die die Ozeane aufheizt, und ihre zunehmende Versauerung sind die Hauptgründe für das dauerhafte Ausbleichen und Absterben von Korallen. Korallen sind besonders sensibel für Veränderungen dieser Art. Korallenriffe machen nur 0,1 Prozent der Meeresflächen aus, bilden jedoch die Existenzgrundlage für ein Viertel allen Lebens in den Ozeanen.[12] Die Hälfte des Great Barrier Reefs von Australien ist schon abgestorben, und etwa die Hälfte der Korallenriffe weltweit wurden seit den 1980er-Jahren zerstört.

Es heißt, die globale Erwärmung werde alle Korallen innerhalb von zwanzig Jahren vernichten, sage ich zu Asa. »Das halte ich durchaus für möglich«, erwidert er. »Ohne Korallenriffe wird es keine Malediven geben. Unser Leben ist stark von den Riffen abhängig. Alle kommen, um diese fantastische Unterwasserwelt zu sehen. Der zweitwichtigste Erwerbszweig ist der Fischfang. Wenn es keine Korallenriffe mehr gibt, wird es mit unserem Fischfang zu Ende gehen, unser Tourismus wird am Ende sein, und das ist dann mehr oder weniger auch unser Ende, würde ich sagen.«

Ähnliches hört man überall auf den Malediven. Wenn die Menschen dort von ihrem nationalen Notstand reden, Angst und Sorge wegen des Verlusts ihrer Heimat zum Ausdruck bringen, enden sie jedoch optimistisch, sagen interessanterweise, sie fühlten sich jetzt enger mit der Welt verbunden, weniger vergessen, als Teil eines größeren Dramas. Sie erzählen einem ausführlich von Emissionen, Versauerung und Weltwirtschaft. Mein Guide liest Plastikfetzen vom Strand auf, warnt, dass sie die Meeresschildkröten töten, und er achtet darauf, dass wir umweltverträgliche Trinkhalme benutzen. Ich sehe dort mehr Umweltbewusstsein als sonst irgendwo, da es für die Leute hier wirklich existenziell ist. Diese Erkenntnis ist bei den Bürgern des Inselstaates stark präsent, aber auch bei vielen Bürgern wohlhabender Industriestaaten. Die Klimakrise zwingt uns, auch an diejenigen zu denken, die fern von den nördlichen Nationen leben, sei es wegen eines gemeinsamen Menschheitsschicksals oder, zynischer, weil die globalen Südländer wie Kanarienvögel im Bergwerk sind. An vielen Orten zahlen die Menschen einen Preis für CO_2-Emissionen, die überwiegend bei der Herstellung von Waren für die reicheren Länder anfallen. Und obwohl der wohlhabende Norden noch nicht den vollen Preis für die überwiegend selbst verschuldete Krise zahlen muss, wissen wir doch tief im Innern, dass wir die Rechnung noch präsentiert bekommen werden, und zwar mit Aufschlag. Dieses gemeinsame Schicksal und die Notwendigkeit, die Ursachen und Auswirkungen des Klimawandels zu bekämpfen, schaffen eine gemeinsame Aufgabe – eine Herausforderung, die das Zeug hat, Menschen zusammenzubringen.

Während wir uns an dem traumhaften Strand unterhalten, lassen sich auf einer Nachbarinsel immense Bauarbeiten beobachten: Erde wird vom Meeresboden heraufgeholt, um die Inselfläche zu vergrößern und ein weiteres Luxushotel darauf zu errichten. Das sind verschiedene, scheinbar unverbundene Vektoren, die jedoch eng zusammenhängen. Die örtliche Tourismusbranche boomt, und zugleich trägt der weltweite Tourismus etwa 8 Prozent zur Entstehung von Treibhausgasen bei.[13] Die Malediver sind ein Paradebeispiel für die Folgen der Erderwärmung und die Inselstaaten, deren Existenz durch sie bedroht ist. Die Regierung der Malediven hat ein Programm in Angriff genommen, neue, künstliche Inseln zu erschaffen oder die bestehenden abzusichern, einschließlich drei Meter hoher Betonmauern. Außerdem beabsichtigt sie, vom Klimawandel bedrohte Gemeinden in geordneter Weise auf höhere Inseln umzusiedeln.

Eigentlich ist das schon längst im Gang. Im abendlichen Trubel von Malé treffe ich nahe der Hauptmoschee Mohamed Saud. Vor vielen Jahren haben er und seine Familie ihre Insel, Haa Dhaal Maavaidhoo, verlassen, weil das Leben dort unerträglich geworden war. Wenn man so will, ist Saud einer der ersten Klimaflüchtlinge der Welt. Millionen werden ihm folgen, je weiter die Klimakrise fortschreitet. Er erzählt mir von den furchtbaren Sturmfluten, die die Insel vollständig überschwemmten, und von der ständigen Erosion der Küste. »Sie brachen über die Insel herein ... die ganze Insel war überflutet. Die Wogen erreichten die Feuchtgebiete in der Mitte, vernichteten die Pflanzen ... die Wellen setzten die Boote unter Wasser. Alle Nahrungsmittel waren verdorben.«

Mohamed erzählte, wie sie das Auslaufen der Boote zwischen

den Wellen abpassen mussten, und dass die Insel immer häufiger überflutet wurde. Nachdem er fortgezogen war, in den 1990er-Jahren, schlossen sich viele dem Auszug an. Schließlich war die ganze Gemeinde zusammengekommen und hatte beschlossen, den Umsiedlungsvorschlag der Regierung anzunehmen. In einem Filmskript hätte man diesem Moment vielleicht Spannung verliehen und eine erbitterte Auseinandersetzung zwischen den zum Bleiben Entschlossenen und den Realisten eingefügt. Doch Saud sagte mir, es sei ganz einfach gewesen: Alle stimmten überein, dass man dort nicht länger leben konnte. Wenn du und deine Kinder langsam ertrinken, hat das nichts Romantisches.»Weil ich dort aufgewachsen bin, ja, sehne ich mich nach der Insel. Aber uns blieb keine andere Wahl«, sagt er.

Während er spricht, fällt mir eine alte Legende von den Malediven ein, die ich einmal gelesen habe. Sie erzählt von mächtigen Kupferwänden, die an den Enden des großen Ozeans stehen und weitere Wassermassen zurückhalten. Jede Nacht verfluchen böse Geister diese Wände in ihren Zaubersprachen und beschädigen sie so sehr, dass sie beinah einstürzen. Am Morgen sind sie schon ganz dünn und kurz vor dem Zusammenbrechen, gleich werden die Inseln untergehen, und alle ihre Bewohner werden sterben. Doch das Unheil wird durch das muslimische Morgengebet verhindert, genau dann, wenn der Gläubige im Stehen die Hände in Gesichtshöhe hebt, beim Qunūt. Mit einem Schlag erstarken die Kupferwände wieder, bis nachts erneut die Geister kommen und sie zu zerstören versuchen. Die Inseln sind ständig dem Untergang nahe, besagt die alte Legende, und einen Moment bevor das Meer sie verschlingt, rettet das Gebet sie allmorgendlich vor der Apokalypse.[14] Ich denke an mein Gespräch mit Saud, und die Legende klingt wie eine Prophetie.

—

Mohamed Nasheed, der ehemalige Präsident der Malediven, trifft mich bei einem Rundgang auf einer Insel unweit von Malé. Der international bekannteste Politiker aus diesem Archipel ist mit großem Gefolge unterwegs und schreitet so schnell aus, dass man schier rennen muss, um mitzukommen. Nasheed war der erste demokratisch gewählte Präsident der Inseln, ein PR-Genie und ein Meister der internationalen Öffentlichkeitsarbeit. Ein Großteil der Aufmerksamkeit, die von 2000 an den unter den Folgen der Erderwärmung leidenden Inselstaaten zuteilwurde, ist ihm zu verdanken. Nasheed hielt eine Kabinettssitzung unter Wasser, in Taucheranzügen, ab, gewährte international bekannten Journalisten wie Christiane Amanpour Interviews, unterzeichnete auf einem im Wasser stehenden Schreibtisch Gesetze, erklärte, sein Land wünsche ein völlig neues Territorium, und verlangte ganz selbstverständlich, dass die Industrienationen dafür bezahlen sollten. Es gab zahllose Berichte, Auftritte vor wichtigen Foren, Expertenbesuche, Planungen und bewegende Ansprachen.

Aber das Wasser stieg weiter.

Die örtliche Politik setzte Nasheed ab, er ging ins Exil, kehrte 2018 jedoch, politisch gestärkt, zurück.

Die Insel Gulhi, auf der wir uns befinden, hat einen langen Traumstrand mit einer gigantischen Schaukel mitten im Wasser. Beim Anblick der Badenden könnte man meinen, auf dem Set eines großen Werbespots für das gute Leben zu sein. Aber von der gegenüberliegenden Seite, wo der Ex-Präsident und ich stehen, sieht man den verzweifelten Kampf gegen den steigenden Wasserspiegel. Wie archäologische Schichten offenbaren sich die Kämpfe der Inselbewohner gegen die Fluten und die Überschwemmung der Insel. Am Strand sieht man alle vergeblichen Maßnahmen: Betonsäcke, die auf den Felsen steinhart geworden sind. Bauschutt, der aufgeschüttet wurde, um die Erosion der Küste und das Eindringen der Wellen aufzuhalten. Stahlbetonbarrieren, zum Teil umgekippt, die aussehen wie ein aufgerissenes Maul mit Zahnstummeln. Es ist ein eindringliches Bild: Auf der einen Seite amüsieren sich die wohlhabenden Touristen, die sich eine Reise zu den Malediven erlauben können, auf der anderen Seite ringen die Einwohner mit der Erderwärmung, die die Heimatstaaten dieser Touristen auslösen. Nasheed sagt, er sei derzeit gegen das Verlassen der Inseln. Heute setze er auf »neue Technologien« und »wegweisende« Küstenschutzmaßnahmen wie künstliche Riffe, die die Auswirkungen der Klimakrise auf das Leben der Inselbewohner abmildern sollen. »Wir haben eine starke Erosion [der Küste]«, sagt Nasheed. »Wir haben weniger Fischfang, weil die Fische nicht mehr an die Oberfläche kommen wie früher, daher haben wir ein Problem mit der Ernährungssicherheit. Wenn die Wassertemperaturen steigen ..., werden wir aufhören zu existieren. Die Korallenriffe werden sterben, und unsere Inseln werden kollabieren, unser Lebensunterhalt wird kollabieren. Unsere Kultur und unser Volk werden Not leiden. Weiß der Himmel, was wir tun sollen.«

Er reagiert heftig, als ich ihn nach den Leugnern der Klimaerwärmung frage. »Mit der Wissenschaft kann man nicht feilschen, mit Fakten keinen Deal machen«, sagt er. Das Bild Donald Trumps schwebt über dem Gespräch. »Wir haben eine schriftliche Überlieferung von 2000 Jahren«, erklärt Nasheed, »es ist schwierig für uns, einfach so ausgelöscht zu werden. Ich habe nicht die Absicht, wegen des drohenden Klimawandels zu sterben. Wir weigern uns zu sterben. Wir wollen leben.«

PILGERFAHRT NACH FUKUSHIMA

Das Gespräch mit Nasheed erinnerte mich an ein älteres Bauernpaar, dem ich nahe der Stadt Namie, im Sperrgebiet um Fukushima in Japan, begegnet war. 2014 betrat ich das Gebiet, das die japanische Regierung wegen der radioaktiven Verseuchung durch das schwere Reaktorunglück bei dem großen Tsunami von 2011 abgeriegelt hatte. Ich ging durch die leeren Straßen von Namie. In Fetzen gegangene Wäsche flatterte an den Leinen in den Höfen. In den Küchen der Häuser standen Teegläser auf dem Tisch, und junges Gras spross aus den Türrahmen. Gegen Sonnenuntergang sah ich eine kleine Wildschweinfamilie seelenruhig durchs Stadtzentrum spazieren, trotz dessen Verseuchung durch unsichtbare radioaktive Partikel, die bei der Bloßlegung und späteren Schmelze der atomaren Brennstäbe in die Luft gelangt waren.

Auf einem nahen Bauernhof standen mir Chizuko und Yukio Yamamoto gegenüber, ein nettes und gastfreundliches Paar in Arbeitsstiefeln. Dauerhaft auf dem Anwesen ihrer Vorväter zu wohnen – sie zeigten mir Gegenstände aus der Zeit der Samurai –, ist wegen der Strahlung verboten. Aber aufgrund einer Sondergenehmigung kehren sie jeden Tag zurück, um ihr Vieh zu füttern, dessen Milch und Fleisch natürlich ungenießbar sind. »Die meisten Kühe in der Gegend sind verhungert, aber für uns sind sie wie Familienangehörige«, sagte der Bauer. »Wir können nicht essen und Sake trinken und das Leben genießen und die Kühe einfach vergessen. Wir möchten, dass auch sie das Leben bis zum Ende genießen.« Der Bauer erklärte, er wolle das Land nicht aufgeben. Vielleicht könnten seine Enkel zurückkehren. »Und dann werden sie wissen, dass das, was sie noch haben, den Mühen ihres Großvaters geschuldet ist.« Das war schön, schön wie der Blick über den Strand auf den Malediven. Man konnte für einen Moment vergessen, dass wir uns in verstrahltem Gebiet aufhielten und man besser nicht den Staub einatmete, den der Bauer mit seinem Traktor aufwühlte.

Auf einem schönen grünen Hügel, unter einem herrlich blühenden Pflaumenbaum stellten wir das Strahlenmessgerät auf. Es zeigte eine Strahlung von 20 Mikrosievert pro Stunde, etwa achtzig Mal mehr als normal. Dauerhaftes Wohnen an diesem Ort würde das Krebsrisiko deutlich erhöhen und wäre besonders für Kinder gefährlich.

Beim Checkpoint am Ausgang der Sperrzone mussten wir uns von japanischen Beamten in Schutzanzügen und mit Atemmasken in speziellen Häuschen auf Verstrahlung untersuchen lassen. »Ohne das kommt ihr hier nicht raus«, sagte unser einheimischer Begleiter.

—

Fukushima und der Schauplatz des Atomunglücks in Tschernobyl müssen Gedenkstätten für die ganze Menschheit sein, Mahnmale der Vergangenheit, aber Fukushima und Tschernobyl sind auch Mahnmale einer möglichen Zukunft.

Es geht hier nicht um Kernenergie. Diese birgt tatsächlich Gefahren, doch sind Kernkraftwerke für den Menschen weniger tödlich als Kohlekraftwerke. Fukushima und Tschernobyl sind Symbole dafür, dass menschliche Technologie tatsächlich imstande ist, menschliche Gemeinschaften zu zerstören, ein ganzes Stück Natur ungewollt so zu verschmutzen, dass es für sehr lange Zeit oder auf ewig für den Menschen unbewohnbar bleibt. Menschen können sich und ihre Lebensräume vernichten durch falschen oder unvorsichtigen Einsatz von Technologien, die sie selbst erfunden haben – und das auch ohne politische Konflikte oder Kriege. Ein Rundgang in Fukushima ist deshalb so eindringlich, weil man sieht, wie menschliche Gesellschaften in einer Weise handeln können, dass sie dem Vergessen oder dem Zusammenbruch anheimfallen.

Im Zeitalter der Verantwortung hatten die Spitzenpolitiker der Supermächte und der Weltgemeinschaft die Erinnerung an das Grauen der Weltkriege zutiefst verinnerlicht. Sie dachten rational, akzeptierten wissenschaftliche Erkenntnisse und garantierten eine grundlegende internationale Stabilität. Das galt auch für eine mögliche Umweltkatastrophe. Als Wissenschaftler 1974 den Einfluss von Fluorchlorkohlenwasserstoffen (FCKW) auf die Atmosphäre untersuchten, entdeckten sie deren schädliche Auswirkungen auf die Ozonschicht, die das Leben auf der Erde vor gesundheitsgefährdender Sonneneinstrahlung schützt, vor allem im ultravioletten Bereich. 1985 fanden britische Forscher ein großes »Loch« im Ozon über der Antarktis (Bereiche in der Stratosphäre, in denen jahreszeitlich bedingt tatsächlich eine dramatische Verringerung im Ozongehalt auftritt),[15] womit sie die Ergebnisse ihrer Vorgänger bestätigten. Nur zwei Jahre später trafen sich die Nationen der Welt, um das Montrealer Protokoll zu unterzeichnen, ein wegweisendes Abkommen zum Verbot von Stoffen, die die Ozonschicht schädigen. Der Industrie nutzten ihre lauten Proteste nichts; das Abkommen wurde in allen Staaten verpflichtend. 2018 berichtete die NASA, erstmals hätten Wissenschaftler niedrigere FCKW-Werte gemessen, das Ozonloch habe sich infolgedessen verkleinert.

Dies ist eine einfache, erfreuliche Geschichte über gesunden Menschenverstand und Wissenschaft. Es ist auch eine Geschichte über das Zeitalter der Verantwortung, das zu Ende gegangen ist. Wie tot ist dieses Zeitalter? Im Mai 2016 trat der Präsidentschaftskandidat Donald Trump vor Bergleuten in West Virginia auf. Hier ist die exakte Wiedergabe seiner Rede: »Sitzt mein Haar okay? ... Gebt mir ein bisschen Spray. Wisst ihr, ihr dürft kein Haarspray mehr benutzen, weil es dem Ozon schadet, das wisst ihr doch, richtig? ... Ihr wollt mir sagen, nicht wahr, dass Haarspray nicht mehr wie früher ist ... Gebt mir einen Spiegel. Zu alten Zeiten habt ihr Haarspray aufgesprüht und es hielt. Heute sprüht ihr Haarspray auf, und es hält zwölf Minuten, richtig? Sie sagen, nicht wahr, du kannst doch nicht – ich sagte, Moment mal, wenn ich Haarspray nehme und es in meiner Wohnung versprühe, die ringsum abgeschlossen ist, dann erzählt ihr mir, dass es die Ozonschicht beeinflusst? Ich sage, geht nicht, Leute. Nie im Leben.«[16]

Die Verwerfung wissenschaftlicher Erkenntnisse zu Ozon und Klimaerwärmung liegt im Interesse der Industriekonzerne. Vertreter von Wirtschaftsinteressen versuchen permanent, wissenschaftliche Ergebnisse zu leugnen oder anzuzweifeln.[*] Naomi Klein schildert in ihrem Buch *Die Entscheidung: Kapitalismus vs. Klima* genauestens die Dynamik groß angelegter Manipulationen, mit denen die Wirtschaftseliten die Auswirkungen der Katastrophe zu vertuschen suchen. Den Preis für derartige Machenschaften zahlen Ortschaften wie Newtok in Alaska, deren Permafrostboden im Begriff ist, zu schmelzen und wegzubrechen, sodass die Einwohner bald fortgehen müssen. Oder Ägypten, ein Staat, dessen Bevölkerung alle acht Monate um eine Million Menschen wächst, während das fruchtbare Nildelta bald von ansteigendem salzigen Meerwasser vergiftet sein wird und damit der Nil, der das Land über Jahrtausende ernährte. Oder auch die Insel Tangier in der Chesapeake Bay vor dem US-Bundesstaat Virginia, die demnächst im Ozean verschwinden wird. Es gibt noch Tausende weitere Beispiele. Und es werden immer mehr.

Unter diesen Umständen sieht sich lokales Leben zunehmender Willkür ausgesetzt. Landschaften und Witterungsverhältnisse verändern sich wegen CO_2-Emissionen und anderer Umweltverschmutzungen in fernen Erdteilen. Diese Treibhausgase werden für andere Volkswirtschaften freigesetzt, die teils direkt von der Erderwärmung profitieren, während der Bewohner der Malediven sein Haus für immer verlassen muss.

———

Diese Geschichten stehen für das Gesamtbild einer Welt, die von den Rändern her zerfällt. Für viele Menschen – ob Angehörige von

---

[*] Dazu ausführlich das Buch von Naomi Oreskes und Erik M. Conway, *Die Machiavellis der Wissenschaft. Das Netzwerk des Leugnens*, das sich mit der gut geschmierten Lobby der Industrie und der Erdölmagnaten beschäftigt. Sie haben ihre Lehren aus dem Montrealer Protokoll gezogen und bemühen sich nach Kräften, die Industrie vor ähnlichen Abkommen zum Thema fossile Energien zu bewahren.

bedrohten Stämmen im zunehmend abgeholzten Amazonas-Urwald oder Chinesen, die ihre Häuser zugunsten olympischer Bauten räumen müssen, oder europäische Rentner, die ihre Altersbezüge wegen der amerikanischen Zinspolitik schwinden sehen – ist die Welt zu einem Ort der Willkür geworden. Sie hören Verlautbarungen über ihre Lage, die für sie abgehoben klingen – nicht weil sie unlogisch wären, sondern weil die Faktoren, die ihr Leben und ihre materielle Situation zutiefst beeinflussen, in politischen Phänomenen wurzeln, die sich auf lokaler oder nationaler Ebene nicht beherrschen lassen. Diese Willkür ist enorm: Menschen, die nicht mehr am Leben sind, haben mittlerweile geschlossene Fabriken gegründet, die zur Zeit ihres Bestehens Emissionen ausstießen, die das Leben von damals noch ungeborenen Menschen dramatisch beeinflussen sollten. In seinem Science-Fiction-Roman *Per Anhalter durch die Galaxis* erzählt Douglas Adams von einem Moment der Willkür, der Vernichtung der Erde für den Bau einer galaktischen Hyperraum-Expressroute:»Bewohner der Erde, bitte herhören. Hier spricht Prostetnik Vogon Jeltz vom Galaktischen Hyperraum-Planungsrat. Wie Ihnen zweifellos bekannt sein wird, sehen die Pläne zur Entwicklung der Außenregionen der Galaxis den Bau einer Expressroute durch Ihr Sternensystem vor, und bedauerlicherweise ist Ihr Planet einer von denen, die gesprengt werden müssen. Das Ganze wird nur weniger als zwei Ihrer Erdenminuten in Anspruch nehmen. Danke.«[17]

Wenn nationale Institutionen nicht in der Lage sind, Missstände zu beseitigen, weil diese Missstände stärkeren globalen Mächten unterliegen, gelten sie entweder als nutzlos oder als Kollaborateure, die sich eine falsche Fassade der Souveränität geben. Angesichts dieser wachsenden Entfremdung und der Veränderungen in Landschaft und Klima ist es nur natürlich, wenn Menschen radikale Antworten suchen.

Hier ist etwas Tieferes am Werk, das alle Menschen angeht, nicht nur diejenigen, die an den Rändern des globalen Wohlstands leben. Anders als frühere Generationen ist der Einzelne heute von einem Berg an Übeln umgeben, für die er unmittelbar verantwortlich ist – zum Beispiel für die Methoden, mit denen die Rohstoffe für seine Unterwäsche oder sein Handy gewonnen wurden. 2017 sendete Sky eine Fernseh-Doku über die Minen im Kongo, wo Kobalt für die Akkus von Smartphones abgebaut wird. Die Lieferkette des Materials vom Bergwerk zu den Telefonherstellern ist nebulös, was den Herstellern natürlich sehr entgegenkommt. Alex Crawford, der Sky-Reporter, enthüllte, dass Kinder ab vier Jahren in diesen Minen beschäftigt – oder richtiger versklavt – werden und für etwa 15 US-Cent am Tag schuften. In der Doku, die in dem britischen Fernsehprogramm lief, sieht man einen Achtjährigen, der nur bei seinem Vornamen Dorsen genannt wird, im strömenden Regen in einer morastigen Grube arbeiten. Das Video ist unscharf wegen des starken Regens. Über dem Jungen steht ein bärtiger Erwachsener, der mit der Hand ausholt: Er ist im Begriff, ihn zu schlagen. Der Junge hatte dem Journalisten erzählt, in den letzten Tagen habe er nicht genug Geld für Essen gehabt, obwohl er zwölf Stunden am Tag arbeite.[18] Ist Ihr Smartphone griffbereit? Werfen Sie einen Blick darauf. Es ist der Beweis dafür, dass unsere gesamte Umgebung ständig von Ausbeutung und Umweltschäden belastet ist. Wir können wenig tun, um das Ausmaß unserer Komplizenschaft einzugrenzen.

Außerdem sind wir uns, im Gegensatz zu unseren Vorfahren, dieses moralischen Versagens zutiefst bewusst. Selbst wenn wir lieber nichts davon wissen wollen, *könnten* wir zumindest davon wissen. Unser Urgroßvater konnte sich, zumindest theoretisch, dafür entscheiden, seine Kleidung bei einem Schneider zu kaufen, der seine Angestellten gut behandelte, das Brot eines Bäckers zu essen, der seine Kohlenschlacke nicht in den städtischen Brunnen warf, und bestimmtes Obst zu meiden, weil er wusste, womit der Bauer seinen Boden düngte. Seit dem Anbruch der Moderne wurde diese Aufgabe immer schwieriger; heute ist sie unmöglich zu bewältigen, da die Herstellungs- und Vermarktungsmethoden durch die Globalisierung extrem komplex wurden und sich von ihren Ursprüngen entfremdeten.

Nun kann der Mensch zum Einsiedler werden und sich ganz von der Zivilisation abkoppeln. Er kann sich Gemeinschaften anschließen, die versuchen, die Ausbreitung dieser Übel zu vermeiden, indem sie das gesamte industrialisierte Leben für sich ablehnen. Solche radikalen Entscheidungen werden wohl zunehmen, und vermutlich werden künftig immer mehr Gemeinschaften dieser Art entstehen. Die industrielle Revolution bewirkte, dass einige Menschen verschiedener Glaubensrichtungen und Hintergründe sich entschlossen, das von ihr diktierte Dasein zugunsten anderer Lebensweisen abzulehnen, und die gegenwärtigen Revolutionen werden dies verstärken. Doch ist auch anzunehmen, dass die meisten Menschen diesen Weg nicht beschreiten werden. *Sie müssen damit leben, dass die für sie verfügbaren Informationen zu den Übeln, die sie mitzuverantworten haben, beständig zunehmen, während das Empfinden, diese beeinflussen zu können, ebenso beständig abnimmt.* Im für die Globalisierung charakteristischen Bewusstseinszustand fühlt der Mensch sich bei jedem Schritt von einem griechischen Chor umringt, der ihm zuruft: Ausbeutung, Verseuchung, Augenverschließen, Schande, Schande, Schande.

Dieses Bewusstsein ist kräftezehrend und führt zu einer Art moralischer Überforderung. Es fühlt sich an wie die Zeilen des Songs »Feel the Pain« der Alternative-Rockband Dinosaur Jr.: »*I feel the pain of everyone/Then I feel nothing.*«

Von der »Globalisierung der Gleichgültigkeit« sprach Papst Franziskus einmal in Bezug auf die Haltung der Welt zum Syrienkrieg. Apathie gegenüber dem Anderen, die Neigung, das Unrecht zu ignorieren, das dem Anderen und Fremden angetan wird, sind in der menschlichen Erfahrung nicht neu. Das 20. Jahrhundert war in dieser Hinsicht von allen Epochen die verkommenste. Doch früher gab es die glaubwürdige Erklärung, dass es an zuverlässigen Informationen mangelte. Man konnte Unwissen vorschützen. Möglicherweise nahm nicht das Unrecht zu, sondern wuchs das Wissen darüber exponentiell.

Die Gleichgültigkeit schlägt manchmal um in eine Revolte, eine Revolte, die aus der Verdrängung entsteht. Die Menschen rebellieren gegen die Machtsysteme, die ihnen Fakten darlegen, die sie nicht akzeptieren wollen, und sie tun das, weil ihnen das Verdrängen – für ihr inneres Wohlbefinden oder aus wirtschaftlichem Interesse – leichtfällt. Verdrängung ist ein starker und manchmal gesunder psychologischer Schutzmechanismus. Aber sie ist keine gute Methode, um Politik zu gestalten. Trumps Text auf der erwähnten Wahlversammlung ist ein offensichtlicher Versuch, Verantwortung abzuschütteln, eine Selbstrechtfertigung, die wissenschaftliche Erkenntnisse und die Grundsätze des Fortschritts zu verdrängen sucht. Wer umweltschädlich handelt – was wir selbstverständlich alle tun – und sich vormacht, so schlimm sei es schon nicht, zeigt ein ziemlich menschliches Verhalten. Während also Naomi Klein die ausgestreuten Lügen als Teil eines ausgeklügelten und umfassenden Plans der Eliten beurteilt, ist die tatsächliche Lage noch weit beängstigender: Es gibt da ein volksnahes und authentisches Bemühen, die Wahrheit wegen ihrer Brutalität zu leugnen. Und es geht nicht nur darum, was Menschen sich selbst einreden, um in einer amoralischen Weltlage mit sich klarzukommen, sondern darum, dass die Revolte der Verdrängung zu einem politischen Ereignis wird – zur Rede eines Präsidentschaftskandidaten, die leicht viele Menschen mitreißt.

Je weiter die moralische Entfremdung um sich greift und je heftiger die Willkür zuschlägt, desto mehr suchen die Menschen nach Bekanntem und Vertrautem. Sie wenden sich den absoluten

Imperativen von Macht, Identität und Rückbesinnung auf das »Altbewährte« zu. Mal ist das Trump, der nostalgisch auf die Zeiten eines anderen Haarsprays zurückblickt, mal sind das die ältesten Gegner der Moderne, die Fundamentalisten. Die Ausbeutung, die der Schattenseite der Globalisierung eingeprägt ist, dient ihnen für ihren Kreuzzug oder ihren Dschihad – mit Ziel der Auslöschung dieser Globalisierung.

DIE VORBOTEN DER REVOLTE

»Feuer brennen überall. Menschen sterben an allen Ecken. Mit Gottes Segen habt ihr großartige Arbeit geleistet.«[1]

Der Kommandeur der Terroristen von Mumbai
in einem Telefongespräch während des Anschlags

Mit dem schnellen Fortschreiten des aktuellen Globalisierungsschubs und dem zunehmenden Einfluss globaler Beziehungen auf das Leben der Menschen wuchs auch die Opposition dagegen. Diese hat viele Gesichter: Anarchisten, Umweltschützer, Marxisten, Populisten und zahlreiche andere. Der härteste und älteste Kern der Revolte ist der Fundamentalismus. Seit dem Beginn der Moderne steht der Fundamentalist wie ein eiserner Fels in der anschwellenden Brandung – manchmal kämpft er gegen die wissenschaftliche Revolution, und stets wettert er gegen die Ideen der Aufklärung und bedauert die Folgen der industriellen Revolution. Im Gegensatz zur gängigen Meinung schöpft er seine Kraft nicht nur aus »Ignoranz« und »Armut«, sondern auch aus einem stark empfundenen Bedeutungs- und Identitätsverlust, aus der Entfremdung in der globalen Welt.

MUMBAI, 2008

Im Herbst 2008 begann die Weltwirtschaft zusammenzubrechen. Es war ein Kollaps mit lautem Getöse, langsam, aber furchteinflößend, wie ein altehrwürdiges Gebäude, in dem geschickt platzierter Sprengstoff in perfekter Abfolge detoniert. Für die schrecklichste Aufführung der Stadt hatten wir Logenplätze in der City von London, die sonst so stolz und prächtig und nun plötzlich schwer getroffen, beinah hysterisch war. Etwa zwei Monate nach dem Crash der Investmentbank Lehman Brothers erhielt ich einen dringenden Anruf von der Redaktion der israelischen Zeitung *Ma'ariv,* für die ich arbeitete. Es waren anstrengende Tage, vor allem wegen des sich entfaltenden Dramas, doch drehte sich das Gespräch gar nicht um die Weltwirtschaft.»Wie schnell kannst du nach Mumbai, nach Indien aufbrechen?«, wollte der Chefredakteur wissen.»Dort geschieht gerade etwas Furchtbares.«

Mitte November hatte die »Kuber«, ein ramponierter Fischkutter, den Hafen von Porbandar an der Westküste Indiens verlassen. An Bord waren der Kapitän und vier indische Fischer, die zum in der Region üblichen Fischzug, also zum Fluss Sir ausliefen, an der Grenze zwischen Indien und Pakistan. Wo der Sir ins Arabische Meer mündet, wimmelt es von Aalen und anderen Fischen, sodass hier Fischer beider Nationen, ebenso wie Schmuggler, dicht gedrängt unterwegs sind.

Der Kapitän, Solanki Amar Singh, verbrachte die meisten seiner Tage – und auch Nächte – an Bord des kleinen Kutters. Dessen Eigentümer zahlte ihm 200 Dollar pro Monat.»Er hat vor allem für die Ausbildung seiner Kinder gearbeitet«, sagte sein Schwager später dem *Wall Street Journal.*[2] Die Fahrten verliefen reibungslos, und jeden Tag sprach Singh mit dem Schiffseigner, der sicherstellen wollte, dass sein Eigentum unversehrt war. Doch dann, in der dritten Novemberwoche, war Singh verschwunden. Einen Tag später berichteten indische Fischer, sie hätten drei Leichen im flachen Wasser treiben gesehen, nahe der pakistanischen Grenze. Am Abend des 26. November wurde die »Kuber« in der Nähe des Hafens von Mumbai aufgegeben. Auf dem kleinen Deck blieb der Leichnam von Kapitän Singh zurück, die Kehle durchgeschnitten. Die Untersuchung ergab später, dass der kleine Fischkutter von einem größeren Schiff aus der pakistanischen Stadt Karatschi aufgebracht worden war;[3] die meisten an Bord wurden sofort ermordet.

Am selben Abend steuerte ein kleines Schlauchboot die Küste von Mumbai an. Sechs Männer sprangen am Strand von Bord, vier andere fuhren weiter zum Geschäftsviertel der Stadt, Cuffe Parade, und gingen dort an Land. Sie waren bis zu den Zähnen bewaffnet, jedoch gepflegt und elegant gekleidet. Sie weckten sofort Aufmerksamkeit, und neugierige indische Fischer riefen ihnen ein paar Fragen zu, doch die jungen Männer ignorierten sie und gingen weiter Richtung Stadt, mit großen schwarzen Taschen. Das Licht des Tages wich der weichen indischen Abendstimmung. So begann der Terrorangriff in Mumbai.

Die Terroristen attackierten das berühmte Hotel »Taj Mahal Palace«, stürmten in die Lobby und schossen auf die Touristen, die am Pool ihren abendlichen Tee tranken. Andere Kommandos überfielen ein weiteres Hotel, ein Kino, den großen Bahnhof der Stadt, einige Taxis und das »Leopold Café«. Außerdem besetzten sie ein Haus im Stadtzentrum, das Nariman House, wo nun die ultraorthodoxe jüdische Chabad-Bewegung ihr Gemeindezentrum hatte.

Es war einer der raffiniertesten Angriffe in der blutigen Geschichte des indischen Subkontinents, mit 166 Toten und Hunderten Verletzten. In Indien wird er »Der indische 11. September« genannt. Die Attacken waren nicht die heftigsten, die Indien, oder Mumbai, je gesehen hatte; erst zwei Jahre zuvor waren über 200 Menschen bei einem Angriff auf eine Vorortbahn umgekommen. Aber diese Attacke war insofern beispielgebend, als der Terror diesmal nicht die niedrigen Schichten und die grenznahen Regionen traf, wie sonst zumeist in Indien, sondern wirtschaftliche Machtzentren und gut gesicherte Prachtbauten. Die Terroristen brachten wichtige Gebäude unter ihre Kontrolle, sodass die Aktion zunächst nach einer Geiselnahme aussah. Als die Polizei Kontakt herstellte, sagten die Angreifer, sie wollten verhandeln. Das war eine mörderische Irreführung. Die Anschläge zielten auf Massentötung, und die Täter hatten Befehl, nicht lebend heimzukehren. Ohne Beispiel war außerdem, dass der Angriff sich genauso gegen Fremde wie gegen Inder wandte; Hunderte von Ausländern gerieten ins Feuer, und die internationalen Medien berichteten deshalb ausführlicher über die Ereignisse als über andere Terroranschläge in Asien. Im Nariman House waren Israelis als Geiseln genommen worden. Deshalb hatte man mich gebeten, sofort nach Indien aufzubrechen und möglichst nahe an den Ort heranzukommen, wo sie gewaltsam festgehalten wurden.

Es ist ein eigenartiges Gefühl, sich in einer plötzlich stillen Metropole zu bewegen. Die Großstadt Mumbai, von der Reisende bei ihrem ersten Aufenthalt berichten, sie dröhne permanent vor schwindelerregender Geschäftigkeit, wirkte fast verlassen. Man spürte die Menschen, die kurz zuvor von den Straßen verschwunden waren, die Gerüche und der Trubel hingen noch verwaist in der Luft. Die Taxifahrt vom Flughafen ging relativ zügig, ohne den für die Stadt typischen wimmelnden Verkehr. Der Anschlag war noch nicht vorüber, die Angst schwang bei jedem Gespräch mit, und im Hotel riet man mir, mir die Fluchtwege einzuprägen, »für den Notfall«. Darin zeigte sich die totale Verunsicherung, die Mumbai erfasst hatte. Wilde Gerüchte behaupteten, es seien noch Terroristen auf der Suche nach Zielen in der Stadt unterwegs. Ich hatte bereits von Terroranschlägen, Kampf und Krieg berichtet, hatte Gefallene und Ermordete, Gefangene und Festgenommene gesehen. Doch in Mumbai war es anders, irgendwie beängstigender. Man spürte den noch anhaltenden Kampf, denn es dauerte Tage, bis die Sache überstanden war. Die Mörder starben nicht gleich im ersten Moment des Angriffs, waren keine Selbstmordattentäter, sondern kämpften und mordeten weiter, solange sie konnten, wollten jeden Anflug von Normalität vernichten. Tatsächlich wurden gewohnte Bilder zerstört und durch Zerrbilder ersetzt. Als ich das Hotel »Taj Mahal« erreichte, baumelten zusammengeknotete Bettlaken daran, mit deren Hilfe einige Gäste zu flüchten versucht hatten. Sie wehten leise im Wind, wie Fahnen von Verzweiflung und Tod.

Und dann das Nariman House. Gegen 21.45 Uhr hatten Terroristen es gestürmt. Einigen Berichten zufolge hatten sie Rabbi Gavriel Holtzberg und seine Frau Rivka sofort erschossen. Sie war im sechsten Monat schwanger. Vor ihrem Tod hatte sie Sandra Samuel, die indische Kinderfrau, zu Hilfe gerufen, die sich in einem anderen Zimmer versteckte. Die Lokalpresse berichtete, bei Betreten des Wohnbereichs habe Samuel die Leichen des Ehepaars entdeckt und daneben den zweijährigen Sohn, Moshe Holtzberg, heil und gesund. Mit dem Kind auf dem Arm rannte sie zur Haustür, vorbei an einigen Terroristen. Abgesehen vom Ehepaar Holtzberg ermordeten die Angreifer noch vier weitere Personen im Nariman House.

Anders als bei fast allen anderen großen Terroranschlägen der Geschichte bestimmten hier nicht nur die Aussagen überlebender Opfer oder die Untersuchungen der Sicherheitskräfte unser Bild von den Vorgängen. Während des Angriffs sprachen die Terroristen über Satellitentelefone mit ihren Einsatzleitern in Pakistan, die Mitschnitte dieser Telefonate wurden im Programm von Fareed Zakaria auf CNN veröffentlicht.[4] Sie offenbaren eine brutale und entschlossene fundamentalistische Denkweise, die in der Kommunikation mit Gleichgestellten und Untergebenen zutage trat. Der pakistanische Einsatzleiter, »Wasi«, bemühte sich, die Terroristen während des ganzen Einsatzes anzuleiten, nicht nur religiös, sondern auch taktisch. Er war grausam, ungeduldig und manipulativ. Für die jungen Männer aus dem ländlichen Pakistan waren die Prachtbauten der indischen Wirtschaftsmetropole ein faszinierender Anblick. »Hier gibt's Computer mit 30-Inch-Monitoren!«, sagt ein Terrorist im »Taj«. Wasi antwortet ihm genervt: »Computer? Habt ihr die noch nicht in Brand gesteckt?« – »Machen wir sofort. Gleich kannst du die Flammen sehen«, verspricht der junge Terrorist eifrig. »Wir können nichts sehen, wenn da keine Flammen sind. Wo sind sie?«, will Wasi wissen, aber der junge Terrorist ist überwältigt von der Pracht, von dem guten Leben, das er zerstören soll: »Das hier ist umwerfend! Die Fenster sind riesig. Es gibt zwei Küchen, ein Badezimmer und einen kleinen Laden.« Wasi scheint der Verzweiflung nahe zu sein: »Entzünde das Feuer, mein Bruder. Lege ein ordentliches Feuer, das ist das Wichtigste.« Er erklärt den Terroristen, die Hauptsache sei hier das Bild, der Gedanke, dass das berühmte »Taj« brannte: »Mein Bruder, dein Ziel ist das Wichtigste. Die Medien berichten über dein Ziel, das Hotel Taj, mehr als über jedes andere Ziel.«

Nun spielt sich etwas Interessantes ab. Nach einigen Stunden ist der anfängliche Blutrausch der jungen Attentäter vor Ort abgeflaut. Ihre zögerliche Haltung wird erkennbar. Aus Geiseln werden wieder Menschen. An einem Punkt sagt Wasi den Terroristen im Nariman House, sie sollten die Geiseln auf der Stelle töten. »Erschießt sie jetzt. Werdet sie los. Ihr könnt jederzeit unter Feuer geraten und riskiert, sie zurücklassen zu müssen.« Der Schütze erwidert, im Moment sei alles ruhig. Doch Wasi beharrt: »Wartet nicht länger. Ihr wisst nie, wann ihr angegriffen werdet. Pass nur auf, dass du nicht von einem Querschläger getroffen wirst, wenn du's tust.« Der Terrorist sagt »Inschallah«, um das Ende hinauszuzögern. Wasi bleibt beharrlich in der Leitung: »Los, fang an. Ich höre zu. Tu es.« Der Terrorist versucht, Zeit zu gewinnen: »Was, sie erschießen?« Und Wasi befiehlt: »Ja, los. Setz sie in eine Reihe und schieß sie in den Hinterkopf.« Der Terrorist zögert: »Schau, Umer schläft gerade. Ihm geht es nicht so gut.« Doch Wasi lässt nicht locker, ruft immer wieder an, bis schließlich Schüsse in der Leitung zu hören sind.

Während des gesamten Anschlags achten die Kommandeure in Pakistan darauf, die Terroristen vor Ort medienwirksam vorgehen zu lassen, und konzentrieren sich darauf, welche Fernsehbilder von der Aktion um die Welt gehen. Die Fragen sind nicht operativer, sondern kommunikativer Art. In diesem Sinn sagt Wasi einem Terroristen im »Taj«: »Wenn die Leute die Flammen sehen, werden sie Angst bekommen. Und wirf ein paar Handgranaten, mein Bruder. Es schadet nichts, ein paar Granaten zu werfen.« Wasi bemühte sich unter anderem, die jüdischen Geiseln für seine Zwecke zu benutzen, redete sogar mit einer Jüdin und versprach ihr, falls seine Forderungen erfüllt würden, werde sie schon am Schabbat mit ihrer Familie »feiern«. Daneben erklärte er seinen Untergebenen, die Ermordung von Juden sei am prestigeträchtigsten. »Wie ich dir gesagt habe, jeder, den ihr dort umbringt, ist fünfzig von denen wert, die ihr sonst irgendwo tötet.« Wasis Identität wurde nie sicher geklärt.

GEFESSELTE TOTE

Als Korrespondent einer hebräischen Zeitung aus Tel Aviv konzentrierte ich mich auf das Schicksal der israelischen Geiseln im Nariman House. Am Freitagmorgen gingen die Spezialkräfte der indischen Armee daran, sich des Hauses zu bemächtigen, anderthalb Tage nach dem Eindringen der Terroristen. Die Kommandoaktion dauerte viele Stunden. Um 19.57 Uhr wurden die letzten Sprengsätze gezielt gezündet, und der Kampf mit dem letzten Terroristen begann. An diesem Freitagabend gingen der Korrespondent der hebräischen Tageszeitung *Haaretz,* Anshel Pfeffer, und ich eine überfüllte Straße hinunter, um zum Mittelpunkt des Geschehens vorzustoßen. Es war nicht das übliche indische Gedränge, betriebsam und geschäftstüchtig, sondern eine Art Innehalten von Menschen, die wussten, dass das böse Ende der Geschichte nahte. Eine wogende Menschenmasse und eine Art leises Summen, zuweilen unterbrochen von brandendem Applaus oder Sprechchören wie »Indien ist frei« oder »Es lebe Mutter Indien«, sobald die Menge indische Soldaten anrücken oder das Gebäude verlassen sah.

Wir wollten rasch ankommen – wir wussten noch nicht, dass alle Geiseln tot waren. Aber die Straße war völlig blockiert von den Menschenmassen. Mühsam gezügelte Wut lag in der Luft. Man kam kaum voran. Wir holten unsere Presseausweise heraus, schwenkten sie im Gehen und riefen »Israel, Israel«. Die Bewohner des Viertels im Süden Mumbais betrachteten uns relativ ruhig, gelegentlich rief einer mit uns »Israel«. Dann tat sich ein Korridor vor uns auf, und immer mehr selbst ernannte Ordner gingen voraus und öffneten uns einen Durchgang, geradewegs zu der traurigen israelischen Delegation, die vor dem Chabad-Haus stand: ein Sicherheitsoffizier der israelischen Botschaft, der israelische Militärattaché in Indien und Sicherheitskräfte, die aus Israel abkommandiert worden waren. Es war eine traurige Nacht. Wir standen stumm da und warteten auf Einlass in ein zerstörtes Haus, aus dem Rauch- und Pulvergeruch drang. Den Mienen der Anwesenden entnahmen wir, dass alle im Haus tot waren. Kurz nach halb neun kam Bewegung in die Sache. Die Einsatzleitung übergab das Kommando über das Haus an die Polizei, nachdem sie sich vergewissert hatte, dass die Terroristen tot waren. *»Come, come«*, winkte der indische Offizier dem israelischen Militärattaché, und die israelische Delegation passierte lange Reihen indischer Kampftruppen in schwarzen kugelsicheren Westen, die ihren Einsatz beendet hatten und nun zu Abend aßen. Ein riesiger Kessel mit Dal (einem Linsengericht) und Reis stand neben dem Gebäude. Draußen in einem Krankenwagen zeigten die Inder den Israelis eine Leiche, die man aus dem Haus geborgen hatte. Danach gingen wir hinein. Den folgenden Augenzeugenbericht habe ich in Echtzeit geschrieben.

Die Fenster sind allesamt zerbrochen von den ungeheuren Explosionen, die beim Sturm des indischen Kommandos auf das Haus zu hören waren. Die weißen Gardinen wehen über die Fensterrahmen, bauschen sich langsam, wie in Zeitlupe, im leichten, lauen Wind von Mumbai. Wir sind die ersten Zivilisten, die das Haus betreten. Der Delegation voraus gehen ein paar indische Soldaten, einer mit einer Taschenlampe. Wir folgen ins Innere. Die Scherben der Fenster liegen auf dem Boden und daneben indische Kinderhefte. Das untere Stockwerk ist vollkommen zerstört. Die Einsatzkräfte haben die Wände gesprengt, der Beton liegt nackt. Stromkabel ragen aus allen Ecken. Auch scharfe Granaten liegen herum, die man am nächsten Tag sprengen wird. Man sollte vorsichtig gehen. Eine einsame grüne Topfpflanze ist heil geblieben, aber ihre

Zweige sind von Schüssen zerpflückt. Es ist die Zerstörung nach einem zähen, tagelangen Kampf.

Das Haus ist fast ganz dunkel. Die Delegation steigt schweigend die wacklige Treppe hinauf. »Wo sind die Inder«, ruft einer der Israelis, »sie sind uns abhandengekommen, wir brauchen mehr Lampen.« Die Delegation durchkämmt sorgfältig die Räume, sogar im Dunkeln sieht man, wie bleich ihre Gesichter sind. Kein Wort fällt, man hört nur das Schlurfen von Füßen in dem Staub, der das bedeckt, was einmal Zimmer gewesen waren. Wo das Auge hinfällt, erkennt man durch die Dunkelheit hindurch die Spuren des Kampfes. Ein penetranter Geruch hängt in der Luft. Die Wände sind von den Maschinengewehrsalven mit Einschusslöchern bedeckt, verborgene Stahlträger des Gebäudes sind freigelegt. All die kleinen Dinge des Lebens in diesem Haus liegen in grausigem Durcheinander auf dem Boden verstreut. Koffer. Bettwäsche. Blutbefleckte Thorarollen. Ein Silberteller mit dem jüdischen Haussegen. Stockwerk für Stockwerk entdecken die Israelis die Leichen. Im zweithöchsten Stock sehen wir die zerschmetterten Körper der beiden Terroristen liegen. Einer von ihnen ist von einer Rakete getroffen worden. Nicht weit davon, im fünften Stock, ist ein paar Stunden vorher das indische Kommando angelangt. Die Kämpfer haben ein rotes Fähnchen ins Fenster gehängt, wohl ein Signal. Die Scharfschützen haben lange in den vierten Stock gefeuert, durch die weißen Gardinen. Fernsehteams, die sich auf einem Balkon nahe dem Gebäude postieren konnten, erzählten von der Raketensalve, die auf das Stockwerk abgeschossen worden war, gefolgt von einer mächtigen Detonation, die im ganzen Viertel zu hören war. Selbst danach hatte ein Terrorist noch irgendwie weitergeschossen. In den zwei darunterliegenden Stockwerken werden drei weitere Leichen gefunden. Wir sehen, dass einige der Getöteten noch gefesselt sind ... [5]

Am Samstagabend, gegen Ende des Schabbat, ging ich zu der Wohnung, in der man die Großeltern des von der indischen Kinderfrau geretteten Kleinkinds, Moshe Holtzberg, nach ihrem Eintreffen aus Israel untergebracht hatte. Seine Eltern, Angehörige der Chabad-Chassidim, waren ermordet worden. Der zweijährige Moshe lief schüchtern und stumm zwischen den Anwesenden herum. »Der Engel« nannten ihn die indischen Zeitungen. Sein Großvater hielt ihn auf dem Arm, die goldenen Locken des Kleinen berührten sein Gesicht. Nach jüdisch-orthodoxer Tradition nimmt man am Schabbat keine schlechten Nachrichten entgegen. Die Großeltern wussten aber im Stillen, dass es keine Hoffnung gab, während ihr Enkel keine Ahnung vom Schicksal seiner Eltern hatte. In Achtung der Tradition hatte man ihnen den Tod ihrer Tochter und ihres Schwiegersohns am Ruhetag nicht mitgeteilt, erst nach Schabbatausgang traf die offizielle Nachricht ein. Daraufhin erhoben sich alle Anwesenden zum Gebet. Auch ich.

»EIN SOHN ZIEHT OHNE ERLAUBNIS SEINES VATERS IN DEN DSCHIHAD«

Man kann das Grauen so stehen lassen, unkommentiert. Doch um das Wesen des gewalttätigen Fundamentalismus, um die wichtigsten Auslöser des Phänomens zu verstehen, muss man in die Einzelheiten der Mordaktion und die Motivationen dahinter eintauchen. Die Terroristen von Mumbai wurden von Lashkar-e-Taiba (Armee der Rechtschaffenen) entsandt. Das ist der militärische Arm der pakistanischen politischen Bewegung Jamat-ud-Dawah (JuD, Gesellschaft für den Aufruf zum Islam). Es handelt sich um eine islamistische Organisation,[*] die Krankenhäuser, Krankenwagen, Schulen und Koranschulen in ganz Pakistan finanziert. Bekannt ist

---

[*] Sie bekennt sich zu Ahl-i Hadīth, einer fundamentalistischen islamisch-sunnitischen Geisteshaltung, die im 19. Jahrhundert in Indien entstanden ist und alle späteren Auslegungen des Islam zugunsten der »wahren Quelle« der Religion ablehnt.

dieses Modell von Organisationen, die den Muslimbrüdern ideologisch nahestehen, etwa von der Hamas in den Palästinensergebieten und der Hisbollah im Libanon. Die Nachrichtenagentur AFP berichtete 2015, die Kliniken der Organisation würden subventionierte Zahnbehandlungen für 50 US-Cents anbieten, und ein führendes Mitglied habe erklärt, »Laseroperationen zur Behebung von Kurzsichtigkeit sind gratis«.[6] Die Jamat unterhält einen beliebten Freiwilligenverband, der Opfern von Naturkatastrophen hilft, und seine Mitglieder erreichen oft als Erste entfernte Regionen, die von Überschwemmungen, Erdrutschen oder Erdbeben heimgesucht wurden.

Zu den Gründern der pakistanischen Jamat zählt Abdullah Yusuf Azzam, genannt »Vater des globalen Dschihad«, einer der Mitbegründer von Al-Qaida, der geistige Vater und Rekrutierer von Osama bin Laden. Im Westen wurde zu wenig über Azzam gesagt und geschrieben, aber es gibt wohl kaum einen Fundamentalisten, der für den radikalen Islam der Gegenwart wichtiger gewesen wäre und die Weltgemeinschaft stärker beeinflusst hätte.

Azzam war ein palästinensischer Geistlicher, der unmittelbar nach dem Sechstagekrieg, in welchem die Israelis das Westjordanland eroberten, aus seinem Dorf Silat al-Harithiya bei Dschenin floh. Er schloss sich militanten Palästinensergruppen an, entdeckte jedoch bald die Kluft zwischen ihm als religiösem Menschen und dem sozialistischen Nationalismus, der den panarabischen Diskurs in den 1960er-Jahren prägte. Azzam promovierte an der religiösen Al-Azhar-Universität in Ägypten, geriet dort unter den Einfluss der Muslimbrüder und begeisterte sich besonders für fanatische Schriften, die vom Dschihad als gewaltsamem Kampf gegen Diktatoren und die von ihnen geschaffenen Institutionen sprachen – auch wenn diese selbst Muslime waren.[7] Für jemanden wie Azzam sind das Establishment und die Obrigkeit verantwortlich dafür, dass die Muslime »entwürdigt« und »von Sklaven versklavt« wurden. »Wird die Geschichte sich bei uns wiederholen, da wir Entwürdigung hinnehmen, dem Vergessen anheimfallen wie unsere Vorgänger und verlieren, wie sie verloren haben?«, fragt er.[8]

Bemerkenswert ist die Verachtung für die jüngere Vergangenheit, die Tradition, die Elterngeneration, vielleicht auch für die eigenen Eltern, deren Dorf von den Israelis erobert wurde. Der Fundamentalist muss das konservative Establishment der Gesellschaft beseitigen, um sich selbst als den einzig wahren Hüter der Tradition präsentieren zu können. Gemäßigte Traditionstreue widerlegt die wichtigste Lüge des Fundamentalismus – dass er allein für die authentischen Ursprünge stehe.

Azzam hat als erster Rechtsgelehrter ausdrücklich festgelegt, dass die Pflicht des Dschihad zur Befreiung islamischen Landes (das für ihn von Indonesien bis Spanien reicht) für jeden Einzelnen gelte. Kein Text hat die persönliche Sicherheit von Menschen weltweit im 21. Jahrhundert stärker beeinflusst als der folgende Ausschnitt aus seinem Buch *Join the Caravan*.

Es gibt eine Übereinkunft ..., dass, wenn ein Feind ein islamisches Land oder ein ehemals islamisches Land betritt, die dortigen Einwohner verpflichtet sind, dem Feind entgegenzutreten. Sind sie jedoch untätig, unfähig, träge oder zahlenmäßig unterlegen, geht die persönliche Pflicht *(fard ayn)* auf die Umwohner über. Sind auch sie unterlegen oder untätig, betrifft sie diejenigen im weiteren Umkreis und so weiter und so fort, bis die individuell verpflichtende Natur des Dschihad die ganze Welt umspannt ... in dem Maß, dass ein Sohn ohne Erlaubnis seines Vaters fortgehen darf, ein Schuldner ohne Erlaubnis seines Gläubigers, die Frau ohne Erlaubnis ihres Ehemannes und der Sklave ohne Erlaubnis seines Herrn. Die individuell verpflichtende Natur des Dschihad bleibt bestehen, bis die Länder von der Besudelung durch die Ungläubigen gereinigt sind.[9]

Dieser Text legte den Grundstein für Phänomene wie den Islamischen Staat. Man beachte das Umstürzlerische am Fundamentalismus, seine Attacke auf die Grundlagen der Gesellschaft: eine Frau ohne Einwilligung ihres Mannes, ein Kind ohne Einwilligung seines Vaters. Konservative stellen die Familie an die erste Stelle, doch die Fundamentalisten sind Revolutionäre. Scheinbar wollen sie die Gesellschaft gegen fremde Einflüsse schützen, tatsächlich wollen sie sie nach ihrem Ebenbild umformen. Ebenfalls wichtig: Azzam verwandelt die Verpflichtung zum Dschihad gegen ungläubige Eroberer von etwas Lokalem in etwas Weltweites, in eine Pflicht, die sich ausbreitet wie kreisrunde Wellen in einem kleinen Teich.

Azzam agierte vorwiegend mit den Mudschaheddin in Afghanistan gegen die sowjetische Invasion; sie erhielten Unterstützung von den USA, die die Sowjetunion im Kalten Krieg bekämpfen wollten. In einem Fernsehbericht von 1979 sieht man den damaligen nationalen Sicherheitsberater der USA, Zbigniew Brzeziński, vor einem Trupp dieser heiligen Krieger sprechen, die in Pakistan trainierten. Er feuerte sie an, das säkulare Imperium der Sowjetunion zu bekämpfen. »Ihr werdet eure Häuser, eure Moscheen zurückbekommen, denn eure Sache ist gerecht und Gott ist auf eurer Seite!«, predigte er.[10] Auf diesen Feldern des Extremismus, die die amerikanische Regierung beackerte, wuchs einer der Schüler und Bundesgenossen Azzams heran: Osama bin Laden.

Das Bemühen um eine vorübergehende oder taktische Zusammenarbeit zwischen Liberalismus und Fundamentalismus ist immer zum Scheitern verurteilt. Den Fundamentalisten geht es nicht um »ihr Haus«, ihr Ziel ist nicht auf eine Gemeinschaft begrenzt oder konservativ. Azzam wollte nicht nur Territorium befreien, sondern kompromisslos die Werte der Aufklärung bekämpfen. Oder in seinen Worten: »Der Dschihad und das Gewehr, sonst nichts. Keine Verhandlungen, keine Konferenz und keine Dialoge.«[11]

Im Zeitalter vor dem Internet wurden Scheich Azzams Predigten auf Audiokassetten verbreitet, die den Mudschaheddin in aller Welt immer wieder vorgespielt wurden.[12] So begann die internationale islamistische Indoktrination mit elektronischen Mitteln.

———

Jamat-ud-Dawah ist die politische Schauseite von Lashkar-e-Taiba. Ihr Hauptziel war zunächst die Angliederung der unter indischer Verwaltung stehenden, aber mehrheitlich muslimischen Region Kaschmir an Pakistan. In Pakistan steht die Befreiung Kaschmirs ganz oben auf der nationalen Agenda, und daher ist die Einstellung zu Lashkar-e-Taiba bestenfalls kontrovers, meist jedoch höchst positiv. Die Organisation gilt als Arm einer Bürgermiliz, die für das heilige Ziel der Befreiung des gestohlenen Landes arbeitet, wie es sich im örtlichen Bewusstsein darstellt, und selbstverständlich wird die nicht staatliche (und manchmal auch staatliche) Anwendung von Gewalt als legitim betrachtet.

Für die Islamisten ist die Befreiung Kaschmirs ein begrenztes taktisches Ziel auf dem Weg zur Erfüllung der großen Vision – einem islamischen Einheitsstaat, dessen Verfassung die Scharia ist und wo alle fremden, westlichen Einflüsse aus dem Leben der muslimischen Umma ausgemerzt sind. Pakistanische Sicherheitskräfte wiederum sehen in religiösen Fanatikern eines von vielen Werkzeugen im Kampf um Kaschmir. Pakistan spielt dieses Spiel schon jahrelang, bekämpft einerseits den Terror in seinem Staatsgebiet und fördert andererseits, vielleicht in einem Tauschhandel, den Terror im Ausland, der eigenen Interessen oder denen extremer Kräfte dient. Der Staat selbst ringt mit dem Fundamentalismus und erlebt gelegentliche Terroranschläge gegen seine Bürger. Das bekannteste Beispiel war 2012 der versuchte Mord an Malala Yousafzai, die später wegen ihres Einsatzes für Schulbildung und gegen die Ideologie der Taliban den Friedensnobelpreis erhielt.[13]

Der permanente dschihadistische Kampf wird häufig auf ideologische Gründe zurückgeführt, aber in der realen Welt steht nicht allein die Ideologie dahinter. Organisierter Terror ist nicht nur eine Lebensweise, sondern auch eine Tätigkeit, ein Beruf, ein Geschäft. Ein Erfolg – beispielsweise die Vertreibung der Sowjets aus Afghanistan – bringt seine Urheber nicht dazu, sich friedlich auf ihren Lorbeeren auszuruhen, sondern macht ihnen, ganz im Gegenteil, nur noch mehr Appetit. Lashkar-e-Taiba arbeitet als Terrororganisation nicht im leeren Raum, ist keine elitäre Avantgarde, kein lokaler Baader-Mcinhof-Ableger. Sie ist der militärische Arm einer fundamentalistischen Vereinigung mit großem Rückhalt in der Bevölkerung. Der pakistanische Staat ist in sozioökonomischer Hinsicht nicht sonderlich erfolgreich. Dadurch entsteht ein Vakuum, das »Wohltätigkeitsverbände« wie Jamat-ud-Dawah, die Hand in Hand mit der Lashkar-e-Taiba arbeitet, füllen. Für die Wohltätigkeitsarbeit, wie auch für die militärische Aktivität, finden sich großzügige Spender überall in der muslimischen Welt, besonders in Saudi-Arabien, wo die Organisation umfangreiche finanzielle Unterstützung mobilisierte.[14]

Kriminalität spielt ebenfalls eine erhebliche Rolle. Zu den Unterstützern von Lashkar-e-Taiba gehört angeblich Dawood Ibrahim, ein in Mumbai geborener indischer Staatsbürger und Boss einer der wichtigsten kriminellen Organisationen Asiens, der D-Company. Ibrahim ist ein in Indien und Pakistan allgemein bekannter und berüchtigter Bandenführer à la Al Capone, und die von ihm gegründete Organisation schafft es heute mühelos in die Ränge der wichtigsten Verbrecher-Syndikate weltweit. Dawood floh nach Pakistan, als er 1993 der Mitverantwortung für eine Reihe von Sprengstoffanschlägen in Mumbai bezichtigt wurde, die mehr als 250 Menschen das Leben kostete. Sein Verbrecher-Syndikat ist »ein Modellbeispiel der Verquickung von Terror und Verbrechen«, wie ein Sonderbericht des Congressional Research Service der USA feststellt, und eines der größten der Welt, mit über 5000 Mitgliedern.[15] Unter anderem teilt Dawood seine Fluchtwege, vermutlich gegen gute Bezahlung, mit regionalen und internationalen Terrororganisationen. Und die Hauptsache: Die USA behaupten seit vielen Jahren, Dawood habe Lashkar-e-Taiba unterstützt, und die Gründe dafür lägen in einer Kombination von Business und Ideologie, jedoch fern jeder frommen Askese.[16] Er steht auf Platz eins der indischen Fahndungsliste. 2015 machte ein indischer Fernsehkanal eine Telefonnummer ausfindig, die angeblich zu Dawoods Zuhause in Pakistan gehörte. Die Frau, die abhob, bezeichnete sich als die Ehefrau des großen Don von Asien. Sie sagte, er hielte gerade Mittagsschlaf.[17]

Das Zusammenspiel zwischen Terror und Verbrechen ist kein Zufall, sondern ein etabliertes Muster. Davon zeugt auch Al-Mourabitoun in Algerien, eine dschihadistische Organisation, die sich 2015 mit Al-Qaida im islamischen Maghreb zu einer der bedrohlichsten Terrororganisationen Afrikas vereinigte.[18] Anführer der Mourabitoun ist Mokhtar Belmokhtar oder »der Einäugige«, auch »Mr. Marlboro« genannt, weil er das größte Netz für Zigarettenschmuggel in der Region anführt.[19] Wie bei der Hisbollah im Libanon, die Kriminalität und Drogenschmuggel im großen Stil betreibt, verschwimmen die Trennlinien, doch bleibt der Umriss der Gleiche. Der Fundamentalist schreckt nicht davor zurück, Verbrechen zu begehen oder den Familienzusammenhalt zu zerschlagen, denn er ist ein Feind des gesellschaftlichen Konservatismus – nicht ihr Bundesgenosse.

VIDEOSPIELE UND TERROR

Salah Abdeslam wurde als einziger Terrorist nach den Anschlägen 2015 in Paris mit ungefähr 130 Todesopfern, unter anderem im Konzertsaal Bataclan, festgenommen. Er ist Sohn algerischer Einwanderer, die nach dem Ende der französischen Kolonialherrschaft die französische Staatsbürgerschaft erhielten. Seine Biografie bis zu den Anschlägen verzeichnet im Wesentlichen kleine Diebstähle und Raubüberfälle, den Besitz von Cannabis und die Teilhaberschaft an einer Kneipe, in der Drogen verkauft wurden. Nach seiner Festnahme wurde öffentlich, dass er noch nie im Koran gelesen hatte. Auf die Frage seines Anwalts antwortete Abdeslam, er habe »im Internet gesucht, was der Koran sagt«, ohne das Buch selbst zurate zu ziehen. Sein Anwalt sagte auch, der junge Mann sei »das perfekte Beispiel für die GTA-Generation,[*] die in einem Videospiel zu leben meint«.[20]

Ein Jahr zuvor brachte der IS eine Abwandlung von GTA heraus, in der man amerikanische Soldaten in raffinierten Action-Szenen töten oder Sprengsätze unter Lastwagen mit weiteren Soldaten zünden konnte. Ziel war es, »die Moral der Mudschaheddin zu heben und Kinder und Jugendliche darin zu trainieren, wie man den Westen bekämpft und panische Angst in die Herzen der Gegner des Islamischen Staates sät«, um die Spielentwickler zu zitieren. Auf dem Bildschirm erschien folgender Satz: »Was du im Spiel machst, tun wir auf dem realen Schlachtfeld.«[21] Ende 2015 veröffentlichte der IS einen schrecklichen Videoclip: Sechs mit Pistolen bewaffnete Kinder betreten eine burgähnliche Ruine. Kameras im Stil von »Big Brother« begleiten sie aus allen Blickwinkeln. Nacheinander finden die Kinder ihren jeweiligen Häftling, befehlen ihm aufzustehen – und nach einer kurzen, theatralischen Pause erschießen sie ihn. Die Kamerawinkel, das rasante Tempo und die Effekte zeigten, wie vertraut die Entwickler mit der Videospielkultur waren. Außerdem ist die Suche nach dem Gefangenen in einer Burg einem bekannten Videospiel, »Return to Castle Wolfenstein«, nachempfunden.

Manche Menschen sehen einen wirksamen Zusammenhang zwischen Terror und der Gewaltkultur Hollywoods, der Welt der Computerspiele und der Popkultur im Allgemeinen. Das ist ober-

[*] »Grand Theft Auto« (GTA) ist ein beliebtes Online-Videospiel.

flächlich. Wissenschaftliche Untersuchungen haben keinen Kausalzusammenhang von Gewalttaten und Videospielen oder brutalen Filmen nachweisen können.[22] Eher sollte man auf die moralische Distanz, die Entfremdung zwischen dem Handelnden und den Auswirkungen seines Tuns abheben. Der Blick auf die Welt ist imaginär, spielerisch, gesäumt von Höllenszenarien. Es gibt Subjekt und Objekt, Opfer und unverwundbare Spieler. »Der Andere« ist nur ein Ziel, ein Punkt im Visier der Schusswaffe. Die Ästhetik des Tötens ist gewollt, die Entfremdung für die Erfüllung der Mission notwendig.

»Le mauvais goût mène au crime«, hat Stendhal geschrieben: »Schlechter Geschmack führt zum Verbrechen.« Das ist weit entfernt von den Suren des Koran. Denkt man an die jungen Terroristen in Mumbai, an den Befehl ihres Vorgesetzten Wasi, den Leuten in den Hinterkopf zu schießen, oder an seinen Wunsch, die Flammen aus dem Hotel schlagen zu sehen – ist das nicht wie ein real gewordenes großes Videospiel, bei dem der begeisterte Wasi seine Figuren wie mit einem Joystick steuert? Und was sagt es aus über unsere Welt, dass ein ähnlicher Joystick dazu dient, Bomben von einer Drohne über Pakistan oder Afghanistan abzuwerfen?

Es stellt sich unbedingt die Frage, ob die Persönlichkeit des europäischen islamistischen Terroristen auf tiefschürfende Gedanken über ein sunnitisches Kalifat zurückgeht oder doch auf Videofantasien am Rande der Gesellschaft. Videospiele sind eine unmittelbare Verkörperung der Globalisierung: Sie werden in vielen Ländern entwickelt und sind weltweit verbreitet, sie lassen sich überall und im Internet mit jedem anderen spielen. Das Medium wird zum endlosen Widerhall der Bilder beitragen, und dieser Widerhall ist, wie wir bereits gesehen haben, außerordentlich wichtig für den Terror.

Der französische Philosoph Jean Baudrillard gilt als einer der größten Vertreter postmodernen Denkens. Er sah voraus, wie Terroranschläge zu Spektakeln werden und die Medien daran eifrig mitwirken würden, indem sie den Terror und die staatliche Reaktion darauf ein ums andere Mal widerhallen lassen würden. »Die Medien bekunden lauthals die moralische Opposition gegen den Terror und die Ausnutzung von Angst für politische Zwecke, propagieren jedoch gleichzeitig, in äußerster Ambiguität, den brutalen Reiz des Terrorismus, werden selbst zu Terroristen, da sie vom Reiz des Terrorismus infiziert sind.«[23] Das fundamentalistische Projekt kann nur dann zu einem globalen werden, wenn globale Medien die Bilder überall, für alle, senden.

Nach und nach tritt uns eine dunkle und verworrene Seite der Globalisierung vor Augen. Imperien setzen im Kampf gegeneinander den Fundamentalismus als Söldner in einem Drittstaat ein, wie es in Afghanistan nach der sowjetischen Invasion geschah; ein schwacher Staat bietet reichen Nährboden für Radikalismus und Verbrechen, sei es infolge eines politischen Kompromisses, sei es als Mittel im Kampf gegen einen anderen Staat, wie es im Libanon der Fall war, von wo aus die Hisbollah Israel bekämpft; internationaler Geldverkehr ermöglicht die Finanzierung von lokalem Extremismus durch Spenden, wie es in Bosnien der Fall war, wo Geld aus dem Mittleren Osten an strenge islamische Strömungen fließt, wie es sie auf dem Balkan nie gegeben hatte. Der Fundamentalist macht sich die Technologie zunutze, bedient sich eingängiger Ideen und Bilder und erkennt, dass die Medien Wirklichkeit schaffen (siehe die Beschwerde des Terroristenführers, dass er das Hotel noch nicht brennen sehe). All das ist weit bezeichnender für die real existierende Globalisierung als irgendeine nostalgische Sehnsucht nach den Tagen des Propheten Mohammed vor gut tausend Jahren.

Der Fundamentalist ist eine Erscheinung der Gegenwart, er bedient sich moderner Mittel – um die Moderne selbst auszulöschen. Hierin liegt ein interessantes Paradox: Die Islamisten benutzen den Begriff der »Umma«, um ein muslimisches Universum zu erschaffen, ein globales Dorf von strenger Religiosität, das auf offenen und verborgenen Bahnen bestens verbunden und vernetzt ist. Der Aufruf, nationale Grenzen aufzuheben, um eine einzige

Glaubensgemeinschaft zu bilden, passt hervorragend zum universalistischen Diskurs. Die Fundamentalisten verschmähen kein Werkzeug der Globalisierung, inklusive Hollywood. Die Verwischung der Grenzen zwischen Staaten und Völkern; die Idee, es gebe eine Lösung, die sich für alle Menschen eigne; eine an keinen bestimmten Ort gebundene Ideologie – all diese Merkmale bezeichnen die gegenwärtige Weltordnung wie auch den radikalen Islam.

Der Religionswissenschaftler Tomer Persico erblickt die abgrundtiefe Kluft zwischen den beiden Visionen darin, dass der radikale Islam den wichtigsten Grundsatz des liberalen Universalismus ablehnt – den Individualismus und damit die Achtung vor dem Einzelnen, vor seiner Autonomie und Freiheit, sowie den Gleichheitsgrundsatz und die Akzeptanz des Anderen. In der fundamentalistischen Globalisierung gibt es eine für seine Anhänger herzerwärmende patriarchalische Hierarchie. Das Sagen hat schlichtweg »der Mann dort mit dem Gewehr über der Schulter, der mir sagt, ich müsse mich in Acht nehmen«, um eine Zeile aus einem Song der Band Buffalo Springfield zu zitieren.[24] Seltsamerweise lehnen Fundamentalisten den Universalismus nicht ab; sie betrachten liberale, universale Ideen vielmehr als Konkurrenz zu ihrer eigenen universalen Agenda. Fundamentalismus und Globalisierung sind nicht Materie und Antimaterie, sondern zwei Seiten einer Medaille.

DER ERSTE FEIND DER GLOBALISIERUNG: FUNDAMENTALISMUS

Fundamentalisten betrachten sich selbst als die würdigsten und tödlichsten Bannerträger im Kampf gegen die Globalisierung. Abdullah Yusuf Azzam schrieb:»Wenn die Verteidigung unserer Ehre als extremistisch gilt – dann sind wir Extremisten. Wenn der Dschihad gegen unsere Feinde Fundamentalismus ist – sind wir

Fundamentalisten.«[25] Die große Stärke des Fundamentalisten liegt in seiner Entschlossenheit, ein apokalyptisches Szenario von »Gog und Magog« selbst gezielt herzustellen. Das Ziel ist eine Prophetie, die sich selbst erfüllt. Al-Qaida verübt Anschläge, die den Islam im Westen verhasst machen, und beklagt sich prompt über den Hass, der den Muslimen entgegenschlägt – immer in dem Bemühen, »die Umma der Gläubigen« gegen die »Unterdrücker« zusammenzuschweißen. Das Ziel ist böse, und die Berufung auf die Grundsätze des Islams ist eine ungeheure Lüge. Der Orientalist Bernard Lewis meint, die Bcziehungen zwischen dem Westen und der muslimischen Welt litten grundlegend an der Demütigung infolge der industriellen Revolution und der Modernisierung, die am Islam vorbeigegangen seien. Den islamistischen Selbstmordattentäter betrachtet er als ein Phänomen des 20. Jahrhunderts. »Es hat keine Vorläufer in der islamischen Geschichte und keinerlei Rechtfertigung durch islamische Theologie, Rechtsauslegung oder Tradition. Man kann nur bedauern, dass jene, die diese Form von Terrorismus praktizieren, nicht besser vertraut sind mit ihrer eigenen Religion und mit der Kultur, die unter den Fittichen dieser Religion entstand.«[26]

Der Begriff »Fundamentalismus« wurde Anfang des 20. Jahrhunderts von protestantischen und presbyterianischen Gruppen in den USA geprägt und für sich beansprucht. Sie brüsteten sich damit, gegen Darwinismus, Bibelkritik und andere moderne Ansichten einzutreten.[27] Diese Gruppen stellten eine Liste von Grundsätzen (fundamentals) auf, die »wahre« Christenmenschen zu befolgen hätten, und begannen, sich als »Fundamentalisten« zu bezeichnen. Seitdem hat der Begriff eine breitere Bedeutung angenommen und bezeichnet das fanatische Festhalten an religiösen oder politischen Grundsätzen. Dazu werden Heilige Schriften oder dogmatische Ideen wörtlich ausgelegt. Es wird der Wunsch verfolgt, zu einem reinen Urzustand »zurückzukehren«, von dem die ganze Welt – angeblich – abgewichen ist, während der Fundamentalist diesen, auf persönlicher und kosmischer Ebene, wiederherzustellen sucht. Der

Fundamentalismus bevorzugt den Urtext gegenüber späteren Auslegungen, will nicht abweichen, nichts aktualisieren, der Moderne nicht nachgeben. Er predigt mit religiöser Strenge, liebäugelt zuweilen mit apokalyptischen Vorstellungen und versucht stets, ein binäres Wertesystem aufzubauen – was erlaubt und was verboten ist –, und so weit wie irgend möglich jene Grauzonen auszuräumen, die dem Reich der Fragen und Zweifel angehören.[28]

Nach dem amerikanischen Bürgerkrieg setzte sich in den USA eine flexible, liberale Auffassung durch, die zwischen den Heiligen Schriften und der Wissenschaft zu vermitteln und biblische Phänomene »rational« zu erklären strebte. Die Fundamentalisten beharrten, entgegen diesem Trend, auf der wörtlichen Auslegung der Bibel: Ein Wunder ist und bleibt ein Wunder, genau wie es geschrieben steht. Der wachsende Einfluss von Darwins *Über die Entstehung der Arten* war eine Herausforderung, aber gleichzeitig auch ein enormer Antrieb für die Fundamentalisten, die nun ideologisch und politisch gegen das Eindringen der Evolutionstheorie in die Schulen und in die Gesellschaft im Allgemeinen kämpften. In den meisten Fällen scheiterten sie.[*] Von den 1930er-Jahren an begriffen die amerikanischen Fundamentalisten, dass ihre Siegeschancen in den staatlichen Einrichtungen und in der Öffentlichkeit gleich null waren, und gründeten eine Art Parallelgesellschaft: eigene Schulen, Tagesstätten, Kirchen, Universitäten und Missionsstationen. Interessanterweise ähneln diese Entwicklungen denen bei den ägyptischen Muslimbrüdern in denselben Jahren.

Eine wichtige Eigenschaft tritt deutlich hervor: Fundamentalismus ist eine Reaktion – auf die Moderne und auf die Ideen der

---

[*] Das bekannteste Ereignis war der Scopes-Prozess oder Scopes Monkey Trial 1925 im amerikanischen Bundesstaat Tennessee, in dem William Jennings Bryan, ein fundamentalistischer Politiker (der sich selbst als einen solchen bezeichnete) und der Rechtsanwalt Clarence Darrow aufeinandertrafen. Bryan gewann vor Gericht, verlor jedoch die Sympathie der Öffentlichkeit – eine Niederlage von historischer Tragweite.

Globalisierung, die mit ihrer stetigen Ausbreitung die traditionellen Ideen und Machtstrukturen bedrohen.[29] Die Moderne und die Globalisierung bringen Fragen und Zweifel hinsichtlich der Heiligen Schriften und ihrer exklusiven Mittler mit sich und lösen damit Reaktionen aus. Eine Reaktion dieser exklusiven Mittler – der Geistlichen zum Beispiel – ist die Integration von religiösen Ideen und Moderne. Eine andere Reaktion ist die Ablehnung jeglicher derartiger Verquickungen und die Behauptung, nur Extremismus schütze vor Zerfall. »*Chadasch assur min haTora*« – »Alles Neue verbietet die Thora«, sagte Rabbi Moses Sofer (1762–1839), ein wichtiger jüdisch-orthodoxer Denker im 19. Jahrhundert, und legte damit die Basis für die ultraorthodoxe Strömung im Judentum (deren Anhänger sich schwarz kleiden). Ein wahhabitischer Scheich hätte leicht dasselbe sagen können.

Der Fundamentalismus fußt auf einer gigantischen Lüge. Wenn der Fundamentalist nämlich nur eine Reaktion auf die Moderne ist, dann erwachsen die Anschauungen und Lösungen, die er propagiert, aus ebendieser Moderne. Er setzt nicht den geistigen Weg des Propheten Mohammed oder irgendeines anderen Propheten fort. Der Fundamentalist erfindet Auslegungen, Geschichten oder Traditionen und präsentiert sie als altüberkommene religiöse Grundsätze, für deren Einhaltung man notfalls sein Leben hingeben muss, während er sie womöglich selbst aus dem Nichts erfunden hat, nur um seine Grundeinstellung zu wahren – den Widerstand.

—

Der Fundamentalismus ist ein schillerndes Wesen. In Nahost und in Asien ist er häufig eine Reaktion auf autoritäre Staaten, eine mögliche Zuflucht für jemanden, der das Unrecht diktatorischer Regime erlebt. Sein Widerstand äußert sich in starker Frömmigkeit, weil die Gesellschaft der Religion große Bedeutung beimisst. Im christlichen Bereich glauben manche Fundamentalisten, die USA seien mit einer ewigen, göttlichen Mission auf dem Weg zur himmlischen Erlösung beauftragt; die meisten dieser Leute findet man in evangelikalen Kreisen. In Israel predigen jüdische Fundamentalisten eine theokratische Monarchie nach biblischem Muster mit einem Tempel in Jerusalem. In Asien nimmt buddhistische Gewalt zu, vor allem in Thailand und in Myanmar, dem ehemaligen Burma, wo ethnische Säuberungen und Völkermord die muslimische Minderheit der Rohingya trafen. Der Buddhismus als Religion wird historisch am wenigsten mit Gewalttätigkeit in Verbindung gebracht, da er Gewaltlosigkeit und Barmherzigkeit lehrt. Das sollte ihn eigentlich gegen mörderischen Eifer resistent machen. Doch dem ist offensichtlich nicht so.

Zumeist greifen Fundamentalisten jedoch nicht zu politischer Gewalt. Ein gutes Beispiel dafür ist die Sekte der Amischen in den USA, deren Anhänger weiterhin ähnlich leben, arbeiten und sich kleiden wie Europäer des 18. Jahrhunderts. Manche halten das für den wahren Fundamentalismus, egal ob es um christliche Amische oder bestimmte chassidische Gruppen in Jerusalem geht. Sie wollen nicht kämpfen, predigen oder die Ungläubigen bekehren, nur ihre Gemeinden und ihr »reines« Leben bewahren. Sie bemitleiden im Stillen vielleicht den Rest der Welt, aber weil diese Fundamentalisten den Weg gefunden haben – den einzig wahren nach ihrer Auffassung –, sind sie nicht daran interessiert, anderen Menschen nach Art des Islamischen Staats die Köpfe abzuhacken. Der Philosoph Slavoj Žižek behauptet, die Islamisten seien gar keine Fundamentalisten, sondern eigentlich »eine Schande für den Fundamentalismus«, weil ihr Glaube so schwach, so unsicher sei, dass eine Mohammed-Karikatur in einer dänischen Zeitung ihre Welt erschüttern und Morddrohungen und Massendemonstrationen nach sich ziehen könne. Tatsächlich stünden diese Möchtegern-Fundamentalisten im Bann der Freuden und Verlockungen der modernen Welt und würden sich über diese definieren, sagt Žižek.[30]

Keine anderen Rebellen leben die Revolte intensiver als die Fundamentalisten. Der erwähnte Jean Baudrillard meinte, die Terroranschläge vom 11. September 2001 hätten den Globalisierungsprozess selbst erschüttern sollen. Die Fundamentalisten agierten bei dieser Anschlagsserie als geradezu symbolische Vertreter der internationalen Revolte gegen das globale System. Was ist dieses System? Nach Baudrillards Ansicht führt der westliche Kapitalismus einen Weltkrieg, um sich des gesamten Erdballs zu bemächtigen.[31] Verschiedene radikale Bewegungen versuchten, gegen die immer weiter ausgreifende neue Ordnung aufzubegehren, darunter auch der extremistische Islam. Selbst wenn man Baudrillards Analyse nicht in allen Teilen übernimmt (er betrachtete die Globalisierung als eine ausschließlich antidemokratische Kraft), hält sie in groben Zügen doch der Zeit stand. Mehr noch: Die Globalisierung als Feind und den Kapitalismus als Gefahr zu betrachten, entspricht dem Denken des fanatischen Islamisten ebenso wie dem seines Spiegelbilds – des Nationalisten.

MIT NATIONALISTEN REDEN

»Globalisierung ist, wenn Immigranten kommen und Jobs
gehen.«

Alter Slogan des französischen Front National

In seinen *Letters Concerning the English Nation* beschreibt Voltaire die Börsengeschäfte in der Londoner City im 18. Jahrhundert. Es ist eine brillante Schilderung, die die heutige Globalisierung mit ihrer Vielfalt voraussagt.

Werft einen Blick auf die Royal Exchange in London, ein ehrwürdigerer Ort als viele Gerichtshöfe, wo die Vertreter aller Nationen zum Wohle der Menschheit zusammentreffen. Der Jude, der Mohammedaner und der Christ treiben Handel miteinander, als bekennten sie sich alle zu ein und derselben Religion, und als Ungläubige bezeichnen sie nur Bankrotteure. Da vertraut der Presbyterianer dem Täufer, und der Kirchenmann verlässt sich auf des Quäkers Wort. Sobald diese friedliche und freie Versammlung sich auflöst, ziehen sich einige in die Synagoge, andere auf ein Glas zurück. Dieser Mann geht hin und wird in einer großen Wanne im Namen des Vaters, des Sohnes und des Heiligen Geistes getauft, jener Mann lässt die Vorhaut seines Sohnes abschneiden, während ein paar (ihm eher unverständliche) hebräische Worte über seinem Kind gemurmelt werden. Wieder andere verziehen sich in ihre Kirchen und warten dort auf himmlische Inspiration, mit ihren Hüten auf, und alle sind zufrieden.[1]

Hiernach orientiert sich das Dasein im Grunde nicht mehr an einer althergebrachten Identität, einem theologischen Disput oder einem Befehl irgendeiner Obrigkeit. Entscheidend im Leben ist das Materielle, und darauf können sich alle einigen – ausgenommen der

Bankrotteur natürlich. Voltaires Worte illustrieren die Bedrohung, die die Globalisierung für die Identität darstellt – wie auch für jene, die nicht den wohlhabenden Kreisen angehören. Wer ist bedroht? Diejenigen, die nicht die Empfindung teilen, dass die religiösen oder nationalen Unterschiede dank des Handels schwänden, und einen unverrückbaren Groll gegen den Anderen hegen. Und schließlich, die »Bankrotteure«, die Armen. Sie haben keinen Platz am reich gedeckten Tisch der Börsenmagnaten, sodass auch sie vermutlich die universale Ordnung der aufblühenden Globalisierung ablehnen werden.

Voltaire gelangt zu dem Schluss, dass die Vielfalt der Religionen im Großbritannien des 18. Jahrhunderts Wohlstand und Frieden fördere. Das ist provozierend und typisch für das Zeitalter der Aufklärung, die jeden Separatismus – religiösen, ethnischen oder nationalen – ablehnte. Heute, über zweihundert Jahre später, könnte man sich Voltaire gut bei einer Rede gegen den Brexit vorstellen, in der er erklärt, dass wirtschaftliches Zusammenwirken verschiedener Gruppen zu mehr Wohlstand und damit zu größerem Glück führe. Das glaubten tatsächlich jahrelang auch die Entscheidungsträger in Großbritannien und ganz Europa, auf der Rechten wie auf der Linken.

Anfang des 21. Jahrhunderts änderte sich die Lage. Jene von Voltaire vergessenen Menschen, die die Identität hoch schätzen oder vom wachsenden Wohlstand ausgeschlossen blieben, revoltierten. Die treuen Anhänger des Nationalismus traten nach jahrzehntelanger Verdrängung wieder in den Vordergrund.

WALES, DEZEMBER 2008

Der Brexit, die Entscheidung der Briten, die EU zu verlassen, lässt sich nur erklären, wenn man das Wiederaufleben des britischen Nationalismus versteht. Die Helden dieser finsteren Auferstehung waren Führer der einst verpönten extremen Rechten. Ihr Vorgehen erwies sich als überraschend erfolgreich, denn man muss zur Kenntnis nehmen, dass gemäßigte Politiker sie zwar marginalisierten, gleichzeitig aber rechtsradikale Ideen übernahmen. Die Aktivisten sind wieder von der Bildfläche verschwunden, während ihre Vision längst ein Eigenleben entwickelt hat.

Welshpool ist eine Kleinstadt in Wales, nur wenige Kilometer von der Grenze zu England entfernt. Umringt von imposanten grünen Hügeln und stolz auf einen der größten täglichen Schafsmärkte Europas, passt der Ort nicht gerade in das Klischee vom Großstadtfrust, der Fremdenfeindlichkeit nährt. In dieser Gemeinde wohnt Nick Griffin, der ehemalige Führer der British National Party (BNP), der vor seinem Parteiausschluss möglichst viel politisches Kapital aus der von ihm gesäten Xenophobie zu schlagen suchte. Obwohl er als BNP-Parteiführer scheiterte und seine Ambitionen aufgeben musste, haben andere Politiker von den vergifteten Früchten seines Tuns profitiert.

Als die Finanzkrise von 2007/2008 ausbrach, erkannte Griffin augenblicklich ihr Potenzial für die extreme Rechte. Er nutzte die Lage für eine aggressive Anti-Einwanderungsagenda mit Fokus auf der Europäischen Union, die in Großbritannien nicht nur unter Extremisten, sondern auch im rechten Mainstream verhasst ist.

Wir treffen uns in einem hübschen kleinen Pub. Er ist ein mittelgroßer, rundlicher Mann, dessen Haarschnitt mich – vielleicht meldete sich mein Unterbewusstsein – an Hitler erinnerte. Er hat ein Glasauge, angeblich von einer Schrotpatrone, die in einem Lagerfeuer explodierte. Mit seinem schroffen, mahnenden Tonfall und seinem ansonsten unauffälligen Benehmen sprüht er nicht gerade vor Charisma.

Griffin gehört einer neuen Generation von Rechtsradikalen an. Als Cambridge-Absolvent und Familienvater mit vollem Haar unterscheidet er sich deutlich vom Skinhead-Look der 1970er- und 1980er-Jahre. Gelegentlich blitzt ein Funken Bosheit auf, zum Beispiel, wenn er auf eine Frage nach seiner Holocaustleugnung kichernd antwortet, er sei »nicht sehr versiert in jüdischer Terminologie«. 1998 war er der Aufhetzung zum Rassenhass in einer von ihm herausgegebenen radikalen Zeitung für schuldig befunden worden. »Ich weiß, die orthodoxe Meinung behauptet, dass sechs Millionen Juden vergast und eingeäschert und zu Lampenschirmen verarbeitet wurden. Die orthodoxe Meinung hat auch einmal behauptet, die Erde sei eine Scheibe.«[2] Er verfasste außerdem ein Manifest über jüdischen Einfluss, vor allem in den Medien, unter der Überschrift »Wer sind die Bewusstseinsfälscher?«.

Als wir uns trafen, war die Finanzkrise gerade ausgebrochen, was Griffin entzückte:

»Jeder politische Wandel in der europäischen Geschichte, jeder bedeutende Wandel, ist aus dem Nirgendwo gekommen, fast aus dem Nichts. Zum Beispiel die kommunistischen und die faschistischen Revolutionen des letzten Jahrhunderts. Das geschah sehr rasch, und ich meine, man sieht jetzt im Westen, dass der gesamte liberale Konsens – der nicht auf der Richtigkeit liberaler Ideen und gewiss nicht auf öffentlicher Unterstützung für diese Ideen basierte – null Unterstützung hat. Der Konsens basierte auf den Wohltaten, die das liberale System lieferte: Essen im Kühlschrank, Urlaub im Ausland. Daran ist nichts auszusetzen, solange es weitergeht. Aber jetzt ist es vorbei damit. Alles, was die liberale Elite zu unternehmen versuchte, um unsere Gesellschaft zu verändern – in Großbritannien, in Europa und auch in den Vereinigten Staaten –, basierte darauf, dass der Normalbürger sich sagte: ›Ich bin gegen diese Ideen, die liberalen Werte, aber mir geht es gut, ich habe genug zu essen.‹ In anderen Worten: Materialismus.«

Während er so redete, wurde er sich der erhofften rassistischen Revolution offenbar noch sicherer: »Das kapitalistische System hat seine Räder verloren. Es ist erledigt. Und diese Krise wird über Generationen andauern. Was von dem System übrig bleibt, ist destruktives Chaos. Deshalb wird sich bald alles verändern. Wenn Sie sagen, wir würden nicht an die Macht kommen – dann hätten Sie damit richtiggelegen, wenn wir in wirtschaftlich stabilen Zeiten lebten. Aber heute ist alles möglich.«

Als ich diesem Monolog lauschte, hing der Zauber von Barack Obamas Wahl knapp einen Monat zuvor noch in der Luft. Ich war zu Obamas Siegesrede im Grant Park in Chicago gewesen, hatte es durch den Sicherheitsgürtel geschafft und mich zu der kleinen Gruppe rund um die Bühne gesellt. Als Obama auftrat, stand ich genau unterhalb von ihm. Ich blickte mich um und sah Menschen in Tränen, bebend vor Aufregung. Die Wahl dieses Mannes war für mich der zwingende Beweis für die großartige Flexibilität Amerikas, für die Offenheit, die das Herzblut dieses Landes war.

Angesichts der Obama-Wahl wirkte Griffin verblendet. Amerika hatte sich, wie es schien, zu einem Höhepunkt aufgeschwungen, für Vielfalt und gegen Scheinheiligkeit votiert. Da feierte dieser Mann, mit Glasauge und Flüsterstimme, die Rückkehr des rassischen Nationalismus.

Griffins Fundamentalismus äußert sich im Streben nach der »Rückkehr« zu einem eingebildeten ursprünglichen, reinen Großbritannien. Seine Untergangsprophetien warnen vor einem drohenden Bürgerkrieg, der sich nur vermeiden ließe, wenn die religiöse oder ethnische Gemeinschaft wieder oberste Priorität in der Welt genieße. Griffin befürwortet getrennten Schulunterricht für Kinder verschiedener Gemeinschaften: Britisch-jüdische Kinder sollten nicht mit britisch-christlichen Kindern oder Kindern indischer Abstammung zusammen in einem Klassenzimmer sitzen:

»Kinder leiden besonders darunter ... Wir lehnen Multikulturalismus und multikulturelle Integration grundsätzlich ab. Wir halten menschliche Vielfalt für eine gute Sache. Deine Identität entsteht nicht, weil du ein Weltbürger bist, sondern weil du einem bestimmten Ort, einer spezifischen Kultur, deinem Volk entstammst. Das gibt dir deine Identität. Es findet eine Auslöschung menschlicher Diversität statt, und wenn das einer anderen Spezies passieren würde, Ameisen zum Beispiel, würde man in diesem Land Schnellstraßen verlegen, um eine seltene Ameise zu retten. Der ganze Trend des globalen kapitalistischen Systems geht dahin, Vielfalt auszulöschen, und es ist dabei effektiver als jede Maßnahme eines Diktators in der Vergangenheit – von Stalin zum Beispiel, der alle Tataren deportiert hat. Der Kapitalismus macht das besser. Der Kapitalismus ist ein Vernichtungsfeldzug.«

Griffin behauptet, gemeinsamer Unterricht für Kinder verschiedener religiöser oder ethnischer Zugehörigkeit sei »Multikulturalismus«. Das stimmt nicht. Gemeinsame Schulen entsprechen schlichtweg dem Gleichheitsprinzip in einem staatlichen Rahmen. Staatsbürgerschaft gewährleistet die Gleichheit von Mitgliedern verschiedener Religionsgemeinschaften und ethnischer Minderheiten unter dem Dach eines Nationalstaates. Griffin mag es nicht zugeben, aber seine Worte bedeuten, dass er dem liberalen und nationalen Begriff der Staatsbürgerschaft die Anerkennung versagt, weil er für die Akzeptanz, Annahme und Verinnerlichung liberaler Werte steht und nicht für eine ursprüngliche religiöse, ethnische oder rassische Identität. Griffin behauptet außerdem, gemeinsamer Unterricht für Kinder unterschiedlicher Herkunft »vertilgt menschliche Vielfalt«, denn für ihn liegt Vielfalt nur in »ursprünglichen« Hautfarben, in Gruppierungen aus jenen »unvordenklichen Zeiten«, die er erfunden hat.

Griffin wirft der britischen Elite vor, Großbritannien in ein Einwanderungsland zu verwandeln, ohne dafür ein entsprechendes Mandat von der britischen Öffentlichkeit zu haben. Und damit hat er recht. Jahrelang hat die britische Regierung sich geweigert, Migrationsstatistiken an das Parlament oder die Medien weiterzugeben, und Politiker haben dieses Thema nur selten öffentlich diskutiert.

Griffin hat auch recht mit seiner Feststellung, dass einige der besten Schulen in Großbritannien religiös gebunden, privat und für die Reichen sind: »Tatsächlich haben wir hier eine Rassentrennung, von der die Elite und ihre Kinder profitieren, aber in Schulen für Normalbürger gibt es sie nicht. Entweder sollte die Integration für alle gelten, einschließlich der Reichen; oder wenn Segregation gut für die Reichen ist, ist sie gut für alle! Ich verstehe nicht, warum den Armen in diesem Land Integration aufgezwungen wird, während die Reichen davon ausgenommen sind.«

Das hat eine gewisse Logik. Einer der Vorteile aufseiten der Radikalen ist, dass sie die Maske liberaler Scheinheiligkeit herunterreißen können. Solche Scheinheiligkeit – ein Politiker propagiert staatliche Schulen, schickt seine eigenen Kinder jedoch auf private – wird gern als Beweis für die angebliche Unredlichkeit des Mainstream-Diskurses angeführt. Dieser Mangel an Ehrlichkeit ist ein gefundenes Fressen für Extremisten. Wenn Glaubwürdigkeit die höchste Tugend ist, ist Scheinheiligkeit eine Todsünde.

Griffin stand, als wir uns trafen, am äußersten rechten Rand, seine Bewegung scheiterte später, und er wurde ausgeschlossen. Doch inzwischen ist die Agenda, die er vor über zehn Jahren präsentierte, in der britischen und europäischen Rechten zu gängiger Münze geworden. Man unterstellte ihm Wahnvorstellungen, als er für Großbritanniens Austritt aus der Europäischen Union eintrat – bis das britische Volk tatsächlich dafür votierte. Protektionistische Wirtschaftspolitik, die die heimische Produktion schützen soll, ist heute groß in Mode. Und der öffentliche Diskurs enthält auch zunehmend den Wunsch, die Muslime »in ihre Herkunftsländer zurückzuschicken«, wobei es Griffin egal ist, ob sie in Großbritannien geboren wurden und die britische Staatsbürgerschaft besitzen. Auf meine Frage, wie er Millionen Menschen »heimschicken« wolle, hatte er eine simple Antwort parat: »Wir werden sie bezahlen.« Und die Alternative, erklärte er, sei »Bürgerkrieg«.

Von Zeit zu Zeit rufe ich mir dieses Gespräch in Erinnerung.

Rückblickend betrachtet, lag dieser vulgäre Nationalist offensichtlich näher an der Realität als der Journalist, der gerade Obamas Wahl beobachtet und seiner hochfliegenden Rhetorik über Amerikas »bessere Engel« geglaubt hatte.

Leider schätzte Griffin die Realität wohl sogar treffender ein als der Präsident selbst. Obama wird immer als ein Vorbild für progressive Führung in Erinnerung bleiben, schaffte es jedoch nicht, unseren Zeitgeist zu formen; Griffin hat die Folgen der Krise von 2008 klarer erkannt. Glaubte Obama tatsächlich an seine optimistische Vision? Oder meinte er, wenn er eine einigermaßen glaubwürdige und überzeugende Geschichte erzähle, würde sie wahr werden? Vor den Wahlen von 2012 sagte Obama in einem Interview mit CBS, sein größter Fehler in den ersten Jahren seiner Präsidentschaft sei gewesen, dass er sich ausschließlich darauf konzentriert habe, »die richtige Politik zu machen«, dabei jedoch vergessen habe, »der amerikanischen Öffentlichkeit eine Geschichte zu erzählen, die ihr ein Gefühl von Einheit, Bestimmung und Optimismus vermittle, vor allem in harten Zeiten«. Anders als der amerikanische Präsident hatte Griffin erkannt, dass der Liberalismus für viele nicht in den Kern lokaler Identität vordringt. Vielleicht liegt der Fehler nicht in der Art und Weise, wie die Geschichte erzählt wird, sondern in der Geschichte selbst.

———

Vor einigen Jahren begann ich Gespräche mit Neonazis zu führen, mit antisemitischen Pamphletisten, Holocaustleugnern, Mitgliedern bewaffneter Milizen in den USA und offiziellen Führern der extremen Rechten, von Le Pen bis zum spirituellen Oberhaupt der Rechtsextremen in Griechenland. Nick Griffin war nur eine dieser Figuren. Es war ein Jahrzehnt des Aufstiegs für sie, mehr als jede andere Epoche der Nachkriegszeit.

Das rechtsextreme Spektrum reicht von der Mitarbeit in regulären politischen Institutionen bis zum Agieren gewalttätiger Banden. Manchmal entsteht der Eindruck, die rassistische extreme Rechte tue nicht viel mehr, als Slogans zu verbreiten – ganz im Gegensatz zum islamistischen Fundamentalismus. Das ist falsch. Laut einer offiziellen amerikanischen Studie, die dem Kongress 2017 vorgelegt wurde, waren in den USA seit dem 11. September 2001 85 tödliche Terrorangriffe verübt worden.[3] Rechtsextreme Personen und Gruppen waren für 73 Prozent dieser Fälle verantwortlich, Islamisten für 27 Prozent. Innerhalb von fünfzehn Jahren ermordeten Radikale beider Richtungen ähnlich viele Menschen – 106 starben durch Rechtsradikale, 119 durch Islamisten. Außerdem kamen 41 Prozent der Opfer des radikalen Islams bei einem einzigen Angriff ums Leben, der Schießerei in einem Nachtclub in Orlando, Florida. Diese Zahlen schließen nicht die Ereignisse von 2018 und 2019 mit ein: zum Beispiel die Dutzenden, die ermordet wurden, als sie in Moscheen im neuseeländischen Christchurch oder in einer Synagoge in Pittsburgh, Pennsylvania, beteten.

Der tödlichste Terrorangriff in der US-Geschichte war natürlich 9/11. Aber im Rückblick war er eine Anomalie in der jüngeren amerikanischen Geschichte des Terrors. Die tödlichste Attacke vor dem Massenmord von Al-Qaida war Timothy McVeighs Bombenanschlag auf das Alfred P. Murrah Federal Building in Oklahoma City, bei dem 168 Menschen getötet wurden. McVeighs politische Einordnung ist heftig umstritten. Er betrachtete die amerikanische Bundesregierung eindeutig als »akute Bedrohung«[4] und vertrat eine Form des Libertarismus. Er nahm an mehreren Treffen der Michigan Militia teil, die noch heute aktiv ist. Ich habe einmal einige ihrer Mitglieder auf eine bewaffnete Patrouille begleitet; sie wollen sich zu McVeigh lieber nicht äußern, reden aber immer noch obsessiv von der »Tyrannei« der Bundesregierung. Anders als der radikale Islam distanzieren sich rechtsextreme Gruppen meist öffentlich vom Terror, schaffen jedoch ein festgefügtes Ökosystem, das Gewalt unterstützt.

Die rechtsradikale Ideologie im Westen ist eine Variante des zeitgenössischen Fundamentalismus und zeigt einige seiner klassischen Merkmale: die Sehnsucht nach einem einigenden, konstanten und unwandelbaren Ideal; die Erfindung einer glorreichen Vergangenheit; der Abscheu vor Unreinheit und das Bemühen, eine reine Welt zu schaffen; ein binäres und rigides Weltbild; die strenge Unterscheidung zwischen Gläubigen und Ungläubigen; die Ablehnung der Moderne und ihrer Werte.

PARIS, 2010

Marine Le Pen traf ich erstmals 2010 am Eingang des Fernsehstudios. Sie erschien forschen Schritts in einem Swing Coat und mit kleinem Gefolge. Es war eine hochkarätige, live übertragene Interviewsendung. Ihr Vater, Jean-Marie Le Pen, hatte nur davon träumen können, in solch eine Sendung eingeladen zu werden. Er war und bleibt ein Aussätziger, ein verurteilter Holocaustleugner und eine ausgesprochen unsympathische Person. Die französische Linke betrachtete ihn als einen zeitgenössischen Möchtegern-Hitler.

Als seine Tochter die öffentliche Bühne betrat, rief man in Frankreich zu ihrer Ächtung auf. Aber die Tochter war klüger und diskreter. Sie ließ sich niemals bei einem offen antisemitischen Statement oder gesetzlich untersagter Volksverhetzung erwischen. Zunächst waren die politischen Beziehungen zwischen Vater und Tochter die eines Gründers und seiner politischen Erbin.

Als ich sie traf, war Marine Le Pen eine führende Aktivistin des Front National, der neofaschistischen Partei, die ihr Vater gegründet hatte. Sie rang um die Nachfolge ihres Vaters an der Parteispitze und genoss seine Unterstützung. Der alternde Jean-Marie Le Pen ahnte noch nichts von ihrer Absicht, ein neues politisches Image zu entwickeln, seinen Nationalismus neu zu erfinden und ihn letztlich aus der Partei auszuschließen. Marine Le Pen wollte gewählt werden und bereitete schon, zwei Jahre vor den Wahlen, den Boden für ihren ersten Wahlkampf um das Präsidentenamt. Sie brannte darauf, als Teil des Mainstreams betrachtet zu werden, das Erbe ihres umstrittenen Vaters zu entgiften und Legitimität zu erwerben. Als jüdisch-israelischer Journalist war ich nützlich für ihre Kampagne. Mein Interview mit ihr wurde vereinbart, abgesagt und noch einmal vereinbart. Es begann angenehm und endete abrupt, kühl, ohne *au revoir* und *à tout à l'heure*.

Zuerst unterhalten wir uns in der Maske. Eine Visagistin flattert um sie herum, arbeitet am Make-up. Präsident Nicolas Sarkozy hat einiges von Le Pens Rhetorik über »Gesetz und Ordnung« und »in Frankreich integrieren« übernommen, und Le Pen ist besorgt. Sie fürchtet, die konservative Rechte könnte populistischer werden und ihr ihr Programm stehlen. An der Tür zum Studio probt der Interviewer seinen Auftritt. Die beiden witzeln über den französischen Wähler, der Sarkozy inzwischen ablehnt. »Es ist eine Trilogie. Der französische Wähler schmeichelt, lässt fallen, lyncht.« Auf Französisch klingt es noch besser: *»Lèche, lâche, lynche«*, sagt sie zufrieden. »Bei Sarkozy sind wir jetzt in der Lynchphase!« Der Interviewer kichert: »Heute Nacht gehe ich um einiges klüger schlafen.« Le Pen ist erfreut.

Ein knappes Jahrzehnt später hat sie Grund zur Zufriedenheit – und zur Enttäuschung. Einerseits fuhr sie 2017 einen der größten Erfolge der extremen Rechten in Europa seit dem Zweiten Weltkrieg ein. Sie brachte es bis zur Stichwahl gegen Emmanuel Macron und erhielt 34 Prozent der Stimmen. Das war ein beachtlicher, aber immer noch begrenzter Erfolg. Ihr langer Aufstieg ist wieder einmal an die für europäische Nationalisten geltende Glasdecke gestoßen. Der Familienname, der ihr das Tor zur Politik geöffnet hatte, ist ihr mittlerweile hinderlich. Er erinnert potenzielle Wähler an die Ursprünge der Partei, ihren Gründer und an das Profil ihrer ergebenen Anhänger. Andererseits ist Macron, ihr liberaler Gegenspieler, seit Übernahme des Präsidentenamts auf erhebliche Schwierigkeiten gestoßen – und hat sie sogar noch eigenhändig vergrößert. Angesichts der Gelbwesten-Proteste, die 2018 in Frankreich begannen, scheint der Zeitgeist auf Le Pens Seite zu sein und sie voranzubringen. Auf Marine Le Pens Agenda ganz oben rangieren Terrorgefahr, die Angst vor Islamisierung und die Ablehnung der Globalisierung. Sie muss auf der feinen Linie zwischen krudem Hass im Geist ihres Vaters Jean-Marie Le Pen und dem Diskurs über »Kultur«, »Zivilisation« und »unser schönes Frankreich« balancieren. Marine Le Pen ist jedoch kein französischer Donald Trump. Trump ist mehr wie Jean-Marie, aber ohne den wuchernden Antisemitismus. Marine Le Pen ist Trump 2.0. Jahre bevor Breitbart News und Steve Bannon den »ökonomischen Nationalismus« ins Gespräch brachten, erkannte sie die beiden Säulen des neuen Nationalismus: Ablehnung der Globalisierung und Hass auf Muslime. »Im 21. Jahrhundert gibt es zwei neue totalitäre Systeme: Das erste ist die Islamisierung, die alles für religiös erklärt. Das zweite ist die Globalisierung, für die der Handel alles ist. Und wenn wir nichts unternehmen, wenn wir nicht auf den Werten und Gesetzen der Französischen Republik bestehen, wird unsere Zivilisation sich einer großen Gefahr gegenübersehen.«

Das Interview mit ihr 2010 enthielt manchen Fingerzeig auf die Zukunft. Wir sind seit kaum fünf Minuten im Gespräch, und schon zitiert sie Wladimir Putin, den *de facto* Paten des weißen Nationalismus in Europa. »Wissen Sie, Putin hat gesagt, in zwanzig Jahren werde Frankreich eine Kolonie seiner früheren Kolonien sein, und andere Staatsmänner glauben, Europa wird muslimisch werden.«

Le Pen spricht von »Überleben« oder »Vernichtung«. Natürlich werde der Front National die Juden schützen, wenn sich dieses existenzielle Drama entfalte. »Die werden keinen besseren Beschützer als uns finden, weil wir alle Franzosen gegen Vernichtung verteidigen werden.« Französische Juden zeigen sich jedoch entschieden unbeeindruckt von ihr. Kurz flackert eine Drohung in unserem Gespräch auf: »Ich meine, sie sollten Verantwortung für die Zukunft übernehmen. Sie haben die Gefahr mitgeschaffen, vor der unsere

Zivilisation jetzt steht, wegen ihrer Haltung.« Man kann nur mutmaßen, was mit »Leuten« zu tun sein wird, die zur Gefährdung der französischen Zivilisation beigetragen haben. Als Le Pen – im Zuge ihres Ringens um Legitimität – nach Israel fliegen wollte, wurde ihr mitgeteilt, dass ihr die Einreise verweigert werden würde. »Ich kam zu dem Schluss, dass Israel anscheinend nicht genug Feinde hat.«

Ich frage sie, ob sie verstünde, warum Juden einen Horror vor Nationalisten hegen. »Entschuldigen Sie mal, nicht in Israel. Israelis sind Patrioten, sie verteidigen ihre Nation; sie möchten souverän in ihrem Territorium sein, die Sicherheit ihres Volkes garantieren. Wir verlangen nichts weniger als das.« Ich merke an, dass ich von Juden spreche und sie von Israelis. Juden seien zumeist eine Minderheit, und das erkläre ihre Abneigung gegen Nationalismus, gebe ich zu bedenken. »Entschuldigen Sie«, sagt sie erneut mit sardonischem Lachen, »wir werden auch eine Minderheit werden!« Meine Fragen beginnen sie zu irritieren. Sie bricht das Interview ab.

Am Abend besuche ich eine Parteiversammlung in einem Keller in einer Pariser Vorstadt. Draußen stehen die Leute Schlange. Es besteht Nachfrage nach dem, was sie anzubieten hat. Billiger Wein in Pappbechern wird an die Menge ausgeteilt. (Frankreich ist vermutlich der einzige Ort auf der Welt, wo auf einer politischen Massenveranstaltung Rotwein ausgeschenkt wird.) Ihre Worte vor der Versammlung sind längst nicht mehr so präzise und gemäßigt. Sie erinnert die Menge an ein berühmtes Plakat des Front National. Globalisierung sei, wenn *Immigranten kommen und Jobs gehen,* verkündet das Schild. »Sie spüren das. Wir sind keine politische Partei, sondern eine Widerstandsbewegung. Wir haben nicht das Privileg, bloße Zuschauer zu bleiben, wenn ein gründlicher und unumkehrbarer Bevölkerungsaustausch im Gange ist – irren Sie sich da nicht! Wir müssen zum Wohl unserer Kinder handeln. Sie erwartet offensichtlich eine besorgniserregende Zukunft voller grässlicher Gewalt.

Um unseres geliebten Landes willen, das auf Niedergang und Zerfall zusteuert, um unserer Zivilisation willen – gibt es keine Alternative, als zu gewinnen!«

Es ist kein Zufall, dass die populärste nationalistische Persönlichkeit in Europa seit Adolf Hitler die Globalisierung selbst aufs Korn nimmt. Le Pen erkennt, was frühere Nationalisten vom Schlag ihres Vaters übersehen haben – auf welchen Wegen die ökonomische Globalisierung die Identität massiv gefährdet. Die Globalisierung trägt universale Werte in den lokalen Diskurs hinein, weil übernationale Beziehungen angestrebt werden. Die Wohlstandsverheißung fußt nicht mehr auf der einen Nation allein, und der Ruf nach weltweiten Handelsbeziehungen verträgt sich nicht gut mit nationalen Machtstrukturen und Wertvorstellungen. Marine Le Pen hat als erste nationalistische Politikerin des 21. Jahrhunderts ein kohärentes Narrativ für unsere Ära geschaffen: Unsere gute und anständige ethnisch-religiöse Nation (»unser kostbares Frankreich«) ist bedroht durch Außenseiter, Migranten und andere. Unsere korrupten Eliten sind Teil eines allumfassenden, globalen wirtschaftlichen und politischen Systems, das wir nicht bevollmächtigt haben. Deren Gerede von »Normen« oder Moralität ist dünn verschleierte Scheinheiligkeit, und die Lügenpresse ist ihnen zu Diensten. Es geht nicht vorranging darum, wie die Regierung ihre Machtmittel anwendet. Die Hauptfrage lautet vielmehr: Wird die Nation in der Lage sein, eine Invasion fremder Ideen, fremder Interessen und Waren und fremder Menschen erfolgreich abzuwenden?

Wenn man darüber nachdenkt, ist es genau dasselbe, wofür Trump einsteht.

Wie immer beim Nationalismus liegt der Fokus auf Äußerlichkeiten; in der Politik geht es nicht um eine tief greifende Untersuchung der korrekten Anwendung von Regierungsgewalt. Es geht um einen Feind, der in der Dunkelheit lauert. Was Le Pen nicht sagt, aber durchblicken lässt: Um das Überleben der Nation zu sichern, muss die Weltordnung auf den Kopf gestellt werden. Hier liegt eines der gängigen Missverständnisse im Umgang mit Nationalisten – dass sie sich vermeintlich auf ihre Nationalstaaten konzentrieren. In Wirklichkeit müssen sie zur Umsetzung ihrer Vision grundlegende internationale Normen ändern oder aufheben – von der Konvention zum Asylrecht von Flüchtlingen bis zu Abkommen über internationale Finanzinstitutionen. Die Ziele der Nationalisten sind lokal, das Projekt aber ist global.

———

Diese und viele ähnliche Gespräche erlauben einige Lehren über die Auseinandersetzung von Liberalen mit dem nationalistischen Populismus.

Der erste Fehler der Liberalen besteht darin, dass sie die Globalisierung als eine Art verhasste Stieftochter der industriellen Revolution hinstellen, als schmutziges Geheimnis oder als Schimpfwort, das nur für materielle Ausbeutung stehe. Die Nationalisten attackieren die Globalisierung, da sie den Aufstieg einer universalen Identität bemerken und begreifen, dass sie, um zu überleben, die materielle Grundlage von alldem zerstören müssen – die Globalisierung selbst. Auf diese Entschlossenheit reagiert die politische Mitte vornehmlich mit Entschuldigungen, Stammeln und Zögern. Marine Le Pen, Nick Griffin und andere betonen unermüdlich den Gegensatz zwischen dem Globalen und dem Lokalen, weil sie merken, dass die Menschen im entscheidenden Moment eher der Identität, der Familie und der Gemeinschaft zuneigen. »Zwischen Gerechtigkeit und meiner Mutter wähle ich meine Mutter«, sagte Albert Camus.[*] Donald Trump bezeichnet sich selbst als »Nationalisten« und definiert den »Globalisten« mit den Worten: »Eine

---

[*] Der 1957 ursprünglich in *Le Monde* veröffentlichte Satz, der später im allgemeinen Gedächtnis abgewandelt wurde, lautet: »Ich glaube an die Gerechtigkeit, aber bevor ich die Gerechtigkeit verteidige, werde ich meine Mutter verteidigen.«

Person, die möchte, dass es der Erde gutgeht ..., aber nicht so besorgt um unser Land ist.«[5]

Diese vermeintliche Dichotomie, wonach einer, der sich als Weltbürger fühlt, nicht gleichzeitig sein Heimatland lieben kann, ist ein Grundstein des nationalistischen Diskurses.

Doch die Liberalen bemühen sich nicht darum, die nationalistische Taktik der Zerstörung der Globalisierung zu durchschauen, oder verteidigen sie zumindest nicht mit aller Kraft. Die liberale oder sozialistische Linke fürchtet, dies könnte als Verrat an den ausgebeuteten Arbeitern oder als Unterstützung jener ökonomischen Prozesse ausgelegt werden, die eine biologische Massenausrottung verursachen. Für die liberale Rechte hat die heutige Weltordnung zwar ihre wirtschaftlichen Vorteile, bedroht aber die Selbstständigkeit und Struktur der Gemeinschaft. Das hinterlässt ein wunderbares Vakuum, in das der Nationalismus mit dem einzigen Ziel eindringt, die gegenwärtige Globalisierung nicht zu korrigieren, sondern vollständig zu beseitigen.

Der zweite Fehler liegt darin, dass die Linke ihre fundamentalen Ideen bezüglich der Bedeutung materiellen Wohlergehens aufgegeben hat – Wohlergehen nicht im Namen der Gleichheit oder im Kampf gegen den Nationalismus, sondern als reales Werkzeug, um die Gesellschaft vor Gewalt zu bewahren. In der nach dem Zweiten Weltkrieg begründeten Welt galt der Grundsatz, dass materielles Wohlergehen entscheidend ist. Einfach ausgedrückt: Die Menschen müssen gut leben, um selbst gut zu sein. In den letzten beiden Jahrzehnten haben die Liberalen sich eingeredet, die Werte einer offenen Gesellschaft bildeten das unangefochtene Gerüst der Industrienationen, gewissermaßen als ein neues Evangelium von für sich stehenden Werten. Für sich stehen diese Werte tatsächlich, aber keineswegs unangefochten; große ökonomische Härten werden sie kaum überleben.

Das politische Establishment begann in vielen Ländern zu erwarten, was Roosevelt, Adenauer, de Gaulle, ja selbst Franco und

Stalin nicht erwartet hatten: dass Menschen auch dann an gesellschaftlicher Stabilität und rationaler Politik festhalten, wenn sie benutzt und ausgenutzt werden. »Es braucht nicht gesagt zu werden, dass eine Kultur, welche eine so große Zahl von Teilnehmern unbefriedigt lässt und zur Auflehnung treibt, weder Aussicht hat, sich dauernd zu erhalten, noch es verdient«, schrieb Sigmund Freud 1927.[6] Die Mainstream-Politik sollte immer davon ausgehen, dass Menschen, die ihre materielle Lage sinken sehen, sich dem Schlimmsten zuwenden werden. Gerechte Institutionen sowie ein sicheres Netz an Erziehungs- und Wohlfahrtseinrichtungen sind für den Fall einer großen Sicherheits- oder Wirtschaftskrise unerlässlich. Doch sie dienen nur dazu, Zeit zu gewinnen, ehe rassistische und autoritäre Kräfte durchbrechen, falls sich eine langfristige Strukturkrise einstellt.

Und drittens: Es gibt keinen »ökonomischen Nationalismus« – um Steve Bannons Bezeichnung für seine Ideologie zu zitieren –, der den Nationalismus von ethnisch-religiösem Überlegenheitsdenken befreien soll. Kratzt man an der Oberfläche, schlagen ökonomische Argumente rasch in Nativismus, Fremdenhass und dann Rassismus um. Die Nationalisten schlachten wirtschaftliche Missstände zwar durchaus für ihre Zwecke aus, benutzen sie aber nicht als Diskussionsgrundlage, sondern lediglich als Abschussrampe, um das Lob der nationalen Gemeinschaft und den Hass auf Fremde zu verbreiten. Der liberale Mainstream wird erst spät aufgerüttelt und führt den längst überholten Diskurs weiter, der den Nationalismus hauptsächlich durch das wirtschaftliche Prisma zu verstehen sucht, nachdem er die Bedeutung des Materiellen eigentlich, wie gesagt, aufgegeben hat. Zahlreiche Umfragen und Untersuchungen zeigen aber, dass die Anziehungskraft des Populismus und Nationalismus kaum wirtschaftlicher Art ist, sondern überwiegend mit Identität, Migration und persönlicher Sicherheit zu tun hat.[7] Die Forscher Noam Gidron und Jonathan Mijs haben in einer Langzeitstudie über die politische Szene in den Niederlanden gezeigt, dass Menschen, deren finanzielle Lage in der vorhergehenden Wirtschaftskrise gelitten hatte, kaum zum Rechtsradikalismus tendierten, sondern geringfügig mehr zur radikalen Linken. Sie unterstützten auch nicht besonders die Polemik gegen Zuwanderung und Fremde, aber in höherem Maße als zuvor eine Neuverteilung der Einkommen.[8] Es ist also anzunehmen, dass die Anhänger von nationalistischen Tendenzen tatsächlich aus der Mittelschicht stammen, die bereits zuvor der Rechten angehörten, nun jedoch ein Argument in die Hand bekamen, das eine extreme Haltung rechtfertigte. Diese und andere Studien beweisen, dass die Annahme »Wirtschaftskrise ist gleich Aufstieg der radikalen Rechten« oberflächlich und zuweilen irrig ist. Einer Studie zufolge endete die ursprüngliche Korrelation zwischen schlechter Wirtschaftslage und dem Aufstieg nationalistischer Parteien in Europa bereits 2013. Die Wirtschaft erholte sich, doch die radikalen Parteien stiegen weiter in der Wählergunst.[9] Natürlich hat auch die erhebliche Verbesserung der Wirtschaftslage in den USA von 2016 bis 2019 Präsident Trump – oder seine populistischen Programme – nicht wesentlich geschwächt. Trumps ehemaliger Berater Steve Bannon hatte den Begriff »ökonomischer Nationalismus« in den Diskurs eingeführt, schwenkte später aber um und kündigte sogar an, eine »Gladiator School for Cultural Warriors« gründen zu wollen. Dem Namen nach wird dort wohl weniger von Handelsschranken und der Auszehrung der Mittelschicht die Rede sein als von der Bedrohung durch den »Anderen«.

Was also geht da vor sich? Die Krise öffnet dem Aufbegehren und der Revolte das Tor. Wer dem Rechtsradikalismus zuneigt, muss nicht unbedingt zu denen zählen, die durch die Krise finanziellen Schaden erlitten haben. In den letzten beiden Jahrzehnten lief es folgendermaßen: Im ersten Stadium brach der Nationalismus parallel zu einer schweren Wirtschafts- oder Sicherheitskrise in die politische Debatte ein. Die Krise brachte einige negative Auswirkungen auf die soziale Absicherung oder die persönliche Sicherheit mit sich, was vor allem in den weniger integrierten sozialen Schichten zu einem Vertrauensverlust führte. Im zweiten Stadium marschierte der Nationalismus allein weiter, ohne eine wirkliche Krise zu brauchen. Es genügte ein echter oder erfundener Feind, dem man die aktuellen Probleme anhängen konnte.

Wie eine Autoimmunkrankheit bricht der Nationalismus in einer geschwächten Demokratie aus, flaut jedoch nicht unbedingt wieder ab, wenn sie wieder zu Kräften kommt. In Ungarn beispielsweise ist die Zahl einreisender Fremder und Migranten seit 2016 stark gefallen, doch der nationalistische Ministerpräsident Viktor Orbán polemisiert weiterhin gegen sie und die angeblich von ihnen ausgehende »Gefahr«, was ihm noch Jahre später einen Vorteil bei den Wählern einbrachte.

Aus Marine Le Pens Weinkeller-Rede und aus den Gesprächen mit anderen Nationalisten wie Nick Griffin spricht die schlichte Wahrheit: Wenn die Oberfläche einmal angekratzt ist, leiten ökonomische Argumente schnell in Nativismus, Xenophobie und schließlich Rassismus über.

DAS WIEDERAUFLEBEN DES NAZISMUS

> »Bei uns wird das so erzählt, dass wenn hier Juden herkommen,
> verlassen sie den Garten als einen Haufen Asche. Nach der
> einheitlichen Meinung über uns müsste das ja so sein. Und jetzt
> seid ihr hier und es ist ja alles ganz normal.«
>
> Aus dem Gespräch des Autors mit einem deutschen Neonazi, 2014[1]

Im Jahr 2014 besuchte ich Konstantinos Plevris, einen der eifrigsten Verfasser rassistischer Pamphlete in Europa, in seinem Büro. Athen bebte unter den vielen Demonstrationen, ein häufiger Anblick zu Zeiten der großen Griechenlandkrise. Ein misstrauischer Mann erwartete mich am Hauseingang, prüfte meine Personalien und begleitete mich in einem engen Aufzug zum Büro des Starideologen der radikalen Rechten Griechenlands. Plevris, ein unerschütterlicher Holocaustleugner, nahm sich Zeit und antwortete höflich. Zunächst konnte er kaum glauben, dass ein Israeli mit ihm redete. »Ich war noch nie in Israel«, sagt er. »Das kann ich mir denken«, gebe ich vorsichtig zurück.

Plevris präsentiert mir stolz sein dickes Buch *The Jews: The Whole Truth*. Auf dem Cover prangt das Foto eines schwarz gekleideten orthodoxen Juden mit drohend funkelnden Augen, und Plevris legt weitere Bilder vor, die in seinen Augen Israels Grausamkeit beweisen. Ich frage ihn, warum er mir das alles zeigt. »Weil die Juden vorgeben, unschuldig zu sein, ›wir töten nie jemanden‹. Sogar euer Gott hat einen Engel ausgesandt, um die Kinder der Ägypter zu töten. Die Juden sind die Ersten auf der Welt, die sagen, im Namen Gottes müssen wir die anderen umbringen.«

Selbstredend hat er nichts dagegen, als Antisemit bezeichnet zu werden. Als ich anmerke, Jesus sei selbst ein Jude gewesen, braust Plevris auf: »Er war ein Galiläer, kein Jude.« An diesem Punkt empfinde ich nichts, weder Abscheu noch Angst, nur Verachtung. Plötzlich kommt mir die Erkenntnis, dass dies ein schwerer Fehler ist. Ich muss an diesem Gespräch ernsthaft teilnehmen, nicht mit der Gleichgültigkeit eines Menschen, der die andere Seite für moralisch unterlegen hält. »Sie schreiben von der jüdischen Herrschaft über die Banken«, nehme ich einen neuen Anlauf.

»Das ist wahr. Keiner kann es leugnen.«

»Ich leugne es«, sage ich.

»Okay, nennen Sie mir eine Bank, die nicht vom Juden kontrolliert wird. Eine einzige!«

»Okay, die Barclays Bank.«

»Was?«

»Barclays.«

»Na hören Sie mal«, faucht er abrupt.

»Citibank«, sage ich. »Ich kann weitermachen. JP Morgan. Alpha Bank.«

In einer fast komischen Wendung erschrickt er bei der griechischen Bank, als hätte er Angst, mit der Behauptung zitiert zu werden, die heimische Bank sei in jüdischen Händen. »Nein, nein, natürlich nicht die Alpha Bank«, betont er. »Bei den anderen weiß ich es nicht – aber nicht die Alpha Bank!«

Unser Gespräch mäandert irgendwo zwischen Ungeheuerlichkeit und Komik. Zu meinem Entsetzen sagt Plevris plötzlich, er schwärme für Israel, »sie sind natürlich eine minderwertige Rasse«. Wer mit »sie« gemeint sei, versuche ich dem freien Bewusstseinsstrom des Hasses zu folgen. »Die Araber natürlich«, erwidert er ganz verblüfft. »Glauben Sie, wir sind alle gleich?«

»Ja, ich glaube, wir sind alle gleich«, antworte ich.

»Dann glauben Sie, unser Geist sei derselbe?«

»Ja.«

»Wissen Sie, in der Natur ist es wie bei den Hunden, wie bei den Pferden. Es gibt Hütehunde, Hunde für die Jagd, für den Luxus. In der Natur gibt es keine zwei gleichen Sachen. Das gibt es nicht.«

Wenn ich meinen Videofilm zeige,* lachen die meisten Zuschauer in Europa, den USA und Israel. Plevris, dessen politische Karriere längst beendet ist, erscheint ihnen lächerlich mit all seinen Lügen, und ich kann diese Reaktion verstehen. Er macht den Eindruck eines dummen Clowns. Aber Plevris hat Dutzende von Büchern geschrieben, die eine umfassende Lehre verbreiten. Die schlichten, trivialen Lügen seines Rassismus beinhalten nicht nur Antisemitismus gegen Juden und Araber, sondern auch Homophobie und extremen Nationalismus. Seine Schlichtheit, die Intellektuelle als Nachteil werten, wird in den Augen seiner Schüler zum Vorteil. Die totale und tollkühne Lüge entfaltet in den sozialen Netzwerken besondere Kraft. Hinzu kommt das Überlegenheitsgefühl der Liberalen, das verbietet, diesen Lügen durch ernsthafte Diskussionen Legitimität zu verleihen, und damit seinen Anhängern einen guten Dienst erweist. In der radikalen Rechten Griechenlands sind viele mit seinen Ideen aufgewachsen. An erster Stelle steht Nikolaos Michaloliakos, der Gründer der griechischen neonazistischen Partei Goldene Morgenröte, vorübergehend die Neonazi-Partei mit der verhältnismäßig größten Unterstützung in Europa, die 2019 allerdings den erneuten Einzug ins griechische Parlament verfehlte. Er begann seinen Weg schon in den 1960er-Jahren in der von Plevris gegründeten Bewegung.

Der rassistische Fundamentalismus, gemeinsam mit dem Nationalismus, zeigt ein Wiederaufleben des Nazismus an. Dieser ist selbstverständlich begrenzt, und Vergleiche mit den 1930er-Jahren sind übertrieben. Aber zweifellos wächst die politische Macht von Nazis und anderen White-Supremacy-Anhängern, unter deren Einfluss mehr massive Gewalt ausgeübt wird als jemals seit dem Zweiten Weltkrieg. Die blutigen Anschläge des Norwegers Anders

---

* Ich traf Plevris bei meiner Arbeit für den israelischen Fernsehkanal Channel 10, das Gespräch wurde in einer Doku über den Anstieg rassistischen Hasses in Europa gesendet.

Behring Breivik von 2011, die 77 Menschen das Leben kosteten, dienen rechtsradikalen Terroristen seither als Vorbild. Sie sammeln Waffen und Informationen, trainieren, filmen den Anschlag oder übertragen ihn live im Internet und hinterlassen schließlich digitale Testamente, die weitere Selbstmordattentäter im Stil der Islamisten mobilisieren sollen. So handelte Brenton Tarrant, der im März 2019 bei seinem Anschlag auf zwei Moscheen in Neuseeland 51 Menschen ermordete, oder John T. Earnest, der im April desselben Jahres einen Massenmord in einer Synagoge in Kalifornien zu begehen versuchte und eine Betende ermordete.

Die rassistischen Fundamentalisten sind am gefährlichsten: Sie entstammen der weißen, christlichen Mehrheit und fühlen sich zunehmend sicher. Ihre öffentlichen Aufmärsche – von Charlottesville, Virginia, wo Nazis brüllten »Juden werden uns nicht ersetzen«,[*] bis zu Pegida in Dresden – sind offensiver und eindeutiger geworden, und damit auch die Drohungen. Im Vorfeld der Wahlen von 2016 in den USA versuchte ich ein Interview mit dem Führer des Ku-Klux-Klans zu vereinbaren. Die Antwort, die ich erhielt, war nicht überraschend. »Euch bei einem Klan-Treffen zu Gast zu haben, wäre sehr verlockend. Euch an ein Kreuz zu nageln, wie eure Leute es mit Christus getan haben. Dann euren Arsch in Brand zu stecken und Christi Licht auf unser Gesicht herabscheinen zu sehen«, schrieb der Mann, der sich als der »Imperial Wizard« des Klans bezeichnete. Ich schlug das Angebot lieber aus.

[*] Im August 2017 fand in Charlottesville, Virginia, eine Versammlung von Rechtsradikalen, Neonazis und Faschisten unter dem Slogan *Unite the Right* (Vereinigt die Rechte) statt. Ein Neonazi fuhr absichtlich in eine Gegendemonstration und ermordete dabei die zweiunddreißigjährige Heather Heyer.

Meine Produzentin Antonia Yamin und ich fahren mit dem Auto nach Schleusingen, einer Kleinstadt in Thüringen. Es gießt in Strömen. An der angegebenen Adresse finden wir niemanden vor, und die Kollegen in unserer Redaktion macht dieses Treffen mit Neonazis nervös. Der Plan lautet: Wenn wir nicht pünktlich telefonisch Bescheid geben, dass alles okay ist, werden sie die deutsche Polizei einschalten. Sie wollten auch das israelische Konsulat in München informieren, für den Fall, dass wir schnell gerettet werden müssten, doch das hatten wir abgelehnt.

Ein paar angespannte Minuten später taucht ein schwarzes Auto auf, ihm entsteigt Patrick Schröder, ein hochgewachsener blonder Mann mit markigem Kinn und eng stehenden Augen. Begleitet wird er von seinem Freund Tommy Frenck, einem Neonazi, der sich um einen Sitz im Thüringer Landtag beworben hat. Frenck wurde bereits wegen Volksverhetzung verurteilt, weil er 2012 in einem Online-Video die Nazizeit verherrlicht hatte.[2]

Die beiden jungen Männer wirken nervös. Die Polizei erlaube ihnen kein Treffen innerhalb der Stadt, erklären sie. »Fahren Sie einfach hinter uns her.« Wir folgen ihnen, fahren den Hauptpersonen unserer Geschichte auf einer Schotterstraße nach. Wir fragen uns langsam, ob die Nazis eine unangenehme Überraschung für uns planen. Aber dann stoppt uns, zu unserer Beruhigung, ein deutscher Streifenwagen. Keiner von uns war je so froh, einen deutschen Polizisten zu Gesicht zu bekommen. Wir begreifen, dass die Sicherheitsbehörden von dem Treffen wissen.

Der Polizist verlangt die Ausweispapiere. »Dies ist Tommy Frencks Haus«, sagt der Polizist in passablem Englisch. »Wissen Sie, was die hier machen? Führer? Nazi? Wir in Deutschland haben ein Problem mit den Rechtsextremen.« Er erklärt, dass wir vor Gericht würden aussagen müssen, falls bei dem Treffen Unterstützung für den Nationalsozialismus zur Schau gestellt werden sollte. »Der deutsche Geheimdienst hat ihnen gesagt, dass wir hier sind«, protestiert Schröder, der neben dem Polizisten steht, sichtlich erfreut über die Aufmerksamkeit.

Schröder ist ein neuer Typ von Neonazi. Die deutschen Medien haben sogar ein Wort dafür geprägt:»Nipster«, Nazi-Hipster. Die Zeitschrift *Rolling Stone* brachte einen Artikel über Schröders Internetkanal und -kampagne, Nazi-Gruppen davon zu überzeugen, dass die nationalistische Szene auch junge Leute einbeziehen müsse, die mehr auf Hip-Hop- oder den Hipster-Stil stehen.[3] Schröder bemüht sich, die Nazi-Kreise in Deutschland zu erweitern und Legitimität zu erlangen. Deshalb waren die Neonazis von Schleusingen bereit, sich mit mir, einem Juden, zu treffen.

Die deutschen Gesetze verbieten jede rassistische oder nationalsozialistische Äußerung, einschließlich dem Zeigen eines Tattoos mit Nazi-Motiv. Schröder kennt diese Gesetze und hat daher, wie andere deutsche Nazis, eine codierte Sprache entwickelt, die die Bestimmungen umgeht. Ein Ex-Nazi hat mir das einmal erklärt: »Ich kann beispielsweise ›Anti-Zionist‹ in Nazi-Frakturschrift auf T-Shirts drucken, das ist kein Problem, weil es sich scheinbar gegen den Zionismus richtet, der eine politische Bewegung ist. Aber mein Publikum kennt die Gesetze. Sie verstehen, dass es eigentlich ›gegen Juden‹ bedeutet.«

Wir betreten einen kleinen Garten, den Treffpunkt der Neonazis. Ein Grill ist angeheizt, daneben steht ein großer Eimer mit eingelegten Schweinesteaks, die darauf warten, gegrillt zu werden. Um uns herum stehen Rechtsradikale aus der Gegend, junge Leute, die meisten schwarz gekleidet. Sie beäugen uns neugierig und tuscheln unter sich. Ich bin mal mit Haien geschwommen, gesichert in einem Metallkäfig. Unter den Nazis fühle ich mich wie unter den Haien, nur ohne schützenden Käfig. Wir bewegen uns vorsichtig in ihrer Mitte, entfernen uns nicht zu weit voneinander. Die Versammlung war angeblich im Vorfeld der Landtagswahl anberaumt worden, aber tatsächlich ist es »Victory in Europe (VE) Day«, der

8. Mai, der Tag, an dem Nazi-Deutschland 1945 vor den Alliierten kapitulierte, ein Trauertag für Nazis.

Die Arme hinter dem Rücken verschränkt, spult Schröder seine Agenda in fließendem Englisch ab. »Die Muslime übernehmen, einfach ausgedrückt, dieses Land«, sagt er. »In Berlin gibt es Schulen, in denen man kaum noch ein deutsches Kind findet. In einigen Jahrzehnten wird das überall im Land passieren.« Ich frage ihn, worin sich diese »Übernahme« ausdrücke. »Sie verbieten deutschen Kindern, in der Schule Schweinefleisch zu essen«, führt er als Beispiel an. »So etwas tut man nicht, wenn man Teil von Deutschland werden will. Wenn jemand diese Art von Deutschland in fünfzig Jahren haben will, wie jetzt schon in Berlin-Neukölln, dann okay. Aber ich bin einer von denen, die sagen, dass wir das nicht zulassen werden.«

Die muslimische Bedrohung ist ein wiederkehrendes Thema in Gesprächen mit Rechtsextremen, egal ob Europäern oder Amerikanern. Die tödlichen Bombenanschläge, die Europa in den letzten Jahren heimgesucht haben, wurden fast alle von Muslimen begangen, und die extreme Rechte hat diesen Umstand erfolgreich für den Wählerfang ausgeschlachtet. Nur 5 bis 6 Prozent der europäischen Bevölkerung sind Muslime; in Frankreich, dem europäischen Land mit der größten muslimischen Gemeinschaft, liegt der Prozentsatz bei 7,5 bis 10 Prozent.[4] Selbst wenn all diese Gemeinschaften den Charakter Europas verändern wollten, was höchstens diskutabel, insgesamt aber unwahrscheinlich ist, wären ihre politischen Aussichten dafür gering. Keine muslimische Partei ist im Parlament eines größeren europäischen Staates vertreten, und es gibt wenig Toleranz für religiösen Fanatismus im säkularen Frankreich oder in Deutschland, das Multikulturalismus lange Zeit ablehnte. Die muslimische Minderheit in Europa ist gewachsen, wird Voraussagen zufolge im Jahr 2050 etwa 10 Prozent betragen, oder, falls der Kontinent massive Einwanderung zulässt (was er bisher nicht tut), 14 Prozent.[5] Der islamische Fundamentalismus hat keine reelle Chance, in den nächsten Jahrzehnten größere politische Macht in Europa zu erlangen. Doch bei der extremen Rechten in Europa sieht das anders aus. Sie blickt nicht nur zuversichtlich in die Zukunft, sondern weiß auch, dass sie in Europa schon einmal an der Macht *war* und bessere Chancen hat, eine Mehrheit zu erlangen.

Hier, in den ostdeutschen Kleinstädten, ist Neonazismus keine Ideologie – es ist eine Szene, ein Lebensstil. Die jungen Leute um uns herum, die ihre gegrillten Schweinesteaks essen, tragen T-Shirts von rechtsextremen Bands und fünfzackige Sterne an Silberketten. Neonazismus ist für sie eine Form von Zugehörigkeit. Schröder und Tommy Frenck sind die Ideologen der Gruppe.

»Das deutsche Zeitalter ist am 8. Mai 1945, dem Tag der deutschen Kapitulation, zu Ende gegangen«, sagt Schröder, und sein Mitstreiter Tommy Frenck fügt hinzu: »Zweitausend Jahre deutscher Geschichte sind an diesem Tag zu Ende gegangen.« Schröder erläutert: »Wir waren noch nie so fremdbestimmt und so am Boden wie in der Phase seit dem 8 Mai, die bis jetzt andauert. Die Souveränität ist an jenem Tag gestorben. Die Volksgemeinschaft* war auf ihrem Höhepunkt, und es ging seither rapide bergab. ... Meine Großeltern haben mir gesagt, dass die deutsche Gesellschaft im Dritten Reich für den normalen Menschen perfekt war, großartig war, abgesehen von der Behandlung der Juden.«

Schröders Sehnsucht nach dem ruhmvollen Zeitalter ist ein Ausdruck von Fundamentalismus, obwohl dieser normalerweise an eine religiöse Tradition anknüpft und der Nationalsozialismus keine Religion im herkömmlichen Sinne ist. Der Soziologe James D. Hunter, ein führender Religionswissenschaftler, erklärt: »Alle

---

* Diesen Begriff benutzte Hitler in seinen Reden für den Geist des Volkes als rassische Gemeinschaft. Die deutsche Volksgemeinschaft ist wichtiger als eine bestimmte politische Struktur. Sie ist die gesellschaftliche und biologische Vereinigung der arischen Rasse unter dem Führer.

fundamentalistischen Glaubensgemeinschaften teilen den tiefen und sorgenvollen Glauben, dass die Geschichte entgleist ist. Schuld daran ist die Moderne in ihren vielen Erscheinungsformen. Der Fundamentalist ruft daher dazu auf, die Geschichte wieder ins Lot zu bringen.«[6] Der Historiker Alon Confino beschreibt, wie die Nazis sich eine Welt ohne Juden vorstellten, und wie diese Idee von Rassereinheit sie dazu brachte, eine »neue Genesis« einzuleiten, mit dem radikalen Ziel, die Erinnerung und die Geschichte zu erobern und den Juden daraus zu löschen. Das ist Fundamentalismus in Reinkultur, eine Reinheitsfantasie, die zu einer »Korrektur« führt, oft begleitet von Zerstörung, Mord und Genozid.[7]

Auf die Frage nach der Holocaustleugnung sagt Schröder: »Wenn man zu diesem Thema in Deutschland zu viel sagt, geht man in den Knast. Man kann ohne Probleme jeden anderen Völkermord thematisieren, man darf nur über dieses Thema nicht sprechen.«

Schröder ist unfähig oder nicht willens, klassische moralische Argumente zu verstehen, die zwischen Identität und politischer Meinung unterscheiden. »Ich finde nicht, dass es einen Unterschied zwischen uns als Gruppe gibt, von der man sagt, alle Neonazis sollten ins Gefängnis, oder wenn man sagt, wie es meine Meinung ist, die Juden haben viel Macht im Bankensektor.« – »Die eine Gruppe basiert auf einer gewählten politischen Idee, und die andere ist mit einer Identität geboren, Juden sind keine Organisation«, erkläre ich ihm. »Da haben Sie recht«, sagt er, fährt dann jedoch fort: »Wenn der Krieg anders ausgegangen wäre, wäre Hitler der größte Held aller Zeiten gewesen. Es ist aber halt so, dass er den Krieg verloren hat, und wenn man Kriege verliert, ist man immer der Buhmann. ... Was wäre die historische Wahrheit, wenn Hitler den Krieg gewonnen hätte? Dann würden Sie nicht über sechs Millionen Juden lesen. Sie würden lesen, dass er der größte deutsche Held aller Zeiten war.«

»Aber die sechs Millionen wären immer noch tot«, erwidere ich.

»Ja, aber Sie würden nichts davon hören«, gibt er mit triumphierendem Grinsen zurück.

Die Argumente des jungen Schröder erinnern mich an die berüchtigte Posener Rede Heinrich Himmlers. Himmler sprach über die »Endlösung«, die er durchzuführen hatte, und erklärte, SS-Leute blieben »anständig«, während sie die Ausrottungsbefehle ausführten:* »Von euch werden die meisten wissen, was es heißt, wenn hundert Leichen beisammen liegen, wenn fünfhundert daliegen oder wenn tausend daliegen. Dies durchgehalten zu haben, und dabei – abgesehen von menschlichen Ausnahmeschwächen – anständig geblieben zu sein, das hat uns hart gemacht und ist ein niemals geschriebenes und niemals zu schreibendes Ruhmesblatt unserer Geschichte.«[8] In Himmlers Realität und in der Realität von Schröder, dem jungen Nazi-Hipster, haben »Wahrheit« und »Mord« keine eigene Bedeutung, und Tatsachen sterben einen leisen Tod. Es zählt allein ein seichter Abklatsch von Geschichte; nur Macht erschafft Sinn.

Tommy Frenck klagt: »Bei uns wird das so erzählt, dass wenn hier Juden herkommen, verlassen sie den Garten als einen Haufen Asche. Nach der einheitlichen Meinung über uns müsste das ja so sein. Und jetzt seid ihr hier und es ist ja alles ganz normal.«

Ich fand nicht, dass alles normal war. Ich berichte Schröder und seinen Freunden, dass Israelis in Scharen nach Berlin übersiedeln. »Wenn das passiert und sie anfangen, Berlin zu übernehmen, dann ist das ein Problem. Das möchte ich nicht«, sagt der Neonazi mit ausdrucksloser Miene. An diesem Punkt hielten wir es für angebracht zu gehen.

---

* Himmler hielt zwei Geheimreden Anfang Oktober 1943 vor hohen NS-Chargen in der Stadt Posen (heute Poznań) im deutsch besetzten Polen.

In den vorigen Kapiteln sind Fundamentalisten als Propheten der Revolte gegen die Globalisierung aufgetreten, und in diesem Kapitel sehen wir, dass der Begriff über seine übliche Verwendung hinausgreift und nicht nur religiöse Extremisten bezeichnet. Die Nazis, von damals und heute, weisen auf eine große Stärke des Fundamentalismus hin: Beständigkeit. Angesichts einer sich rasch wandelnden Welt und einer Globalisierung, die Jobs und manchmal auch Werte bedroht, klammert sich der Fundamentalist an die unwandelbare Strategie eines Strebens nach Sinn in einer reinen Identität. Der Islam ist die Lösung, sagen die Muslimbrüder. Andere Fundamentalisten behaupten, das Glück liege in einer reinen rassischen oder ethnisch-religiösen Gemeinschaft. Diese Schlagworte verheißen Stabilität in einer instabilen Welt. Der Fundamentalismus rühmt sich seiner Inkongruenz und seines Wunsches, eine – reale oder eingebildete – »Urquelle« zu sein. Dazu gehört die ständige Suche nach einem Argument, das das »Urelement« erklären würde – reines Blut, höhere Seele, eine wegweisende heilige Schrift in wörtlicher Auslegung. Es ist eine Revolte gegen kulturelle Homogenität unter amerikanischen Vorzeichen, der Wunsch nach Rückkehr zum Patriarchat und ein Versuch, »traditionelle Werte« wiedereinzusetzen.[9]

Da intellektuelle Eliten ungern zugeben, dass Religion dem Leben auch in einer globalen Welt Sinn verleiht, dienen sie ungewollt der Sache des Fundamentalismus. »Die Gebildeten haben ihren eigenen Aberglauben, insbesondere die Überzeugung, dass der Aberglaube sich verflüchtigt«, bemerkt der amerikanische Schriftsteller Garry Wills. »Da die Wissenschaft die Welt in säkularen Begriffen erklärt habe, bestehe kein Bedarf mehr an Religion, und sie werde zugrunde gehen. ... Jedes Mal, wenn Religiosität die Aufmerksamkeit der Intellektuellen erregt, ist es, als wäre eine Sternschnuppe am Himmel aufgetaucht. Kaum einer würde daraus folgern, dass nichts in unserer Geschichte stabiler, nichts unverrückbarer gewesen ist als religiöser Glaube und religiöse Praxis.«[10]

Der Fundamentalist profitiert von diesem Aberglauben, weil er sich so als ultimativen Hüter der Religion oder der Gemeinschaft im Allgemeinen – und nicht nur ihrer extremsten Ränder – präsentieren kann. Angesichts des »säkularen Zwangs« oder der »liberalen Unterdrückung« wächst die Macht des Fundamentalisten in konservativen Gemeinschaften, die sich ohnehin schon von der Globalisierung bedroht fühlen. Wer die Wissenschaft dazu benutzt, Glauben und Tradition herabzusetzen, gibt dem Fundamentalisten eine schlagkräftige Waffe in die Hand. Fundamentalismus als Ignoranz oder Elend abzustempeln, ist ein weiterer typischer Fehler des Westens, denn er ignoriert den Umstand, dass Fundamentalisten etwas bieten, was manche Menschen als eine konsistente Antwort auf die Moderne betrachten.

Armut befördert Extremismus, ist aber nicht seine Quelle. Der fundamentalistische Ideologe handelt nicht aus Ignoranz. Im Gegenteil, gerade seine Vertrautheit mit der globalen Welt bestärkt ihn in dem Streben, sich von ihr zu distanzieren, sie total zu verändern oder zu zerstören. Dazu braucht er Fußsoldaten. Armut und Unwissenheit helfen ihm bei deren Rekrutierung, wie der Jemen und Somalia zeigen. Auf Fragen bestätigt die örtliche Bevölkerung einen Zusammenhang zwischen tiefer Armut und gewalttätigem Extremismus.[11]

Die Globalisierung ist eine Tatsache des modernen Lebens, und sämtliche politischen Akteure haben schwer mit ihr zu kämpfen. Der Mainstream-Konservatismus will, dass die Globalisierung den Freihandel und den Kapitalfluss heiligt, ohne jedoch die heimische Identität zu zerstören. Die Linke möchte die Rechte der Arbeiter gewahrt wissen, hält jedoch auch an universalen fortschrittlichen Werten fest. Grüne Parteien kämpfen für die Reduzierung von Treibhausgasen, die weltweit durch Produktion, Konsum und Handel entstehen. Kommunisten möchten vielleicht den Handel eindämmen, begrüßen die Globalisierung jedoch als Vision einer weltweiten Zusammenarbeit des Proletariats. *Die Internationale*, Hymne der sozialistischen Bewegung, drückt das in ihrer englischen Fassung so aus: *»This is the final struggle/Let us group together, and tomorrow/The Internationale/will be the human race.«* Dies ist das letzte Gefecht/Lasst uns zusammenstehen und morgen wird/Die Internationale/Das Menschengeschlecht sein.

Der Fundamentalist – ein Islamist oder seine Nemesis, der weiße Rechtsextreme – ist ein Sonderling auf der politischen Bühne. In seiner Weltsicht droht die Globalisierung ihn zur Randfigur zu degradieren – mit Recht. Seit den 1990er-Jahren hat sich der Anteil der Amerikaner, die sich als »religionslos« bezeichnen, auf 23,1 Prozent verdoppelt – und liegt damit höher als der für jedes andere Bekenntnis.[12] Das ist eine grundlegende Veränderung. Angesichts dieser Erosion suchen manche Traditionalisten Zuflucht im Extremismus. Fundamentalisten sind zurzeit erfolgreich, weil die institutionelle Religion entsetzt in den Abgrund der Geschichte blickt. Die Globalisierung führt dem Fundamentalisten vor Augen, dass er dasselbe Schicksal erleiden wird wie die im Verschwinden begriffenen Amazonasstämme, die mit Pfeilen auf die – ihre Auslöschung aus der Luft dokumentierenden – Hubschrauber schießen. Deshalb sollen die Projekte von Le Pen, Bannon und Griffin die Welt so verändern, dass die Liberalen bald diesen Eingeborenenstämmen gleichen, in dahinschmelzenden demokratischen Enklaven. Das ist keineswegs abwegig, wie das letzte Jahrzehnt gezeigt hat. Die liberale Hypothese, dass der Ultranationalismus keine Zukunft habe, ist eng mit unserer kraftvollen Erinnerung an die 1940er-Jahre und den »Triumph des Guten über das Böse« verbunden – ein zentrales Ethos der Nachkriegszeit. Aber der Ausgang des Zweiten Weltkriegs besagt wenig über die Erfolgsaussichten im Ringen von heute.

In der Sprache der Technologie ist der Fundamentalismus ein geschlossenes Betriebssystem in einer offenen Welt voller Software,

Dateien und Schnittstellen. Ein geschlossenes System hat seine Vorteile, wie Smartphone-Nutzer wissen: Es ist einfach, vorhersehbar und in sich stabil. Der Fundamentalist sucht Reinheit in einer vielfältigen Welt und exklusive Wahrheit in einer Realität voller Wahrheiten.

Albert Camus schreibt in *Der Mythos des Sisyphos,* wir müssten uns Sisyphos als einen glücklichen Menschen vorstellen, weil die Anstrengung selbst ihn befriedigt, obwohl er weiß, dass der Felsblock unweigerlich wieder den Berg hinunterrollen wird. Hierin liegt das wesentliche Paradoxon: Der Fundamentalist ist Teil der – und Reaktion auf die – Globalisierung, die er in den Tod befördern will. Wie Sisyphos rollt der Fundamentalist den schweren Stein seiner mörderischen Weltsicht auf den Gipfel des Berges, aber dort kann der Stein nicht bleiben. Seine Fantasiewelt – in religiöser oder rassischer Hinsicht ruhmreich – wird niemals existieren. Sie wird immer besudelt sein von den Unreinheiten einer komplexen globalen Realität und in sich zusammenfallen. Aber es ist das Unternehmen als solches, das die Realität verändert, selbst wenn es misslingt. Gewalttätiger Fundamentalismus bedroht das, was die Menschen von jedem Staat oder globalem Gebilde erwarten: die Sicherheit ihrer Person. In einer globalen Welt wird der Fels des Fundamentalismus immer wieder herunterrollen und dabei unschuldige Menschen töten. Am Fuß des Berges wird Sisyphos warten, entschlossen, den Stein wieder hinaufzuwälzen ins Land der Eiferer.

DIE MITTELSCHICHT REBELLIERT

Frage: »Es ist ein internes Goldman Dokument ... ›Mann, dieser Timberwolf Deal war ein beschissenes Geschäft.‹ Wie viel von diesem beschissenen Geschäft haben Sie Ihren Kunden nach dem 22. Juni 2007 verkauft?«
Antwort: »Herr Vorsitzender, das weiß ich nicht, aber der Preis entsprach den Beträgen, die sie zu investieren gedachten.«
F: »Oh, aber sie ahnten nichts – Sie haben ihnen nicht gesagt, dass Sie dachten, es sei ein beschissenes Geschäft.«
A: »Nein, das habe ich nicht gesagt.«

Aussage des Chefs der Goldman Sachs Hypothekenabteilung
vor einem Unterausschuss des Senats, 2010[1]

Mit drei Jahren erinnere ich mich an Vaters Militärstiefel, in denen er knarrend unsere abgetretene, gewundene Holztreppe hinunterging, und an das quälende Wissen, mit dem wir drei, Mutter, mein Bruder und ich, zurückblieben: Vater zog in den Krieg. Es war 1982, und die israelische Regierung unter Menachem Begin hatte beschlossen, in den Libanon einzumarschieren, um militante palästinensische Organisationen zu bekämpfen, die von dort Ortschaften im Norden Israels mit Raketen beschossen. Mein Vater verbrachte viele Monate in diesem Krieg, dem umstrittensten in der Geschichte des Landes. Während er am Stadtrand von Beirut kämpfte, versammelten sich seine Freunde auf dem zentralen Platz von Tel Aviv und forderten die Beendigung des Krieges; er unterstützte sie von ganzem Herzen.

Ich war elf, als ich zum ersten Mal Sirenenalarm hörte und meine Eltern meinen Bruder und mich in den Luftschutzkeller unseres Hauses mitnahmen. Saddam Hussein schoss konventionelle ballistische Raketen auf Israel ab, doch ging in den ersten Tagen des Golfkriegs von 1990/1991 die Angst um, er würde auch chemische und biologische Waffen einsetzen. Kinder liefen mit Kartons über der Schulter in die Schule, die eine Gasmaske und, für den Fall eines Angriffs mit Nervengas, eine Atropin-Spritze enthielten. Beim ersten Alarm gaben sich Hunderte von Israelis in wilder Panik sofort diese Spritze. In Jerusalem schrillte der Alarm während eines Konzerts des Philharmonischen Orchesters von Israel mit dem Geiger Isaac Stern. Orchester und Publikum legten Gasmasken an, das Konzert schien zu Ende. Stern, der keine Gasmaske trug, nahm seine Geige wieder zur Hand und spielte ein Solostück von Bach.

Meine Tochter war zwei Jahre alt, als ich zum ersten Mal mit ihr in den Schutzraum unseres Hauses lief, weil aus dem Gazastreifen Raketen abgeschossen wurden.[*] Zwei Jahre später rannte ich mit zwei Kindern, dann mit dreien.

Dieses Gefühl der Unsicherheit war nur meine Seite der Geschichte. Auf der anderen Seite verlief sie traumatischer. Im Libanonkrieg gerieten Tausende Zivilisten in die Schusslinie, und eine christliche Miliz, die mit der israelischen Armee verbündet war, richtete ein furchtbares Blutbad in den palästinensischen Flüchtlingslagern Sabra und Schatila an. Saddam Husseins Raketen kosteten nur wenige Israelis das Leben, aber Saddam Husseins Diktatur und die amerikanischen Kriege brachten eine Woge der Gewalt und des Elends über das irakische Volk, die über Jahrzehnte anhielt und immer noch nicht beendet ist. Im Gazastreifen leben rund zwei Millionen Menschen in Not, die meisten als Geiseln einer fundamentalistischen Organisation. Anders als ich hatten sie keinen Schutzraum, in den sie mit ihren Kindern hätten eilen können, als die israelische Armee Regionen beschoss, in denen sich Hamas-Kämpfer versteckt hielten.

Der Nahe Osten gilt als instabile Weltregion, als konflikt- und spannungsgeladen. Aber tatsächlich bilden wir, deren Dasein durch einen gewaltsamen Konflikt belastet wurde und wird, den Großteil

---

[*] In jedem israelischen Haus, das in den letzten dreißig Jahren gebaut wurde, gibt es ein betonverstärktes Zimmer zum Schutz gegen Raketen.

der Menschheit. Zu unserem Klub gehören Syrer, Israelis, Palästinenser, Iraker, Burmesen, Mexikaner, Kolumbianer, Inder, Pakistaner, Sri Lanker, faktisch über die Hälfte der afrikanischen Staaten, alle Nachfolgestaaten Jugoslawiens und viele der Republiken, die aus der Sowjetunion hervorgegangen sind. Ein Konflikt ohne klare Frontlinie und echten Rückraum beeinträchtigte das Leben vieler Bewohner dieser Staaten in den letzten Jahrzehnten. Westeuropa genoss demgegenüber relative Ruhe. Doch es war eine posttraumatische Ruhe: Westeuropa erlebte zwar seit 1945 keinen gewaltsamen Konflikt mehr, ist aber durch die Schrecken des Krieges nachhaltig gezeichnet – von London über Berlin bis Auschwitz.

Inmitten dieser Welt erstrahlten die USA. Man konnte kaum anders, als die Sicherheit zu beneiden, die sie ihren Bürgern gewährten. Amerika war eine historische Ausnahmeerscheinung, ein Kontinent, den zwei Ozeane gegen die Stürme der modernen Welt schützten. Kriege? Durchaus. Finanzkrisen? Gewiss doch, ebenso Kriminalität. Aber die vollständige Vermischung von zivilem und militärischem Bereich, das Verschwimmen von Front und Hinterland, das für die Weltkriege so charakteristisch war, blieb den Amerikanern lange erspart. Keine amerikanische Mutter hatte Angst, ihren Sohn in die Schule zu schicken, während amerikanische Soldaten – darunter vielleicht auch ihr Mann, der Vater des Kindes – kämpften. Im Schutz der Ozeane verlor kein amerikanisches Kind einen Klassenkameraden durch eine deutsche oder japanische Bombe.[*] Die Amerikaner testeten Atomwaffen, mussten aber niemals in den Luftschutzbunker rennen. Die Bürger der Supermacht kannten – anders als deren Soldaten – nicht das Pfeifen einer Rakete oder den verschwommenen Klang feindlichen Gewehrfeuers. Weder Philadelphia noch San Francisco oder New York wurde ganz

---

[*] Der einzige Zwischenfall im Zweiten Weltkrieg, bei dem amerikanische Zivilisten in Nordamerika durch Feindeinwirkung ums Leben kamen, ereignete sich 1945 im Bundesstaat Oregon, wo sechs Menschen einer japanischen Ballonbombe zum Opfer fielen.

oder teilweise zerbombt und später wiederaufgebaut wie einige Viertel oder ganze Städte in Europa, die wie ungeschickt gefertigte Prothesen aussehen.

Leicht ließe sich behaupten, die Amerikaner litten unter einer anderen Unsicherheit, unter der Gewalt, die seit Jahren ihr Lebensumfeld bedroht. Was macht es schon aus, ob ein Kind von der verirrten Kugel eines Kriminellen oder Polizisten auf den Straßen Chicagos getötet wird oder dem Angriff einer örtlichen Miliz in Mogadischu zum Opfer fällt? Und doch gibt es einen Unterschied. Er liegt in der Motivation, in dem bedrohlichen Gefühl, dass ein äußerer Feind am Werk ist. Kriminalität hingegen weckt nicht das Gefühl existenzieller Bedrohung. Außerdem litten auch die von Krieg heimgesuchten Länder unter Kriminalität, während andersherum die USA von bewaffneten Konflikten verschont blieben. Die Pax Americana herrschte nicht in Vietnam, dem Nahen Osten oder Mittelamerika, in Nordamerika jedoch ohne jede Einschränkung.

Und dann geschah es.

Am 11. September 2001 versuchten die Amerikaner, die ikonischen Bilder der Ermordung von 2996 Menschen im größten Terrorakt der Geschichte zu verdauen. Dieser Augenblick war ein grandioser Erfolg des Fundamentalismus, der unermüdlich versucht, die Sicherheit der modernen Welt zu erschüttern. Schlagartig wurde die Krümmung der Raumzeit begradigt, die Amerika lange zugutegekommen war. Die Globalisierung, die die Anschläge – mit Flugzeugen, Migration, Technologie, Medien – befördert hatte, diente nun dazu, die persönliche Sicherheit in Amerika zu zerstören. Das war der Anfang unserer Ära und der Moment, in welchem der Samen der Revolte gesät wurde.

Eine der folgenreichsten Schwächen des Menschen ist sein Mangel an Weitblick. Das ist nachvollziehbar: Während ein Menschenleben in den Industriestaaten um die achtzig Jahre dauert, vergeht deutlich mehr Zeit, bis tief greifende gesellschaftliche Entwicklungen sich voll entfalten. Weil die Welt sich immer schneller verändert, oder wegen unserer Lebenserwartung, haben wir Mühe, unser Leben ganz zu überblicken. Wir stapfen durch ein hohes Maisfeld und sehen doch nicht das Bild, das der Traktor hineingezeichnet hat, während es von einer fliegenden Drohne mühelos erfasst werden kann. Und das Bild ist: Der 11. September ist nicht zu Ende. Wir leben immer noch in dem historischen Moment, der mit dem Einschlag des ersten Flugzeugs in den Nordturm an jenem schrecklichen New Yorker Morgen seinen Anfang nahm. Die Echos hallen noch immer nach: eine Börsenkrise, zwei Kriege, wachsender Fundamentalismus, Zinssenkungen und steigender Konsum, eine Immobilienblase, gefolgt von einer großen Rezession.

Viele Jahre sind seither vergangen. Menschen sind gestorben, Kinder wurden geboren – aber jener schreckliche Moment ist noch nicht vorüber, alles hat sich verändert und verändert sich weiter, vor allem unsere Ängste und Hoffnungen.

———

Wenn Menschen rebellieren, stellt sich die Frage, was ihr Vertrauen und ihre Sicherheit erschüttert hat; für die Amerikaner war es der 11. September 2001, der das grundlegende Versprechen ihrer persönlichen Sicherheit verletzte. Er kam zu einem denkbar schlechten Zeitpunkt, als die Rezession in den USA bereits eingesetzt hatte, die Blase um die Tech-Unternehmen Ende der 1990er-Jahre geplatzt war. Wie eine Röntgenaufnahme offenbarten die Rezession und dann die Sicherheitskrise den wahren Zustand des Gerüsts der amerikanischen Wirtschaft. Ein entstelltes Bild kam zum Vorschein. Immense Bilanzfälschungen wurden aufgedeckt. Der Energiekonzern Enron musste Anfang Dezember 2001 Insolvenz anmelden, die Telefongesellschaft WorldCom löste im Sommer 2002 einen großen Börsenskandal aus, und bei Tyco waren 1999 Gerüchte über irreguläre Bilanzen aufgekommen – alle drei Konzerne von sagenhaftem Börsenwert. Der Anschlag bin Ladens auf Amerika verschärfte die Wirtschaftskrise; im zweiten Halbjahr 2001 verloren zweieinhalb Millionen Amerikaner ihren Job. Die Märkte reagierten panisch, und das nicht nur für kurze Zeit. Tatsächlich hatten sich die Aktienkurse an der Wall Street nach dem Attentat auf John F. Kennedy 1963 und sogar nach dem Eintritt der USA in den Zweiten Weltkrieg Ende 1941 schneller erholt als nach dem 11. September 2001. Zudem rief die amerikanische Regierung den »Krieg gegen den Terror« aus, begann den Krieg in Afghanistan, dann den im Irak und gab erst Milliarden und schließlich Billionen aus in dem verzweifelten Bemühen, das verlorene Gefühl von Sicherheit zurückzugewinnen.

In der Atmosphäre der Angst nach den Anschlägen des 11. September stand für den amerikanischen Durchschnittsbürger Joe – er ist vielleicht Arbeiter in einer Automobilfabrik in Ohio – nicht der Kauf eines Autos oder ein Anbau an sein Haus an der Spitze seiner Prioritätenliste, und so wirkte sich seine Besorgtheit auf die Realwirtschaft und an den Finanzmärkten aus.

Der Vorsitzende der US-Notenbank Alan Greenspan – damals ein veritabler Retter der Finanzmärkte – verabreichte ein starkes Antibiotikum gegen den Vertrauensverlust: eine drastische Senkung des Zinssatzes. Lag der Zinssatz in den USA im Jahr 2000 die meiste Zeit noch über sechs Prozent, war er Anfang 2002 bereits unter zwei Prozent gerutscht. Das war nicht nur Mund-zu-Mund-Beatmung, sondern eine Wiederbelebung mit Defibrillator. Die wirtschaftspolitische Elite gab eine klare Botschaft an die Bevölkerung aus: Geht ein Risiko ein. Wagt den Sprung, es gibt einen Fallschirm, es wird alles gutgehen. Nimmt man die Politik von Präsident George W. Bush hinzu, der 2001 eine erhebliche Steuersenkung vornahm, erhält man eine künstlich beatmete Wirtschaft auf Steroiden.

In anderen Worten: Vergesst die Flugzeugcrashs in Manhattan und denkt an einen neuen Fernsehapparat oder ein besseres Zuhause für die Familie. Konsumiert fleißig – wir geben euch auch viel mehr Kredit. Das war die nationale Losung in den Vereinigten

Staaten, und sie setzte den Ton für die ganze Welt. Im Oktober 2001, keinen Monat nachdem Manhattan von einer Staubwolke aus Trümmern und menschlichen Überresten zugedeckt worden war, berichtete die Tageszeitung *USA Today,* man habe in der Stadt Ansteckbuttons verteilt, darauf die patriotischen Slogans: *Fight Back, N. Y.! Go Shop!* oder *Fight Back, N. Y.! Spend Money!*[2] Das ist nicht einfach eine Anekdote, sondern eine ernste Sache. Der Terror sollte die amerikanische Art zu leben erschüttern, und da diese immer mehr auf Konsum gründet, galt es, diesen nationalen Charakterzug dringend zu retten und zu schützen.

Die Amerikaner konsumierten wieder, obwohl die krisenbedingte Arbeitslosigkeit sie noch bis 2003 begleiten sollte. Besonders viel Geld gab der amerikanische Sicherheitsapparat aus, und das höchst resolut. Das Budget des Pentagon verdoppelte sich innerhalb der sieben Jahre von 2001 bis 2008. In dem Jahrzehnt nach den Al-Qaida-Anschlägen stieg der Anteil der Verteidigungsausgaben des amerikanischen Imperiums am Bruttoinlandsprodukt um circa 50 Prozent.[3] Gleichzeitig bemühte sich die Wirtschaftselite um eine schwächere Regulierung der Wall Street. Die wichtigsten Lehren aus der Weltwirtschaftskrise von 1929 waren vergessen, und auf fast allen Märkten ging es hoch her. Schon gegen Ende der Regierungszeit Bill Clintons wurde der Glass-Steagall Act endgültig aufgehoben, der einst während der Großen Depression verabschiedet worden war, um weiteren Bankzusammenbrüchen vorzubeugen. Präsident George W. Bush setzte diese Politik fort, als er den Vorsitzenden der United States Securities and Exchange Commission entließ und mit der Neubesetzung wartete, bis er einen Mann fand, der weitere Sicherheitsmechanismen im Finanzsektor aufzuheben bereit war.

Von da an ging es rasant weiter mit ungezügelt vergebenen Krediten, dem Ansetzen des großen Finanzierungshebels auf dem Markt für Wohnimmobilien und der Schaffung raffinierter Finanzinstrumente zur Gewinnsteigerung bei gleichzeitiger Begrenzung und Streuung des Risikos über weite Teile der Finanzwelt. Eine Studie von 2018 illustriert die Lage der amerikanischen Mittelschicht in den vier Jahrzehnten vor der Wirtschaftskrise: Kurz gesagt, bestand das Wachstum ihres Wohlstands fast ausschließlich in Wertsteigerungen ihrer Immobilien, weil die Arbeitseinkommen kaum gestiegen waren. Während das Kapital der Mittelklasse im Wesentlichen in ihrem Immobilienbesitz steckte, besaß die Oberklasse vorwiegend Wertpapiere und andere Kapitalanlagen außerhalb des Immobiliensektors. Den 90 Prozent der Amerikaner, die nicht zu den oberen zehn Prozent zählten, gab der Umzug in größere Häuser zudem das Gefühl von Reichtum und von der Verwirklichung des amerikanischen Traums.[4]

Kaum sieben Jahre nach den Al-Qaida-Anschlägen auf amerikanischem Boden brach die Weltwirtschaftskrise von 2008 aus. Vielleicht wäre sie ohne die Anschläge ausgeblieben, doch so lösten diese eine Kettenreaktion aus, die die tiefe Unzufriedenheit der Mittelschicht verschärfte. Mit Ausbruch der Krise platzte die Wohlstandsillusion der Hausbesitzer, und sie standen vor einem wahrhaftigen Abgrund: Der Kapitalismus hatte für sie in den vorangegangenen Jahrzehnten nicht eben gut funktioniert. Es war ein demütigender Moment für die Angehörigen der Mittelschicht. Die Anschläge vom 11. September 2001 hatten die Sicherheitslage und die Wirtschaft erschüttert, und das machte sie zu den erfolgreichsten Terrorakten der Geschichte.

Unser Joe zum Beispiel beschloss, umzuziehen. Vor den heißen Zeiten auf dem Immobilienmarkt hatte er mit seiner Familie zur Miete gelebt, für 600 Dollar im Monat. Doch dann entdeckte er, dass er eine ähnliche Wohnung einfach kaufen konnte, für eine monatliche Hypothekenzahlung von ebenfalls 600 Dollar, wobei er nur 10 Prozent des Immobilienwertes als Eigenkapital einbringen müsste. Joe kaufte die Wohnung, ohne mit der Wimper zu zucken. Er wusste, wenn er den Zahlungen nicht nachkommen könnte, würde ihm die Bank schlimmstenfalls die Wohnung wegnehmen –

und er könnte wieder zur Miete wohnen, ohne Schulden bei der Bank, die ihm die Hypothek gewährt hatte. Der Bank bliebe die Immobilie mitsamt dem Risiko und einer Aufgabe, in der Banken wenig Übung haben: der Veräußerung von Wohnungen.

Der Irrsinn des Immobilienmarkts wurde in der Fernsehwerbung einer großen amerikanischen Immobilienagentur anschaulich. Ein Ehepaar steht in der Küche vor dem offenen Kühlschrank und erörtert den Kauf eines neuen Hauses. Die Frau drängt ihren Liebsten, ein größeres Haus zu kaufen.

»Das ist jetzt nicht der Punkt«, sagt der Mann.

»Was ist er denn dann? Mir gefällt dieses Haus! Und mir gefallen die Schulen dort!«, erwidert die Frau.

»Die Kinder sind doch erst ein und drei Jahre alt«, bemerkt der Mann.

»Susan hat es geprüft«, beharrt seine Partnerin, und dann hört man die Stimme von Susan, der Maklerin, am Telefon, das laut gestellt ist: »Ihr könnt das schaffen!«

»Gut, in Ordnung«, meint der Mann. Die beiden umarmen sich, und Susan – die in dieser Sache das größte Interesse hat – beglückwünscht sie zu ihrem Entschluss. Sie hat es ja »geprüft«.

Das Gespräch ist komplett irrational. Die beiden brauchen kein größeres Haus, man muss nicht an Schulen denken, wenn die Kinder noch so klein sind, und eigentlich besteht kein Grund, das Haus zu kaufen. Aber dann wird es eben doch aus einer leichtsinnigen Laune heraus erworben (und das in einem gänzlich chauvinistischen Werbespot, selbstverständlich).

Die Niedrigzinsen verleiteten Käufer dazu, Risiken einzugehen, und je größer die Blase dank des billigen Geldes wurde, desto geringer wurde der Anteil seriöser Kreditnehmer mit festem Einkommen und langfristiger Bonität. Einfach ausgedrückt: Alle kreditwürdigen Käufer hatten schon das Haus gewechselt beziehungsweise ein zweites gekauft oder eine weitere Hypothek aufgenommen, und so entwickelte sich ein weiterer großer Markt: Hypothekendarlehen für die weniger Kreditwürdigen, die als problematisch oder riskant galten und daher höhere Zinsen rechtfertigten – Darlehen, die als »Subprime-Kredite« bekannt waren.

Wer sind risikobehaftete Kreditnehmer? Menschen ohne feste Arbeit, die schon mehrfach mit Kreditraten in Verzug geraten sind, Familien, die manchmal keinen Ernährer haben. Die Gefahr, dass sie ihr Hypothekendarlehen nicht zurückzahlen konnten, war hoch, und deshalb knöpfte man ihnen auch höhere Zinsen als sonst üblich ab. Die Hypothekenbanken wollten ihre Risiken senken und taten das durch die Schaffung von CDOs (Collateralized Debt Obligations), spekulativen Wertpapieren, gestützt auf Hypothekenpakete, die gebündelt eine positive Bewertung von den autorisierten Ratingagenturen erhielten. Diese Einstufung erwies sich als etwa ebenso verlässlich wie astrologische Vorhersagen, wenn nicht sogar als weniger treffsicher.

Diese Wertpapiere waren hochrentabel für die ausgebenden Banken, wenig transparent und rückblickend hochriskant. Die *New York Times* berichtete, 2002 beispielsweise habe der frischgebackene Generaldirektor der Citigroup »eine CDO nicht von einem Einkaufszettel unterscheiden« können.[5] Im September 2007 hörte er zum ersten Mal, dass seine Bank an die 43 Milliarden Dollar in Form hypothekengebundener Finanztitel hielt. Da war es natürlich zu spät.

Geldgier lag in der Luft und die Illusion, dass der Markt pausenlos weiter boomen würde, weshalb die Institute eifrig fortfuhren, CDOs auszugeben und damit zu handeln, womit sie letztlich ihr Risiko erhöhten – und schließlich die gesamte Wirtschaft in die riskanten Geschäfte des amerikanischen Immobilienmarktes verwickelten. Einige gewiefte Hasardeure begriffen, dass es nicht ewig so weitergehen würde. Manche spekulierten gegen die Wertpapiere, die sie selbst verkauften. Verständlicherweise wuchs der Markt der CDS-Papiere (Credit Default Swap oder Kreditausfallversicherung), Geschäfte, mit denen man sich gegen Ausfallrisiken schützen wollte.

Hatte man eine Obligation erworben und fürchtete, der Ausgebende (ein Unternehmen zum Beispiel) würde sie nicht bedienen, konnte man ein CDS erwerben, der einen absichern und Geld auszahlen würde, wenn der Ausgebende tatsächlich pleitegehen sollte. Irgendwann wurde es einfacher, die Kreditverbriefungen selbst gar nicht erst zu erwerben, sondern auf dem Sekundärmarkt nur mit den CDS-Papieren zu handeln. Schließlich entstanden synthetische CDOs, die in CDS-Papiere investierten. Es war fantastisch, wenn man es bedenkt: Man konnte einen stetigen Geldfluss daraus gewinnen, dass man eine Versicherung für einen Fall verkaufte, der, wie viele damals dachten, niemals eintreten würde – für den Fall nämlich, dass der solide und sichere Markt der Wohnimmobilienhypotheken kollabieren würde. Das war höchst attraktiv. Wie lange konnte das gut gehen? Die CDS-Papiere waren 2008 an die 62 Billionen US-Dollar wert.

Die Sorge, der Wohnimmobilienmarkt könnte einbrechen, galt als illusionäre Schwarzseherei. 2005 erschien in den USA das Buch *Are You Missing the Real Estate Boom? Why Home Values and Other Real Estate Investments Will Climb through the End of the Decade – And How to Profit from Them* von David Lereah, damals Chefökonom des amerikanischen Maklerverbandes und großer Prophet des boomenden Wohnungsmarktes. Ein Jahr später wurde der Buchtitel, angesichts der Verkaufszahlen und des Appetits, geändert in: *Why the Real Estate Boom Will Not Bust – And How You Can Profit from It.*[6] Diesem Buchtitel ist die Hybris und deren Ende abzulesen; zumindest eine der bei Amazon eingegangenen Leserkritiken erklärte, man habe es ausprobiert und herausgefunden, dass die Seiten des Buches viel weicher seien als Klopapier. Als die Krise ausbrach, nannten Blogger den Verfasser »Bagdad Bob« nach dem Informationsminister des Irak während des amerikanischen Einmarsches in das Land.[7]

Zwischen 2004 und 2006 versuchte die amerikanische Notenbank, die künstliche Beatmung der USA durch die Niedrigzinsen zu beenden. In diesem Zeitraum stieg der Basiszinssatz der Fed schrittweise von einem auf 5,2 Prozent. Die amerikanische Wirtschaft versuchte, sich mit einer Schocktherapie von ihrer Sucht nach billigem Geld zu kurieren, und das Ergebnis war tatsächlich ein Schock. Die Propheten des »positiven Denkens« auf dem Immobilienmarkt entpuppten sich als Scharlatane. Der Zinsanstieg führte dazu, dass Joes arbeitsloser Nachbar seinen Subprime-Kredit nicht mehr bedienen konnte und auch Joe langsam in Schwierigkeiten kam. Eigentümer begannen, ihre Häuser zu verkaufen, der Immobilienmarkt kannte bald nur noch Verkäufer, und die Finanzprodukte, die auf ihm basierten, gerieten ins Wanken. Die Preise für CDOs, die auf den Raten für Hypothekenkredite beruhten, brachen ein. Der Versicherungskonzern AIG blieb auf Bergen von CDS-Papieren sitzen, die eigentlich vor Verlusten hätten schützen sollen – ohne jede Möglichkeit, sie einzulösen.

Erster Unheilsbote war die französische Bank BNP Paribas, die – infolge immenser Ausfälle auf dem Markt für Subprime-Derivate und der Ungewissheit, ob die in ihr zur Verfügung stehenden Sicherheiten noch etwas wert waren (was nicht der Fall war, wie sich herausstellte) – im August 2007 bekannt gab, sie würde drei ihrer Fonds, im Wert von rund zwei Milliarden Dollar, einfrieren, wegen »vollständiger Verflüchtigung der Liquidität«.[8] In der Bankersprache sind das beängstigende Worte. Die Global Players begannen, ihre Mittel aus Geldmarktfonds abzuziehen, die bisher als bombensicher gegolten hatten, und das in einer Höhe von bis zu 140 Milliarden Dollar in einer einzigen Woche im September 2008.[9] Die Lage wurde derart gravierend, dass die täglichen Interbankenkredite, die es uns erlauben, einen Scheck auszustellen oder Geld aus einem Bankautomaten zu ziehen, vor dem Kollaps standen. Das hemmte die Vergabe simpler Kredite, die jedes Unternehmen zum Leben braucht, vom Gemüseladen bis zum Großkonzern.

Am 15. September 2008 musste die große Investmentbank Lehman Brothers Insolvenz beantragen. Amerika und der Welt standen der Zusammenbruch der Realwirtschaft vor Augen, ein Run auf die Banken wie 1929 und eine neue Weltwirtschaftskrise. Drei Tage später beriefen der amerikanische Notenbankchef Ben Bernanke und Finanzminister Henry Paulson die konsternierten Kongressabgeordneten ein, um eine Nothilfe von 700 Milliarden Dollar für den Finanzsektor bewilligt zu bekommen. Als Proteste im Raum laut wurden, sagte Bernanke den berühmten Satz: »Wenn wir es nicht tun, haben wir Montag vielleicht keine Wirtschaft mehr.« In einer für die größte kapitalistische Wirtschaft der Welt beispiellosen Aktion gestattete und unterstützte die US-Regierung eine Reihe von Fusionen und Partnerschaften zwischen Großunternehmen, um sie vor dem Zusammenbruch zu bewahren. Sie brachte die Versicherungsgesellschaft AIG unter ihre Kontrolle und zwang die Großbanken an der Wall Street, auch gegen ihren Willen staatliche Hilfe anzunehmen. Die amerikanische Wirtschaft brach nicht zusammen, geriet jedoch in die längste Rezession ihrer Geschichte seit der Großen Depression in den 1930er-Jahren. Im Oktober 2007 hatte der Dow-Jones-Index den Spitzenwert von 14 164 Punkten erreicht. Knapp anderthalb Jahre später war er auf die Hälfte gefallen. Es war kein kurzer Kollaps, sondern ein langes Siechtum, dessen Auswirkungen die ganze Welt betrafen.

LONDON, HERBST 2008

Meine Frau und ich kamen 2007 nach London, um unseren Master-Abschluss zu machen. Es war ein teures Abenteuer für uns, und ohne Stipendien wäre es nicht möglich gewesen. Wir lebten anfangs in einem Studentenwohnheim und sparten buchstäblich jedes britische Pfund. Die Stadt war reich und elegant – und blickte nicht gerade freundlich auf uns. An einem unserer ersten Tage waren wir zum Abendessen bei Freunden eingeladen, die schon einige Jahre in London wohnten und ihren Platz in der florierenden Finanzindustrie gefunden hatten. Sie bewohnten ein hübsches Apartment in Mayfair, und als wir eintraten – von unseren anderthalb Zimmern mit dem verschossenen Teppich in das glamouröse Penthouse –, fühlten wir uns wie Julia Roberts in dem Film *Pretty Woman*, als sie die Badewanne entdeckt. Alle anderen Gäste arbeiteten bei Banken, Investmentfonds oder Hightech-Firmen, die in der City ebenfalls aus dem Boden schossen. Sie waren alle älter als wir und weit mondäner. Mir gegenüber saß eine junge Investmentbankerin, die nach einigen Jahren Arbeit in London gerade die britische Staatsbürgerschaft erhalten hatte; damals ging das leicht. Sie klagte bitter über die endlosen Arbeitszeiten und den ständigen Stress in einem sehr kompetitiven Finanzinstitut. Zum ersten Mal im Leben hörte ich einen so jungen Menschen ernsthaft von einem baldigen »Rückzug« im Sinne von Beendigung des Arbeitslebens reden. Zuerst glaubte ich mich verhört zu haben, vielleicht meinte sie ja nur einen Berufswechsel und nicht den Ruhestand. Als bei mir schließlich der Groschen fiel, war ich so baff, dass ich mich kaum noch am Gespräch beteiligen konnte. Allerdings erinnerte ich mich, dass die Bonuszahlungen in diesen Instituten wirklich sagenhaft waren. »Gut«, sagte ich, »arbeite noch ein paar Jahre, dann kannst du dir auch ein Haus in London kaufen.« –»Ich habe schon ein Haus, eigentlich sogar zwei«, gab sie zurück. Es wurde kurz still. Ich hörte das sachte Schwappen des Chardonnays in den Weingläsern ringsum.

Wir liebten London heiß und innig, bekamen jedoch auch das herablassende Gehabe dort zu spüren; Geringverdiener bemerkten als Erste die Blase und die Arroganz, die sie umgab. In den Innenstadtrestaurants beäugten uns prüfend Empfangsdamen auf hohen Absätzen. Ich weiß nicht, ob die Legende, dass man die Zahlungskraft eines Gastes mit einem flüchtigen Blick auf sein Schuhwerk einschätzen kann, zutrifft – aber es fühlte sich so an, als sei sie gewiss wahr. Man verwies uns meist auf die hinteren Plätze, an der Wand, nahe den Toiletten. Ein führendes Londoner Immobilienunternehmen versuchte, einigen unserer Freunde Wohnungen zu vermieten, ohne sie ihnen vorher zu zeigen. Die gewieften Makler erklärten entschuldigend, manche Leute seien bereit, Wohnungen ohne Besichtigung am Telefon zu mieten; sie könnten leer ausgehen, wenn sie nicht auf der Stelle den Vertrag unterschrieben. Wir mieteten eine Wohnung, in der die Toilette nicht funktionierte; das Maklerbüro meinte, wenn wir absprängen, würde ein anderer sich die Wohnung schnappen. In einem der Telefonate riet die Maklerin zur Benutzung eines Eimers.

———

Ich bin als Sohn israelischer Eltern in London geboren, nach dem »Winter of Discontent« 1979.[*] Sie lebten in dem Großbritannien vor Margaret Thatcher und den großen Privatisierungen, ihre Stadt war bescheiden – und im Jahr vor meiner Geburt kaum noch funktionsfähig. Sie war smogverhangen, stand unter der Fuchtel der Gewerkschaften, litt im Winter unter Engpässen an Heizmitteln und unter Müllbergen als Folge der Streiks gegen James Callaghans Labour-Regierung. Meine Eltern waren als junge Kibbuzniks nach London gekommen, um im Ausland zu studieren und zu wohnen. Sie blieben länger in der Stadt, weil sie sich einer spirituellen Gruppe angeschlossen hatten – in den 1970er-Jahren keine Seltenheit.

Fast dreißig Jahre später hatte sich ihre bescheidene, geplagte und wohl auch idealistische Stadt total gewandelt. Trotz aller Mängel hatte Großbritannien früher einmal Kohle abgebaut und Autos, Spülmaschinen und Handmixer hergestellt. Nach der Thatcher-Ära und New Labour war das Land zu einer Spielwiese für Investmentbanken mutiert. Bis in die 1970er-Jahre betrugen die Bilanzen der britischen Bankenbranche rund 50 Prozent des jährlichen Bruttoinlandsprodukts (BIP). In den Nullerjahren wuchs der Finanzsektor

---

[*]   »Winter des Missvergnügens« nannte man den von Streiks und einer Wirtschaftskrise heimgesuchten Winter 1978/79, als die britische Labour-Regierung mit den Gewerkschaften im Dauerstreit lag.

auf das Fünffache des BIP – eine Summe im Billionenbereich.[10] In den Siebzigerjahren kassierte das oberste Prozent der Briten um die 5 Prozent des Nationaleinkommens; am Vorabend der Wirtschaftskrise waren es schon 15 Prozent.

Die Stadt war von einer geradezu empörenden Gier erfasst. Die Krise lag 2007 schon in der Luft, doch verzeichnete Ferrari in jenem Jahr eine dreijährige Wartezeit für die Auslieferung seiner Autos in Großbritannien. Der Sprecher von Aston Martin sagte dem *Guardian,* man müsse sieben Monate auf einen Wagen von ihnen warten, womit sich die Finanzmanager aber schwertäten: »Leute, die Boni in der City erhalten, streben zumeist nach einer sofortigen Befriedigung ihrer Wünsche«, erklärte er. Es gab auch bescheidenere Geschenke, zum Beispiel einen bibliophilen Band über New York, sechzehn Kilo schwer, in Seide gebunden. Der Verleger des Buchs wurde in demselben Artikel dahingehend zitiert, dass er trotz der aufziehenden Krise unbesorgt sei, Käufer zu finden, die 7500 Dollar dafür hinblättern würden, denn »euer Private-Equity- oder Aktienderivaten-Mann bei Morgan Stanley oder Goldman Sachs ist nicht wirklich betroffen«.[11] So berüchtigt die Amerikaner für ihre angebliche Verschwendungssucht auch sein mögen – das Niveau der Verbraucherkredite in Großbritannien lag vor der Krise weitaus höher als in Amerika. Die Briten huldigten der Konsumlust auf Pump mehr als jede andere Industrienation.

Doch dann zogen dunkle Wolken auf. Es war, als sitze man bei der Aufführung eines Film noir in der ersten Reihe, sehe die große Rezession in Zeitlupe um sich greifen. Als Studenten und dann Journalisten genossen wir das Privileg einer gewissen Distanz zu der sich entfaltenden Katastrophe. Die britische Bank Northern Rock geriet im September 2007 als Erste in die Schlagzeilen. Massive Liquiditätsprobleme ließen sie staatliche Hilfe beantragen, und so begann der »Run auf die Bank«, bei dem panische Kunden innerhalb von drei Tagen zwei Milliarden Pfund abhoben.[12] Großbritannien musste die Bank verstaatlichen, um die Einlagen der Kunden zu retten. Das war der Beginn eines turbulenten Jahres, an dessen Ende Lehman Brothers in die Pleite ging. Die Londoner City, in der es nicht weniger hoch herging als an der Wall Street, wurde vom Virus der Subprimes angesteckt, was sich vor allem am Misstrauen unter den Banken zeigte, welches wiederum eine Kreditklemme auslöste. Die britische Regierung musste den Banken an die 200 Milliarden Pfund in Anleihen der Bank of England gewähren, davon 25 Milliarden im Tausch gegen Vorzugsaktien. Das war eine partielle Verstaatlichung des britischen Finanzsystems, ein nie da gewesener Vorgang.

Irgendwann sickerte das Krisenbewusstsein in die Realwirtschaft – in die Restaurants, Friseursalons, Wein- und Tabakhandlungen der City. Die Krise hinterließ tiefe Spuren. Die Arbeitslosenquote schnellte in drei Jahren, von Ende 2007 bis 2011, um 50 Prozent in die Höhe. Edelrestaurants propagierten auf Schildern ihr *Credit Crunch Lunch,* ein spezielles Mittagessen für Geschäftsleute anlässlich der fortschreitenden Kreditkrise. In Birmingham berichtete das Lokalblatt von einer Geschichte wie im Film *Ganz oder gar nicht* – sechs arbeitslose Männer, mehrheitlich korpulent, versuchten ihr Glück als Strippertruppe.[13] Das war lustige Lektüre und vermochte die dunklen Schatten zu verjagen, die sonst auf den Zeitungen lasteten, etwa die Nachricht vom Selbstmord des deutschen Milliardärs Adolf Merckle, der zu seinen besten Zeiten zwölf Milliarden Dollar schwer gewesen war. Doch als sein Beteiligungsunternehmen scheiterte, warf er sich im Januar 2009 vor die Räder eines fahrenden Zuges.[14]

Die Globalisierung verwandelte eine amerikanische Krise in eine internationale, und überall deckte sie Sünden auf. In Spanien und Irland waren die Immobilienmärkte äußerst spekulativ; in Frankreich hatte man mit dem unflexiblen und bürokratischen Arbeitsmarkt zu kämpfen; in Italien und Portugal war es die Staatsschuldenkrise, in Ostasien das starke Vertrauen auf Exporte. Eines einte die Bewohner der Industriestaaten: die Erkenntnis, dass privatwirtschaftliche Finanzinstitute sich davor drücken, ihre Bilanzen offenzulegen – weil man sie nicht pleitegehen lassen kann aus Angst vor einem totalen Kollaps der Märkte, und auch wegen ihrer sorgfältig unterhaltenen Beziehungen. Sie waren *too big to fail,* zu groß zum Scheitern. Es war ein Verstoß gegen den kapitalistischen Grundsatz der beschränkten Haftung, eine Verstaatlichung privatwirtschaftlicher Verluste und des Versagens von Bankern, die ungerührt weiter neben den Empfangsdamen der angesagten Bars in Soho saßen.[15] Ein wahrer Sturm brach los: Kreditkrise, Wirtschaftskrise, steigende Arbeitslosigkeit – und als Folge all dessen Staatsschuldenkrisen. Es war eine Globalisierung durch Verstrickung, die ganz allein von Amerika ausging.

Überhaupt hat die amerikanische Öffentlichkeit damals – und womöglich bis heute – nicht begriffen, wie stark die Krise die Welt und ihre Wahrnehmung Amerikas beeinflusste. Für Amerikaner war die Subprime-Krise letztlich ein heimisches Problem, das ihrem eigenen Finanzsystem entsprang. Für die Welt war es ein amerikanisches Problem, das in einer von Amerika geschaffenen Weltordnung auf andere Länder übergriff. Deshalb herrschten außerhalb der USA stärker das Gefühl von Willkür und das Empfinden, dass äußere Kräfte mit dem Leben der Gemeinschaft spielten.

Amerikaner erklärten sich in amerikanischen Begriffen, wie sie in die Krise geschlittert waren. Doch die ganze übrige Welt fand sich in eine von Fremden geschriebene Geschichte verstrickt. Natürlich gaben Europäer und Asiaten den USA die Schuld, aber hier ging es um mehr als um ein politisches *blame game.* Die Krise von 2008 fühlte sich für viele so an, als säßen sie in einem Flugzeug, das in Turbulenzen gerät und ihnen das Herz in die Hose rutschen lässt. Und dieses Gefühl war berechtigt. Da die Volkswirtschaften verflochten und voneinander abhängig waren, konnten die Entscheidungsträger ihre eigenen Länder kaum von der Krise abkoppeln – selbst wenn der lokale Bankensektor mit konservativer Vorsicht agierte und nicht in die prekären Wertpapiere investierte.

Dramatische Budgeterhöhungen der nationalen Regierungen zur Krisenbewältigung wurden von den Märkten prompt bestraft. Auch die monetären Handlungsspielräume der Notenbanken waren äußerst begrenzt, da die Weltwirtschaft sich ja voll und ganz auf den US-Dollar stützt. Sein Kurs diktiert faktisch den Notenbanken ihr Vorgehen. Wenn die USA den Kurs senken, fließen die Gelder Volkswirtschaften mit höheren Kursen zu, damit die Investoren an den Zinsdifferenzen, den Arbitragen, verdienen. Heben die Amerikaner den Zinssatz, fließt das Geld in die USA. All diese Vorgänge dienen nicht unbedingt der nationalen Politik in den verschiedenen Ländern (bieten aber hervorragende Gelegenheiten für die Finanzindustrie).

Die Krise brachte ein Marionettentheater zum Vorschein. Gewählte, legitime heimische Regierungsinstitutionen hatten, wie sich herausstellte, wenig Einfluss auf das Schicksal ihrer Gemeinschaften. Viele Menschen meinten, die politischen Debatten in ihren Staaten seien reines Theater, während die Souveränität tatsächlich anderswo läge: bestenfalls in Washington, im schlechteren Fall in den Händen einer Plutokratie, im schlechtesten bei willkürlichen Kräften des Marktes. 2010 wurde über die Aufstellung von Bankautomaten für Goldbarren berichtet[16] – ein plastischer Ausdruck für die Panik des Mittelstands, von China bis in die Vereinigten Staaten.

Eine große Finanzkrise ist deshalb so verheerend, weil durch den Abbau von Barrieren starke Wechselbeziehungen heranwachsen, die in einer weltweiten Krise leicht zum Würgegriff werden können. Tatsächlich schuf die Globalisierung eine Situation, in der die USA die Kontrolle über den Dollarmarkt verloren. In den 1960er-Jahren begann sich ein »Euro-Dollar-Markt« zu entwickeln, als ausländische, insbesondere europäische Banken Kredite und Finanzprodukte in Dollar anboten. Dieser Markt wuchs rasant. Als dann die Krise ausbrach und die europäischen Dollar-Investoren panisch die Flucht ergriffen, sah sich die amerikanische Notenbank gezwungen, Sicherheiten im Umfang von mindestens einer Billion Dollar an ausländische Staaten und Banken zu vergeben. Das heißt, Amerika stand nicht nur selbst kurz vor dem Kollaps, sondern musste auch noch fremde Märkte retten.[*]

EUROPÄISCHE STEROIDE

Auf interessante und tragische Weise beschränkt sich die Anwendung von Steroiden nicht auf die amerikanische Wirtschaft. Auf der anderen Seite des Atlantischen Ozeans reifte eine weitere, in vieler Hinsicht ähnliche Krise heran. Drei Monate nach dem Anschlag auf die Twin Towers war der Euro, eines der ehrgeizigsten Projekte der modernen Geschichte, bereits vollendete Tatsache. 2002 gingen die Banknoten und Münzen im Euro-Raum in Umlauf. In den drei Jahren seit der Einführung des Euro als Buchgeld 1999 bis zu seiner Bargeldausgabe war etwas Seltsames geschehen: Staaten wie Griechenland oder Italien, Spanien, Irland und Portugal umgab plötzlich die Aura reicher, solider Volkswirtschaften wie Deutschland, Frankreich und die Niederlande. Denn plötzlich konnten ärmere Staaten der Währungsunion so viel Geld lockermachen, als gehörten sie zu den reicheren. Mit anderen Worten, die Renditen der Staatsanleihen in den Euro-Ländern näherten sich weitgehend einander an. Das ist vergleichbar mit einem Bankdirektor, der einer wohlhabenden Familie von ausgezeichneter Bonität zum selben Zinssatz Kredit gewährt wie deren Nachbar, der sich sehr schwertut und seine ersten Schritte auf dem Arbeitsmarkt unter-

---

[*] Auch als die Welt sich langsam von dem Absturz erholte, hielt dieser Trend an. Je stärker Volkswirtschaften werden, desto mehr bedienen sie sich der Weltwährung. Asiatische Banken besitzen heute Dollar-Werte in Billionenhöhe. Seit der Wirtschaftskrise von 2008 hat sich der gesamte Dollar-Kredit außerhalb der USA nahezu verdoppelt, auf 13 Billionen US-Dollar im Januar 2019.

nimmt. Jede vernünftige Wirtschaftspolitik hätte diese Möglichkeit von Vornherein verhindern müssen, aber für das europäische Projekt sollten die ökonomischen Gesetze dem politischen Traum untergeordnet werden.

Schon im April 1977 kam Sir Donald MacDougall, von 1969 bis 1973 Chefberater dreier britischer Schatzkanzler, in einem Bericht zu dem Schluss, dass eine Währungsunion auch eine Konsolidierung der Fiskalpolitik verlange; in einfachen Worten erklärte er, eine Einheitswährung sei nur dann überlebensfähig, wenn massive Kapitaltransfers vom reichen Norden Europas in den ärmeren Süden erfolgen würden.[17] Zu diesem Zweck müsse es eine Art europäische Regierung geben, die über 7,5 bis 10 Prozent des europäischen Bruttoinlandsprodukts verfügen dürfe – eine bescheidenere Rate als die damals in Bundesstaaten oder Föderationen weltweit übliche. Diese Auffassung galt nicht als überzogen. Anfang der 1990er-Jahre meinte auch der deutsche Bundeskanzler Helmut Kohl, eine Währungsunion sei ohne eine politische Union nicht zu haben.

Milton Friedman warnte 1997 in der britischen *Times:* »Europa befindet sich in einer Situation, die für eine gemeinsame Währung ungünstig ist. Es besteht aus einzelnen Nationen, die verschiedene Sprachen sprechen, unterschiedliche Gebräuche pflegen und deren Bürger sich ihrem eigenen Land weit mehr verbunden fühlen als einem gemeinsamen Markt oder der europäischen Idee.«[18] Die Bürokraten der Europäischen Kommission verwarfen diesen vorsichtigen Ansatz, da sie »Fiskaldisziplin« für ausreichend hielten. Sie wählten die riskantere Option, in dem sicheren Wissen, dass die europäischen Steuerzahler ihnen niemals erlauben würden, so große Summen wie eine echte Bundesregierung auszugeben. Sie wollten sich durch ökonomische Fakten nicht an der Verwirklichung eines historischen politischen Projekts hindern lassen.

Kurz vor Einführung des Euro wurden griechische Staatsanleihen zu Kursen gehandelt, die gut 50 Prozent über denen deutscher Anleihen lagen, was ein höheres Risiko signalisierte. Zwei

Jahre später wurden sie zum selben Kurs gehandelt wie deutsche.[19] Wie die Zinssenkungen in den USA zur Aufnahme billiger Kredite gereizt hatten, führte diese Angleichung europäischer Zinssätze auf einem äußerst niedrigen Niveau dazu, dass Staaten wie Spanien, Irland, Portugal und Griechenland mit Geld überschwemmt wurden – bis zum Platzen. Regierungen liehen sich Geld, um Sozialausgaben, Straßenbau und aufgeblähte Bürokratien zu finanzieren, und das billige Geld sickerte natürlich in die privaten Märkte und zu den Verbrauchern durch. Wie auf dem amerikanischen Hypothekenmarkt dachten alle, es würde fröhlich immer so weitergehen.

GLÜCKSKEKSGLOBALISIERUNG

Während die Amerikaner letztlich eine Rechtfertigung für ihre mit Steroiden vollgepumpte Wirtschaft hatten – einen beispiellosen Terroranschlag, zwei Kriege und infolgedessen eine Verdoppelung der Verteidigungsausgaben –, waren europäische Regierungschefs in das Konzept einer gemeinsamen politischen und ökonomischen Zukunft vernarrt. In beiden Fällen, Amerika und Europa, versuchten die politischen Anführer, beträchtliche ökonomische und soziale Probleme durch ein Elixier aus dem Arzneischrank der Globalisierung zu meistern.

Ein starkes übernationales Gebilde, das den Staaten und Gesellschaften eine beträchtliche Unabhängigkeit belässt; monetäre Einheit ohne fiskalische Einheit; europäische Solidarität und Betonung der nationalen Sicherheit – wenn sich etwas wie ein Paradox anhört, wie ein Paradox aussieht und wie ein Paradox agiert, handelt es sich wahrscheinlich um die Europäische Union. Europa wollte vereint sein und meinte deshalb schlicht und einfach, wenn es die Augen verschließe, würden die Gefahren verebben und verschwinden. Jenseits des Atlantiks glaubten amerikanische Führungsspitzen, die gravierenden Probleme der amerikanischen Wirtschaft nach dem 11. September 2001 ließen sich abmildern, indem man billiges Geld direkt in ein dereguliertes Finanzsystem einleite und auf *consumer confidence* – Verbrauchervertrauen – setze.

Der große Optimismus nach dem Fall der Berliner Mauer und die Empfindung vom »Ende der Geschichte«[*] inspirierte diese euphorischen Anschauungen. Politische Schlagworte wurden zu Richtlinien staatlichen Handels. Das ist beinahe immer eine sehr schlechte Idee, und hier kam eine geschwächte Basis hinzu. Hätte die amerikanische Mittelschicht vor den Al-Qaida-Anschlägen prosperiert, wäre diese Arznei vielleicht wirksam gewesen. Aber viele amerikanische Arbeiter litten schon zuvor unter den traumatischen Auswirkungen des Freihandels, der Zinssenkungen seit den 1980ern Jahren, der Stärkung der Finanzbranche auf Kosten anderer Wirtschaftszweige, unter stagnierenden Löhnen und der Erschütterung des amerikanischen Traums.

Nachdem die legendäre Unverwundbarkeit des amerikanischen Kernlands durch den präzedenzlosen Al-Qaida-Anschlag zerschmettert war, ließ sich das nicht mehr nur mit ökonomischen Pflastern heilen. Es reichte nicht, Bill Clintons berühmten Wahlkampfspruch von 1992 *»It's the economy, stupid«* – »Es geht um die Wirtschaft, Dummkopf« – zu zitieren. Das ursprünglich europäische Ethos »Der Fremde haust unter uns und droht uns zu vernichten« war seit jeher auch in Amerika präsent und in seiner Geschichte zum Ausdruck gekommen, von der Internierung japanischstämmiger Amerikaner im Zweiten Weltkrieg bis zur McCarthy-Ära der frühen Fünfzigerjahre. Mit den Anschlägen bekam dieses toxische Ethos erheblichen Aufwind und einen vermeintlichen Beweis seiner Richtigkeit. Von diesem Punkt verläuft eine

---

[*]   Nach dem 1992 erschienenen Buch von Francis Fukuyama, *The End of History and the Last Man*, deutsch *Das Ende der Geschichte – Wo stehen wir?* Der Autor vertritt die These, dass die liberale Demokratie künftig keine ernst zu nehmende Konkurrenz mehr haben würde.

direkte Linie zur Bewegung der »Birthers« mit ihrer Verschwörungs-theorie, Barack Obama sei gar nicht in den USA geboren, sondern dem Land »untergejubelt« worden, zu den Vorgängen in Char-lottesville, Virginia, im August 2017[*] oder zu dem Phänomen, dass Bewohner des Landes, die Fremdsprachen sprechen, es neuerdings mit Belästigungen, Pöbeleien und Gewalt zu tun bekommen.

Die Entscheidungsträger nahmen diese tiefen ökonomischen und identitätsbezogenen Verunsicherungen des Mittelstands nicht in Angriff, sondern verpackten sie lieber in Anleihen. Es war eine Art Glückskeksglobalisierung. Der behutsame und gemäßigte Ton des Zeitalters der Verantwortung machte neuerungsfreudiger Sprunghaftigkeit und übertriebenem Vertrauen auf positives Den-ken in der Politik Platz. Die Mittelschicht in Europa wurde in eine politische Union hineingedrängt, die ihr nur Vorteile brächte, wie es hieß. Der amerikanischen Mittelschicht versprach man Wohl-stand bei niedrigen Zinsen, geringen Steuerlasten und einem ex-pandierenden Imperium. In beiden Fällen wurden die Gemeinschaf-ten zu immer höheren Risiken gedrängt, während sie an dem Zauberkeks der Globalisierung knabberten.

Als der Glückskeks sich als vergiftet herausstellte und alle Ver-sprechen gebrochen wurden, war es nur natürlich, dass die Mittel-klassen ihre langjährige Treue zur Mainstream-Politik überdachten. Entschlossen, ihre verlorene Macht zurückzugewinnen, suchten sie Zuflucht im Radikalismus, forderten eine Neuverteilung der Ressourcen oder verwarfen einige Formen der Globalisierung und übernationaler Entwicklungen. Es war eine Spirale von Aktion und Reaktion, von Sprüngen von einem Extrem ins andere. Es brauchte nur einen Funken, um die Revolte zu entfachen. Das zeigte sich am anschaulichsten im gebeutelten Griechenland.

---

[*]   Dort versammelten sich Neonazis und White-Supremacy-Anhänger unter anderem mit dem Slogan »Juden werden uns nicht ersetzen«. Dabei fuhr ein Mann sein Auto absichtlich in eine Gegendemonstration und tötete eine Teilnehmerin, Heather Heyer.

ANARCHISTEN MIT FERRARI

Ich erhoffe nichts, ich fürchte nichts, ich bin frei.

Nikos Kazantzakis' Grabinschrift

ATHEN, APRIL 2009

Fünf Monate nachdem Fundamentalisten einen großen Anschlag in Indien verübt hatten, fuhr ich nach Athen, weil die griechische Wirtschaft kollabierte – eine absehbare Folge der Weltwirtschaftskrise. Plötzlich brach die Revolte überall gleichzeitig los.

———

Mitten in der Stadt, nahe dem berühmten Archäologischen Nationalmuseum, steht ein heruntergekommenes Haus. Das Wetter ist angenehm frühlingshaft. Die Wände des Hauses sind nackt und geplündert, die letzten Überreste eines einst stattlichen Bauwerks, das bessere Zeiten gekannt hat. Die schwere, geborstene Vordertür ist meistens von innen verkettet, drei Wächter in Jeans und T-Shirts lagern auf den Stufen. Klopft man lautstark an die Tür, öffnet sie einen Spalt und die Bewohner, illegale Hausbesetzer, lugen heraus und wollen wissen, wer da ist. Die Antwort stellt sie zufrieden. »Wir haben die E-Mail erhalten«, sagen sie, »komm rein.« Drinnen riecht es penetrant nach Bier und Zigaretten, außerdem ist da noch eine dritte Duftnote – ihr Ursprung sollte sich noch klären. »Ich heiße Yanis«, sagt einer von ihnen, ein höflicher junger Grieche in einer schwarzen Windjacke. »Willkommen in der Kommune.«

Der Westen beginnt in Griechenland. Das ist nicht nur eine historische Aussage, sondern auch eine geografische Tatsache: Griechenland liegt an der östlichen Grenze der Europäischen Union.

Hier stand die Wiege der westlichen Kultur, erst hellenistischer, dann römischer Prägung. Hier entstand die Idee einer Herrschaft des Volkes, hier nahm der Hass auf Tyrannen und auf jegliche Alleinherrschaft seinen Anfang. Von Griechenland ist ein mächtiger Strom von Ideen ausgegangen – Aristoteles und Platon seien genannt –, die zusammen mit den jüdisch-christlichen Moralvorstellungen das Mosaik der westlichen Zivilisation bildeten.

1974 stürzte das Militärregime in Griechenland, und Premierminister Konstantinos Karamanlis trieb die Integration nach Westeuropa entschlossen voran. »Europa ist ein griechisches Wort«, sagte er seinen Regierungskollegen, den Gründern der Europäischen Union, die ein versöhnlicher historischer Geist erfüllte. »Man konnte Griechenland, die Mutter aller Demokratien, unmöglich aus Europa ausschließen«, schrieb der französische Staatschef Valéry Giscard d'Estaing in seinen Memoiren.[1] Dieser feierliche Satz hatte rein symbolische Bedeutung. Griechenland war im Vergleich zu den anderen Mitgliedstaaten arm und industriell rückständig. Vielleicht verbarg die historische Ausrede eine geopolitische Erwägung, die man ungern offen aussprach: Die Schaffung eines Modells relativer wirtschaftlicher Stabilität in Südeuropa zur Abwehr eventueller kommunistischer Einflüsse. Wie dem auch sei, zunächst schien Griechenlands Mitgliedschaft ein riesiger Erfolg zu sein. Portugal folgte dem Land wenig später, und ein labiles Gleichgewicht zwischen Süd- und Nordeuropa zeichnete sich ab. Im Nachhinein erwies sich dieses Gleichgewicht als trügerisch.

Jahrzehnte später gaben der ehemalige Bundeskanzler Helmut Schmidt und Giscard dem deutschen Nachrichtenmagazin *Der Spiegel* ein Interview über die Euro-Krise und die Führungsschwäche in Europa. Der Franzose klang nun weniger enthusiastisch in Bezug auf Hellas. »Griechenland ist im Grunde ein orientalisches Land«, sagte er, wobei er »orientalisch« abfällig meinte. Dann wandte er sich an seinen deutschen Gesprächspartner: »Helmut, ich erinnere mich, dass Sie sich schon skeptisch zeigten, bevor

Griechenland 1981 in die Europäische Gemeinschaft aufgenommen wurde. Sie waren weiser als ich.«² Dieser arrogante Ton sei immer das Problem der EU in Griechenland gewesen, sagen die Griechen.

Während meines Besuchs leidet Athen unter einer schweren Wirtschaftskrise und unter Demonstranten, die Molotowcocktails auf Polizisten werfen und geloben, den Staat als Institution abzuschaffen. Im Eingang des besetzten Hauses liegen Stromkabel neben leeren Bierkästen, vollen Müllsäcken und Kisten mit Lebensmitteln. Wir steigen die Treppen hinauf zu einem beeindruckend großen Raum im Zentrum des Gebäudes. Auf einem abgewetzten Sofa sitzen zwei brillentragende Studentinnen. Sie arbeiten mit Stiften und Papier und sind dabei, ein Manifest zu verfassen. Ihr vorheriges Manifest kann man im Internet lesen. Unter anderem heißt es darin: »Wir haben dieses verlassene Gebäude erneut in Anspruch genommen, um es in einen gesellschaftlichen Freiraum zu verwandeln, in dem wir alle, in Form eines selbstbestimmten Kollektivs, an der Mission der *Zerstörung dieser Welt* teilnehmen wollen. Der Aufstand naht und ist überall« (Hervorhebung im Original).

Die beiden Revolutionärinnen sehen aus der Nähe nicht gerade bedrohlich aus. Tatsächlich trinken sie Café frappé – starken, kalten griechischen Nescafé. Sie nehmen ihn »me gala-glyko« – mit Milch und Zucker. »Wir haben deine E-Mail bekommen, und wir wissen, dass du Journalist bist«, sagt Yanis, »aber wir hatten noch keine Zeit, das zu besprechen. Du kannst zum Kaffee dableiben. Wir reden nicht mit konventionellen Medien, nur mit subversiven. Arbeitest du für subversive Medien?«

»Nicht direkt«, antworte ich vorsichtig.

»Wir müssen das im Plenum mit den Genossen besprechen«, erwidert Yanis.

In seiner Nähe sitzt ein freundlicher Dicker mit Rastas auf einer Bank. »Schalom«, sagt er auf Hebräisch, »ich bin Dimitris.« Seine israelischen Genossen aus der Anarchisten-Szene haben ihm ein paar Brocken Hebräisch beigebracht. Neben ihm auf der Bank stehen Flaschen. »Du musst verstehen, wir sind alle sehr beschäftigt«, erklärt er. »Die Mädchen setzen jetzt eine Entscheidungsvorlage auf. Ich muss in zehn Minuten irgendwo sein. Komm später wieder.« Während wir uns unterhalten, erfassen meine Augen, dass Dimitris mit den Flaschen neben sich hantiert, aber das Gehirn begreift nicht recht. Er füllt sie zur Hälfte mit einer gelblichen Flüssigkeit und beklebt sie mit Stoff- oder Papierfetzen. Ein eigenartiger Geruch hängt in der Luft. Es sind Molotowcocktails.

Ein oder zwei Tage später berichteten griechische Medien über eine Welle von ideologisch begründeten Brandstiftungen durch Anarchisten. Unter anderem war ein Fachgeschäft für teures Yachtzubehör in einem Athener Vorort ausgebrannt. Eine anarchistische Internetplattform veröffentlichte ein Bekennerschreiben:

Viele haben dem Hervorkehren ihres Reichtums gefrönt, sich in einem Wettlauf um mehr Reichtum verzehrt, dem einzigen Weg, ihre innere Leere auszufüllen. Luxus und teurer Kram sind dazu da, von denen vergöttert zu werden, die ihn haben können – und Menschen, die sich ihn nicht leisten können, davon träumen zu lassen. Das legt das Fundament einer Gesellschaft, die nicht tiefer unter die Oberfläche gehen kann, eine Gesellschaft der Illusionen und Spektakel. Deswegen haben wir das Yachtgeschäft in Argyroupoli angegriffen, und wir sind entschlossen, immer wieder nur Schutt und Asche zu hinterlassen, um das Nervensystem all der unterwürfigen Verteidiger des Reichtums in Aufruhr zu versetzen ...[3]

Man mag darüber schmunzeln. Die Avantgarde kann einen erheitern mit ihrer ganz bewusst verfolgten Radikalisierung, ihrer begeisterten, schrankenlosen Sturheit. Doch bestimmt die Avantgarde, so legen es die überkommenen Konventionen fest, die Grenzen des öffentlichen Diskurses. Ihr Schwung nimmt auch die Bezugspunkte des Bürgertums auf der Rechten wie auf der Linken mit. Die Avantgarde erobert in den letzten Jahren sichtbar die Welt – sie oder ein

Mainstream, der radikalen Tendenzen ein Stück weit oder ganz nachgibt. Trumps Texte sind eine Art von Avantgarde, desgleichen die Erklärungen der Brexit-Befürworter. Die große Wirtschaftskrise führte zu einer Renaissance des Extremismus, denn die politische Mitte hatte schließlich auf ganzer Linie enttäuscht.

Die Anarchisten in der griechischen Bruchbude gehören zum harten Kern der Opposition gegen die Globalisierung und, mehr noch, gegen den weltumspannenden Kapitalismus, den die Amerikaner erschufen. Wie gesehen, hat die Mittelschicht begonnen, mit dem Radikalismus zu liebäugeln, weil sie sich all ihrer Gewissheiten beraubt sieht – ihre körperliche Unversehrtheit, finanzielle Sicherheit und Identität sehen sie infrage gestellt. Dieser Trend hat viele Länder und Regionen erfasst, aber überall typische lokale Eigenschaften angenommen und an jeweilige überkommene Einstellungen und aktuelle Risse in der Gesellschaft angeknüpft. In Griechenland, einem der schwächsten Staaten in der Europäischen Union, traten sämtliche Lügen zutage.

RAUSCH UND ERNÜCHTERUNG

Griechenland kenne und erlebe ich seit meiner Jugend. Meine Familie hatte dort einen kleinen Betrieb, und mein Vater lebte jahrelang in dem Land. Wir fuhren in den Sommerferien dorthin, aber auch im stürmischen Winter und im herrlichen Frühling. Wir schlenderten die ziemlich leeren Strände des Peloponnes entlang, befuhren die schattigen Straßen der Halbinsel Pilion, besuchten die alten Städte im grünen Norden, von Ioannina bis zu dem Küstenstreifen, der auf die Insel Korfu blickt, aber auch die quirligen Universitätsstädte wie Larissa. Ich verbrachte meine Sommerferien mit griechischen und zypriotischen Jugendlichen, und gemeinsam haben wir Dinge angestellt, die für uns unvergesslich sind und bleiben. Einmal jagte uns mitten in der Nacht ein Grieche in Unterhemd und Unterhose hinterher, wütend eine meiner Sandalen schwenkend, die ich bei der wilden Flucht verloren hatte. Er war der Tiger und ich die leicht hinkende Antilope. Er hat uns nie eingeholt, und ich habe die Sandale nie zurückbekommmen.

Als ich erwachsen wurde – und Hellas' brave Bürger nicht mehr um ihren Schlaf brachte –, lernte ich von den Griechen die Kunst, seelenruhig in Kaffeehäusern oder Ouzerias zu sitzen und zu plaudern und dabei bescheidene Mezze zu verspeisen. Die Liebe zu Griechenland keimt langsam, aber unaufhaltsam. Henry Millers Reisebericht *Der Koloss von Maroussi*, sein Liebeslied an Griechenland, enthält eine Spur orientalistischer Überheblichkeit, aber auch eine gewisse Wahrheit: »Alles strebt in die falsche Richtung, alles ist durcheinander, chaotisch, tumultuarisch. Doch nie geht jemand verloren oder verletzt sich, nie wird etwas gestohlen, nie gibt es Prügeleien. Es ist eine Art Gärung, die entsteht, da für den Griechen jedes Ereignis, mag es auch noch so banal sein, etwas Einzigartiges ist. Er tut das gleiche stets wie zum erstenmal; er ist neugierig, unersättlich neugierig, gierig auf Neues. Er such das Neue des Neuen wegen, nicht um eine bessere oder wirksamere Methode ausfindig zu machen.«[4]

Viele teilen noch heute Henry Millers Empfindung. Sie kommt ihnen beim trägen Leben auf den Inseln, wenn sie dort im August Urlaub machen. Eigentlich ist es das Gefühl, dass das Land – trotz des enormen griechischen Patriotismus – schwach und ungeordnet ist und die altüberkommene Freiheit daher ungestört weiterleben kann. Als ich nach Athen fuhr, um über den scharfen Protest wegen der Wirtschaftskrise zu berichten, geriet ich in der Innenstadt plötzlich in heftige Ausschreitungen, hörte am Steuer meines kleinen Mietwagens ringsum Tränengasgranaten dumpf aufschlagen. Ich versuchte, meinen Fernsehbericht für die Nachrichtensendung zu übermitteln. Nirgends gab es einen Parkplatz, die Deadline rückte bedrohlich näher, und ich traf eine scheinbar unmögliche Entscheidung: Ich umkreiste den zentralen Syntagma-

Platz und parkte meinen Wagen – den kein »Presse«-Schild kennzeichnete – direkt vor dem griechischen Parlament. Nach amerikanischen Begriffen hieße das, ein Auto vor dem Weißen Haus abzustellen, und in Großbritannien vor dem Parlament in Westminster. Natürlich stand der Wagen, als ich nach einer Stunde zurückkam, noch da, war nicht abgeschleppt worden, hatte nicht mal ein Knöllchen an der Windschutzscheibe stecken, und es stand auch kein wütender Polizist daneben, um mich festzunehmen. Dieses Griechenland mit seiner anarchischen, aber auch wunderbar sicheren Realität ist im letzten Jahrzehnt immer mehr geschwunden – eine direkte Folge der Auseinandersetzung des Landes mit der Globalisierung und deren oberstem Vertreter in Griechenland: der Europäischen Union.

Von 1980 bis zum Ausbruch der Wirtschaftskrise erhielt Griechenland von der EU rund 200 Milliarden Euro an Fördermitteln und Subventionen.[5] In ganz Griechenland, meist an großen Durchgangsstraßen, sah man die blauen Schilder für weitere Projekte, die mit EU-Geldern verwirklicht wurden. Die Griechen behaupten seit Jahren, viele dieser Gelder, sagen wir für Infrastrukturmaßnahmen, wären bei europäischen Unternehmen gelandet, die an Ausschreibungen teilnahmen und die Fördermittel der EU einsteckten; das war im Grunde eine Verteilung der Haushaltsmittel auf ganz Europa. Die griechische Wirtschaft wuchs, aber die Einführung des Euros anstelle der bescheidenen Drachme löste einen zügellosen Konsumrausch aus, der weitgehend mit geliehenem Geld bezahlt wurde. Wer Athen kannte, sah es mit eigenen Augen; eine Tasse Kaffee, die ein paar Hundert Drachmen (etwa 1,50 €) gekostet hatte, kostete nun ein paar Euro. Der Beitritt zur Europäischen Union verlieh Griechenland die Aura eines beachtlichen Aufschwungs, aber die Strukturprobleme der griechischen Wirtschaft waren gewichtig. Der Arbeitsmarkt war unflexibel und enthielt großzügige Vergünstigungen wie einen Monat Jahresurlaub, ein 13. und 14. Monatsgehalt, einen vielfältigen Kündigungsschutz, in einigen Fällen für Frauen mit Kindern ein Renteneintritt bereits mit fünfzig Jahren.[6] Der öffentliche Sektor war aufgebläht, und die Steuerzahlungen fielen gering aus.[7] Die *New York Times* berichtete 2010, in ganz Griechenland mit seinen elf Millionen Einwohnern hätten nur ein paar Tausend ein Einkommen von über 132 000 Dollar pro Jahr angegeben; die wahre Zahl betrug mehrere Hunderttausende, mindestens. Nur 324 Hausbesitzer im Großraum Athen hatten einen Swimming Pool angegeben, aber ein Satellitenbild der griechischen Steuerbehörden, das nach der Krise aufgenommen wurde, zeigte ihre wahre Zahl: 16 974 – fünfzigmal mehr.[8]

Die europäische Grundregel besagt, dass die Höhe des jährlichen Haushaltsdefizits eines Mitgliedstaates 3 Prozent seines Bruttoinlandsprodukts nicht übersteigen dürfe, was Stabilität garantieren sollte, doch gab es kaum Kontrollmöglichkeiten. Das ist die Glückskeksglobalisierung; man schließt eine Währungsunion, die auf Schuldenregeln basiert, kümmert sich jedoch nicht aktiv um ihre Erfüllung. Mehr oder weniger raffinierte Buchhaltungssysteme dienten den griechischen Regierungen dazu, den europäischen Institutionen falsche Zahlen unterzujubeln und damit auf den Märkten immer neue Mittel über Staatsanleihen zu mobilisieren. Dabei halfen große Investmentbanken, die Staaten wie Griechenland »komplexe Finanzprodukte« anboten, hauptsächlich zum Verbergen und Verschieben von gigantischen Defiziten. Die Banken machten natürlich gewaltige Gewinne mit diesen »Produkten«, während die Griechen auf den Schulden sitzenblieben.[9]

Als die große Krise von 2008 ausbrach, kollabierte die Pyramide. Das Defizit erreichte fast 15 Prozent des BIP. Die Griechen konnten auf den Märkten kein Geld mehr einsammeln, um ihre Schulden weiter vor sich herzuwälzen und die wuchernden Zinskosten zu decken: Der Staat stand vor dem Bankrott. Der klügste und natürlichste Schritt wäre gewesen, die Währung abzuwerten und ansonsten den Gürtel enger zu schnallen. Eine solche Abwertung führt zu einer Lohnsenkung, ohne die Löhne nominell zu kürzen, und senkt die Produktionskosten, was dem Export guttut.[*] Aber die Griechen hingen nun im Euro fest und konnten daher nicht den ultimativen Schritt tun, der ihnen hätte helfen können.

Die Griechen standen vor dem völligen Zusammenbruch. Griechenlands Gläubiger – der Internationale Währungsfonds, die Europäische Zentralbank und die Europäische Union, die »Troika« – verlangten massive Steuererhöhungen und andere harte Sparmaßnahmen. Die immense Finanzhilfe, die die EU Griechenland im Rahmen der Rettung zukommen ließ, diente vorwiegend der Deckung griechischer Schulden und Anleihezinsen, nicht der Sanierung der maroden griechischen Wirtschaft. Zu den Sparmaßnahmen zählten erhebliche Kürzungen der Renten und Sozialleistungen sowie Einsparungen im Bildungs- und Gesundheitssektor. Die Austeritätspolitik traf die griechische Gesellschaft hart. Notgedrungen schlug die Regierung eine drakonische Stromsteuer auf die Stromrechnungen auf, woraufhin Tausende ihre Wohnungen von der Stromversorgung abkoppelten, um diese Sondersteuer zu sparen. Viele andere verließen einfach das Land. 2017 gab es eine halbe Million leer stehende Wohneinheiten in Griechenland, die meisten in Athen.[10] Ende 2018 betrug die Jugendarbeitslosigkeit über 39 Prozent,[11] und fast 17 Prozent der Bevölkerung lebten in Armut.[12]

Die Europäische Union schnürte die Rettungspakete nicht um Griechenlands willen. Sie wollte sich selbst und die ganze Eurozone retten, und ihren Anführern ging es darum, sich selbst zu retten. Wenn Griechenland kollabiert wäre, hätte die folgende Kettenreaktion wohl auch die Steuerlast für den Durchschnittsdeutschen spürbar erhöht. Die Büchse der Pandora hätte sich geöffnet, und womöglich wären schmutzige Geheimnisse über maßgeschneiderte Ausschreibungen und allerhand Kungeleien ans Licht gekommen.[13]

---

[*] Das tat Island von 2008 bis 2011, und es war einer der Gründe für seine rasche wirtschaftliche Erholung.

»AUF EUROPA SCHEISSEN«

An jenem Morgen im ruinösen Stützpunkt der Revolution in der Athener Innenstadt lag eine merkwürdige Hoffnung in der Luft. Das Haus steht in der Nähe der Nationalen Technischen Universität, kurz Polytechnion, wo 1973 ein mutiger, aber gescheiterter Aufstand begonnen hatte, der schließlich zum Sturz der Militärjunta im folgenden Jahr und zur Restauration der Demokratie in Griechenland beitrug. »Hier ist das Polytechnion! Volk der Griechen, das Polytechnion ist der Bannerträger unseres und eures Kampfes, unseres gemeinsamen Kampfes gegen die Diktatur und für Demokratie!«[14] Mit dieser Radiobotschaft begann der in der Hochschule eingerichtete Piratensender 1973 seine Revolution gegen die Herrschaft der Obristen. Seitdem sind die griechischen Universitäten sakrosanktes Gelände, zu dem die Polizei keinen Zutritt hat.

Den jungen Anarchisten, die ich beim Füllen von Molotowcocktails antraf, diente die Wirtschaftskrise nur als willkommener Anlass, um die demokratische Revolution zu vollenden, die ihre Eltern begonnen hatten. Für sie krankte das globale System als Ganzes. Griechenlands Scheitern sei ein Beweis für seine Unterdrückung. Die griechische radikale Linke betrachtete das gegenwärtige politische System ihres Landes, samt seinen Parteien und Institutionen, als Teil eines Regimes, das die griechische Öffentlichkeit und alle Welt getäuscht, sich von fetten Deals einen schönen Batzen abgezweigt und den Staat schließlich in die Katastrophe geführt hatte. Diese Faktenanalyse war durchaus präzise und die Lösung entsprechend radikal: Die Anarchisten predigten revolutionäre Solidarität und einen Neuaufbau der gesamten politischen Struktur. Einige Ableger verschrieben sich dem Terror.

In anderen Athener Häusern saßen die Getreuen der Neonazipartei »Goldene Morgenröte«, mit einem abgewandelten Hakenkreuz, viel Gefasel über die Überlegenheit der Griechen und einigen Verwicklungen in schwere Gewalttaten. Für die radikale Rechte bewies die Griechenlandkrise, dass man sich nicht auf Fremde verlassen dürfe, denn diese seien der Ursprung allen Übels. Die Zeit war reif für diesen verseuchten, abgedroschenen Nazi-Kram – wieder einmal. In den Wahlen von 1996 erhielt die Nazi-Partei nur 0,1 Prozent der Stimmen, bei den Wahlen von 2015 avancierte sie mit 7 Prozent der Stimmen und Hunderttausenden von Wählern zur drittstärksten Partei im Parlament. Bei den Europawahlen 2014 stimmten fast 10 Prozent der Griechen für die Nazis. Diese sollten nach Brüssel gehen und »auf Europa scheißen«, wie mir ein älterer Mann sagte, als er, Zigarette im Mundwinkel, vor dem Parlamentsgebäude demonstrierte. In den griechischen Wahlen von 2019 scheiterte die Goldene Morgenröte, vielleicht wegen der leicht verbesserten Wirtschaftslage oder weil weite Teile der etablierten Rechten längst einiges aus dem Programm dieser Partei übernommen hatten. Revolutionäre Epochen zeichnen sich durch extreme Schwankungen und Konvulsionen einer chronisch instabilen politischen Landschaft aus.

Maria Eksaglou ist höhere Angestellte in einer Bank. Wir saßen bei Ausbruch der Krise in einem schicken Café in Glyfada, einem der teuersten Vororte Athens, wenn nicht einem der teuersten Orte weltweit. Den Vouliagmenis Boulevard, die Zufahrtsstraße dorthin, säumen exklusive Autosalons: Porsche, Lexus, BMW, Mercedes, Alfa Romeo. Das grüne, elegante Glyfada scheint verrückt nach teuren Marken zu sein: Tommy Hilfiger, Ralf Lauren, Gucci. Vom Café ist es nicht weit zu den großen Yachthäfen, wo die weißen Boote nebeneinander aufgereiht liegen. Maria ist Ende der 1970er-Jahre geboren und stammt aus Glyfada, aus einer der angesehensten Familien des Ortes. Ihre wohlhabenden Eltern haben ein großes Haus errichtet und jedem der Geschwister darin ein ganzes Stockwerk gegeben. Maria wohnt dort bei ihnen. Nach zehn Jahren in der Bank verdient sie 1300 Euro brutto. Selbstverständlich verfügt sie über einen Hochschulabschluss. Marias Freunde sind im Dezember 2008 auf die Straße gegangen und haben einen Begriff geprägt, der überall in Europa Widerhall fand: die »700-Euro-Generation«.[15] Maria erklärt:

»Die jungen Leute der 700-Euro-Generation sind Hochschulabsolventen, die keinen Job in ihrem Beruf finden. Sie müssen zum Beispiel kellnern. Und wenn sie doch Arbeit in ihrem Beruf finden, verdienen sie nicht mehr als 700 Euro. Verstehen Sie, das ist ein Gehalt, von dem man nicht leben kann. In meiner Generation wohnen fast alle bis zur Hochzeit bei den Eltern. Wir können uns keine Miete erlauben, und mit Sicherheit können wir keine Wohnung in Athen kaufen. Im Dezember 2008 waren die Unruhen und Demonstrationen. Ich bin nicht hingegangen, aber einige Freunde haben mitgemacht. Menschen sind auf die Straße gegangen, weil sie spürten, dass sie nicht weiterkamen, dass alles blockiert ist, festgefahren, und die Wirtschaftskrise es noch schlimmer macht. Wir alle meinen, dass wir weniger erreichen werden als unsere Eltern.

Das Griechenland unserer Eltern war ein anderes Griechenland. Wir möchten Geld ausgeben. Konsumieren. Ausgehen. Einerseits haben wir mehr Möglichkeiten, seit Griechenland in der EU ist. Sie sehen die Schaufenster in Glyfada. Andererseits haben wir kein Geld. Und wir wissen, dass wir auch keines haben werden. Wir alle hier leben von Kreditkartenschulden. Ich weiß es, ich sehe sie [die Leute] in der Bank. Leute fahren einen Porsche, haben aber keinen Cent auf dem Konto. Die Finanzinstitute haben dich [früher] auf dem Handy angerufen, um Kredite anzubieten, haben sie dir förmlich aufgedrängt. So haben die jungen Leute gelebt, von einem Kredit zum nächsten. Und das politische System ist korrupt, derart korrupt. Ich kann die Leute verstehen, die auf die Demos gegangen sind. Aber es ist ein Unterschied, ob man gegen die Regierung und das System protestiert oder ob man alles kaputtschlägt. Erwarten

Sie hier keine Revolution. Wir sind Weichlinge. Vielleicht glauben wir daran, aber tun werden wir's nicht.«

Dieser Monolog zeigt die Not – und auch die Angepasstheit an den Mainstream – einer ganzen europäischen oder globalen Generation. Aber es ist wenigstens »*a voice of a generation*«, »eine Stimme einer Generation«, um Lena Dunham zu zitieren.[16]

In jedem Land offenbarte die globale Krise das Flickwerk, die Risse in der Gesellschaft und die Gespenster. In Griechenland sind Anarchie und die Abneigung gegen Hierarchien grundlegende Eigenschaften, die mit den Freiheitskämpfen identifiziert werden: mit der Befreiung von den Türken, dem Kampf gegen die Nazis und dem Sturz der Diktatur. »Griechen mögen es nicht, von anderen beherrscht zu werden«, sagte mir Maria. »Und mehr noch: Sie wollen Anarchisten mit Ferrari sein.« Seit dem Gespräch mit Maria im Café bei Athen 2009 sind die griechischen Löhne bis 2018 real um 20 Prozent abgestürzt. Man hat den Griechen nicht nur den Ferrari weggenommen, sondern auch noch das Fahrrad.

FINANZVIREN IN EINER GLOBALISIERTEN WELT

Anfang 2015 gewann die »Koalition der radikalen Linken«, Syriza, die Wahlen in Griechenland. Die alten Regierungsparteien, die sozialdemokratische PASOK und die konservative Nea Dimokratia, wurden in die Wüste der Opposition geschickt. Später in jenem Jahr gab es ein Referendum, bei dem die Griechen »ochi« (nein) zum Rettungsplan der EU und den damit verknüpften rigorosen Sparmaßnahmen sagten. Was hatten sie in den Jahren seit Ausbruch der Krise bis 2015 dazugelernt? Dass die Europäische Union aus ihrer Sicht ein großer Bluff sei, der nur den satten Eliten diene. Ein Bluff in Form einer hübschen Pyramide, bei der Berlin und Paris viel Kapital an die kleinen Untertanen austeilten, aber dafür sorgten, dass es letztlich zurück nach Berlin und Paris floss. Ein Ausgabeposten, der als paneuropäische Geste verbucht wurde, in Wirklichkeit aber nur eine Budgeterhöhung sei, der die Dominanz Deutschlands und Frankreichs fortschreiben sollte. Eine Studie von 2016 zeigte, dass tatsächlich nur 5 Prozent der Rettungspakete in Griechenland ankamen, während alles Übrige seinen Weg zu öffentlichen und privaten Bankinstituten fand.[17] Auch der Nobelpreisträger Joseph Stiglitz und der Wirtschaftswissenschaftler (und frühere griechische Finanzminister) Yanis Varoufakis erhoben ähnliche Vorwürfe – dass das Geld zurück nach Deutschland und Frankreich gelange.

Bei dem Referendum geschah etwas Außergewöhnliches. Ich war in Athen, als die Griechen ihr schallendes »Nein!« verkündeten, ein Datum, das sie mit dem »Ochi-Tag« im Zweiten Weltkrieg verglichen, als Griechenland das Ultimatum der Achsenmächte ablehnte und anschließend hartnäckig bis zur Niederlage kämpfte. Es war ein erhebender Anblick. Für die rezessionsgeplagten Griechen war es ein Moment des Stolzes, ein Funken patriotischer Radikalität – ob anarchistischer oder kommunistischer Prägung war eher nebensächlich. Griechenland spuckte auf Europa, auf den Währungsfonds und die Europäische Zentralbank. Und dann baute man Souvlaki-Stände auf den Plätzen auf, besäuselte sich mit Ouzo oder Raki und warf mit Zitaten um sich; sie stammten vom radikalen Anarchisten Michail Bakunin, aus der griechisch-orthodoxen Theologie und natürlich aus der antiken Literatur, worauf Lord Byron stolz gewesen wäre. Die Luxushotels ließen die eisernen Läden runter und warteten, bis die Wogen der Freude und Wut verebbten, und zu dieser Zeit sprengte Griechenland das vereinte Europa und den Panzer der Selbstgefälligkeit, den dieses sich umgelegt hatte. Die Griechen sagten: »Ihr wolltet Globalisierung, wolltet eine Einheitswährung? Und ihr wolltet auch Brandmauern, um euch gegen unsere Sorgen abzuschotten? Ihr könnt nicht alles haben.«

Und dann, keine Woche nachdem die Griechen den »Athener Sommer« gegen die EU – in Anlehnung an den »Prager Frühling«, wie sie fanden – eröffnet hatten, kapitulierten sie bedingungslos. Die – scheinbar radikale – griechische Regierung akzeptierte ein härteres Sparprogramm als das, das die Wähler beim Referendum mit großer Mehrheit abgelehnt hatten. »Ich erhoffe nichts, ich fürchte nichts, ich bin frei«, lautet Kazantzakis' Grabinschrift. Wie ihr Nationalschriftsteller hatten die Griechen jetzt nichts zu erhoffen, aber anders als er fürchteten sie sich, und frei waren sie auch nicht.

———

Dem Anschein nach ist alles überstanden. Die Investoren sind seit 2017 zufrieden mit Griechenland, und das Land kann auf den Finanzmärkten sogar wieder Anleihen aufnehmen. Die Immobilienpreise ziehen Fondsgesellschaften an, die Nutzen aus der Notlage vor Ort zu ziehen suchen. Der Staat hat die drakonischen Vertragsbedingungen des Hilfspakets erfüllt und keine unvorhergesehenen Defizite angehäuft. Die Arbeitslosigkeit ist erheblich gesunken, und die Wirtschaft verzeichnet ein bescheidenes Wachstum. Die Regierung treibt effektiver Steuern ein, unter anderem mittels elektronischer Kontrollsysteme, deren Einführung von den europäischen Gläubigern erzwungen wurde. 2019 gewann die konservative Partei Nea Dimokratia die Parlamentswahlen und übernahm wieder die Regierung, getragen von einer neuen Welle der Begeisterung, auch junger Wähler, für eine neoliberale Marktwirtschaft.

Aber die Revolte ist da, insbesondere der Nährboden, auf dem sie wächst. Nach all den Debatten über die »700-Euro-Generation« legte die griechische Regierung 2012 einen besonderen, bis Anfang 2019 geltenden Mindestlohn für junge Menschen fest: 511 Euro pro Monat für Arbeitnehmer bis 24 Jahre.[18] Und die Löhne der Eltern dieser jungen Leute? Sie sanken oder wurden bestenfalls eingefroren. Vier von zehn Griechen können 2017 ihre Rechnungen nicht pünktlich bezahlen. Suppenküchen helfen Hunderttausenden, im selben Jahr waren bei einer Tafel in Athen 26 000 Menschen registriert.[19]

Die Geburtenrate sank auf 1,35 Kinder pro Frau, die Bevölkerung schrumpft durch die Verbindung von niedriger Fertilität und negativem Migrationssaldo.[20] Von 2008 bis 2016 haben vier von hundert Griechen das Land verlassen, zumeist junge Leute.[21] Das ist verständlich: Ein Drittel der Minderjährigen lebt in Armut oder ist armutsgefährdet, und die Arbeitslosenrate unter jungen Leuten von 15 bis 24 Jahren lag 2018 bei 40 Prozent. Die in Griechenland traditionell niedrige Selbstmordrate stieg von 2010 bis 2015 um 40 Prozent, während das Budget für psychologische Behandlungen um über die Hälfte gekürzt wurde.[22] Vorübergehend gaben 12 Prozent der Bevölkerung an, seit länger als einem Monat unter Depressionen zu leiden.[23] Ein Bericht des Europarats erklärte, viele neu aufgenommene Patienten psychiatrischer Stationen seien über vierzig Jahre alt, ohne einschlägige Krankengeschichte, zumeist »arbeitslose Personen, bankrotte Geschäftsleute oder Eltern ohne die Mittel, für ihre Kinder zu sorgen oder sie zu ernähren«.[24]

Das Gefühl, ohnmächtig der Willkür globaler ökonomischer Kräfte ausgesetzt zu sein, mit dem wir uns im vorigen Kapitel befasst haben, trat bei der griechischen Bevölkerung infolge der Krise scharf zutage. Der Staat schrumpfte zu einer Provinz, die in allen materiellen Fragen Befehle aus Berlin, Paris und Brüssel erhält. Die Parteien der Mitte begreifen das und lassen sich nach der gescheiterten Revolte von 2015 auf keine Grundsatzdiskussion über ökonomische Angelegenheiten mehr ein, die ihrem Einfluss längst entzogen sind. Gestritten wird nur noch über Identität, erfundene äußere Bedrohungen,* Kultur und nationale Bedeutung. In diesen Bereichen ist die Rechte der Linken deutlich überlegen, denn Iden-

---

* Ein erheblicher Teil des öffentlichen Diskurses drehte sich in den Jahren bis 2019 um den Konflikt mit der Republik Mazedonien (heute Nordmazedonien) wegen des Namens dieses Staates, der angeblich Griechenlands nationale Ehre verletzte.

tität gehört zu ihrem Erbgut. Ihre extremeren Strömungen thematisieren die Anwesenheit von Migranten, »die Invasion der Muslime«, und verbreiten antisemitische Verschwörungstheorien über jüdische Vorherrschaft. Der Außenminister beispielsweise wurde 2018 bezichtigt, »ein Mann von George Soros« zu sein. Die etablierten Rechtsparteien haben die extreme Rechte in ihre Reihen integriert. Erben und Verbündete von Konstantinos Plevris, dem bereits erwähnten Rassisten, erhielten Ehrenplätze in der wichtigsten konservativen Partei Nea Dimokratia. 2019 wurde Adonis Georgiadis, der Plevris' antisemitisches Buch begeistert aufgenommen hatte, Erster Vizevorsitzender der Partei, nachdem er zuvor bereits Minister gewesen war. Konstantinos Plevris' Sohn Thanos Plevris saß für die Partei im Parlament. Ein anderer Rechtsextremer, der sich bereits mehrfach rassistisch betätigt hatte, erhielt ebenfalls einen Ministerposten.[25]

Das griechische Beispiel war ein Echo der Verhältnisse in vielen anderen Ländern: Die etablierte Rechte in Frankreich bemühte sich, Le Pens Ansichten über Migration zu integrieren; die britischen Konservativen bekehrten sich schließlich zum Brexit; in den USA übernahmen die konservativen Republikaner anstandslos den Trumpismus. Die Avantgarde sickerte in den Mainstream ein – und trat schließlich an seine Stelle.

——

Extremismus profitiert stets, wenn er Scheinheiligkeit aufdecken kann. Das geschah nicht nur in Griechenland, der Wiege der westlichen Kultur, sondern überall im Westen. Es war die Scheinheiligkeit von Wall-Street-Bankern, die ihren Kunden »Vertrauen« und »Sicherheit« verkauften, gleichzeitig jedoch im Nostro-Portfolio*

---

* Ein Nostrokonto ist ein »Eigenkonto«, das heißt ein Bankkonto oder ein Investment-Portfolio des Konzerns selbst.

gegen sie spekulierten.[26] Es war die Scheinheiligkeit derjenigen, die auf der Welt das Sagen haben und eine neue Ordnung unterstützen, die nur zwei Stände kennt: die Klassen der Benachteiligten, zu denen auch die Mittelschicht zählt, und den Stand der Großverdiener. Letztere können Politiker, Makler oder Banker sein, aber sie alle profitieren von einer Ära außergewöhnlicher Ungleichheit. Diese war kein Zufall, sondern Ergebnis der Steuer- und Zinspolitik. Seit den 1980er-Jahren wurden die Zinssätze in aller Welt sukzessive abgesenkt, was den Konsum fördert und das Sparen hemmt. Manche sagen, der Niedrigzins habe in der Wirtschaft das Risiko verringert und die Sicherheit erhöht.* »*The Spice must flow!*« – »Das Spice muss fließen«, werden die Herrschenden in dem Film »Der Wüstenplanet« *(»Dune«)* gewarnt.[27] Das gilt auch für das billige Geld, das – wie die Droge Spice – um jeden Preis fließen muss, weshalb die Regeln sich überall zu ändern hatten.

Es sei hier betont, dass dies keine rückblickende Erkenntnis ist. 2004 gewährte eine brillante Harvard-Professorin namens Elizabeth Warren, heute Senatorin und Anwärterin für die Präsidentschaftskandidatur der Demokraten, dem öffentlich-rechtlichen amerikanischen Fernsehen ein weitsichtiges Interview, in dem sie erzählte, dass die Zahl derer, die mit ihren Kreditraten in Verzug gerieten, seit dem Jahr 2000 um 55 Prozent gestiegen sei und die Zahl der wegen geplatzter Hypotheken gepfändeten Häuser um 45 Prozent. Sie warnte vor »innovativen« Finanzprodukten, die die Zukunft des Mittelstands aufs Spiel setzten: »Alan Greenspan, unser nationaler Wirtschaftsführer, hat den Amerikanern in den letzten vier Jahren beharrlich geraten: ›Verpfändet euer Haus. Wenn ihr die Lücke am Monatsende nicht schließen könnt, verpfändet euer Haus.‹ Nur hat er es nie ›euer Haus verpfänden‹ genannt. Er sagte

---

* Die Ära, die mit der Niedrigzinspolitik einsetzte, wird in der Wirtschaft als »Great Moderation« – große Mäßigung – bezeichnet, in der die Volatilität der Konjunktur stark abnahm.

fantasievolle Dinge wie ›zapft den Wert eures Hauses an‹ ... Das ist ein wirklich unheimlicher Finanztipp für amerikanische Familien. Und am meisten ängstigt mich, dass Millionen amerikanischer Familien seinem Rat gefolgt sind.«

Eigentlich befasste sich Warren damit, wie sich die Finanzindustrie der Realwirtschaft bemächtigt hatte. Einfach ausgedrückt: Große Teile des industrialisierten Nordens – wohl mit der Ausnahme Deutschlands – produzierten nicht länger Güter wie Autos und Fernsehapparate, sondern Wertpapiere, Aktien, Derivate und natürlich Schulden. Der Westen hat in den letzten Jahrzehnten ein sehr rasches Wachstum des Finanzsektors erlebt.[28] Wie rasch? Betrug der Anteil des Finanzsektors am amerikanischen Bruttoinlandsprodukt 1940 circa zwei Prozent, war dieser in den Nullerjahren bereits auf das Vierfache gestiegen,[29] und sein Anteil an der Wirtschaft war der höchste seit der Großen Depression von 1929. Das ist noch nicht alles: Mitte der Nullerjahre stellte sich heraus, dass 40 Prozent der Gewinne der amerikanischen Privatwirtschaft von Banken, Beteiligungsgesellschaften, Investmentfonds und sonstigen Akteuren des Finanzsektors stammten.[30] Daneben wuchs der Anteil der Schulden amerikanischer Privathaushalte am Bruttoinlandsprodukt von 1999 bis 2008 um rund 50 Prozent,[31] vor allem durch die Aufnahme von Hypotheken. Das Ganze endete, wie von Elizabeth Warren vorausgesehen, in einem Crash. Und die nicht eben wenigen Zeitbomben für die nächste Krise ticken bereits, etwa die Schulden, die viele Amerikaner während ihrer Hochschulausbildung anhäuften.

Die Verschuldung der amerikanischen Privathaushalte erreichte 2019 fast 14 Billionen Dollar, durchschnittlich rund 110 000 Dollar pro Haushalt, und lag damit höher als zu Beginn der großen Rezession von 2009.[32] Mit wachsender Verschuldung wachsen auch die Gewinne der Finanzindustrie – aber das ist nicht immer gut für die anderen Wirtschaftssektoren, gelegentlich ist das Gegenteil der Fall. In den Worten von Martin Wolf, dem Kolumnisten der *Financial Times*: »Die riesige Expansion des Finanzsektors seit 1980 hat keine entsprechenden wirtschaftlichen Gewinne gebracht.«[33]

Worum also ging es? Um Niedrigzinspolitik, billiges Geld, Ausdehnung des Finanzsektors, Privathaushalte, die sich Schulden aufladen, Immobilienblasen, Wachstumsschwäche. Der Tag der Wahrheit von 2008 legte das Fundament für die ganze Revolte. Anschließend stärkte das neuerliche Wachstum nach der Krise den Mittelstand nicht etwa, sondern schwächte ihn weiter. Die Arbeitslosenrate in den USA sank ab 2010 und erreichte neun Jahre später einen historischen Tiefstand, doch einer von fünf Amerikanern sagte, er könne eine dringende einmalige Ausgabe von 400 Dollar nur decken, wenn er etwas verkaufe oder »auf irgendeine andere Weise« Geld beschaffe. Vier von zehn Amerikanern sagten, sie würden lieber per Kredit, mit privat geliehenem Geld oder Mitteln der Familie bezahlen.[34] Das ist eine bedenkliche Labilität großer Teile der Gesellschaft, die selbst in wirtschaftlich guten Zeiten die verlorene Sicherheit nicht wiedergewinnen können. Die großen Anhänger der fanatischen und populistischen Linken oder Rechten entstammen nicht den schwachen Schichten, die stark unter der Krise gelitten haben, sondern gerade jenen Angehörigen der Mittelschicht, die noch nicht abgestürzt sind – aber ängstlich in den Abgrund starren.

So sammelten sich denn die Extremisten und blickten hoffnungsvoll auf eine entstehende Welt – die gute alte Welt. Die Untergangspropheten können sich alle auf die Schulter klopfen, Naziparteien gründen oder Molotowcocktails füllen, einen Staat mit totaler Gleichheit versprechen und sich ernsthaft mit revolutionärem Neomarxismus beschäftigen, eine absurde Geschichte auf Facebook erzählen oder Verschwörungstheorien twittern, alles in der Sicherheit, dass auch sie ihren Platz haben. In den meisten Fällen werden diese Leute nicht an die Regierung gelangen; aber sie werden den Staatenlenkern Angst einjagen und ihr eigenes politisches Umfeld radikalisieren. In diesem brodelnden Hexen-kessel besitzen Themen, die mit der Identität der Gesellschaft und dem Selbstwertgefühl ihrer Mitglieder zu tun haben, besondere Sprengkraft – und an erster Stelle die Migration.

EIN EXODUS

Niemand verlässt sein Heim, es sei denn,
das Heim ist das Maul eines Hais,
du rennst nur an die Grenze,
wenn du die ganze Stadt mitrennen siehst.

Warsan Shire[1]

SOMMER 2015

Es ist später Nachmittag. Ich stehe neben der Bahntrasse an der Grenze zwischen Serbien und Ungarn, auf der ungarischen Seite. Tausende von Flüchtlingen laufen die Gleise entlang: Frauen mit Kopftüchern, in dicken, dunklen Kleidern, Bündel in den Händen; junge Männer in T-Shirts, Smartphones ragen aus den Gesäßtaschen ihrer Jeans; junge Mädchen mit Haargummis und Ohrringen, einen Rucksack auf dem Rücken, wie auf einer Trekkingtour im Himalaja; Männer in mittleren Jahren mit dunkler Sonnenbrille, gepflegtem Oberlippenbart und Bauchansatz; und Kinder, zahllose Kinder ziehen neben den Gleisen dahin. Einige halten die Hand ihrer Eltern oder Geschwister, aber die meisten halten gar nichts mehr. Ihre Eltern oder andere Familienangehörige tragen die Erschöpften im Arm, setzen sie sich auf die Schultern. Sobald sie weitertrotten können, reihen sie sich hinter Vater und Mutter ein, die Augen glasig und leer. Die meisten Vorüberziehenden sind nicht hungrig oder krank. An kaum einem ist eine körperliche Verwundung zu erkennen, aber viele zeigen auf Nachfrage bereitwillig verheilte Narben an Bauch, Rücken oder Fuß, Spuren einer ein- und ausgetretenen Patrone, einen durch Splitter zerschmetterten Finger oder eine Brandnarbe, von der sie hoffen, sie werde verschwinden, was vielleicht nie geschehen wird.

Die Herkunft der Menschen ist leicht zu erkennen. Die Iraker sehen zumeist gut situiert aus. Sie haben die neuesten Handys, und hier und da entdeckt man ein Designer-Teil in ihrer Kleidung. Sie haben sich wohlgeplant und gut ausgerüstet auf die Flucht begeben, sind aufs Übernachten im Freien eingerichtet. Afghanen gibt es nur wenige; ihre Armut fällt ins Auge. Die Mehrheit sind Syrer. Im Vergleich zu den anderen wirken sie besorgt und auf der Hut.

Sie haben vor einigen Wochen ihre Häuser in Bagdad, Rakka, Aleppo oder Damaskus verlassen und sich, zumeist mit modernen Verkehrsmitteln, bis ins Herz Europas durchgeschlagen. Jetzt dürfen sie nicht mehr mit der Bahn fahren. Erstmals auf diesem Treck – nach illegaler Überquerung der syrisch-türkischen Grenze und einer gefährlichen Überfahrt auf der Ägäis – müssen sie zu Fuß weiterziehen. Die Sonne brennt, und die Luft ist schwül. Allerlei Hinterlassenschaften zeigen ihren Weg an; ein Abschlusszeugnis der Universität Damaskus in englischer Übersetzung, ein Packen Windeln, Schokoriegelhüllen, leere Wasserflaschen, überflüssige Winterkleider tüpfeln die Gleise und das Gras daneben.

Bis vor einer Stunde saßen diese Menschen noch in einem provisorischen Lager an der ungarischen Grenze. Aufgehalten von ungarischen Polizeibeamten, hatten die erschöpften Flüchtlinge sich auf der warmen grünen ungarischen Erde niedergelassen. Sie erhielten Wasserflaschen, aber keinen Schatten. Schatten ist ein begehrtes Gut für Flüchtlinge, nicht weniger als Wasser oder Nahrung. Seine Abwesenheit bringt Fieber, Sonnenbrand, lässt Kinder schnell austrocknen. Mangel an Schatten bedeutet akute Gefahr.

Unweit des provisorischen Lagers steht verlassen ein leuchtend roter Rollstuhl. Wie ist er hierhergelangt, an die Bahnstrecke aus Serbien? Hat man einen gelähmten Flüchtling bis zu diesem Punkt geschoben? Und was ist aus dem Syrer, Afghanen oder Iraker geworden, dessen roter Rollstuhl da auf offenem Feld einfach stehengelassen wurde?

Die Menschen in dem kleinen Lager stellten keine solchen Fragen, sie stellten überhaupt keine. Sie warteten, saßen herum und warteten. Vielleicht träumten sie von einem großen Bus, der sie weiterbringt. Ungarn ist schließlich nur eine Durchgangsstation auf ihrer Route Richtung Norden nach Deutschland oder Schweden. Eine Frau und ihre halbwüchsige Tochter gingen auf mich zu. »Wir sterben hier noch«, sagt das Mädchen auf Englisch, »wir sind so müde.« – »Wir wollen nach Deutschland«, fügt die Mutter hinzu, und die Tochter erklärt: »Merkel ist eine gute Frau, sie liebt die ganze Welt.«

Sie alle haben eine ungefähre Ahnung, wo sie sich befinden: unterwegs, an irgendeinem Punkt der Route. Ungarn ist für sie nur eine Fußnote auf dem Treck. Aber die ungarischen Beamten hatten ihre Befehle: alle hier anhalten und sie dann vielleicht in ein Internierungslager schaffen, wo ihnen die Fingerabdrücke abgenommen würden. So lauteten die Direktiven der ultranationalistischen ungarischen Regierung, die entschlossen ist, Flüchtlingen die Durchreise durch ihr Land zu verwehren und auf dem Rücken dieser muslimischen Ausländer politische Pluspunkte zu sammeln.

Fingerabdrücke fürchten die Flüchtlinge besonders. Sie beweisen das Offensichtliche – dass sie ihr Zielland, Deutschland oder Schweden, nicht direkt erreicht haben, sondern auf dem Weg über einen anderen EU-Staat. In diesem Fall ist ihr Zielstaat, sagen wir Deutschland oder Schweden, nicht verpflichtet, sie als Flüchtlinge anzuerkennen. Die Asylsuchenden glauben, ein Staat müsse Flüchtlingen nur dann Asyl gewähren, wenn sie ihn als Ersten betreten hätten.[*] Griechenland hatte diese Flüchtlinge offensichtlich als erstes europäisches Land in Empfang genommen, aber dann saßen sie auf einem Feld in Ungarn, nur einen Fingerabdruck von ihrem Wunschziel entfernt.

---

[*] Wie viele andere Mutmaßungen und Gerüchte auf dem Flüchtlingstreck erwies sich diese Sorge letztlich als unbegründet. Deutschland und andere Staaten wussten sehr wohl und konnten auch beweisen, dass die Flüchtlinge die EU über Griechenland betreten hatten, gewährten aber trotzdem den Eingereisten Asyl.

Für die ungarischen Polizisten spielten solche Feinheiten keine Rolle. Sie wurden hier eingesetzt, um die Flut von Arabischsprachigen aufzuhalten. Zwei jüngere Polizisten wollten nett sein und luden die Flüchtlinge zum Fußballspielen mit einem improvisierten Ball aus Plastik, umwickelt mit weißem Absperrband, ein. »Mögt ihr Fußball?«, fragten sie. Ein Flüchtlingsjunge trug ein Ronaldo-Trikot. Die Polizisten steckten das Feld ab und versuchten, die Kinder für ein Spiel zu versammeln. Es war ein entzückendes Unterfangen, fast schon von grober Naivität. In einem kitschigen Film hätte die Situation eine süßliche Szene zu dem Klischee abgegeben, wie Sport Schranken überwindet. Aber dies hier ist staubige Wirklichkeit, eine Reise mit greifbarem Ziel. Die Flüchtlinge erfassten augenblicklich die Bedeutung des geplanten Spiels, seine versteckte Botschaft: Ihr bleibt hier. Ihr werdet eine Weile hier sein, also lasst uns spielen und so tun, als seien wir Freunde. Fast ausnahmslos standen sie auf und liefen los, die Schienen entlang, murmelten resigniert, »jalla, ja schabaab«,* ignorierten einfach die ungarischen Polizisten, die auf ihrem improvisierten Spielfeld zurückblieben.

So bin ich also wieder unterwegs. Es herrscht plötzlich ein Gefühl der Dringlichkeit, weil die Flüchtlinge fürchten, erneut von den Ungarn aufgehalten zu werden. Sie gehen zügig. Ein Stück weiter beäugt ein kleiner Trupp Flüchtlinge die Polizisten ängstlich von Weitem. Als ich auf sie zugehe, schließt sich mir ein Hund an, erscheint aus dem Nichts, aus den grünen Feldern. Die meisten Flüchtlinge sitzen auf einem grünen Stück Bahndamm. Zwei Teenager, ein Junge und ein Mädchen, stehen da und schauen mich stumm an. Sie trägt Jeans und ein gestreiftes Hemd, mit ihren Sneakern scharrt sie in der Erde. An ihrem Hals prangt ein Notenschlüssel-Tattoo, und ihre linke Augenbraue ist gepierct. Der junge Mann an ihrer Seite trägt ein Nike-Sweatshirt. Kurz darauf stellt

---

* »Auf geht's, Jungs.«

Lilian Barakat sich vor. Sie ist 17, aus Aleppo. Der junge Sweatshirt-Träger bleibt namenlos. Lilian sagt, er sei ihr Cousin. Die Unterhaltung ist kurz und messerscharf wie eine Klinge, die einen am Hals kitzelt.

»Kannst du mir sagen, wo du herkommst?«

»Aus Syrien. Wir haben die Türkei, Griechenland, Mazedonien und Serbien passiert, und jetzt sind wir hier. Die Reise ist sehr hart.« Der Rest der Familie, einschließlich ihrer Geschwister im Alter von sechzehn und zwanzig Jahren, sei in Aleppo zurückgeblieben.

»Warum bist du hier?«

»Du weißt, warum.« Der Anflug eines trockenen Lächelns huscht über ihr Gesicht. Der Krieg lebt irgendwie in diesem Lächeln.

»Wo willst du hin?«

»Irgendwohin.«

Sie fragt mich, was sie jetzt erwarte, nachdem sie Dutzende von Kilometern gewandert seien. »Die Ungarn werden bald versuchen, euch aufzuhalten«, antworte ich. Ihr junger Begleiter geht fluchend weg und setzt sich neben die Gleise. »Gott helfe dem syrischen Volk«, murmelt er.

»Was wollt ihr in Europa tun?«

»Ich will bloß studieren. Und Sieg«, sagt sie.

»Was meinst du mit Sieg?«

»Syrien, Freiheit, Bleiben, Wasser, Essen, Dusche, alles. Es ist wirklich einfach. Aber wir brauchen es ... Ich möchte alles. Alles.«

Das Gespräch kollabiert unter der schweren Last der Hoffnung. Wir haben das freie Syrien gefunden, mit tätowiertem Notenschlüssel, es ist auf den Feldern zwischen Ungarn und Serbien unterwegs.

»Du möchtest ein Leben«, sage ich.

»Ja, ein absolutes Leben.«

Lilian und ihr kleiner Trupp setzen ihren Weg an den Gleisen fort. Mein Kameramann geht mit, filmt den Treck. Wir verlieren uns aus den Augen, und es gibt keinen Handyempfang. Plötzlich kann ich meine journalistische Tätigkeit nicht mehr ausüben, und diese Menschen fungieren nicht länger als Gegenstände der Berichterstattung. Jetzt darf ich einfach mit ihnen zusammen sein.

Es entsteht eine Unterbrechung auf dem Marsch, eine Lücke in der langen Kolonne. Ich bleibe stehen, halte vergeblich nach meinem Kameramann Ausschau, die anderen gehen weiter. Als sie in der Ferne verschwinden, sehe ich einen vielleicht fünfjährigen Jungen allein an den Schienen sitzen. Seine Kleidung ist sauber und ordentlich. Ich schaue ihn an, er starrt einfach leer auf die nahen Bäume. Alle Eltern kennen diesen Blick ihrer Kinder, der von kompletter Ermüdung zeugt. Kurz gerate ich in Panik. Ist er ganz allein?

Dann tauchen seine Eltern auf. Beide gehen etwa 800 Meter weiter hinten. Sein Vater kommt näher, und nun sieht man, dass er ein Baby in einer Art Tragetuch auf der Brust hängen hat. »Auf geht's, mein Sohn«, sagt der Vater zu dem müden Jungen. Jetzt, aus der Nähe, begreife ich, warum der Vater darauf beharrt, dass der Kleine aus eigener Kraft weitergeht: Er schleppt auf dem Rücken noch ein weiteres Baby.

Der Junge weigert sich aufzustehen, und der Vater steht erschöpft bei ihm. Plötzlich schließt ein junger Bruder, vielleicht zehn Jahre alt, von hinten auf. Mit einem Seufzen nimmt der Vater sich das Baby vom Hals und übergibt es dem Zehnjährigen, der flink weitergeht. Dann nimmt der Vater seinen müden Sohn auf den Arm.

In dem Moment denkst du dir: Wo ist unser Auto? Vielleicht können wir die Route ändern und sie nach Budapest, zum Keleti-Bahnhof, bringen, wo jetzt alle hinwollen. Doch bis du diese tröstenden und trügerischen Gedanken zu Ende gedacht hast, werden die Menschen zu schwarzen Punkten an den Eisenbahnschienen, die durch die grüne Weite verlaufen, und du bleibst allein zurück in der Erkenntnis deiner totalen Ohnmacht.

An die 68 Millionen Flüchtlinge, Asylsuchende und Vertriebene gibt es auf der Welt. Laut der UNO ist es die gravierendste Flüchtlingskrise seit dem Zweiten Weltkrieg.[2] Am Anfang dieses Buches habe ich über die Zeit der Verantwortung geschrieben, die wir gemeinhin als die Ära des Kalten Kriegs bezeichnen. Wir sehen jetzt, wie vergleichsweise umsichtig die führenden Politiker damals waren, ebenso ihre Bürger. In jener Periode relativer Stabilität waren Displaced Persons ein seltenes Phänomen, und die Anzahl von Menschen, die ihr Zuhause verlassen mussten, betrug nicht mehr als 20 Millionen. In den 1990er-Jahren, mit dem Zerfall des Ostblocks und dem Ausbruch der Balkankriege, stieg die Zahl der Flüchtlinge beträchtlich. Der stärkste Zuwachs setzte 2005 ein: In zwölf Jahren verdoppelte sich die Anzahl der Displaced Persons von 20 auf 40 Millionen, und 2017 hatte sie sich bereits auf 60 Millionen verdreifacht.[3] Weitere Millionen haben seither diese traurige Statistik in die Höhe getrieben, in atemberaubendem Tempo. Zuletzt war das Wachstum weitgehend dem Konflikt in Syrien geschuldet: Schätzungsweise zwei Drittel der syrischen Bevölkerung, über zwölf Millionen Menschen, sind aus ihren Heimatorten geflohen. Manche migrierten in andere Staaten – beispielsweise leben heute 3,5 Millionen in der Türkei –, während andere zu Flüchtlingen im eigenen Land wurden.[4] Trotzdem ist der syrische Bürgerkrieg nicht die alleinige Ursache der weltweiten humanitären Krise, die enorme politische Auswirkungen hat.

Hier liegt ein Paradox vor. Anders als Ende der 1940er-Jahre muss sich die Welt nicht mit den Folgen eines brutalen Kriegs auseinandersetzen. Trotz der Wirtschaftskrise der Nullerjahre ist die Welt in den letzten beiden Jahrzehnten sicherer und wohlhabender geworden – nach empirischen Daten sogar sicherer als je zuvor.[5] Wir haben keinen neuen Weltkrieg, keine schweren Epidemien, keinen großen Börsenkrach erlebt. Außerdem ist die Zahl der zwi-

schenstaatlichen Kriege auf einem historischen Tiefpunkt angelangt. Kaum ein Nationalstaat führt Krieg gegen einen anderen – ein
fast beispielloser Vorgang in der Moderne. Warum gibt es dann so
viele Menschen, die nicht in ihr Zuhause zurückkehren können?

Nur ein gutes Drittel dieser Menschen sind über die Grenze
ihres Landes geflüchtet, rund 20 Millionen waren es 2018. Fast
40 Millionen sind hingegen Binnenflüchtlinge – das heißt, sie sind
in ihrem Land verblieben, mussten jedoch wegen Krieg, Hunger
oder Vertreibung ihre Häuser verlassen. Sie leben innerhalb der
Staatsgrenzen, oft in riesigen Lagern oder in Armenvierteln an den
Rändern der großen Städte, und können nicht zurück nach Hause.[6]

Die immens gestiegene Zahl der Binnenflüchtlinge ist zwei
Phänomenen unserer Weltlage geschuldet: internen Konflikten und
weniger durchlässigen Grenzen. Letzteres versteht sich fast von
selbst, denn Staaten haben heute mehr Mittel denn je, um ihre
Grenzen zu schützen: »smart fences« mit Bewegungsmeldern, der
schier groteske Einsatz von Videoüberwachung, Satellitentechno-
logie, Personenortung über Mobilfunknetze, biometrische Reisepässe, Netzhautscans und vieles mehr. Aus einem Land einfach zu
fliehen ist immer schwieriger geworden, selbst für nicht registrierte
Asylsuchende. Deshalb bleiben sie als Vertriebene im eigenen Land.

Aber was treibt sie aus ihren Häusern und, soweit möglich,
über die Grenze? Es sind nicht zwischenstaatliche Kriege. Immer
häufiger tritt der Zusammenbruch von Gesellschaften an deren
Stelle. »Neue Kriege« nennt Professor Mary Kaldor jene Konflikte,
die nach dem Zerfall des Ostblocks auftraten.[7] Sie haben staatliche
und nicht staatliche Akteure und können gelegentlich Kriminalität
oder auch Menschenrechtsverletzungen einschließen. Nach der
Auflösung der beiden Machtblöcke streitet man weniger über Ideologien (Kommunismus gegen liberalen Kapitalismus beispielsweise)
als auf Grundlage ethnischer beziehungsweise religiöser Identitä-
ten. Einfach ausgedrückt, werden Kriege heute nicht darüber geführt, was du denkst oder was dein Land von einem anderen Land

verlangt, sondern darüber, wer du bist. Was man denkt, lässt sich – durch Überzeugung oder Zwang – ändern, doch religiöse oder ethnische Identität ist weniger flexibel. Du bist als Serbe oder Bosnier, Jude oder Palästinenser, Christ oder Muslim geboren. Eine Auseinandersetzung über Identität ist schwierig zu lösen. Kaldor schrieb ihr Buch im Hinblick auf die Kriege im ehemaligen Jugoslawien, wo die Konfliktparteien ethnisch und religiös homogene Staaten errichten wollten und dazu sogar bis zum Völkermord herabsanken. Die Gegenseite hat nicht etwa »Recht« oder »Unrecht« – man akzeptiert sie erst gar nicht als Partei, als legitimen Gegner mit einem gültigen Anspruch. In einem Kaffeehaus in Dubrovnik unterhielt ich mich Jahre nach dem Serbisch-kroatischen Krieg mit einem ehemaligen Offizier der kroatischen Miliz. »Diese Leute waren nicht hier, als die Renaissance oder der Humanismus stattfanden«, sagte er über die verhassten Serben. »Da sie keine eigene Geschichte haben, verlegten sie sich auf Mythologie! Ihre gesamte Geschichte ist ein Mythos!«

Neue Kriege, gescheiterte Staaten, hybride Konflikte – alles Begriffe zur Beschreibung der aktuellen Implosion von Gesellschaften. Und immer ist die Globalisierung im Spiel. Venezuela hat keinen Krieg, weder neu noch alt, erlebt, jedoch ein autoritäres Regime hervorgebracht, das voll und ganz vom Weltmarktpreis eines Rohstoffs abhängt. Als das Barrel Erdöl 100 US-Dollar kostete, konnte das Land sich den Populismus und die Korruption von Hugo Chavez und seiner Regierung erlauben. Als der Weltmarktpreis 2014 sank, geriet der Staat ins Schleudern, woraufhin über zwei Millionen Venezolaner vor der bitteren Armut in andere mittel- und südamerikanische Länder flohen.[8]

Globale Wirtschaftsfaktoren beschleunigen den mörderischen Tanz staatlicher und nicht staatlicher Akteure. Der mexikanische Drogenkrieg ist scheinbar ein Konflikt zwischen dem Staat und den Drogenkartellen. Tatsächlich tobt der Krieg jedoch zwischen den einzelnen Kartellen, die auch wegen des staatlichen Durchgreifens gegen sie (einschließlich Verhaftungen und umfangreichen Beschlagnahmungen von Drogen) in einen erbitterten Kampf verstrickt sind. Die meisten Opfer dieses Krieges sind Kämpfer der Kartelle und Zivilisten. Das scharfe Vorgehen des mexikanischen Staates geht auch auf den Druck der USA zurück, wo man die wachsende Suchtkrise in den Griff bekommen will. Die Kartelle leben von der Nachfrage durch Drogensüchtige in den USA, woher auch die Waffen stammen, die beide Seiten in diesem tödlichen Konflikt einsetzen. So stellen wir uns einen Krieg normalerweise nicht vor – es gibt keine Schlachten zwischen Panzereinheiten, keine klaren Sieger oder Verlierer. Im Mittelpunkt stehen Wirtschaftsinteressen. Vor dem Ausbruch des Drogenkriegs war die Armutsrate in Mexiko extrem hoch.[9] Sehr wahrscheinlich hat finanzielle Not so manchen Mexikaner den kriminellen Banden in die Arme getrieben. Eine Weltbankstudie fand eine Korrelation zwischen Einkommensungleichheit und steigenden Mordraten während des Krieges.[10] Der Präsident, der den Drogen den Krieg erklärte, hieß Felipe Calderón, das war 2006. Seither sind mindestens 120 000 Menschen in Mexiko getötet worden und Zehntausende weitere verschwunden und vermutlich tot.[11] Dies ist einer der tödlichsten Konflikte der Welt, und er hat nichts mit Nationalismus, Tribalismus oder Religion zu tun. Wir sollten den Drogenkrieg als Nebeneffekt eines verzweifelten Versuchs betrachten, der stärksten Kraft in einer globalisierten Welt Einhalt zu gebieten: Angebot und Nachfrage.

Globale Vernetzung liefert nicht nur die globalen Voraussetzungen für Konflikte, sondern kann auch ihr Wesen und die Motivationen dahinter verändern. Der Syrienkrieg ist nicht wegen der historischen Spaltung der muslimischen Welt in Schiiten und Sunniten ausgebrochen, sondern als innerstaatlicher Kampf der Bürger für die Befreiung von einem Unterdrückungsregime. Als dieser eskalierte, verbündeten sich staatliche Akteure mit nicht staatlichen Gruppen und verwandelten ihn in einen Stellvertreterkrieg sunnitischer Kräfte gegen das alawitische Regime, das vom Iran als der schiitischen Vormacht in der Region unterstützt wurde. Zur Mobilisierung von Geld und Kämpfern wurden religiöse Identität und der Aufruf zum Dschihad gegen andere Muslime ins Spiel gebracht. Während der Syrienkonflikt globaler wurde, wurden die umkämpften Werte lokaler, historischer und tribaler.

Da heutige Konflikte nicht staatliche Akteure wie kriminelle Banden, Finanzinstitutionen, Lobbygruppen aus der Wirtschaft, Medien und natürlich offizielle internationale Institutionen einschließen, lassen sie sich immer weniger durch das nach dem Zweiten Weltkrieg errichteten Staatensystem einhegen. In der globalisierten Welt können Konflikte nicht mehr innerhalb staatlicher oder geografischer Grenzen isoliert werden. In der Regel gibt es keine »sterilen« Kriege ohne äußere Einmischung. Die Dynamik enger Beziehungen verwandelt lokale oder regionale Konfrontationen in schwarze Löcher, die kraftvoll weitere Teilnehmer in sich hineinziehen. Was als interner syrischer Aufstand begann, artete bald zu einem regionalen Konflikt aus, an dem sich mehrere globale Akteure beteiligten. Die Welt, in der Länder voneinander getrennte, interne und relativ begrenzte Konflikte austragen konnten, ist tot, falls sie überhaupt je existierte. Die Obama-Regierung hat den giftigen Sumpf des Syrienkriegs zu umgehen versucht. Das war verständlich. Syrien ist ein armes, zweitrangiges Land im Nahen Osten, und der Krieg zerfiel zusehends in Einzelkonflikte. Obamas Beamte gingen von der richtigen Annahme aus, dass die Vereinigten Staaten von einer Einmischung wenig profitieren würden. Tatsächlich hätte ihr Bemühen, dem Problem auszuweichen, in anderen, weniger vernetzten Zeiten vielleicht gelingen können. In unserer Ära kann man den Sumpf eines regionalen Aufstands nicht mehr umgehen. Man wird nur umso unwiderstehlicher hineingezogen, so zweifellos auch in Syrien.

Woher kommen die Flüchtlinge? An erster Stelle aus Syrien, in großem Abstand gefolgt von Afghanistan, dem jungen Südsudan (der in Stammeskriege versunken ist), Somalia und Myanmar (das ethnische Säuberungen gegen die muslimische Minderheit unternahm).[12] Alle diese Länder leiden unter einem brutalen Bürgerkrieg, und entsprechend hoch ist die Zahl der Binnenflüchtlinge. In einer relativ friedlichen Zeit erleben wir die schlimmste Flüchtlingskrise in siebzig Jahren: Der Zusammenbruch von Gemeinschaften und Staaten ist ein grundlegendes Phänomen des 21. Jahrhunderts.

Bei Unterzeichnung der UN-Charta, die die Souveränität ihrer Mitglieder garantierte, ging es den Staaten hauptsächlich darum, von feindlicher Besatzung frei zu bleiben und ihre nationale Selbstbestimmung zu behalten. Heute lautet die Hauptaufgabe, als einheitliches politisches Gemeinwesen fortzubestehen, also einfach zu existieren.

Wir haben keine wirksamen internationalen Mittel zur Unterstützung von Staaten, die einen schweren inneren Konflikt durchmachen, und keine realistische Strategie, um Staaten vor dem Zerfall, vor der Verwandlung in gescheiterte Staaten zu bewahren. Das internationale System baut auf dem gegenteiligen Paradigma auf – dass interne Konflikte einer Nation normalerweise isoliert bleiben und geschützt vor äußerer Einmischung ablaufen, dass Länder nicht in die »inneren Angelegenheiten« anderer eingreifen, um eine gängige Formel zu zitieren. Dieses Paradigma ist ebenso falsch wie gefährlich.

Der Wohlstand unseres Zeitalters kaschiert die Schwächung des Nationalstaats, der sich selbst überlassen bleibt. Schwache Staaten, vor allem im Süden, zerbrechen unter Druck von innen und außen in ihre Bestandteile und vertreiben dabei manchmal Menschen aus ihren Häusern. Diese neuen Flüchtlinge finden Aufnahme in anderen Regionen des zerfallenden Staates oder in Nachbarländern, die oft selbst in arger Bedrängnis sind. Es kommt eine soziale und politische Kettenreaktion in Gang, die gern unterschätzt wird. Vor dem Syrischen Bürgerkrieg lebte mindestens eine Million Iraker in Syrien,[13] die mehrheitlich vor dem Dauerkonflikt in ihrem Land geflohen waren. Diese Zahl würde der Ankunft von über 25 Millionen Flüchtlingen innerhalb weniger Jahre in der EU entsprechen, und viele Analysten nehmen an, dass diese Entwicklung zur Destabilisierung Syriens beigetragen hat.

Dann brach der Bürgerkrieg aus, und Millionen von Menschen wurden vertrieben oder flohen aus ihren Wohnungen und suchten Zuflucht in den Küstenstädten oder tief in der syrischen Wüste. Weitere 3,5 Millionen Menschen schafften es in die Türkei. 1,5 Millionen erreichten das wohlhabende Europa mit einer Bevölkerung von rund 740 Millionen.

Die erwähnte Kettenreaktion lässt sich auch künstlich auslösen, und wir haben eine Reihe von Hinweisen darauf, dass dies im Syrienkrieg tatsächlich geschah. Zunächst erteilte Präsident Assad seinen Truppen den Befehl, junge syrische Männer mit Gewalt zu rekrutieren, notfalls mittels Entführung durch besondere Greifertrupps des Regimes.[14] Das Regime zwang die Soldaten, auf unbestimmte Zeit beim Militär zu bleiben, und viele syrische Flüchtlinge erklärten, sie hätten einer Zwangsrekrutierung entgehen wollen. Außerdem erlaubte die syrische Regierung Bußgeldzahlungen in Höhe von mehreren Hundert Dollar für die Zurückstellung vom Wehrdienst und ermöglichte damit faktisch die Ausstellung von Reisepässen an Männer, die sich dem Militärdienst entziehen wollten. Historisch betrachtet ist die Beantragung eines Passes in Diktaturen wie Syrien eine langwierige und problematische Angelegenheit, aber 2015 erleichterte das Regime plötzlich die Bedingungen spürbar, verkürzte die Wartezeit und gewährte die Ausstellung sogar Syrern, die das Land illegal verlassen hatten. Anfangs hatten syrische Flüchtlinge die lange, gefährliche Tour nach Libyen angetreten, wo sie das Mittelmeer zusammen mit afrikanischen Migranten nach Italien überquerten. Die Anwesenheit von Millionen Syrern in der Türkei rief vor Ort Fluchthelfer auf den Plan, die eine weitaus leichtere Route ausfindig machten: die kurze und relativ sichere Passage von der türkischen Küste zu den griechischen Inseln. Diese war auch wesentlich billiger. Während die Tour nach Europa über Libyen und Italien um die 6000 Dollar kostete, konnte man die schmale Meerenge zwischen dem türkischen Ferienort Bodrum und der griechischen Insel Kos schon zum relativ günstigen Preis von 3000 Dollar pro Kopf passieren.

Im Nahen Osten verbreitete sich das Gerücht, Europas Tore stünden nun offen. Die sozialen Netzwerke und die vielen Kommunikationskanäle, die selbst in der Hölle des Syrienkriegs funktionierten, transportierten wichtige Informationen über den Weg in eine neue Zukunft. Junge Syrer standen jetzt vor der Entscheidung, in Syrien zu bleiben und den Tod oder die Zwangsrekrutierung in die Armee des verhassten Diktators zu riskieren oder einen syrischen Pass samt legaler Zurückstellung vom Wehrdienst zu erhalten und sich auf einen relativ sicheren Weg zu machen. Das Regime selbst ließ ihnen diese Wahl, vielleicht, um Syrien von den Gegnern des Präsidenten zu befreien – und Europa unter steigenden Druck zu setzen. Die syrische Migration sei praktisch eine sukzessive ethnische Säuberung des Landesinneren von sunnitischen Bürgern, behaupten viele Flüchtlinge, eine massive demografische Veränderung zugunsten von Assads Getreuen. 2016 erstattete General Philip Breedlove, der NATO-Oberbefehlshaber in Europa und Kommandeur der dort stationierten US-Truppen, dem amerikanischen Senat Bericht. Es war ein wichtiger Report, der nicht die verdiente Aufmerksamkeit erhielt. Der General erklärte, Syrer würden nicht nur mit dem Ziel aus ihrem Land vertrieben, den Kriegsverlauf zu beeinflussen, sondern auch, um Europa politisch zu schaden. Syrien »benutzt die Migration bewusst als Waffe, in dem Bemühen, Europas Strukturen auszuhebeln und Europas Widerstandskraft zu brechen«.[15] Der amerikanische General sprach konkret über – von Moskau gedeckte – Bombenangriffe Assads gegen syrische Zivilisten. Er sagte, diese Operationen hätten »fast keinen militärischen

Nutzen. Sind dazu gedacht, Menschen zur Flucht zu bewegen und sie für jemand anderen zum Problem zu machen. Bewegt sie zur Flucht, macht sie zu einem Problem für Europa, um Europa niederzubeugen ...«

Trotz ihres geringen demografischen Gewichts in Europa haben diese Flüchtlinge tatsächlich eine äußerst heftige politische Reaktion ausgelöst. Die Bewohner von Industrienationen hatten sich irrtümlich in der Sicherheit gewiegt, Migration kontrollieren zu können. In den folgenden Kapiteln möchte ich zeigen, dass wir tatsächlich ein relativ neuartiges Experiment zur Begrenzung menschlicher Mobilität erleben. Diese Eindämmung kann aber keinen Bestand haben. Vom Tod bedroht, können und wollen jene Syrer, die ich an der ungarischen Grenze getroffen habe, sie nicht akzeptieren. Ihre Reise war eine Revolte, sie galt der Suche nach dem, was die siebzehnjährige Lilian treffend als »Sieg« bezeichnete.

Länder des globalen Südens tragen die Hauptlast der Flüchtlingskrise. Die Türkei beispielsweise hat mehr als zweimal so viele Flüchtlinge aufgenommen wie die gesamte EU. Aber der Westen ist aufgebracht, reagiert teilweise überzogen.

Eines Tages, als wir über die Tausenden von Flüchtlingen auf der griechischen Insel Kos berichteten, legten wir eine Mittagspause in einem Strandlokal mit Blick auf die gegenüberliegende türkische Küste ein. Am Nebentisch saß eine Türkin mittleren Alters mit einer Designer-Handtasche. Wir fragten sie nach dem Einfluss der Flüchtlingskrise auf ihrer Seite der Meerenge.

»Ich bin aus Bodrum«, sagte sie, »und vor etwa zwei Monaten hat sich eine ganze syrische Familie in meinem Hinterhof niedergelassen und ein Zelt aufgeschlagen.«

»Was haben Sie da unternommen?«, fragte ich.

»Ich habe die Polizei angerufen, um sie loszuwerden«, antwortete sie. Nach Anhörung ihrer Beschwerde habe ihr der Polizeibeamte erwidert: »Ah, sie sind persönliche Gäste unseres hochgeschätzten Präsidenten Recep Tayyip Erdoğan.« Sie habe aufgelegt, erneut gewählt und gehofft, mit einem Polizeibeamten zu sprechen, der keine Späße mit ihr trieb. Tatsächlich habe ein anderer Polizist abgehoben. Nachdem sie erneut von den Besetzern auf ihrem Hof berichtet habe, hätte er geantwortet: »Diese Leute? Sie sind Präsident Erdoğans Gäste. Hat man Ihnen das nicht gesagt? Das ist nicht in Ordnung.«

Ich fragte sie, was sie daraufhin gemacht habe.

»Ich habe nichts unternommen. Ich hatte verstanden, dass die Politik so ist«, schloss die türkische Frau. Den letzten Satz sagte sie in vollständiger Ergebenheit.

EIN EXPERIMENT – UND SEIN PREIS

»Jeder hat das Recht, jedes Land, einschließlich seines eigenen,
zu verlassen und in sein Land zurückzukehren.«

Artikel 13 (2) der »Allgemeinen Erklärung der Menschenrechte«[1]

Mein Großvater väterlicherseits, Joel Shastel, war ein kleiner, schweigsamer Mann. Am Schabbat sahen mein Bruder und ich ihn in dicken Anzügen, die nicht in die nahöstliche Hitze passten, langsamen Schritts von der Synagoge zurückkehren. Wir haben nie ein richtiges Gespräch mit ihm geführt. Als wir älter wurden, begriffen wir, dass er sich mit niemandem ernsthaft unterhielt. Manchmal gab er uns Bonbons, aber in seinem Haus hatten wir vor allem Angst, er könnte uns anschreien, wir sollten nicht weiterspielen, nicht über die Felder ringsum rennen und nicht auf die dahinter liegenden Hügel aus rotem Lehm klettern. Er schärfte uns ein, vorsichtig zu sein, damit wir nicht hinfielen, und nicht herumzutollen, damit ja nichts passierte. »Sich in Acht nehmen« lautete das oberste Gebot. Einmal hat mein Vater mir erzählt, wie er als Zehnjähriger den revolutionären Plan aussheckte, etwas an einer nackten Wand des Häuschens zu befestigen, in dem er mit seinen beiden Geschwistern aufwuchs. Was hatte der Großvater für einen Wirbel allein um das Einschlagen eines Nagels in die Wand gemacht, um die Mühen und Gefahren beim Anbringen eines Regalbretts.

Sein Leben war von Angst bedrückt. Er löschte den tragischsten Teil daraus und antwortete auf alle Fragen mit sechs undurchdringlichen Wörtern: »Die Nazis, ausgelöscht sei ihr Name.« »Ausgelöscht sei ihr Name« ist ein alter jüdischer Fluch, mit dem Großvater Joel alles Leid ausdrückte: seine Frau, seinen geliebten Sohn, deren Deportation in die Konzentrations- und Vernichtungslager im Zweiten Weltkrieg, ihre Ermordung, das Verschwinden seiner übrigen Verwandten, den Tod der Kultur und des Milieus, in dem er aufgewachsen war –, und dass er all dies aus der Ferne hatte miterleben müssen, absolut ohnmächtig. »Die Nazis, ausgelöscht sei ihr Name«, sagte er und verstummte, und das Gespräch erstarb, noch ehe es angefangen hatte.

Er war 1905 in Białystok in Polen als Sohn einer armen Familie geboren worden, die zu der großen jüdischen Gemeinde der Stadt gehörte. Was wir über die Zeit danach wissen, stammt aus Briefen und amtlichen Papieren; er selbst erzählte fast nichts. Er lernte das Schneiderhandwerk und heiratete mit 25 Jahren die fünf Jahre ältere Rejzle Winokur. Der Oberrabbiner der Stadt traute die beiden. Vorher hatte Großvater in der polnischen Armee gedient; ein Foto zeigt ihn als außergewöhnlich schmucken Mann mit großen Augen und vollen Lippen, so energisch und hoffnungsvoll, wie wir ihn nie gesehen haben.

Einige seiner Verwandten wanderten nach Amerika aus, was auch er beabsichtigte; andernfalls wollte er ins Land Israel. Unglücklicherweise beschränkte Großbritannien gerade damals rigoros die legale Einwanderung von Juden in sein Mandatsgebiet Palästina. Überhaupt schottete sich die Welt zusehends gegen Migranten ab. Drei Jahre nach der Hochzeit und der Geburt ihres Sohnes trafen mein Großvater und seine Frau eine kühne Entscheidung: Er würde mit einem für drei Monate gültigen Touristenvisum ins Land Israel einreisen, danach illegal dortbleiben und die Immigration seiner Familie in die Wege leiten. Er verließ Polen 1933, und seine Reisepapiere geben Zeugnis von einem weiten Weg: Tschechoslowakei, Griechenland, ein arabischer Staat und schließlich Israel. Die syrischen Flüchtlinge im vorherigen Kapitel hatten einen ähnlichen Weg zurückgelegt – bloß andersherum, aus Nahost nach Europa. Die Fluchtrouten ändern sich nicht, nur die Umstände und die Richtung des Stroms.

In dem Jahr, als mein Großvater in Palästina ankam, übernahmen die Nazis die Macht in Deutschland.

Er zog in eine landwirtschaftliche Kolonie nördlich von Tel Aviv und war mit Frau und Sohn in Briefkontakt. Ununterbrochen bemühte er sich, den Briten Visa – oder »Zertifikate«, wie es damals hieß – für seine Angehörigen abzuringen, doch vergebens. Die wenigen, die es gab, wurden von zionistischen Funktionären verteilt, und er war bloß ein einfacher Arbeiter, der sich auch noch illegal in Palästina aufhielt. Die Sicherheitslage war zudem denkbar schlecht. Zweieinhalb Jahre nach seiner Ankunft brach der arabische Aufstand gegen die britische Mandatsmacht aus, die jüdische Einwanderung und Ansiedlung gestattete; die Unruhen dauerten bis 1939. Im selben Jahr wurde seine Geburtsstadt Białystok von den Deutschen erobert und im Rahmen des Ribbentrop-Molotow-Pakts an die Sowjets übergeben; zwei Jahre später begannen die Deutschen das »Unternehmen Barbarossa«. Am ersten Tag ihrer Besatzungsherrschaft in Białystok zündeten sie die Große Synagoge an und verbrannten darin zweitausend Juden bei lebendigem Leib. Das war erst der Anfang.

Man kann nur ahnen, was mein Großvater durchgemacht hat, schier von Sinnen vor Angst und Sorge um Frau und Sohn, seine Eltern und Angehörigen, während er selbst in Palästina festsaß. Nur die Papiere erzählen die Geschichte: Er besuchte Konsulate, gab sein Geld für professionelle Schreiber aus, ließ Geburts- und Heiratsurkunde notariell beglaubigt übersetzen, trat Parteien bei – vielleicht könnten die Funktionäre weiterhelfen.

Im November 1942 lief die Nachricht um die Welt, dass die Nazis tatsächlich einen systematischen Massenmord an sämtlichen Juden begingen. Es handele sich nicht um »Verfolgungen« oder Pogrome, sondern um die physische Vernichtung aller Juden. Die Verzweiflung meines Großvaters spricht aus zwei kurzen Schreiben, die sich nach seinem Tod fanden: ein Brief von ihm an die Jewish Agency, der sich um das Wort »Helft!« dreht, und die Antwort, in der es heißt, man verstehe »seine schwere Lage«, könne aber nichts unternehmen. Weitere Unterlagen lassen vermuten, dass er ohne

Erfolg versuchte, während des Krieges nach Europa zurückzukehren – als in Auschwitz bereits Gaskammern gebaut wurden. Er wollte einfach nur bei seinen Angehörigen sein. Falls dies zutrifft – die Familie kann es nicht mit Sicherheit nachvollziehen –, konnte er nicht einmal diesen selbstmörderischen Plan umsetzen. Die überwältigende Mehrheit der Juden von Białystok wurde in den Vernichtungslagern Treblinka, Majdanek und Auschwitz ermordet.

Nach dem Krieg und verzweifelten Nachforschungen, die nichts ergaben, heiratete er meine Großmutter Fortuna Tabach, eine Jüdin aus der uralten Gemeinde der libanesischen Hauptstadt Beirut, eine resolute und fröhliche Frau, die aus einer ganz anderen Welt kam als er. Sie bekamen drei Söhne, darunter mein Vater. Meine Großmutter starb noch jung an einer Krankheit – die letzte Tragödie für einen Mann, der bereits einen totalen Verlust erlitten hatte.

Die Familie meines Großvaters war zwischen Grenzen und dem Bösen gefangen. Und dann war er selbst gefangen, ohne Staat und Staatsbürgerschaft, musste Fremde um Hilfe bitten, ohne eine Möglichkeit zu handeln. Er war ein Flüchtling, dem es nicht gelang, Frau und Sohn aus dem Feuer zu retten – oder auch nur mit ihnen zu sterben.

DER ANFANG DES EXPERIMENTS

Tiere wandern mit dem Wechsel der Jahreszeiten, zur Fortpflanzung oder krisenbedingt, etwa auf der Flucht vor einem großen Feuer oder nach dem Verlust von Futterplätzen. Die einzigartige Fähigkeit, zu wandern und sich an neue Lebensumstände anzupassen, ermöglichte es Homo sapiens, sich über den gesamten Planeten auszubreiten. Doch in unserer Ära, genau jetzt, entsteht eine Anomalie. Die Globalisierung gründet auf politischen, wirtschaftlichen und kulturellen Beziehungen zwischen Ländern und Individuen. Doch inmitten dieser Beziehungen tut sich ein schwarzes Loch auf: Während Informationen, Kapital und Waren leichter und relativ sicher kursieren, ist die Freizügigkeit der Menschen stark eingeschränkt.

Für die Jäger und Sammler war die Fähigkeit, sich fortzubewegen, überlebenswichtig, und sie blieb es auch nach der Sesshaftwerdung der Menschen. Sie wanderten als Einzelne, etwa beim Austausch von Ehepartnern, oder als Großfamilien, Stämme oder Gruppen mit gemeinsamer Religion oder Herkunft. Tatsächlich wurde die Geschichte in hohem Maß durch die Migration ganzer Völker über riesige Entfernungen bestimmt. Das älteste Ethos der jüdisch-christlichen Zivilisation ist der Auszug aus Ägypten, der Exodus. Aus der Expansion eines kleinen italienischen Stammes ist das Römische Reich entstanden, das später unter dem Druck von Migrationsprozessen in Richtung Süden zerfiel. Jene wandernden Völker – Westgoten, Vandalen und Hunnen – gelten als jene, die das Weströmische Reich »zerstörten«, doch war es da längst marode und schwach. Das Vordringen dieser Kräfte in das Herz Europas zersprengte das Reich in konkurrierende Königreiche, Herzogtümer, Grafschaften und so weiter, beseitigte den Gedanken eines vereinten christlichen Universums in Europa, spaltete die Einheit von Staat und Kirche – und die christliche Welt letzten Endes in verschiedene Konfessionen. Der Zerfall des Römischen Reiches führte Europa in ein Zeitalter wachsender militärischer und politischer Konkurrenz um begrenzte Ressourcen, verbesserte die Militärtechnik der neuen Staatsgebilde, förderte ideologische und politische Vielfalt und hatte zur Folge, dass Europa immer mächtiger wurde und sich schließlich die ganze Welt untertan machte. Die Invasion Englands 1066 durch Wilhelm den Eroberer, Herzog der Normandie, veränderte die britischen Inseln, und einige Jahrhunderte später wurde das British Empire eine westliche Weltmacht, wie man sie seit dem Römischen Reich nicht mehr gekannt hatte. Erwähnen könnte man auch die arabische Eroberung im 7. Jahrhundert und die Blüte, die sie dem Mittelmeerraum bescherte, oder die Entdeckung Amerikas und die massive Verbringung von

Menschen und Mitteln auf die neuen Kontinente, und vieles andere mehr.

Das sind natürlich äußerst weitschweifende historische Betrachtungen, doch sind Wanderungen von Menschen und Gemeinschaften im Grunde eine Geschichte vom Überleben. Eine Dürreperiode schickt ganze Stämme auf die Suche nach besseren Siedlungsplätzen. Wird das Klima rasch kälter, kann ziemlich schnell eine Migration gen Süden einsetzen. Und natürlich gibt es politische Einflüsse: Die Beziehungen zwischen Völkern und Religionen lösen große Migrationszüge aus. Das gefährdet unweigerlich die Herrscher und Stände, die die Produktionsmittel kontrollieren – an den Orten, die die Menschen verlassen, und an jenen, zu denen sie streben. Seit dem Mittelalter wussten Könige und Fürsten, dass sie ihre Territorien nur dann verwalten konnten, wenn sie die Kontrolle über die menschliche Mobilität besaßen. Im Innern versuchten Regierende zum Teil, die Übersiedlung in die großen Städte zu unterbinden, immer in Sorge um ihre Herrschaft. Neben regelrechter Sklaverei, die jegliche Freizügigkeit versagte, unterhielten die oberen Stände in Europa, Asien und Mittelamerika Grundhörigkeits- und Leibeigenschaftssysteme, die den Bauern an den Boden banden, sodass Menschen und Grundeigentum ein zusammengehöriges Besitztum bildeten. Leibeigenschaft kam der Sklaverei sehr nahe, und Millionen Menschen lebten bis ins 20. Jahrhundert unter ihren Bedingungen. Erst 1861 schaffte Zar Alexander II. die Leibeigenschaft in Russland ab, womit er 48 Millionen Menschen befreite.

Mit dem Anbruch des Kolonialzeitalters gab es ähnliche Bemühungen, die Auswanderung nach den Kolonien in der neuen Welt zu kontrollieren. Spanier durften die Kolonien nur mit einer Bescheinigung betreten, sie seien »weder Juden noch Mauren, noch Kinder von solchen, noch Kinder oder Enkel von Personen, die als Ketzer oder für ketzerische Verbrechen bestraft, verurteilt oder verbrannt wurden«.[2] Das umgekehrte Modell entstand in Großbritannien, wo man die neuen Territorien gern als Strafkolonien nutzte; das berühmteste Beispiel dafür ist Australien. Das Mittel der Vertreibung – eine erzwungene Auswanderung – war in der Antike allgemein akzeptiert, ebenso in der Neuzeit.

Viele Völker litten unter Vertreibung und Verbannung, die als Strafe über sie verhängt wurden; die Juden gehören zu den wenigen Völkern, die auch Jahrtausende der Verbannung überlebten. Seit der Zerstörung der alten hebräischen Königreiche war die gesamte jüdische Geschichte eine Abfolge von Verfolgung, Vertreibung, Wanderung, Neuansiedlung, erneuter Verfolgung und so weiter. Ihre politische Katastrophe – die endgültige Zerstörung ihrer Souveränität im Land Israel im 1. Jahrhundert n. Chr. – wurde als göttliche Strafe ausgelegt. Für die Kirche und den Westen waren die Juden selbst schuld an ihrem Elend, weil sie den christlichen Glauben abgelehnt und Christus ans Kreuz gebracht hatten. Im 4. Jahrhundert schrieb der römisch-iberische Dichter Prudentius: »Von Ort zu Ort wandert der heimatlose Jude in immer wechselnder Verbannung, seit der Zeit, als er fortgerissen ward vom Wohnort seiner Väter und erlitt die Strafe für Mord, dass er seine Hände besudelte mit Christi Blut ...«[3]

Die Juden wurden vertrieben aus dem Land Israel, aus Frankreich, England, Spanien, dem Rheinland, aus Österreich, Litauen und vielen anderen Ländern. Oft bot man ihnen an, sich zum Christentum zu bekehren und im Land zu bleiben, zum Beispiel bei der großen Vertreibung aus Frankreich 1306, doch zogen es viele Juden vor, das Land zu verlassen.

Der Jude war der ultimative Verbannte, der ewige Fremde. Die Legende vom Wandernden Juden wurde von den im Mittelalter häufigen Vertreibungen inspiriert. Sie erzählt, auf dem Weg zur Kreuzigung habe Jesus vor dem Haus eines Juden namens Ahasver ausruhen wollen, doch dieser habe ihn fortgejagt. Und seither sei dieser Jude dazu verdammt, ruhe- und heimatlos durch die Welt zu wandern. Es war eine Welt, in der jeder Fürst die Juden verfolgen durfte, die ihnen aber auch erlaubte, ihr Leben durch Migration zu retten.

Es war keine angenehme Wanderung, und an den meisten Orten bereitete man ihnen, gelinde gesagt, keinen begeisterten Empfang. Als die Juden Ende des 15. Jahrhunderts aus den Königreichen Kastilien und Aragon vertrieben wurden, übersiedelte die große Mehrheit der Gemeinde ins benachbarte Portugal, und König João II. stellte die übliche Bedingung für die Gewährung von Zuflucht an Juden: Gold. 600 reiche Familien zahlten einen hohen einmaligen Betrag und erhielten eine unbegrenzte Aufenthaltsgenehmigung, alle anderen zahlten für acht Monate – danach mussten sie auf Befehl des Königs eine Sondersteuer zahlen, sonst würden sie versklavt. Nach einigen Zeugnissen mussten die Juden zehn Prozent ihres Vermögens gleich an der Grenze abgeben, zuzüglich einer Steuer.[4] Flüchtlingslager entstanden nahe der spanischen Grenze, in denen Seuchen ausbrachen. Das ist eine erschreckend moderne Situation, die an die Flüchtlingskrisen des vergangenen und des aktuellen Jahrhunderts erinnert. Der Historiker François Soyer zeigt, wie Städte und Bewohner den Zuzug der verhassten Fremden zu verhindern suchten und die Zentralregierung zu deren Gunsten eingriff, indem ihre Beamten den Kommunalverwaltungen klarmachten, dass sie gesetzlich nicht befugt seien, den Flüchtlingen den Aufenthalt zu verwehren.[5]

Das geschah nicht aus humanitären Erwägungen. Für João II. war die Ankunft der jüdischen Minderheit eine hervorragende Gelegenheit, seine Staatsfinanzen aufzubessern und sein Reich zu stärken. Als ein Teil der Juden die ihnen auferlegten Steuern nicht zahlen konnte, ergriff er eine Maßnahme, die selbst für mittelalterliche Begriffe dramatisch war: Er ließ ihre Kinder versklaven und verschleppen. Die Zahlen der entführten Kinder schwanken zwischen mehreren Hundert und mehreren Tausend, und die Aktion ist wohldokumentiert in der jüdischen Literatur und in portugiesischen Archiven, einschließlich Schilderungen über jüdische Mütter, die sich vor dem Pferd des Königs zu Boden warfen und um Barmherzigkeit flehten. Die Kinder wurden einem portugiesischen Adeligen als Sklaven übergeben und auf die Insel São Tomé an der Westküste Afrikas verbracht. Ihr Schicksal ist unbekannt, aber vermutlich sind die meisten bald nach ihrer Ankunft gestorben.

In Portugal erhielt die jüdische Geschichte eine weitere dramatische Wendung, die zeigt, was geschieht, wenn alle Fluchtwege versperrt sind. Die Aufenthaltsgenehmigungen entsprachen der Politik König Joãos II., doch sein Nachfolger, Manuel I., strebte die Vereinigung mit den spanischen Königreichen an. Die strenggläubigen Spanier hatten ihre Juden bereits vertrieben, und König Manuel vermutete, im Interesse der angestrebten Vereinigung müsse auch Portugal sie loswerden. Manche meinen, die spanischen Könige hätten dies als Vorbedingung verlangt.[6] Jedenfalls erging fünf Jahre nach der Vertreibung aus Spanien für 1497 der Ausweisungsbefehl an die Juden. Doch anders als Spanien war Portugal zwar ebenfalls gegen die Anwesenheit der Juden, wollte ihnen aber nicht die Ausreise ermöglichen – ihre Rolle in Wirtschaft und Handel des Landes war, wie es scheint, bedeutend. Schulen und Synagogen wurden beschlagnahmt, die Heiligen Schriften verbrannt, Tausende von Kindern ihren Familien regelrecht entrissen und zwangsgetauft. Dokumente berichten von Juden, die es vorzogen, sich mit ihren Kindern selbst zu töten.[7] Einige der »Neuchristen« lebten ihr Judentum heimlich weiter und konnten schließlich fliehen. Doch bis dahin lebten sie gefährlich: Neun Jahre nach dem Vertreibungsbefehl ereignete sich ein massives Pogrom in Lissabon, Tausende wurden ermordet unter dem Verdacht, Juden zu sein. Eine Heilige Inquisition wurde eingesetzt, die sich intensiv mit der Verfolgung der Conversos oder »Neuchristen« befasste, wozu auch die Verbrennungen Verdächtiger auf dem Scheiterhaufen gehörten, eine Inquisition, die auch in den portugiesischen Kolonien in Asien tätig war. Innerhalb einer Generation war eine der bedeutendsten jüdischen Gemeinden Europas ausgelöscht worden.

Das Beispiel Portugal hält damit eine nicht nur jüdische, sondern globale Lehre bereit: Die Geschichte kennt zahllose Gräuel, aber diese werden noch schrecklicher, wenn Menschen und Gemeinschaften am Fortziehen behindert werden. In einer breiteren Perspektive zeigt die jüdische Geschichte, dass Migration der Schlüssel zum Überleben von Einzelnen und Gemeinschaften sein kann. Jahrtausendelang haben Juden klare Prioritäten gesetzt: Dein Wohnort ist weniger wichtig als deine Familie, deine Religion und deine angestammte Identität.

In der Vormoderne war die Welt offener für Migration und verstand ihren Wert. Im antiken Griechenland war Freizügigkeit eine der vier Säulen der Freiheit, ein wesentlicher Unterschied zwischen Sklaven und Freien.[8] Auch in späteren Epochen war es, ohne Druckhandwerk und schnelle Kommunikation, schwierig, einen internationalen Standard für erlaubte und verbotene Mobilität zu schaffen und durchzusetzen. Reisepässe waren königliche Urkunden, mit denen Könige ihre Gesandten seit dem 15. Jahrhundert – vielleicht auch schon früher – ausstatteten, während normale Menschen sie nicht unbedingt brauchten, um Staatsgrenzen zu überschreiten. Nicht dass monarchische Staaten internationale Reisefreiheit propagierten – weit gefehlt. König Ludwig XVI. von Frankreich bestimmte, seine Untertanen dürften das Reich nicht ohne schriftliche Genehmigung – eine Art früher Reisepass – verlassen, und selbst im Inland durfte man nicht unerlaubt reisen. Auch in Großbritannien war für das Verlassen der Insel auf dem Seeweg bald eine offizielle Genehmigung erforderlich. Formell erhoben Erlasse von Königen und ihren Kabinetten eine Forderung nach »Papieren« oder Reisepässen. John Torpey erklärt in seinem aufschlussreichen Buch über die Erfindung des Reisepasses, wie diese Dokumente in einer viel weniger strengen und weniger eindeutigen Welt gehandhabt wurden: »Reisepässe hatten den natürlichen Hang, ›verloren zu gehen‹, woraufhin Ersatz in der Gegend zu beschaffen war, wo der oder die Reisende sich gerade befand ... Passbeschränkungen waren ohne

Frage für viele ein Ärgernis, aber die Laxheit der Behörden und die wohlmeinende Unterstützung diverser Wohltäter machten die staatliche Verwendung von Kontrolldokumenten zwecks Beschränkung der Reisefreiheit häufig zum Gespött.«[9]

Menschen brauchten keine vorherige Genehmigung, um auszuwandern; mal mussten sie eine Gebühr für ihre Aufenthaltserlaubnis entrichten, mal nicht.[10] Die Königreiche und Fürstentümer hatten ohnehin nur begrenzte Mittel, das Betreten ihres Hoheitsgebiets zu kontrollieren, es sei denn, es handelte sich um große Menschenströme oder ganze Gemeinschaften. Die Ankömmlinge erhielten keinerlei Rechte und wurden nicht nach ihrer Staatsangehörigkeit gefragt, weil diese Idee erst im 18. Jahrhundert eigene politische Bedeutung erhielt. Auf die neuen Einwohner warteten keine Rosengärten; gelegentlich wurden sie bei der Überquerung eines Flusses niedergemetzelt oder mussten vor den Stadtmauern bleiben, bis sie zugrunde gingen oder flüchteten. Wenn eine Gemeinschaft in so große Not geriet, dass ihre Mitglieder in eine andere Region oder in ein anderes Land ziehen mussten, konnten sie ihre Habseligkeiten nehmen und aufbrechen, ohne unterwegs auf jene wirksamen technischen Hilfsmittel zu stoßen, mit denen es mittelamerikanische Migranten an der Südgrenze der USA zu tun bekommen.[11]

Das ist ein wichtiger Punkt: Genau wie heute wünschten sich die Herrscher volle Kontrolle über die Ein- und Ausreise von Menschen. Aber technisch und praktisch war das unmöglich. Die Millionen von Europäern, die im 19. Jahrhundert in die USA auswanderten, hatten teils einen Pass, teils nicht. Natürlich kamen sie ohne Visa und ohne die Zusicherung, eingelassen zu werden, aber nur wenige wurden abgewiesen.

»Vor dem Ersten Weltkrieg verlief die Immigration in die Vereinigten Staaten praktisch ungehindert, getragen von einer traditionellen Laisser-faire-Mobilität für Arbeitskräfte, die in die Kolonialzeit zurückreichte«, schreibt Mae Ngai von der Columbia

University, Expertin für Nationalismus, Staatsbürgerschaft und ethnische Zugehörigkeit in den USA des 20. Jahrhunderts. »Rund 25 Millionen Menschen, überwiegend aus Europa, sind von 1880 bis zum Ersten Weltkrieg in die Vereinigten Staaten eingereist, nur ein Prozent wurde ausgeschlossen, zumeist aus Gesundheitsgründen. Im frühen 20. Jahrhundert gab es keine Reisepässe, keine Visa, keine Greencards.«[12] Im Verlauf des 19. Jahrhunderts verfügte der Kongress immer neue Beschränkungen – gegen Anarchisten, Prostituierte, chinesische Arbeiter und andere mehr. Aber im Allgemeinen standen die Tore all jenen offen, die ankamen und bewiesen, dass sie etwas Geld mitbrachten, ohne deutliches Hinken gehen konnten und nicht geistig zurückgeblieben waren.

Der Erste Weltkrieg, in dem die nationalistischen Mächte auf äußerst tödliche Weise aufeinanderprallten, war ein Wendepunkt. Geschlossene und streng bewachte Grenzen gehen auf die Sicherheitsbedürfnisse im »Großen Krieg« zurück.[13] Nach ihm wurden Passkontrollen, bei wachsender Macht des Staates, international zur Regel.[14] Die Pariser Konferenz über Passangelegenheiten, Zollformalitäten und direkte Fahrkarten von 1920 vereinbarte einheitliche Normen für Pässe[15] und schuf damit die Basis für ein großes Experiment in der Menschheitsgeschichte: wirkungsvolle Grenzen, die Menschen voneinander trennen und ihnen nicht erlauben, ohne staatliche Erlaubnis ein- oder auszureisen – und das weltweit. Passfotos ermöglichten erstmals eine relativ verlässliche Identifizierung derjenigen, die eine Grenze passierten. 1924 erließen die Vereinigten Staaten ihr Immigrationsgesetz, das Einwanderungsquoten nach Rasse und Nationalität festlegte und damit die relativ freie und quantitativ unbegrenzte Einwanderung nach Amerika beendete; die nunmehr international standardisierten Papiere erleichterten diese Aufgabe.[16]

In den letzten hundert Jahren entstanden feste Normen für Dokumente und Verfahren zu dem ausdrücklichen Zweck, die freie Mobilität von Menschen zu kontrollieren, zu überwachen oder gar zu unterbinden. Dabei geht es nicht nur um Migration, sondern auch um innergesellschaftliche Machtverhältnisse. Zum Beispiel im Bezug auf Frauen: In den ersten US-Reisepapieren waren Ehefrauen buchstäblich Randbemerkungen in den Pässen ihrer Gatten. Formal konnten sie ohne ihre Partner keine Grenze überschreiten.[17]

Eine andere Hierarchie besteht in der Gegenwart zwischen dem reichen Norden und dem armen Süden: Für die starken Nationen war und bleibt der Reisepass ein wichtiges Dokument, das für Freizügigkeit, die große weite Welt und blühenden Tourismus steht. Aber diese Nationen benutzen Pässe auch zum umgekehrten Zweck: um die Freizügigkeit der Schwächeren zu begrenzen.[18] Ein Schweizer oder amerikanischer Pass dient der Reisefreiheit des Einzelnen, und so empfindet sein Inhaber es auch. Stellte man ihm jedoch einen somalischen Pass aus – mindestens die Hälfte aller Staaten auf der Welt käme ebenso infrage –, empfände er ganz anders.

Solche Verhältnisse sind uns nur deshalb selbstverständlich, weil wir – wie schon unsere Eltern – in die gegenwärtige Epoche hineingeboren wurden, aber eigentlich handelt es sich um eine Revolution. Sie verändert die Lebensweise, der viele Menschen seit Jahrtausenden folgten, mit der sie überlebten und erfolgreich waren. Man braucht gar nicht so weit zurückzugehen: Von 1820 bis 1930 sind über 30 Millionen Menschen in die Vereinigten Staaten ausgewandert und haben die Republik praktisch neu geschaffen.[19] Sie waren Deutsche, Polen, Iren, Engländer, Holländer, Slawen und natürlich Juden. Als diese große Immigrationswelle einsetzte, lebten in den ganzen Vereinigten Staaten rund zehn Millionen Menschen, und als sie zu Ende ging, war das Land eine Weltmacht. Amerika, die »neue Welt«, ist die verlorene Tochter jener Zeit, als noch Freizügigkeit herrschte. Aus ihr heraus hat sich das Einwanderungsland entwickelt. Die USA sind nicht in einer Ära der Passkontrollen entstanden, sondern aus dem Elend der alten Welt, vor dem ausgemergelte Iren und verfolgte Juden auf ein Schiff fliehen und in eine neue Zukunft fahren konnten. Von der amerikanischen Dichterin Emma Lazarus stammt die berühmte Inschrift an der Freiheitsstatue, die ihrem Sonett »Der Neue Koloss« entnommen ist:

> Gebt mir nur eure Armen,
> Entwurzelten, voll Sehnsucht, frei zu sein,
> die Seelen, die eure Ufer flohen.
> Jener Schwachen will ich mich erbarmen.
> An dem gold'nen Tor soll mein Licht lohen!*

Dieses Gedicht sollte die Millionen Neuankömmlinge in den USA willkommen heißen, verfasst von einer Jüdin aus einer sephardischen Familie, der es nach den erwähnten Verfolgungen in Portugal offenbar gelungen war, nach Brasilien zu gelangen. Von dort waren Emma Lazarus' Vorfahren nach Nieuw Amsterdam (New York) in den holländischen Kolonien der Neuen Welt weitergezogen, bis ihre Nachfahrin schließlich das symbolträchtige Gedicht über die ungeheure Macht der Migration schrieb.

Erst rückblickend erkennen wir, dass die Ära jener großen Migration der letzte Strahl einer sinkenden Sonne war. Je ausgefeilter die technologische Entwicklung, desto leichter konnte der Staat die Bewegungen der Menschen kontrollieren. Im 20. Jahrhundert waren die Nationalstaaten bereits modern und mächtig genug, die Einwanderung in ihr Territorium komplett zu unterbinden. Letzten Endes wurde die Beschränkung der menschlichen Freizügigkeit nicht aufgrund einer bestimmten Ideologie, sondern kraft der Technologie global. Staatschefs und Machtzentren hatten dies schon immer gewollt. Erst in unserer Epoche machten sie die Begrenzung wahr, einfach weil sie es konnten.

---

* Deutsch von Bernd Matzner

Die wandererfahrenste Varietät des Homo sapiens, die Juden, sollte als Erste und aufs Schrecklichste unter dem neuen Experiment leiden. Nach der nationalsozialistischen Machtübernahme wollte Deutschland die Juden vertreiben, und viele emigrierten tatsächlich. Aber die Einwanderungsbeschränkungen, die in den USA, Großbritannien und im Mandatsgebiet Palästina eingeführt wurden, lösten eine humanitäre Krise aus. Juden versuchten zu tun, was sie immer schon getan hatten – fliehen und sich neu ansiedeln –, aber nun fanden sie sich in dem sozialen Experiment der Migrationskontrolle gefangen, eingesperrt zwischen undurchdringlichen Mauern. Sie hatten keine Visa. Die Staaten waren ganz vernarrt in die göttliche Macht, die ihnen endlich zugefallen war: den physischen Aufenthaltsort aller Menschen zu kontrollieren. Und das diente letztlich perfekt dem Streben der Nazis, eine neue Welt ohne Juden und andere Minderheiten zu erschaffen.

Einen Augenblick vor dem Dunkel, 1938, trat die Konferenz von Evian zusammen, um über das Schicksal der jüdischen Flüchtlinge zu beraten. Wie von Hitler vorausgesehen, trug ein Teilnehmerstaat nach dem anderen seine Ausflüchte vor, warum er keine Juden aufnehmen könne. Das Konferenzergebnis passte zu einer prophetischen Feststellung Chaim Weizmanns, eines führenden Kopfs in den jüdischen Organisationen, der zwei Jahre zuvor gesagt hatte:»Die Welt schien in zwei Teile geteilt zu sein – die Orte, wo Juden nicht leben konnten, und die, wohin sie nicht einreisen durften.«[20]

Bei Kriegsbeginn saßen die Juden in Europa fest, und der mörderische Albtraum des »Dritten Reichs« brach über sie herein – ebenso über Homosexuelle, Sinti und Roma, Menschen mit geistiger Behinderung, politische Gegner und viele andere. Was der Familie meines Großvaters geschah, geschah den Juden Europas insgesamt: Die im Krisenfall natürliche Auswanderungsbewegung war blockiert – als Folge des neuartigen Experiments zur Beschränkung der menschlichen Freizügigkeit. Das europäische Judentum wurde in seiner überwältigenden Mehrheit von den Nazis und ihren Verbündeten ausgerottet.

Nach Krieg und Holocaust nahm die Weltgemeinschaft eine Reihe von Beschlüssen und Konventionen an, die eine Wiederholung dieses Szenarios verhindern sollten. Dieses trat in dem ungeheuerlichen Ausmaß des Zweiten Weltkriegs zwar nicht ein weiteres Mal ein, doch immer noch sitzen Menschen zwischen Grenzzäunen und dem Bösen fest, das ihnen auf den Fersen ist. Manchmal sterben sie direkt an diesen Zäunen.

MIGRATION UND WELTBÜRGERSCHAFT

Neu ist nicht der Zug von Menschenmassen über geografische und politische Grenzen hinweg, neu ist das erfolgreiche Bemühen um eine Eindämmung dieses Zuges in den letzten hundert Jahren. Viele im Westen wünschen dem großen Experiment der Grenzbeherrschung weiterhin vollen Erfolg, obwohl es nach Ansicht vieler keinen Bestand haben wird. Womit wir es heute zu tun haben, sind die Konvulsionen der Geschichte selbst, die versucht, mit Beschränkungen zurechtzukommen, welche der Menschheit jahrtausendelang unbekannt waren.

»Sie brüllen bloß: ›Immigranten! Immigranten! Immigranten!‹«, sagt der Comedian Russell Brand in einem Sketch mit Blick auf den amerikanischen Fernsehsender Fox News. »Ihr wisst, dass ein Immigrant jemand ist, der vorher mal woanders war!« (Gelächter im Publikum.) »Ahh! Bist du immer dort gewesen?«, fragt Brand den imaginären Immigranten. »Steh still. Ich kann mich nicht entspannen, wenn Menschen rumlaufen. Steh still auf diesem kugelförmigen Felsen im unendlichen Raum. Steh still auf diesem kugelförmigen Felsen – mit imaginären geopolitischen Grenzen, gezogen nach den ökonomischen Verhältnissen der Zeit. Denk nicht groß darüber nach, dass die freie weltweite Bewegung von Kapital die freie weltweite Bewegung von Arbeitskraft erforderlich machen wird, um den Bedürfnissen nachzukommen, die durch die freie Bewegung jenes Kapitals geschaffen wurden. Das ist ein komplexer ökonomischer Gedankengang, den du nicht verstehen wirst. Bleib einfach still auf dem Felsen stehen.«[21]

Brands Aussage, »dass ein Immigrant jemand ist, der vorher mal woanders war«, ist weit entfernt von dem, was weite Bevölkerungskreise unter Migration und Identität verstehen. Der Komiker ignoriert kulturelle Unterschiede, die Kluft zwischen Ankömmlingen aus dem Nahen Osten und Einheimischen, die schon ihr ganzes Leben in einem Münchner Vorort wohnen. Man kann dieser Kluft viele Aspekte zurechnen – die Religion und ihre Stellung in der Gesellschaft, die koloniale Vergangenheit, die kollektiven historischen Erinnerungen einer Gesellschaft. Aber es lässt sich nicht leugnen, dass es diese Unterschiede gibt und dass sie die Haltung von Öffentlichkeiten zur Immigration und ihre Reaktionen darauf wesentlich beeinflussen. Man kann auch nicht leugnen, dass das Wesen einer Gemeinschaft an erster Stelle durch ihre einzelnen Mitglieder bestimmt wird – und wenn diese Zusammensetzung sich ändert, ändern sich auch viele andere Dinge im Zusammenleben.

Brand verfolgt eine universalistische Agenda, in der Migration selbstverständlich ist. Hinsichtlich der Fakten hängt diese Sicht der Dinge eng mit der Menschheitsgeschichte und den ökonomischen Verhältnissen zusammen. Im Hinblick auf Realpolitik und Emotionen steht sie hingegen dem Selbstverständnis von Individuen und politischen Kollektiven in den letzten hundert Jahren sehr fern. Diese Diskrepanz erzeugt eine Spannung, die manchen Politikern sehr nützlich ist. Die frühere britische Premierministerin Theresa May sagte 2016: »Heute benehmen sich zu viele Personen in Machtpositionen, als hätten sie mehr gemein mit internationalen Eliten als mit dem Mann auf der Straße, mit den Menschen, denen sie Arbeit geben, die ihnen über den Weg laufen. Aber wenn du glaubst, ein Weltbürger zu sein, bist du ein Bürger von Nirgendwo. Du verstehst gar nicht, was das Wort ›Bürgerschaft‹ überhaupt bedeutet.«[22] Diese schneidenden Worte scheinen von klarer Einsicht in das Wesen menschlicher Gemeinschaften zu zeugen, doch weit gefehlt. Es handelt sich um einen weiteren Versuch, nach der bereits dargestellten Methode von Nationalismus und Fundamentalismus einen totalen Gegensatz zwischen »der Welt als Ganzer« und »lokaler Identität« zu konstruieren. Zahlreiche Studien ergaben, dass »Kosmopolitismus« ein offener und flexibler Begriff ist, dessen Anhänger durchaus auch dem konservativen Bürgertum oder der Arbeiterklasse angehören können, also nicht immer dem Klischee der abgehobenen Business-Class-Passagiere entsprechen.[23]

Noch etwas an Theresa Mays Analyse ist problematisch: Sie stimmt nicht. Die Hälfte der Weltbewohner – und auch die Hälfte ihrer Landsleute – fühlt sich sehr wohl als Weltbürger. Daneben sind sie entschieden auch Bürger irgendeines Staates. Eine Umfrage des Weltwirtschaftsforums von 2017 unter Zehntausenden von Jugendlichen aus aller Welt fragte die Teilnehmer nach dem vorrangigen Element ihrer Identität. Die größte Gruppe antwortete, sie seien »Menschen«, und die nächstgrößte war die der »Weltbürger«. Insgesamt rund 60 Prozent der jungen Leute bezogen ihre Identität in erster Linie auf die Menschheit und die Weltbürgerschaft. Die Nationalität kam erst an dritter Stelle, mit großem Abstand gefolgt von der Religion. Analysiert man die Ergebnisse nach dem Einkommen, macht man eine interessante Entdeckung: Die höchste Zustimmung für eine globale/menschliche Identität findet sich in den mittleren Einkommensklassen – mehr als unter den Ärmeren, bei denen die Bejahung nur 40 Prozent erreicht, und auch mehr als unter den wirklich Reichen. Es ist also das Bürgertum, das sich mit der Weltgemeinschaft zu identifizieren bereit ist.[24] Im 2. Kapitel wurde eine Langzeitstudie für die BBC erwähnt, die Menschen in achtzehn Staaten nach ihrer Meinung zu dem Satz »Ich fühle mich mehr als Bürger der Welt denn als Bürger meines Staates« befragte. 2016 waren 47 Prozent der Befragten in Großbritannien »einverstanden« oder »sehr einverstanden« mit dieser revolutionären Aussage. In Kanada waren es 54 Prozent, in Spanien 59 Prozent und in den USA 43 Prozent. Die größte Überraschung halten jedoch die Entwicklungsländer bereit, diejenigen, die unter großer Armut leiden und teils noch um ihre Grenzen und ihre Selbstbestimmung kämpfen: Gerade dort ist die Unterstützung für eine Weltbürgerschaft am höchsten. 73 Prozent der Nigerianer betrachten sich als Weltbürger, 67 Prozent der Inder, 70 Prozent der Peruaner. Der weltweite Durchschnitt ergab tatsächlich ein Gleichgewicht zwischen Universalität und Nationalität: 49 Prozent der Befragten sahen sich mehr als Weltbürger denn als Bürger ihres Landes.[25]

Das ist erstaunlich. Menschen, die sich als Weltbürger fühlen, unterstützen schließlich ein Konzept von etwas Nichtexistentem. Ihre nationale Staatsbürgerschaft hat klare, greifbare Merkmale: Kultur und Sprache, Flagge, Reisepass, Streitkräfte. Doch tatsächlich bringen Menschen eine große Bereitschaft auf, den nebulösen und nicht existenten Begriff einer globalen Identität anzunehmen. Kein Wunder, dass lokale Machtzentren in Panik geraten. »Die Hölle selbst kann nicht wüten wie ein verschmähter Nationalstaat«, um William Congreves berühmten Satz über eine verschmähte Frau abzuwandeln.

———

Nicht zufällig hat Theresa May in der oben zitierten Rede, noch vor Trumps Wahl zum Präsidenten, erfolglos versucht, auf den unkontrolliert dahinrasenden Wagen des Populismus aufzuspringen. Sie verwendete dabei den billigen Trick der direkten Wendung an den »einfachen Bürger« »ohne Vermittlung der Medien«. »Sie finden euren Patriotismus geschmacklos, eure Sorgen über Immigration engstirnig, eure Ansichten über Kriminalität illiberal, eure Vorliebe für Jobsicherheit lästig.«

Solche Worte finden ein wachsendes Publikum, vor allem in

den Industriestaaten des globalen Nordens. Das Beratungs- und Meinungsforschungsunternehmen GlobeScan führt seit 2001 derartige Umfragen durch, und erst in der neusten Studie, deren Ergebnisse hier angeführt wurden, haben die Universalisten mit den Nationalstaatlern gleichgezogen. Doch das lag vor allem an den Entwicklungsländern, die sich für die Globalisierung begeistern. Nigerianer, Chinesen und Brasilianer treiben die Idee des »Weltbürgers« voran. In sieben europäischen Staaten ist die Zahl derer, die glauben, dass Menschen Weltbürger sein können, seit Jahren rückläufig. In Deutschland glauben nur 30 Prozent der Bevölkerung an Universalität, das ist ein Rückgang um 13 Prozent seit 2009. In dem von Nationalismus durchtränkten und von Unterdrückung geplagten Russland sind es gerade einmal 24 Prozent.

Allgemein sollte man Meinungsumfragen nicht überbewerten, aber in diesem Fall passen ihre Ergebnisse zu den dramatischen realen Entwicklungen im Westen – zu dem erwarteten Ausstieg Großbritanniens aus der Europäischen Union, dem zögerlichen Umgang Europas mit der Krise um syrische Flüchtlinge (mit Ausnahme Deutschlands und Schwedens) und der neuen politischen Konstellation im gesamten atlantischen Raum mit seiner wuchernden Xenophobie.

Was sich vor unseren Augen abspielt, ist ein Rückzug. Europäer und Amerikaner hatten die Welt mit den modernen Ideen von Übernationalität und Universalismus vertraut gemacht. Als die nicht weiße Welt, China und der globale Süden, an Bord des Globalisierungsdampfers ging, verließ ein Teil der – weißen – Bewohner der Industriestaaten lieber das Schiff. Vielleicht war ihr Verständnis von Globalisierung das eines Deckmantels für die Dominanz des Nordens über den Süden, der Weißen über die Nichtweißen, der Christen über all jene, die keine Christen sind. Als die Globalisierung wirklich globaler wurde, begann man sie aufzugeben. Sobald sich herausstellte, dass »die Anderen« mithilfe der Globalisierung vorankamen, sich im Schweiße ihres Angesichts vom Unterdeck zur

Kommandobrücke hocharbeiteten, sprangen ganze Bevölkerungskreise entsetzt von Deck.

Bei dieser überstürzten Flucht ließen viele Europäer und Amerikaner die Lehren aus dem Zweiten Weltkrieg, ihre eigene Geschichte und gelegentlich auch den gesunden Menschenverstand hinter sich. Europa war immerhin einer der großen Nutznießer des Welthandels und der Migration – ob nun in Gestalt der türkischen Gastarbeiter, die ab Anfang der 1960er-Jahre nach Deutschland kamen und bei dessen Wiederaufbau halfen, oder der Freizügigkeit der EU-Bürger innerhalb der Union, die den Briten unter anderem relativ preisgünstige Dienstleistungen bescherte. Wie viele Briten nach der Brexit-Entscheidung feststellen mussten, ist der Verzicht auf die Vorzüge der Übernationalität ein teures Vergnügen.

Auch die USA, das erfolgreichste Einwanderungsland der Geschichte, nimmt immer weniger Flüchtlinge und Immigranten auf, ein Phänomen, das in den 1980er-Jahren begann und seit Donald Trumps Amtsantritt wesentlich zugenommen hat.[26] Steve King, ein republikanischer Kongressabgeordneter, der für seine Hetzreden berüchtigt ist, sagte 2017: »Wir können unsere Zivilisation nicht mit anderer Leute Babys wiederherstellen.« Er meinte natürlich die Babys von Immigranten. Die USA wurden einst faktisch von »anderer Leute Babys« aufgebaut,[27] von Fremden, die auf Grundlage der amerikanischen Verfassung und der darin garantierten liberalen Werte zu einer Republik zusammenwuchsen. Trump persönlich versprach 2016, »diese Mauer« an der mexikanischen Grenze zu bauen, und konzentrierte sich während seiner ganzen ersten Amtszeit auf den Kampf gegen ungenehmigte – und eigentlich auch genehmigte – Einwanderung. Damit bringt er letztlich den festen Willen zum Ausdruck, das größte Experiment der Menschengeschichte zu fördern, nämlich die Freizügigkeit so weit einzuschränken, dass die Idee selbst, die Amerika ausmacht, in Gefahr gerät. Bemerkenswert ist, über die Xenophobie hinaus, der symbolische Effekt: Es gibt keinen konkreteren Ausdruck für die Weltbürgerschaft und den Donald Trump so verhassten »Globalismus« als Immigranten, die Staatsgrenzen überschreiten. In seiner letzten Rede als Präsident sprach Ronald Reagan über den Zauber der Migration und ihre Bedeutung für die amerikanische Lebensweise: »Dank jeder neuen Welle von Neuankömmlingen in diesem Land der unbegrenzten Möglichkeiten sind wir für immer jung, für immer berstend vor Energie und neuen Ideen und immer auf dem letzten Stand, immer dabei, die Welt zu neuen Ufern zu führen. Diese Eigenschaft ist unerlässlich für unsere Zukunft als Nation. Wenn wir je das Tor für neue Amerikaner schließen sollten, wäre unsere Führungsrolle in der Welt bald verloren.«[28]

Ist Amerika tatsächlich dank der Einwanderung so mächtig geworden? Manche sehen dahinter mehr Romantik als eine präzise politische Analyse. Wie dem auch sei, der Trumpismus hat diese These in der Mülltonne der Geschichte entsorgt, als der amerikanische Präsident im Sommer 2019 sogar die Sprache des Ku-Klux-Klans und anderer rassistischer Gruppierungen übernahm – nicht allein gegen Einwanderung, sondern darüber hinaus mit der Empfehlung an weibliche Abgeordnete, deren Familien vor ein oder zwei Generationen eingewandert waren, »nach Hause« in ihre Ursprungsländer zu gehen, die er als rückständig, schwach und elend darstellte.[29] Das ist keine Revolte gegen die Globalisierung, die Staatsgrenzen infrage stellt, sondern weit mehr. Es ist eine Revolte gegen die Ideen des Fortschritts als solche. Unter diesen zentral ist das Konzept der Staatsbürgerschaft, die Menschen verschiedener Herkunft zu einer nationalen Gemeinschaft verbinden kann. Trump übernahm den Standpunkt, dass die ursprüngliche Identität eines Menschen, die seiner Eltern und Angehörigen, diesen über die Gene beeinflusst und wertlos macht – selbst wenn diese Person zu einem Repräsentanten des amerikanischen Volkes gewählt wurde. Die Opposition gegen Einwanderung ist zum Nativismus mutiert – und der Nativismus zum Rassismus.

Die Absicht, das Experiment der Grenzkontrolle zu befördern

und die Grenzen letztlich hermetisch abzuriegeln, zielt darauf, die verlorene Kontrolle in einer globalisierten Welt wiederzugewinnen. Dieses Bemühen greift immer weiter um sich und löst sich dabei gelegentlich von der Realität. Als ich mit den Flüchtlingen unterwegs war, sah ich die Wachtürme und die hohen Zäune an der serbisch-ungarischen Grenze im Bau. Ein dynamischer ungarischer Polizeioffizier schritt die Anlagen mit mir ab, stolz auf die Technologie verweisend. »Bald werden wir alle abhalten können«, sagte er selbstgewiss. Keiner der syrischen Flüchtlinge, mit denen ich sprach, wollte überhaupt in seinem Land bleiben.

STRÖME VON BLUT

*»Wir gehen nach Deutschland, studieren und arbeiten dort.
Glückliches Leben, Inschallah.«*

Shauki Abudan, 16, aus Syrien

Es war die Stunde der Syrer. Die Strände der griechischen Insel waren übersät mit Tausenden von Schwimmwesten, den Überbleibseln der Flucht übers Meer. Eines Mittags sahen wir, an einem Strand voller Touristen mit weiß schimmernder Sonnencreme auf der Haut und Touristinnen in Bikinis, vor unseren Augen ein Schlauchboot anlanden, dem etwa zwanzig verwirrte Syrer entstiegen. »Wo sind wir?«, fragten sie als Erstes auf Arabisch, und auf unsere Antwort »auf Kos« vollführte einer, der ein kleines Mädchen auf dem Arm trug, Luftsprünge und rief: »Alyunan, schukran, Alyunan.« – Griechenland, danke, Griechenland.« Die Touristen, zumeist europäische Pauschalurlauber, befanden sich unverhofft inmitten eines humanitären Dramas – und sie reagierten auf schöne Art. Viele kamen näher und boten den erschöpften Syrern Wasser, Obst und Essen an. Einige Touristinnen nahmen die kleinen Kinder auf den Arm und trugen sie den Strand entlang.

Die neuen Bewohner Europas waren überglücklich und dankbar für die schöne, ruhige See, die sie nicht verschlungen, die griechische Marine, die sie nicht entdeckt, die Küste, die sie aufgenommen, Gott, der sie geleitet hatte, ja sogar für den israelischen Journalisten, der sie am Strand in Empfang nahm.

Auf der Strandpromenade des Ortes traf ich Riyadh Biyram, freundlich und hochgewachsen, mit der eckigen Brille eines Ingenieurs. Er und seine Familie stammten aus der kurdischen Stadt Kobane, die während des Krieges vom Islamischen Staat belagert und weitgehend zerstört worden war. Riyadh zückte sofort eine Visitenkarte: Programmierer. Die Karte enthielt auch seine Whats-

App- und Viber-Kontakte. Ohne Wohnung und Kapital, ohne seinen Pass, der auf der Reise abhandengekommen war, plante Biyram schon sein erstes Vorstellungsgespräch. Hat es in der Geschichte jemals Flüchtlinge gegeben, die sich für ihren Weg Visitenkarten drucken ließen? Schon möglich. Aber ganz sicher war vor dieser Generation kein Flüchtling über soziale Netzwerke erreichbar und hat Fotos von der Flucht hochgeladen. »Ich bin Softwareingenieur und bin weggegangen, weil Syrien völlig zerstört ist«, sagte er. »Wir haben uns zum Gehen entschlossen, weil wir erkannten, dass es dort keinerlei Zukunft gibt. Wir wollten nicht länger warten, denn vielleicht schließt Europa in ein oder zwei Monaten die Grenzen – und dann wären wir nicht mehr weggekommen.« Neben Biyram stand sein jüngerer Bruder Osman, er studierte Bauingenieurwesen an der Universität Aleppo. »Mein Bruder ist klug«, sagte Biyram, »wenn er in Syrien geblieben wäre, hätte er keine Chancen gehabt, sein Studium zu beenden. Warum in Syrien bleiben? Hier können wir vielleicht Ingenieur, Arzt oder Lehrer werden oder einen anderen wichtigen Beruf ergreifen. In Syrien hätte er bestenfalls als Tagelöhner arbeiten können. Das ist die Überlegung, die uns zu dieser Reise bewegt hat.« Sein Optimismus war ansteckend.

Einige Hundert Meter weiter nördlich auf der Promenade demonstrierten an die zweihundert Personen vor der Polizeiwache. Sie sprachen nicht Arabisch, sondern Persisch, waren Iraner und skandierten verzweifelt »Iran, Iran!« vor den müden griechischen Polizisten. »Sie geben uns keine Papiere, weil wir aus dem Iran sind«, sagte ein unrasierter Mann in den Dreißigern, »wir haben keinen Schlafplatz, keine Waschräume, und sie lassen uns nicht weiter auf den Kontinent.« Die Griechen wussten noch nicht, was sie mit den Iranern anfangen sollten, denn diese konnten, im Gegensatz zu den Syrern, nun wirklich nicht als Kriegsflüchtlinge gelten; Iran ist ein autoritärer und repressiver Staat, aber nicht im Krieg. »Sie haben meinen Bruder erhängt«, sagte mir der Iraner und fuhr sich mit der Hand um den Hals, »wenn wir in den Iran zurückkehren, erhängen sie mich auch.« Plötzlich kam ein Mann mit kurzen blonden Haaren, weißem Hemd und bunter Sommerurlaubshose auf uns zu. Auf keinen Fall ein Grieche; nach seinem Akzent zu urteilen stammte er aus Nordeuropa. »Was tut ihr denn!«, begann er die Iraner anzuschreien. »Habt ihr keinen Respekt für uns? Habt ihr keinen Respekt für dieses Land? Habt ihr keinen Respekt für die Gesetze und die Polizei? Und ihr wollt nach Europa kommen? Was macht ihr denn, unglaublich, kein Respekt für nichts. Seht euch den Müll an, sie wurden in Europa aufgenommen, wir geben ihnen alles, Essen, Geld, Unterkunft, und dann kein Respekt!« Als einer der Iraner gestenreich auszudrücken versuchte, dass sie nichts zu essen und zu trinken hätten, machte ihn der Blonde nach und gab Affengeräusche von sich.

»Was würden Sie ohne Wasser und Essen machen?«, fragte ich.

»Wenn es in Ihrem Staat wäre, würden Sie sie umbringen, sie vertreiben!«, schrie er nun mich an. »Und hier können wir nichts machen, sie zerstören die Wirtschaft, zerstören Kos, zerstören die Bürger.« Er wandte sich den Demonstranten zu, die gar nicht begriffen, was er mit seiner wütenden Gestik und seinem Wortschwall von ihnen wollte, und sagte zu ihnen: »Danke! Willkommen in Europa!«

Sie reagierten mit Schweigen.

Die Feindseligkeit dieses Europäers war Mitte 2015 ungewöhnlich, nahm aber die späteren Geschehnisse auf dem Kontinent vorweg. Die Flüchtlingswelle aus dem Nahen Osten nach Europa verband sich mit einer schon länger ablaufenden Migration aus afrikanischen Ländern. Es gibt kaum noch einen Staat, gerade in Europa, wo Parteien oder politische Richtungen, die die Zuwanderung begrenzen wollen, nicht erheblich an Stärke gewonnen haben. Eine Umfrage des Marktforschungsunternehmens Ipsos, die in 25 Staaten durchgeführt und Ende 2017 veröffentlicht wurde,[1] ergab, dass drei Viertel der Befragten meinten, die Einwanderung in ihr

Land habe in den letzten fünf Jahren zugenommen.* Während einer von fünf erklärte, die Einwanderung wirke sich positiv auf sein Land aus, dachten zwei von fünf, genau doppelt so viele, das Gegenteil: Die Einwanderer übten einen negativen Einfluss auf ihr Land aus. Rund die Hälfte der Befragten erklärte, es gebe bei ihnen zu viele Migranten. Nur 28 Prozent meinten, die Einwanderung habe einen positiven Effekt auf die heimische Wirtschaft. Ökonomen sagen, dass die Tatsachen ganz anders aussähen und die Einwanderung sich insgesamt positiv auswirke. Wie immer scheint sich die Frage zu stellen, für wen.

ARME VERSUS IMMIGRANTEN

»Die Zuwanderer nehmen uns die Arbeit weg«, behaupten Nationalisten fast immer, und tatsächlich meinen manche Experten, die Erweiterung des Arbeitskräfteangebots senke die Löhne für Geringqualifizierte. Kurzfristig betrachtet, ist das einleuchtend: Wenn mehr Arbeitskräfte um Stellen konkurrieren, können Arbeitgeber es sich erlauben, weniger zu zahlen. Doch für die Folgezeit erkennen die Studien positive Einflüsse: Einwanderung fördert Investitionen und kurbelt die Wirtschaft an. Es herrscht Einigkeit darüber, dass der ökonomische Beitrag der Migranten – mehr Fachkräfte, passend ausgebildete Arbeitnehmer, höhere Produktivität, zusätzliche Innovationskraft und sonstige Vorteile – die Startschwierigkeiten überwiegt. Der Staat müsse anfangs zwar hohe Ausgaben tätigen, denn Einwanderer zahlten beispielsweise weniger Steuern, als für ihre Ausbildung und Gesundheitsfürsorge nötig seien, zumal sie viele Kinder hätten. Aber direkte Steuern seien nur ein Aspekt des

---

* Das Empfinden, es kämen immer mehr Migranten, war nicht neu: Ähnliche Erhebungen in den fünf Jahren zuvor brachten ähnliche Ergebnisse.

Wirtschaftswachstums. Eine Studie des Internationalen Währungsfonds erkannte eine direkte Korrelation zwischen der Einwandererzahl und dem Bruttoinlandsprodukt eines Staates.[2] Eine Berechnung aus dem Jahr 2017 ergab: Wenn die USA jährlich acht Millionen Immigranten einließen, würde ihre Wirtschaft um spektakuläre 4 Prozent pro Jahr wachsen.[3]

Einwanderung bringt vielfältige Vorteile. Immigranten sind ärmer als die örtliche Bevölkerung und übernehmen daher oft Jobs, die Einheimische gar nicht oder nur für unrentable Löhne machen wollen. Da sie, mangels starker familiärer oder kommunaler Bindungen, meist flexibler sind, kann man sie leicht dort einsetzen, wo sie gebraucht werden. Sie kommen ohne nennenswerte Besitztümer und müssen sich im neuen Land alles anschaffen, von der Zahnbürste bis zum Eigenheim, was viel Geld in die Wirtschaft pumpt. Langfristig werden infolge der Einwanderung auch die Immobilienpreise in die Höhe schnellen und dadurch den gesamtgesellschaftlichen Wohlstand vermehren.[4]

Ein Problem industrialisierter Staaten ist die Überalterung der Bevölkerung und die daraus folgende Rentenkrise. Doch Zuwanderer verjüngen die Bevölkerung und ziehen mehr Kinder groß. Die zweite Generation der Einwanderer leistet oft einen erheblichen Beitrag zu der Gesellschaft, in die sie hineingeboren wurde. In den USA verdienen die Angehörigen der zweiten Generation im Durchschnitt genauso viel wie die Bevölkerung insgesamt, der Anteil von Armen liegt niedriger, der von Akademikern höher.[5] Immigranten sind hochmotiviert, und tatsächlich ist die Rendite aus der Einwanderung sehr hoch – vor allem für die Immigranten selbst. Eine Untersuchung aus dem Jahr 2009 fand heraus, dass ein mexikanischer Arbeiter in den USA, kaufkraftbereinigt, zweieinhalb Mal mehr verdient als zuvor in Mexiko, einer aus Haiti zehnmal und ein Nigerianer fünfzehnmal mehr als in seinem Heimatland.[6] Mit den Institutionen, der Infrastruktur, der Forschung und der persönlichen Sicherheit eines Industriestaates haben diese Menschen hohe Er folgschancen. Selbst illegale Einwanderer, die kaum an den Rechten der Einheimischen teilhaben, leisten in den USA einen entscheidenden Beitrag zur Wirtschaft. Wie entscheidend? Eine kürzlich veröffentlichte Studie berechnete ihn auf fünf Billionen Dollar in zehn Jahren und stellte fest, dass eine Generalamnestie für diese Illegalen ihren Beitrag auf 4,8 Prozent des Produkts der amerikanischen Privatwirtschaft erhöhen würde.[7]

———

Das sind wunderbare Argumente für eine großzügige Einwanderungspolitik, aber wirtschaftlicher Nutzen erklärt letzten Endes nicht alle politischen Erscheinungen, die infolge der Einwanderung auftreten. Es genügt nicht aufzuzeigen, dass das Land als Ganzes von der Immigration profitiert, man muss auch beachten, wer genau *innerhalb des Landes* etwas davon hat, und in den USA, wo die Ungleichheit in den letzten Jahrzehnten stetig wuchs, ist diese Frage kritisch. Analysiert man den umfassendsten Bericht, der in den letzten Jahren über die wirtschaftlichen Auswirkungen der Einwanderung in den USA erschien,[8] so wird deutlich, wer davon erheblich profitiert: die Immigranten selbst und die Reichen. Die Immigranten genießen, wie gesagt, eine erheblich höhere Lebensqualität und bessere Verdienstmöglichkeiten als in ihren Herkunftsländern. Aber wie wirkt sich ihre Arbeit auf die einheimische Bevölkerung aus?

Der am meisten zitierte Pessimist in Immigrationsfragen ist George Borjas von der Universität Harvard, der die Sache so beurteilt: Immigranten und Arme kämpfen um dieselben Arbeitsplätze, was den Konzernen Geld spart – und damit einen massiven Kapitaltransfer von den schwachen Schichten zu den oberen Zehntausend der amerikanischen Wirtschaft bewirkt. Die Zulassung neuer Immigranten schadet den Armen – häufig selbst Immigranten und Amerikaner ohne mittleren Schulabschluss. Nach einer seiner Studien würde ein durch Zuwanderung erreichtes Bevölkerungswachstum von 10 Prozent einen Lohnrückgang von 4 Prozent auslösen.[9] Borjas erklärt im Grunde, Immigration sei für die Konzerne bares Geld wert: Mehr Arme reißen sich um Jobs, die Löhne sinken, die Reichen profitieren. Die Immigration würde die öffentlichen Finanzen auf nationaler und in den reichen Großstädten auf kommunaler Ebene stärken, während die einheimischen Steuerzahler in ärmeren und bildungsferneren Regionen eine höhere Steuerlast schultern müssten, um den Immigranten, zumindest kurzfristig benötigte, Sozialleistungen zu finanzieren.[10] Andere Experten, die einen jähen Zuzug tschechischer Arbeitsmigranten in eine bestimmte Region Deutschlands untersuchten, haben eine mäßige Lohnsenkung für einheimische Arbeitskräfte und einen deutlichen Rückgang der Beschäftigung älterer Einheimischer festgestellt.[11] In einer seiner berühmtesten Studien über Lohn und Immigration behauptet Borjas, Immigranten würden eine dramatische Lohnkürzung für einheimische Arbeitskräfte ohne Highschool-Abschluss nach sich ziehen.[12] Viele Experten verwerfen diese Ergebnisse mit der Begründung, sie stützten sich auf eine zu schmale Datengrundlage.[13]

»STRÖME VON BLUT«

Die ökonomische Diskussion ist eine respektable, intellektuelle Verbrämung der eigentlichen Immigrationsdebatte. Bei dieser geht es nicht um den Einfluss auf Löhne und Kosten – der ohnehin umstritten ist –, sondern um die Identität und das Wesen der Gesellschaft. Im Grunde dreht sie sich um den Willen ganzer Gemeinschaften oder einzelner Teile, sich nicht zu verändern. Dabei ist unübersehbar, dass der gesamte globale Norden sich verändert – und dass in den USA und Europa immer mehr Fremde leben. 1970 waren 4,7 Prozent der US-Einwohner nicht im Land geboren, 2017 waren es 13,6 Prozent, der höchste Prozentsatz seit 1920.[14] In Großbritannien stieg der Prozentsatz der im Ausland Geborenen seit den 1980er-Jahren um mehr als das Doppelte.[15] Ähnlich sieht es in Deutschland aus: Die Zahl der Einwohner ohne deutsche Staatsbürgerschaft in Deutschland verdoppelte sich innerhalb von drei Jahrzehnten. 2018 waren es über zehn Millionen Menschen.[16] Das Gefühl, dass die Migration zugenommen hat und die Staaten des Westens ihr Gesicht verändern, ist keine Wahnvorstellung verbitterter Leute, die Präsident Obama einmal mit den Worten bedachte:»Sie klammern sich an ihre Waffen oder ihre Religion.« Das Gefühl trifft zu. Der Ausländeranteil ist in allen genannten Ländern aus zwei Hauptgründen gewachsen: Erstens herrschte eine stillschweigende Übereinstimmung zwischen den politischen Kräften, dass legale Einwanderung von vitalem Interesse für die Wirtschaft sei und daher erweitert werden sollte, und zweitens stieg die Anzahl der illegalen Einwanderer erheblich. In den USA leben heute dreimal so viele Einwanderer ohne Aufenthaltserlaubnis wie in den 1990er-Jahren.[17]

Das sind weitreichende Veränderungen in der Zusammensetzung der Gesellschaft und daher auch in ihrer Identität. Sie betreffen die Kultur, die Souveränität, die grundlegende Entscheidungsgewalt darüber, wer draußen oder drinnen ist. Doch die Mainstream-Parteien fast aller Industrienationen erstickten die politische Debatte über diese Fragen. Oft wollte die ökonomische Rechte die Immigration aus Wachstumsgründen, und die Linke erhoffte sich neue Wähler. Für breite Gesellschaftsschichten bot die Immigration nur Vorteile. Die armen Einwanderer mit ihrer fremden Kultur lebten nicht bei ihnen um die Ecke, konkurrierten nicht mit ihnen um Billigjobs für Schulabbrecher, begegneten ihnen nicht in den Wartezimmern der Ärzte und schickten ihre Kinder nicht auf die guten Schulen. Andererseits trugen die Einwanderer zum Wirtschaftswachstum bei und verbilligten Dienstleistungen. Ihr Einfluss in der Politik oder auf Entscheidungsträger war gleich Null. In der rechten und linken Mitte fand man die Einwanderung auch moralisch geboten. Sie war aufgeklärt und machte einen guten Eindruck.

Doch die sozialen Spannungen wurden zu tickenden Zeitbomben. In den europäischen Staaten, die kein Einwanderungsethos entwickelt hatten, stößt die Integration der Immigranten und ihrer Kinder auf erhebliche Schwierigkeiten. 2012 war ein Drittel der jungen Franzosen, deren Eltern in Afrika geboren waren, arbeitslos, und fast ein Drittel hatte das Schulsystem ohne jeden Abschluss verlassen – zweimal so viele wie unter den Franzosen ohne Migrationshintergrund.[18] 2015 lag das mittlere Einkommen der Einwanderer in Frankreich um 14 Prozent niedriger als in der allgemeinen Bevölkerung.[19] Auch Immigranten, die die gleichen Fähigkeiten wie Einheimische mitbringen, finden schwieriger Arbeit. Das liegt an »anderen Gründen«, genauer ausgedrückt – an gesellschaftlicher Marginalisierung, Rassismus und Diskriminierung bei der Verteilung von Ressourcen.[20]

Das ist nicht überraschend. Man vergisst leicht, dass Westeuropa die Heimat der weißen, christlichen Homogenität ist. Der Minderheitenanteil in Kanada oder den USA ist höher als in Westeuropa. Jahrhundertelang war man dort mehr als irgendwo sonst darauf bedacht, ethnisch-religiöse Minderheiten loszuwerden – mittels Segregation, Vertreibung und gelegentlich Vernichtung. Vielleicht hätte man die Europäische Union in einen Kontinent der Immigranten verwandeln können, aber das ging nicht heimlich, ohne Rücksicht auf die Geschichte und ohne einen couragierten und ehrlichen öffentlichen Diskurs.

1968 hielt der damals aufstrebende britische Konservative Enoch Powell seine berühmt-berüchtigte »Ströme-von-Blut-Rede«: »Wir müssen verrückt, buchstäblich verrückt sein, wenn wir als Nation den jährlichen Zustrom von 50 000 Bedürftigen zulassen, die das meiste Material für das künftige Anwachsen der von Einwanderern abstammenden Bevölkerung liefern werden. Es ist, als schaue man einer Nation dabei zu, wie sie eifrig ihren eigenen Scheiterhaufen aufschichtet. Wir sind irrsinnig genug, unverheiratete Personen zwecks Familiengründung mit Gattinnen und Verlobten, die sie nie gesehen haben, immigrieren zu lassen.« Die Rede brachte Powell die Ächtung seiner Partei ein, und jahrelang galt er als Rassist wegen seiner düsteren Prognose: »Wenn ich in die Zukunft blicke, bin ich voll böser Ahnung. Wie der Römer meine ich zu sehen, ›dass der Tiber vom vielen Blute schäumt‹.«[21]

Die Reaktion auf Powell offenbarte einen Trend: Die öffentliche Auseinandersetzung mit Immigration wurde politisch riskant in Großbritannien – und nicht nur dort. Entscheidungen über Einwanderung werden ohne jede Transparenz getroffen, und die politischen Eliten ignorieren stur die augenfälligsten Konsequenzen der Immigration für Identität und Demografie. Powell warnte vor 50 000 Einwanderern im Jahr, doch die Immigration schwoll später erheblich stärker an, auf Hunderttausende im 21. Jahrhundert. Dabei formulierten die führenden Politiker keinen nationalen Plan für die Integration der Einwanderer. Diese kamen in einigen Staaten aufgrund der alten Kolonialgeschichte, als Import von Arbeitskräften zur Unterstützung der Wirtschaft oder illegal. Jedenfalls erwartete man von ihnen, irgendwie mit der Umgebung zu verschmelzen.

Powells Prophezeiung habe sich bewahrheitet, meint die europäische Rechte. Anders als bei den Ereignissen vom 11. September 2001, die schrecklich, aber einmalig waren, entstand in Europa ein radikal-islamistisches Netzwerk, auf dessen Grundlage eine Reihe mörderischer Terroranschläge auf europäischem Boden verübt wurden, zum Teil von Immigranten oder deren Nachkommen. Die Liste der Anschläge ist lang, hier eine Auswahl: die Anschläge in London 2005; die Morde in der jüdischen Schule in Toulouse; der Mord an dem britischen Soldaten Lee Rigby, dem der Attentäter mitten auf einer Londoner Straße den Kopf abzuschneiden versuchte; der Anschlag auf die Redaktion der Satirezeitschrift *Charlie Hebdo* und den koscheren Supermarkt Hyper Cacher; der Anschlag auf das Bataclan-Theater und weitere Orte in Paris; der Massenmord auf der Promenade in Nizza; der Anschlag auf den Berliner Weihnachtsmarkt; der Terrorangriff auf der Brücke und vor dem Palast von Westminster in London.[22]

Die theoretische Grundlage für die Ablehnung von Einwanderung war immer vorhanden, aber die von Immigranten und ihren Nachfahren verübten Anschläge haben den europäischen Widerwillen befeuert und denen, die behaupteten, der Homogenitätsverlust würde den Verlust der Sicherheit nach sich ziehen, eine mächtige Waffe in die Hand gegeben. *Der Verlust der persönlichen Sicherheit ist der wichtigste Grund für die Opposition gegen Immigration* – weit mehr als Jobverlust oder Lohnsenkungen. Argumente wie »die Immigranten nehmen uns die Arbeit weg« haben die radikale Rechte jahrzehntelang nicht vorangebracht, obwohl sie hartnäckig darauf herumritt. Der Fremdenhass wucherte, als die persönliche Sicherheit durch Anschläge bedroht wurde. Die westlichen Eliten begehen immer wieder den Fehler, dass sie den Einfluss schwindender Sicherheit auf die politische Lage unterschätzen. Das Gefühl der Unsicherheit bleibt auch dann noch, wenn die konkrete Bedrohung längst verflogen ist.

Ein spannendes Phänomen bei den Einwanderungsgegnern ist deren Empfindung, in ihrer Mitte und um sie herum lebten viel mehr Muslime, als es tatsächlich der Fall ist. In einer Ipsos-Umfrage schätzte 2018 der Durchschnittsfranzose ihren Anteil auf 28 Prozent der Gesamtbevölkerung.[23] Tatsächlich sind nur um die 9 Prozent der Franzosen Muslime.[24] Ähnliche Daten gelten für Belgien, Kanada, Australien, Italien, die USA und weitere Länder.[25] Menschen sehen den Fremden überall, selbst wenn er nicht da ist.

Diese Diskrepanz bot eine fantastische Gelegenheit für gewaltbereite Rechtsradikale und für Populisten nach Art der AfD in Deutschland, Nigel Farage in Großbritannien und Matteo Salvini in Italien. Der politische Diskurs ist derart verkümmert, derart eingeschränkt durch beglaubigte Lügen, satte Eliten und wirtschaftliche Interessen, dass diese Kräfte seine morschen Zäune mit einem einzigen festen Fußtritt einreißen konnten.

Es ist der Sommer 2015. Ich treffe Shauki und Shahed Abudan mit baumelnden Beinen auf der Mole am blauen Meer sitzend, Bruder und Schwester, zwei Teenager aus Aleppo. Shahed ist vierzehn, ihr Bruder Shauki zwei Jahre älter. Sie sind allein. In der Nacht haben sie illegal das Meer von der Türkei nach Griechenland überquert, und am Morgen sitzen sie an der Küste, warten auf die nahenden Flüchtlingsboote und hoffen, eines wird ihre in der Türkei zurückgebliebenen Eltern bringen. Shahed strahlt mit ihrem gewinnenden Lächeln und dem langen, dunklen Haar, und Shauki schlägt vor Begeisterung ständig mit den Füßen an die Mole. Beide sind schön und vor allem optimistisch, so naiv und sich ihrer Zukunft sicher – kaum zu glauben, dass sie gerade erst ein kriegszerstörtes Land verlassen haben. Shauki schildert den Weg: von Syrien nach Gaziantep in der Türkei, von dort nach Istanbul, »wo nichts geklappt hat«, und dann nach Izmir, »wo alle auf der Straße schliefen«, und von da nach Bodrum, dann, auf dem Meer aufgebracht von der türkischen Polizei, zurück nach Izmir und danach heimlich wieder auf See. All das erzählt er lächelnd, als ginge es um den jährlichen Urlaub und nicht um eine gefährliche Reise. Sie berichten vom Alltag in Aleppo mitten im Krieg, wann man sich auf die Straße trauen kann und wann es gefährlich ist, von den Kontrollpunkten des IS, wo man Shauki einmal anhielt, weil sein Haar »zu modisch« gewesen sei, wie er sagt, und die Islamisten sichergehen wollten, dass er kein Christ war. Shahed erzählt von der Schule, die geschlossen wurde, nachdem Assads Truppen sie zerbombt hatten, und von ihrem Wunsch, Ärztin zu werden. »Ich möchte Ingenieur werden«, erklärt Shauki und versichert, sie würden es nach Deutschland schaffen. »Wir werden dort studieren und arbeiten. Glückliches Leben, Inschallah«, sagt er.

Es ist der Winter 2015. Ich treffe Shauki und Shahed diesmal mit ihren Eltern und Geschwistern. Sie befinden sich in einer ehemaligen deutschen Kaserne, die zur Flüchtlingsunterkunft umfunktioniert wurde. Sie sind glücklich über den herzlichen Empfang im Land. Einer Studie zufolge haben über 30 Millionen Deutsche Nahrungsmittel, Kleidung oder Geld für die Flüchtlinge aus dem Nahen Osten gespendet. Die Familie hat angefangen, Deutsch zu lernen – in staatlichen Integrationskursen, eine Lehre aus den zuvor erwähnten europäischen Integrationsversäumnissen. Sie erzählen mir, dass ihr Haus in Aleppo vor ihrem Aufbruch von der Luftwaffe des Assad-Regimes zerbombt wurde.

»Und dann habt ihr beschlossen, wegzugehen«, sage ich.

»Nein«, erwidert Abdallah, der Familienvater, »da haben wir beschlossen, es wiederaufzubauen.«

»Es wurde ein zweites Mal zerstört«, sagt Shauki rasch mit blitzenden Augen, »mein Bruder hat sich unter dem Tisch versteckt, so ist er gerettet worden.«

»Und dann habt ihr beschlossen, wegzugehen.«

»Nein«, erwidern sie. »Wir sind in einen anderen Ort in Syrien gezogen, an der Küste. Auch dort war es nicht sicher.«

Shauki fügt an, dass seine Mutter von der Bombardierung immer noch einen Splitter im Brustkorb habe. Das Gespräch verstummt für einen Moment und lebt dann wieder auf, so optimistisch wie eh und je. »Es ist ein Neuanfang für uns«, sagt Shauki, »wir werden die Vergangenheit vergessen und ein neues Leben beginnen.«

Dieses Gespräch veranschaulicht, was im Eifer der scharf geführten Diskussion über Immigration nach Europa ein wenig in Vergessenheit geraten ist. Menschen wollen ihr Land, ihre Familien und ihr Eigentum nicht verlassen. Ein häufig übersehener Punkt ist eben die Erkenntnis, dass Menschen Haus und Heimat nur dann aufgeben, wenn ihnen keine andere Wahl mehr bleibt, alles aus ist, ob dieses Haus nun in Syrien oder in Eritrea stand. Migranten verstehen in der Regel den hohen Preis der Auswanderung: Fremdheit, Sprachschwierigkeiten, sozialer Abstieg, die Unmöglichkeit, das persönliche Potenzial voll auszuschöpfen. Emigration ist keine Modeerscheinung in Syrien, und auch nicht in El Salvador oder im Sudan. Arme, aber stabile Staaten mit positiver Entwicklung generieren nicht viele Flüchtlinge oder Asylbewerber. Manchmal frage ich Zuhörer bei meinen Vorträgen, wer von ihnen, falls er in Nigeria – einer relativ stabilen Regionalmacht – wohnte, versuchen würde, seine Kinder um jeden Preis nach Europa oder in die USA zu schicken. Daraufhin hebt niemand die Hand, und das zu Recht. Wäre das nicht die naheliegendste Wahl für jeden Syrer, Sudanesen, Ghanaer, Afghanen, Somalier, Eritreer, Iraker oder Ägypter? Was würden Sie tun?

Die einhellige Meinung in Expertenkreisen lautet, dass sich große und unerwünschte Migrationsströme durch die Verbesserung der Lebensbedingungen in den Herkunftsländern vermeiden ließen. Aus den Staaten Ostasiens flüchten keine Millionen, denn dort hat sich die Wirtschaftslage erheblich verbessert, die Zukunft sieht vielversprechend aus, die Entwicklung ist rasant, und die Löhne steigen entsprechend.

Es ist der Sommer 2019. Wir sprechen wieder mit Shauki, diesmal per Skype.[*] Er und all seine Familienangehörigen sprechen inzwischen – auf unterschiedlichem Niveau – Deutsch, zweifellos ein Erfolg der staatlichen Integrationskurse, die den Flüchtlingen die Sprache, Kultur, Rechtsordnung und Geschichte Deutschlands vermitteln sollen. »Nichts ist unmöglich ... Es war schwer, aber wir haben es geschafft, wir haben gelernt«, sagt Shauki. Er erzählt, er habe gute und weniger gute Lehrer gehabt, aber: »Die Lehrer hier sind nett. Nicht wie in Syrien, wo die Lehrer einen manchmal geschlagen haben.« Einmal habe ihn ein Lehrer in Syrien geschlagen, weil er »in Jeans in die Schule kam«, und »dort kann man nichts dagegen unternehmen«.

---

[*] Dieses Gespräch führte Inbal Golan, die Rechercheurin, die mit mir an der Dokuserie »Exodus« für den Channel 10 in Tel Aviv arbeitete, in deren Rahmen wir die Abudans trafen.

Sein Vater arbeitet als Busfahrer und seine Mutter in der Küche der örtlichen Schule. Er selbst hat die Schule abgeschlossen und jobbt in einer Lebensmittelfirma. Sie wohnen in einer Mietwohnung, die sie zu kaufen beabsichtigen. Shahed, die ursprünglich Ärztin werden wollte, möchte jetzt Pharmazie studieren. Ihre jüngere Schwester will Rechtsanwältin werden. Shauki hat seinen ursprünglichen Berufswunsch, Ingenieur, aufgegeben und hat vor, nächstes Jahr ein Kamerastudium aufzunehmen. Er sagt, die Übersiedlung nach Deutschland habe seine Ziele verändert und ihm klargemacht, was er »wirklich« wolle. »Ich möchte den Menschen zeigen, wie ich die Welt sehe, beim Fernsehen oder für soziale Netzwerke arbeiten.« Er meint, seine Eltern seien so oder so einverstanden: »Sie sagen mir, arbeite, was du willst, Hauptsache, du bist glücklich, nur tu etwas.«

Er erklärt: »Die Deutschen sind sehr nett, aber nicht alle. Einige hassen uns, ich weiß nicht, warum, sie wollen überhaupt keine Flüchtlinge in Deutschland haben. Aber das sind nur wenige ... In Ostdeutschland gibt es ein paar Nazis, nicht viele. Ich begegne ihnen nicht in meiner Stadt, aber meine Freunde sind mit ihnen aneinandergeraten. Die Polizisten sind sehr gut und nett, und die Deutschen hier sind reizend. Sie, die Deutschen, sagen, wir sind alle Menschen ... und wir sind alle gleich.« Er fühlt sich als glücklicher Mensch. »Es ist wie ein Traum, hier zu sein. Es war unser Traum, hier zu sein, Frieden und ein gutes Leben zu haben.«

Wenn er »ein gutes Leben« sagt, denke ich spontan an Aristoteles, dessen Gedanken über das gute Leben das Fundament für die Ideen des Fortschritts gelegt haben. In unserer Welt, die zwischen großem Fortschritt und schwindendem, aber massiven Elend schwankt, verstehen die Migranten besser als andere, was das gute Leben ist – was sich von selbst versteht. In einer so stark von Grenzen bestimmten Weltlage gelingt es nur wenigen, die Schranken zu durchbrechen; wenn sie es schaffen, sind sie endlich die schweren Ketten an ihren Füßen los. Die Flüchtlinge machen sich eilig daran, sich selbst neu zu erfinden, und empfinden, was Aristoteles meinte, als er vom Zauber des guten Lebens sprach, der Eudaimonie – meist etwas ungenau als »Glück« oder »Glückseligkeit« übersetzt.

—

Die Medien und die sozialen Netzwerke beschäftigen sich naturgemäß weniger mit den Erfolgsgeschichten von Zuwanderern, wie der von Shaukis Familie, und mehr mit Integrationsschwierigkeiten, sporadischen Radikalisierungen in der Immigrantenszene, wachsendem Rechtsradikalismus in Deutschland und Terrorgefahr. Über 1,4 Millionen Asylsuchende sind seit 2015 innerhalb von drei Jahren in Deutschland eingetroffen. Fluchtgründe waren innerstaatliche Kriege in Nahost, Klimaveränderungen, die zu wachsender politischer Unruhe führten, Hass zwischen Stämmen, Ethnien und Religionsgemeinschaften. Unter die Kriegsflüchtlinge hat sich auch eine kleine Anzahl echter Terroristen gemischt.[26]

Anschläge und schwere Rechtsverstöße, darunter die massenweisen sexuellen Übergriffe in der Silvesternacht 2015/16 in Köln und anderen deutschen Städten, lieferten der radikalen Rechten eine willkommene Gelegenheit. Was diese Gelegenheit in einen Wendepunkt verwandelte, war die Tatsache, dass Medien und Politik die Ereignisse im Namen einer politischen Korrektheit übergingen, die den gesunden Menschenverstand ignorierte. In den folgenden Jahren erlebte Deutschland den Aufstieg der radikalen Rechten und die Zunahme schwerer Gewalttaten gegen muslimische Einwanderer und andere Minderheiten. Die deutsche Gesellschaft hatte nach dem Zweiten Weltkrieg jedes Aufleben von Rassismus entschlossen zu bekämpfen versucht – eine notwendige Konsequenz aus dem Holocaust, den Nazi-Deutschland begangen hatte. Die deutsche Mittelschicht war nicht schwach und bedroht wie andernorts im Westen, und die umsichtige Wirtschafts- und Industriepolitik bewährte sich. Doch die Ereignisse von 2015/16 genügten, um die schlummernden Dämonen des deutschen Rassismus aufzuwecken. Als ich einmal am Berliner Denkmal für die ermordeten Juden Europas mit einem deutschen Journalisten über den wachsenden Antisemitismus in seinem Land sprach, hörten wir plötzlich dröhnende Rockmusik aus einem Kleinwagen, der seine Runden um das Denkmal drehte:

Frei, sozial und national,
treu vereint und radikal.
Die Fahne schwarz, sie weht im Sturm.
Deutschland, wir kommen schon.

Der Mann am Steuer des blauen Kleinwagens war mit sich zufrieden und blies uns Luftküsse zu.

REVOLTE GEGEN REVOLTE

Am 23. Juni 2016, kein Jahr nachdem Massen von Flüchtlingen die Grenzen des Kontinents zu überschreiten begonnen hatten, erlebte die Europäische Union die schwerste Niederlage ihrer Geschichte. Die Briten stimmten in einem Referendum für den Austritt aus der EU und überraschten mit dieser Entscheidung sogar manche Aktivisten der Brexit-Kampagne, die einen Sieg nicht wirklich erwartet hatten. Der Brexit verblüffte weltweit die Medien und die politischen Eliten und war vielleicht der greifbarste Schlag gegen die Globalisierung seit den Anschlägen des 11. September 2001. Die Kampagne um das Referendum war stürmisch, hasserfüllt und ohne die berühmte britische Zurückhaltung verlaufen. Die britische Unterhausabgeordnete Jo Cox, die für den Verbleib in der EU eintrat, wurde von einem Rechtsradikalen angeschossen und niedergestochen. Bei der Mordtat schrie er sie an: *»This is for Britain. Britain will always come first.«* »Das ist für Britannien. Britannien kommt immer zuerst.«

Der Brexit hatte komplexe Gründe, historische und politische. Sie haben mit aus der Thatcher-Ära stammenden Tiefenströmungen im britischen Konservativismus zu tun, mit der Hassliebe zwischen der EU und den britischen Wählern, mit dem Machtvakuum bei Labour und den Konservativen sowie mit der Wirtschaftskrise von 2008, die das Gefühl verstärkte, die heimischen Institutionen seien abgehoben und ohnmächtig. Die EU war verletzlich in Großbritannien, zum einen, weil die Engländer sich für etwas Besonderes halten, zum anderen wegen der Funktionsweise der Union – als mächtiges politisches Gebilde, das von oben nach unten aufgebaut ist und nur sehr begrenzte Unterstützung in der Bevölkerung genießt. Das sind komplizierte Themen, doch gibt es in politischen Auseinandersetzungen manchmal ganz schlichte Beweggründe, die den Ausschlag geben. Und die Brexit-Befürworter genossen einen solchen ausschlaggebenden Vorteil: Ihre Einstellung zur Immigration wurde populärer denn je. Die Migration innerhalb der Europäischen Union sorgte für anhaltende politische Spannungen in den reicheren Mitgliedstaaten, obwohl sie von den gut ausgebildeten und billigen Arbeitskräften aus Mittel- und Osteuropa profitierten. Die Kombination aus der legalen innereuropäischen Migration und der Einwanderungswelle aus dem Nahen Osten heizte die Pro-Brexit-Stimmung an. Die Austrittskampagne betonte, die Immigration sei ein kritischer Punkt in ihrer antieuropäischen Agenda. Einen Monat bevor die Wähler zu den Urnen gingen, wurden Daten veröffentlicht, denen zufolge Großbritannien einen Spitzenwert bei der Einwanderung erreicht habe – 330 000 Immigranten aus der EU und anderen Ländern in einem Jahr.[27] Sobald diese Zahl in der Welt war, ging die Debatte nicht mehr um das Für und Wider der Immigration, sondern darum, wer diese Flut stoppen würde. Die Befürworter eines Verbleibs in der EU, die plötzlich behaupteten, innerhalb der Union ließe sich die Migration effektiver regulieren, klangen einigermaßen scheinheilig.

Allein die heftige Debatte um die Immigration war schon ein

Sieg der Rechtspopulisten, die den Austritt wollten. Nigel Farage – damals Parteiführer der UKIP, die für den EU-Austritt agitierte – hielt persönlich ein Poster hoch, auf dem eine Schlange von Hunderten von Flüchtlingen aus Nahost zu sehen war, die man auf der Balkonroute fotografiert hatte. Ein roter Schriftzug verkündete schreiend »*Breaking Point*« – Belastungsgrenze, und darunter »Die EU hat uns alle enttäuscht«.[28] Das Poster wurde weithin verdammt, einschließlich Vergleichen mit Nazi-Propaganda, doch im Zeitalter sozialer Netzwerke bedeuten Verurteilungen vor allem eines: noch mehr Publicity, noch mehr Aufmerksamkeit.

Den Schwerpunkt auf die Immigration zu legen funktionierte offenbar. Eine Umfrage ergab, dass 73 Prozent derjenigen, die sagten, sie seien »besorgt« über die Immigration, für den Brexit stimmten.[29] Die Feindseligkeit gegen die Immigranten, die das System »ausbeuteten«, zeigte sich klar in folgendem Befund: Je stärker jemand die Ansicht unterstützte, Immigranten müssten vor dem Bezug von Sozialleistungen einen längeren Zeitraum in Großbritannien verbracht haben, desto höher lag die Wahrscheinlichkeit, dass er für den Brexit votierte. Die Leute meinten, Immigration sei ein Problem, und der Verbleib in der Europäischen Union würde dieses Problem fortbestehen lassen; um die 50 Prozent sagten schon vor dem Brexit, Großbritannien könne im Fall eines EU-Austritts seine Grenzen besser kontrollieren.[30] Forscher, die Wähler zu den Urnen begleiteten, berichteten, der wichtigste Indikator für die Voraussage des Abstimmungsverhaltens sei die Einstellung von Abstimmenden zu Ausländern – viel mehr als eine rechte Weltsicht oder das Alter.[31] Manche wie Boris Johnson, der die Austrittskampagne anführte, behaupteten, die beste Methode zur Bekämpfung des Fremdenhasses sei gerade der Austritt aus der EU, denn: »Wenn man die Kontrolle zurückgewinnt, tut man eine Menge, um immigrantenfeindliche Gefühle zu neutralisieren.« Wie viele andere Sprüche, die Johnson während der Kampagne von sich gab, klang auch dieser seinerzeit illusionär, doch nach dem Referendum erwies er sich auch noch als gefährlich. Die britische Polizei meldete einen deutlichen Anstieg rassistischer Angriffe und Straftaten vor und vor allem nach dem Referendum.[32] Im ersten Monat nach der Entscheidung für den Brexit stieg die Zahl der Hassverbrechen um 41 Prozent.[33] Der Trend hielt jahrelang an. Nach Daten der Londoner Polizei wuchs die Zahl der Hassverbrechen in den vergangenen Jahren um durchschnittlich 15 Prozent im Vergleich zu der Zeit vor dem Referendum.[34] Eine vor und nach der Brexit-Entscheidung durchgeführte Studie ergab, dass Minderheiten über weit mehr Diskriminierung nach der Abstimmung berichteten – auf der Straße und auch online.[35] Nationalismus ist eine Autoimmunerkrankung, und wenn sie ausbricht, ist es sehr schwer, den Körper wieder ins Lot zu bringen.

———

Die Revolte hat viele Facetten. Während die Mittelschichten des Westens gegen die liberalen, immigrationsbejahenden Ideen rebellieren, erheben sich die Migranten gegen die Weltordnung der geschlossenen Grenzen. Ein Zusammenprall ist unausweichlich.

In jedem Augenblick warten Millionen Migranten und Flüchtlinge darauf, Grenzen zu überschreiten. Ein Bericht der deutschen Bundesregierung, der an die *Bild-Zeitung* durchsickerte, schätzte 2017, dass über sechs Millionen Menschen darauf warteten, das Mittelmeer zu den Küsten der Europäischen Union zu überqueren.[36] Immer mehr afrikanische Migranten machen sich auf den Weg nach Mittel- und Südamerika und versuchen von dort, in die USA zu gelangen. Wenn die Dinge sich nicht sehr bald ändern, wird die in den ersten Kapiteln dieses Buches geschilderte Klimakrise samt Artensterben den großen Menschenstrom weiter anschwellen lassen – in Richtung stabilerer Regionen mit gemäßigterem Klima. Für Hunderte Millionen Menschen, die in armen und elenden Staaten leben, ist die Entscheidung zur Auswanderung die vernünftigste, vorteilhafteste und – wenn sie Kinder haben – auch die moralischste.

Die Flüchtenden werden sich letzten Endes in einem Land anderer Menschen wiederfinden, in deren Haus. Das ist mehr als eine Metapher: Manchmal ist es der Hinterhof jener Dame aus dem türkischen Bodrum, die ihre Geschichte in einem vorhergehenden Kapitel erzählte. Ein Zweck des Nationalstaats besteht in seiner souveränen Fähigkeit, an seinen Toren zu wachen und die Einreise von Neuankömmlingen zu beschränken. Das ist nicht nur Teil des Völkerrechts, es macht auch das Wesen einer nationalen Gemeinschaft aus – die Unterscheidung zwischen denen, die dazugehören, und denen, die draußen bleiben.

Welche Rechte haben also Flüchtlinge gegenüber dieser Gemeinschaft? Staaten sind gesetzlich verpflichtet, ihnen vorübergehend Zuflucht zu gewähren, nicht aber dazu, sie einzubürgern. Im Grunde gibt die internationale Ordnung den Mitgliedern eines staatlichen Gemeinwesens das Recht, eine veränderte Zusammensetzung desselben zu verhindern. Kann dieses formale Recht den mächtigen Fluss der Geschichte aufhalten? Angesichts von Millionen Menschen, deren Heimatländer sie verfolgen und die aus dem Rachen des Hais fliehen?

Nationalisten bringen gern das Beispiel des Römischen Reichs, dessen Zerfall letztlich von eindringenden Stämmen herbeigeführt worden sei. Doch wie der britische Historiker Peter Heather in seinem monumentalen Werk *Invasion der Barbaren* darlegt, waren diese Eroberungen tatsächlich die Geburtsstunde Europas. Das untermauert einen wichtigen Grundsatz: Migration und Entwicklung gehen Hand in Hand.[37] Die Antwort der Geschichte auf die Frage »Haben Gemeinschaften die Macht, Veränderung zu unterbinden?« lautet schlichtweg Nein. Nimmt man hinzu, dass die große Geburtenkrise in den Industriestaaten deren Bevölkerung in den folgenden Generationen erheblich reduzieren wird, so ist die Abschottung gegen Zuwanderung ebenso töricht wie unmöglich. Japan, dessen Bevölkerung jährlich um die Einwohnerzahl der deutschen Stadt Bonn schrumpft, hat die Immigration streng limitiert, gleichzeitig aber auch eine sehr niedrige Geburtenrate. Die Folgen sind düster. Die Arbeitsbelastung ist groß, die Gesellschaft überaltert rapide, und seit Anfang der 1990er-Jahre steckt die Wirtschaft des Landes in Stagnation und Krise. Der Widerstand der japanischen Regierung gegen Einwanderung bröckelt, doch ist der Zuwandereranteil in der Bevölkerung für eine Industrienation immer noch niedrig. Die Japaner zahlen dafür einen hohen Preis, der mit der weiteren Verknappung von Arbeitskraft noch steigen wird. Europa und im Folgenden auch die USA und viele andere Staaten, von China bis Mittelamerika, werden Zuwanderung brauchen. Die verzweifelten und vernünftigen Menschen, die migrieren wollen, werden kaum aufzuhalten sein – was letztlich Grund zur Hoffnung gibt.

So lautet die Antwort der Geschichte. Aber sie berechnet das große Menschheitsexperiment nicht mit ein – die Grenzbeherrschung und die Stacheldrahtzäune. Dieses Experiment hat das Potenzial, einen Keil in die Räder der Geschichte zu treiben, sie aufzuhalten und erstarren zu lassen.

Auch wenn die Grenzen endlich überwunden sind, befindet sich das Haus, in das die Migranten gelangen, selbst in der Krise. Manchmal wird es von Fundamentalisten herausgefordert, hat mit wirtschaftlicher Ungleichheit zu kämpfen, leidet unter Geburtenmangel und ist hin- und hergerissen zwischen universalistischen Leidenschaften und dem Drang zur Abschottung.

Zuwanderung ist ein sichtbares Zeichen für den schrumpfenden Einfluss des Staates auf das Schicksal seiner Bürger und hat die Kraft zu drastischer Veränderung. Sie ist, in der Sprache der Politiker, eine Chance. Trumps erster landesweit ausgestrahlter Werbespot nach seiner Wahl zum republikanischen Präsidentschaftskandidaten 2016 zeigte, wie gesagt, einen Treck von Syrern und die Warnung, Hillary Clinton würde ihnen erlauben, Amerika zu »überfluten«.[38] Trump selbst sagte über die Migranten: »Leute kommen in unser Land, wir haben keine Ahnung, wer sie sind, woher sie sind, was sie für unser Land empfinden ... Das wird das größte Trojanische Pferd aller Zeiten.«[39]

In den drei amerikanischen Bundesstaaten, die die Wahlen von 2016 entschieden – Michigan, Wisconsin und Pennsylvania –, wurden die Einwohner befragt, welches Thema ihnen am wichtigsten sei: Außenbeziehungen, Wirtschaft, Terror oder Immigration. Die Umfrageergebnisse in den drei Teilstaaten ergaben: Diejenigen, denen die Wirtschaft am wichtigsten war, stimmten für Clinton, mit kleinem Abstand zu Trump. Jene, die Immigration und Terror am bedeutsamsten für Amerika hielten, stimmten für Trump, mit großem Abstand zu Clinton.[40]

Eliten und Machtzentren im globalen Norden versuchten, die Immigration zu einer Selbstverständlichkeit zu machen, sie zum nationalen Konsens zu erheben oder sie, alternativ, unter dem Radarschirm zu halten und ohne öffentliche Debatte florieren zu lassen. Als die Mittelschicht unter Druck geriet, die Identität sich zu wandeln begann und die persönliche Sicherheit erschüttert wurde, scheiterte dieser Versuch spektakulär. Angesichts der Migranten, die als imaginäre Trojanische Pferde vor den Toren standen, empfanden viele Menschen ein tiefes Bedürfnis nach höheren Mauern. Und wollten die Tore nur noch fester verrammeln.

EIN UNTERTAN DES IMPERIUMS SPRICHT

MARIANNA, PENNSYLVANIA, 2016

Schon eine Stunde lang kurven wir durch die engen, mit Pfützen übersäten Straßen der Kleinstadt, auf der Suche nach dem Haus der Familie Quigley. Sturzregen prasselt aus dem weiten Himmel über der vom Kohlebergbau geprägten Region auf uns nieder. Es ist schon Abend, die Sicht miserabel, und auch das GPS-Gerät ist keine Hilfe, weil es die Hausnummern nicht kennt. Kurz bevor wir die Sache aufgeben, finden wir das kleine Holzhaus.

In der warmen, mit zahlreichen Familienfotos geschmückten Stube toben die Kinder von Jessica und Joe, spielen gleichzeitig miteinander und mit ihren Handys. Neben dem Ehepaar sitzen Joes Eltern, Joel und Caroline. Ich bin gekommen, um zu fragen, wem sie bei den Präsidentschaftswahlen in einigen Monaten ihre Stimme geben wollen.

Eine überflüssige Frage, wie es scheint. Alle Umfragen sahen Hillary Clinton deutlich vorne im Bundesstaat Pennsylvania, wo seit George H. W. Bush 1988 kein republikanischer Kandidat gewonnen hatte. Die führenden Republikaner und Demokraten, mit denen ich in Washington gesprochen hatte, waren sich ohnehin seit Monaten sicher: Angesichts der Fakten kann Trump nicht siegen. Diese Botschaft hallte überall wider. Als Donald Trump seine Kandidatur bekannt gab, erklärte die *Huffington Post*, er werde in den Klatschspalten des Blattes auftauchen, nicht im Politikteil. Ich las Artikel mit dem Tenor: »Keine Sorge, Trump kann nicht siegen«,[1] oder: »Für Clinton 2016 spricht, dass sie die Kandidatin der einzigen großen amerikanischen Partei ist, die nicht von Irren geführt wird.«[2] Eine gewichtige Stimme in den amerikanischen Medien sagte mir vertraulich: »Nehmen Sie das nicht zu ernst. Es wird noch etwas geschehen. Ein unabhängiger Kandidat wird auftauchen. Die Republikaner werden ihn intern erledigen. Dieser Mann wird nicht ihr Präsidentschaftskandidat werden. Glauben Sie mir, Sie ahnen gar nicht, mit wem ich eben telefoniert habe.« Mit den Augen eines Ausländers, meinen Augen, betrachtet, wirkte Trump anfangs wie der Werbegag eines exzentrischen Milliardärs.

Kurze Zeit später änderte ich meine Meinung – weil ich aufmerksam auf Trumps Worte achtete und nicht nur auf die Skandale, die er auslöste. Er wetterte brutal gegen die Weltordnung, oft mit groben Lügen und Hetze, aber es schimmerte auch eine verdrängte Wahrheit über die Schattenseiten der Globalisierung durch. Seine Tiraden gegen das »manipulierte System« und den Freihandel, sein Kreuzzug gegen die politische Korrektheit – das alles wirkte wie eine theoretische Übung in einem Hochschulkurs über internationale Beziehungen und Wirtschaftspolitik. Die Aufgabenstellung: »Wie kann, angesichts von Globalisierungsdefekten und deren Einfluss auf den heimischen Arbeitsmarkt und die heimische Kultur, ein populistisch-nationalistischer Kandidat in Amerika an Macht gewinnen?«

Ich konzentrierte mich wieder auf die Daten und ignorierte die Analysen, die ich in den amerikanischen Medien gelesen hatte. Zahlenspiele und Spekulationen, die die Meinungsforschungsplattformen im Internet anstellten, zeigten, dass leichte Schwankungen in einigen Wählergruppen eine Sensation auslösen könnten. Eine Frage stand im Raum: »*Nehmen wir einmal an, Trump gewinnt die Wahlen in Amerika – was muss geschehen, damit das eintritt?*«

Die Antworten: Junge Leute stimmen nicht so zahlreich für Hillary Clinton wie zuvor für Barack Obama. Die Wahlbeteiligung der Afroamerikaner sinkt und damit auch ihre Unterstützung für die demokratische Kandidatin. Die Stimmen der Latinos für Trump fallen etwas zahlreicher aus als erwartet. Die Evangelikalen rufen zur Generalmobilmachung zu seinen Gunsten auf. Und sehr wichtig: Die Mittelschicht im *Rust Belt*, zumindest in ein oder zwei dieser von der Schwerindustrie geprägten Staaten, rebelliert und versetzt ihren Staat von der *Blue wall* der zuverlässig demokratisch wählenden Staaten hinüber auf die Seite der Republikaner.

Seltsamerweise gab es in der amerikanischen Presse damals kaum Interviews, Hintergrundberichte und Daten aus dem *Rust Belt,* insbesondere aus Pennsylvania. Ich witterte eine stillschweigende Einigkeit darüber, dass es dort kein echtes Rennen geben und Clinton höchstwahrscheinlich siegen würde. Das war seltsam, denn die Abstände in den Umfragen fielen eher gering aus. Meine provokative Arbeitshypothese, die ich zu prüfen gedachte, lautete genau umgekehrt – dass die wertvollen zwanzig Wahlleute Pennsylvanias an Trump gehen würden. Dazu mussten die ländlichen Regionen dieses Bundesstaates mit großer Mehrheit für Trump stimmen. Ich traf im Juni 2016 dort ein, fünf Monate vor der Wahl.

Wenn man für das Fernsehen filmt,[*] recherchiert man vorher. Normalerweise weiß der Interviewer, in diesem Fall ich, recht genau, was die Helden der Geschichte sagen werden. Hier in Marianna lief es jedoch anders: Die Quigleys überraschten uns. Laut Recherchenotizen würden die Familienmitglieder sagen, dass sie unschlüssig seien, ob sie für die Demokratische Partei stimmen sollten, die sie seit eh und je wählten. Doch unmöglich hätte man ahnen können, wie ungeheuer enttäuscht diese fleißigen Menschen über den amerikanischen Traum selbst sprechen würden. Das ging weit über die Fragen zu Trump oder Clinton hinaus. Früher konnte man so etwas von Kommunisten oder Rechtsradikalen hören, aber gewiss nicht im Wohnzimmer einer typischen Mittelschichtsfamilie im Bundesstaat Pennsylvania, einer der dreizehn Kolonien, die sich einst vom britischen Mutterland losgesagt hatten, dem Bundesstaat, in welchem die Unabhängigkeit der Vereinigten Staaten von Amerika

---

[*] Die hier geschilderten Gespräche wurden im Rahmen einer Reihe von Reportagen vor den Wahlen von 2016 für den israelischen Channel 10 geführt.

verkündet und die Verfassung unterzeichnet worden war. Noch als sie sprachen, summte ich Bob Dylans Song »The Times They Are a-Changin'« vor mich hin.

Draußen flatterten die durchnässten amerikanischen Flaggen in Wind und Regen, und drinnen im Zimmer sagte eine waschechte amerikanische Familie, sie habe genug von Amerika – und führte aus, warum. Es war ein Vorzeichen für das Kommende: Die Präsidentenwahlen würden zu einem Referendum über die Verwerfungen werden, die in den vorigen Kapiteln geschildert wurden – Globalisierungsdefekte, Migration, Welthandel, Beschäftigung und Sicherheit. Hillary Clinton wollte über die lichte Zukunft des universalistischen Amerika abstimmen lassen, aber tatsächlich ging es um die Sünden der Vergangenheit und den Verrat an weiten Kreisen der Mittelschicht. In Marianna begriff ich, dass Amerika einen Wendepunkt überschritten hatte. Das Land war nicht mehr das, was wir, Bewohner eines entlegenen Außenpostens des Imperiums, uns vorgestellt hatten.

————

Um die Revolte zu verstehen, muss man über das Imperium reden, das die heutige Weltordnung geschaffen hat, und über die wachsende Diskrepanz zwischen dem, was in seinem Kernland ablief, und dem, was es aller Welt vermittelte. In einer Welt, die jahrzehntelang von den USA dominiert wurde, hatte jeder sein eigenes Amerika, das er in seinen Fantasien, Hoffnungen, Ideen oder Ängsten sah. Mein persönliches Amerikabild war vierzehn Jahre vor jenem Besuch in Marianna entstanden, einige Monate nach den Anschlägen vom 11. September 2001. Der israelische Ministerpräsident flog zu einem Treffen mit George W. Bush nach Washington, und ich reiste als Teil des Pressekorps im selben Flugzeug mit. Die zweite Intifada wütete in Israel und in den Palästinensergebieten, die Amerikaner waren schon in Afghanistan einmarschiert und bereiteten die Invasion des Irak vor. Der israelische Regierungschef Ariel Scharon stand seitens Amerika unter Druck, mit Jassir Arafat zu verhandeln, dem unangefochtenen Anführer der Palästinenser und ihres Aufstands, und Scharon wollte diesen Druck endlich abschütteln. Seine guten Beziehungen zu Präsident Bush waren entscheidend für seinen – am Ende erfolgreichen – großen Plan: jegliche Aussicht auf einen Palästinenserstaat zu ersticken, dabei jedoch zu versichern, dass er eigentlich dessen Gründung befürworte; Verhandlungen jederzeit zuzustimmen, aber niemals mit Arafat zu sprechen, den er zutiefst verachtete. Scharon erklärte mir einmal: Die Menschen im Nahen Osten dächten Dinge, sagten Dinge und täten Dinge, doch dürften in dieser Region diese drei Dinge niemals die Gleichen sein.

2002 erwachte Washington langsam aus der Schockstarre nach den Al-Qaida-Anschlägen, das trügerische Konzept vom »Krieg gegen den Terror« lag in der Luft. Der große Plan der Neokonservativen nahm nun Gestalt an. Es war eine außerordentliche Zeit für eine Reise in die amerikanische Hauptstadt und auch das erste Mal, dass ich die USA als erwachsener Mann erlebte – soweit ein dreiundzwanzigjähriger Journalist, den schon seine bloße Anwesenheit im Weißen Haus faszinierte, als solcher gelten kann. Als ich das Hotel verließ und die Connecticut Avenue hinunterging – ein Spaziergang, der sich zu einem mehrstündigen Stadtbummel ausweitete –, ergriff mich ein Gefühl, das man Amerikanern nur schwer erklären kann.

Es war ein Staunen darüber, dass die Dinge endlich einen greifbaren Ort hatten. Ich war endlich an der Quelle. Ich spürte die Hauptstadt des Imperiums, in dem ich lebte – vielleicht so wie ein junger Spanier im 2. Jahrhundert, der von der Iberischen Halbinsel eines Tages nach Rom kam und es in seinem vollen Glanz und Verfall erblickte. Es ist eine uralte Menschheitserfahrung – dass die weite Welt von Machtzentren aus regiert wird. Bis zum 20. Jahrhundert war das Imperium die wichtigste politische Einheit in der Menschheitsgeschichte.

Wir, die in einer Provinz des westlichen Modells leben, sehen allenthalben die Merkmale seiner Konstruktion – aber nicht seine volle Entfaltung. Rational wissen wir einiges über den Ursprung der Weltwährung, die Methoden der Machtausübung, die Kultur, deren Bilder uns in Film und Literatur überschwemmen. Doch nur an Orten wie Washington oder New York überkommt uns die Erkenntnis – statt nur das Wissen –, dass etwas in unserem Leben als Untertanen dieses Imperiums von hier ausging und ausgeht, dass unser politischer und wirtschaftlicher Diskurs, ja sogar unsere Modetrends nur der Abklatsch einer fernen Kultur sind.

Es ist kein Minderwertigkeitsgefühl, sondern die jähe Einsicht, dass dieser ferne Ort unablässig in unsere Geschichte und Gegenwart hineinfunkt. Passt auf, sagt der Mann am Mikrofon, täuscht euch nicht, hier spricht das Imperium, in dem ihr lebt. Dies sind seine Regeln. Je näher der Untertan des Imperiums dem Sprecher kommt, desto lauter hört er ihn und desto klarer wird der verschwommene Klang. Und wenn man dann wirklich dort ist, in Washington, werden einem die Dinge rasch deutlich – wenn man die Stufen zum Lincoln Memorial erklimmt und an dessen Südseite das Zitat aus der Gettysburg Address über »die Regierung des Volkes, durch das Volk und für das Volk« erblickt. Viele Herrscher und Regime versprechen dasselbe, und die liberale Demokratie ist längst nicht mehr auf die USA beschränkt; es ist sogar zweifelhaft, ob das amerikanische Modell heute das beste ist. Aber dies ist seine Urquelle. Hier steht der Satz eingemeißelt. Nichts sonst wird sich je genau wie Lincoln anhören, und an diesem Ort wird »die Regierung des Volkes« für immer den Zauber des Originals besitzen. Der Provinzbewohner, der Untertan trifft unversehens auf diesen Bezugspunkt und fühlt sich, als hätte er unter dem Sofa zwei verstaubte Teilchen eines verstreuten Puzzles mit tausend Teilen gefunden.

Lincoln sitzt dort nachdenklich schauend auf einem Sessel; das ist selten für historische Denkmäler von Staatsmännern und

Nationalhelden. Er strahlt gelassene Machtfülle aus. Diese Ruhe in der Machtausübung, ihre Selbstverständlichkeit, ist eine ungewöhnliche, moderne Entwicklung des amerikanischen Imperiums. Es ist kein handeltreibendes Imperium, das geldgierig nach Plantagenkolonien strebt, kein Kontinentalreich, das, zwecks regelmäßiger Plünderungen und der Verteilung der Beute an die oberen Schichten, nach Expansion strebt. Der Aufstieg der Vereinigten Staaten von den ursprünglichen dreizehn Kolonien zur Weltmacht wurde vom ersten Augenblick an als Befreiung der Menschen, als Freiheitskampf dargestellt. Rom war von einer Republik zum Imperium herangewachsen, Großbritannien begab sich sehenden Auges auf seinen imperialistischen Feldzug. Die Vereinigten Staaten wurden bereits als das geboren, was sie sind – in Thomas Jeffersons Worten als »ein Imperium für die Freiheit, desgleichen die Welt seit ihrer Erschaffung nicht erblickt hat«.[3] Sie wuchsen auf natürliche Weise, erwarben und eroberten, öffneten die Tore zum Westen und brachten weitere Territorien und Völker unter ihre Fittiche.

Die USA erweiterten ihren Herrschaftsbereich stetig und mit unterschiedlichen Methoden; sie unterdrückten oder vernichteten eingeborene Stämme mit typisch europäischer Grausamkeit; sie hielten bis weit ins 19. Jahrhundert Sklaven. Sie eroberten und siegten in fernen, fremden Ländern, ohne danach wieder abzuziehen. Sie blieben in Deutschland, Japan, Korea und anderen Regionen. Heute unterhalten sie Militärstützpunkte in über siebzig Staaten und sind die stärkste Militärmacht aller Zeiten. Zu den unrühmlichen Altlasten, die sie seit dem Ende des Kalten Kriegs mitschleppen, gehören die Unterstützung von Diktatoren, brutalen Monarchen und Drogenhändlern, inszenierte Umstürze, Morde an Regimegegnern und Folter – vom Iran bis nach Honduras. Alles, was der Sieg über das gegnerische Imperium erforderte, war erlaubt. Denn beide Staaten waren Imperien, obwohl man dieses Wort in Washington und Moskau gleichermaßen hasste.

Aber neben der eigenen Macht – und im Gegensatz zu allen anderen Imperien der Geschichte – verbreiteten die USA liberale Werte. Wenn sie Staaten eroberten, zwangen sie diesen, anders als das Sowjetreich, kein Unterdrückungsregime auf und beuteten, anders als die klassischen Kolonialmächte, die örtlichen Ressourcen in der Regel nicht aus. Häufig wurden sie gebeten, in fremde Kriege einzugreifen, und taten es notgedrungen. Phasen echter amerikanischer Besatzungsherrschaft, wie in Deutschland oder Japan, waren zeitlich begrenzt und dienten den Amerikanern zu einer beispiellosen Förderung der Menschen- und Bürgerrechte. Die alte kommunistische Behauptung, der amerikanische Imperialismus führe auf raffinierten ökonomischen Wegen zu Ausbeutung und Knechtschaft, wurde von der Realität der letzten Jahrzehnte widerlegt.

Die Vereinigten Staaten von Amerika waren ein Imperium für das Zeitalter der Demokratie. Dafür steht das Lincoln Memorial: Seine Inschrift verewigt die Bürgerfreiheit, während die Arme auf Reliefs römischer *fasces* ruhen. Diese Rutenbündel wurden einst den höchsten Amtsträgern des Römischen Reiches vorausgetragen, symbolisierten deren *imperium,* die Macht und Amtsgewalt, von anderen Gehorsam zu erzwingen. Im Lincoln Memorial sollen diese Bündel die Macht der Union symbolisieren, die es nach dem amerikanischen Bürgerkrieg zu wahren galt; es ist seine Botschaft nach innen. Aber welche Botschaft richtet Lincolns *imperium* an uns im Rest der Welt? Eine mögliche Antwort wäre: Hier ist die Befreiung, aber daneben auch die Macht, von anderen Gehorsam zu erzwingen.

Die Hierarchie ist glasklar – zum Beispiel in der Schlange vor dem Oval Office für den kurzen Fototermin mit deinem eigenen, ins Weiße Haus gepilgerten Regierungschef und dem amerikanischen Präsidenten. Dessen Mitarbeiter erklären einem die Regeln klipp und klar, sie schicken sofort Personen weg, die diese Regeln zu brechen gedenken. Und es ist völlig klar, dass diese Pilgerfahrt ganz normal ist, so als wären wir am Hof des Kaisers von China im 14. Jahrhundert. Man bekommt verdeutlicht, welchen Platz man auf dieser Welt einnimmt. Und dann bist du drinnen, und Präsident Bush sitzt selbstzufrieden neben deinem alternden Ministerpräsidenten, einem Mann, der – für ganze Nationen schicksalsentscheidende – Panzerschlachten befehligte, und dieser Mann schwitzt, steht sichtlich unter Druck. In so einem Moment wird dir klar, wer die Macht hat und die Gelassenheit, sie auszuüben.

All diese Ausführungen sind, natürlich, provinziell, aber die halbe Welt dient seit den 1950er-Jahren als eine Art Provinz und weit mehr als die halbe Welt seit den 1990ern. Die Globalisierung erweitert und vertieft die internationalen Beziehungen, bringt aber keine Gleichheit. Die USA, die die gegenwärtige Weltordnung geschaffen haben und sichern, beherrschen uneingeschränkt die politischen und wirtschaftlichen Hierarchien. Wichtiger noch: Sie verbreiteten in der zersplitterten, verängstigten und armen Welt einen Eindruck von Überfluss, waren das Paradebeispiel wirtschaftlicher Blüte.

Werden die Amerikaner beispielsweise jemals begreifen, was für die Untertanen des Imperiums das Wunder namens *free refill* bedeutet? Diejenigen, die einmal unter dem allgegenwärtigen Einfluss amerikanischer Macht und Kultur gelebt haben, sehen im kostenlosen Nachfüllen von Glas und Becher den Inbegriff verlockender amerikanischer Lebensweise. Wo wir auch herkommen, sei es aus Afrika, das um eine höhere Lebensqualität ringt, aus Osteuropa, das noch die eiserne Sparsamkeit der kommunistischen Ära kennt, aus dem leistungsstarken Westeuropa, das teils schon einen höheren Lebensstandard als in Amerika genießt, oder eben aus Nahost – wenn wir erstmals das freie Nachschenken von Kaffee oder Softdrinks erleben, ist das eine echte Offenbarung. Ich erinnere mich an mein Staunen als Kind: Warum stehen dann nicht alle zum Nachfüllen auf und trinken immer noch mehr Cola oder Fanta? Die einfache Antwort: Weil sie genug haben. Und wenn sie noch mehr wollen, holen sie es sich. Man muss nicht in Mangel und Armut leben, um von dieser Fülle und Sicherheit überwältigt zu sein, man muss nur von außerhalb der Vereinigten Staaten kommen. Die für alle vorteilhafte Verlockung des amerikanischen Traums liegt in diesem *free refill:* das Vertrauen des Wirts in seine Gäste; der grundsätzliche Anstand der Kunden, dieses Vertrauen nicht übermäßig auszunutzen; die kapitalistische Erkenntnis, dass der Konsum eines Produkts, auch ohne Kostendeckung, den Konsum anderer Produkte nach sich zieht; das allgemeine Vergnügen an der Konsumkultur. Es bedeutet aber auch: überflüssige Kalorien mit tödlicher Wirkung; Umweltschäden; Maßlosigkeit als Lebensstil. Und vor allem: die Abneigung gegen Kleinlichkeit und ein – sehr praktisch orientiertes – Denken im Großen, wie Alexis de Tocqueville es vor knapp zweihundert Jahren analysierte.[4]

Diese kleinen Anekdoten sind der Stoff, aus dem die Legenden über Amerika gemacht sind, doch sind diese weit vielfältiger und tiefgründiger als noch so viele Becher Gratis-Kaffee. Am eindringlichsten sind jene, die von Amerika als Inbegriff von Qualität und Erfolg handelten. In meiner hebräischen Muttersprache war »Amerika« früher ein gebräuchlicher Ausdruck. »Wie war euer Urlaub?« – »Amerika.« – »Wie ist das neue Auto?« – »Amerika.« Und noch eine Wendung, die ins Hebräische eingegangen ist: »*large* sein«. Das Wort *large* wurde als englisches Fremdwort eingefügt und bedeutete natürlich »großzügig wie in Amerika«. Großzügig wie die raumgreifenden Fernsehsessel, die auf großen Schiffen aus Amerika kamen, als wären sie Götzenbilder, die aus der Hauptstadt des biblischen Assyriens in die Provinz verschickt wurden. Oder wie die Riesenbecher Popcorn im Kino. Oder das Steak mit zwei Shrimps und Butter obendrauf.

Es ist ein Sieg von Dauer. In einem sowjetischen Propagandafilm aus den 1950er-Jahren sitzen Vögel auf einem Baum, und plötzlich kommt ein neuer Vogel, stolz aufgeplustert und fremdartig; er spielt temperamentvolle Jazz-Musik. Die warnende Botschaft: Dieser Vogel singt euch vor, wie gut es in Übersee ist, wo er herkommt, aber das ist nicht wahr.[5] Die Bettelarmen, die finanzielle Unterdrückung, die Obdachlosen – das ist die Wahrheit. Die bescheidenen sozialistischen Vögel tun sich zusammen und vertreiben den großen amerikanischen Prachtvogel, der im Land der Gleichheit gelandet war. In der Realität träumten die Sowjetbürger von Amerika, hörten heimlich Elvis Presley, erhielten Pakete und tauschten Zigaretten.

Für die meisten Menschen außerhalb seiner Grenzen wurde »Amerika« gleichbedeutend mit einer Idealvorstellung vom guten Leben und einer Aura des Überflusses, die ein unbekanntes Gefühl der Sicherheit vermittelte.

DER SIEG DER MÄSSIGUNG

Andererseits ist das amerikanische Modell für viele eine täuschende Fassade, hinter der sich das Elend von Millionen Menschen verbirgt. Aber wer denkt so? Vor allem die schmalen, wohlsituierten Schichten in aller Welt, die David Goodhart die *»Anywheres«* nennt: mobil, urban, gebildet, ungebunden und politisch flexibel.[6] Interessanterweise sind es genau diese Eliten, die am stärksten vom amerikanischen Modell profitierten, und nicht viele denken so wie sie. Obwohl die USA tief in Konflikte verwickelt sind und ihr Modell mittlerweile bedrohliche Risse aufweist, erreichen sie immer noch einen Spitzenplatz in jeder Studie zu dem, was Joseph Nye als »Soft Power«[*] bezeichnet.[7] Dabei sind die USA nicht Frankreich, das der Welt Tourismus und Gourmet-Kultur bietet, oder Großbritannien mit

---

[*]   Soft Power oder »weiche Macht« ist die nicht militärische Stärke, die eine Nation auf die internationale Bühne mitbringt, die Attraktivität ihrer Werte, ihrer Kultur, ihrer Lebensweise oder bestimmter ökonomischer Modelle. Weiche Macht ist der Wunsch anderer, mit dir befreundet zu sein.

Königshaus, Oxford und Cambridge. Sie sind eine robuste Supermacht – und doch immer noch populär.[8]

Das Image dieser Macht nährt sich nicht nur aus der Sehnsucht nach dem amerikanischen Traum und seinen Erzeugnissen, sondern auch und gerade aus dem Sicherheitsgefühl, das die USA vielen Provinzen vermitteln. Im Nahen Osten beispielsweise war die Erkenntnis, dass Kriege ausbrechen und brutal sein können, immer von der stillschweigenden Annahme begleitet, dass eine sowjetische oder amerikanische Intervention sie rasch beenden würde. Die Entscheidung über den Beginn eines Krieges lag nicht immer in den Händen der Supermächte, aber sie waren stets in der Lage, sie zu stoppen. Alle beteiligten Regierungen waren sich dessen bewusst, ebenso ihre Bevölkerungen. Das Sicherheitskonzept meines Landes, Israel, gründet auf der Hypothese, dass irgendwann eine Anweisung ergeht oder eine Entscheidung fällt, die jeden ausgebrochenen bewaffneten Konflikt beendet. Deshalb sah und sieht die Strategie der israelischen Armee vor, den Krieg schnellstmöglich auf das Gebiet des Gegners zu tragen und in kürzester Zeit möglichst viel Land zu besetzen, ehe die vordringenden Truppen angehalten werden – eventuell vom UN-Sicherheitsrat, weit eher aber von den beiden Supermächten beziehungsweise der einen Supermacht. Die Sowjetunion und die USA haben ihren Einfluss tatsächlich dazu verwendet, Kampfhandlungen zu beenden, haben manchmal sogar die Waffenstillstandslinien bis auf den Zentimeter genau abgesteckt. Kein Krieg kann ewig dauern, dachten wir im Nahen Osten, denn die USA würden ihm immer ein Ende setzen – nicht mit militärischer Gewalt, sondern mit ihrer politischen Macht.

Der Gedanke, dass Washington am Ruder saß, kam manchen Teilen des Imperiums und bestimmten politischen Systemen nicht immer gelegen, aber er wirkte doch mäßigend. Entscheidungsträger konnten eine zurückhaltende Politik verfolgen und dabei gegebenenfalls als Ausrede auf die USA verweisen. Es flammen territoriale Forderungen an einen Nachbarstaat auf? Man sollte die

Sache nicht eskalieren lassen, weil die USA es nicht gestatten würden. Eine radikale wirtschaftspolitische Maßnahme steht im Raum? Wir lassen es lieber, weil die westliche Wirtschaft, die von den USA aufgebaut und gestützt wird, es unmöglich macht. Wenn wir einen bestimmten politischen Kurs beschreiten, verlieren wir den Rückhalt Washingtons; wenn wir uns hingegen anders entscheiden, bekommen wir die Unterstützung der stärksten Macht der Welt. So handelte Ägypten Ende der 1970er-Jahre, als es das Bündnis mit der schwächelnden Sowjetunion aufkündigte, sich den USA zuwandte und einen Friedensvertrag mit Israel unterzeichnete.

Was für den Nahen Osten zutraf, galt umso mehr für die Nationen Westeuropas und, nach dem Fall der Sowjetunion, für den ganzen Kontinent. Winston Churchill verhieß, während Frankreich vor der Niederlage stand und die britischen Truppen Dünkirchen verließen, in seiner berühmten Parlamentsrede: Selbst wenn die Finsternis der Nazis über Großbritannien kommen und das Land erobert werden sollte, würden die Briten standhalten, bis mit Gottes Hilfe »die Neue Welt mit all ihrer Macht und Stärke voranschreitet zur Rettung und Befreiung der alten«.[9] Schon 1940, als das britische Empire formell und faktisch noch existierte, war offensichtlich, dass die amerikanische Nation einzigartige Kräfte besaß und »die letzte beste Hoffnung auf Erden« war.

In der Suezkrise von 1956 ließen die USA Frankreich, Großbritannien und Israel wissen, wer das letzte Wort in der westlichen – und später in der ganzen – Welt hatte. Sie zwangen, gemeinsam mit Moskau, die drei kriegführenden Nationen zum vollständigen und sofortigen Rückzug von der Sinaihalbinsel, die sie im Streit um den Suezkanal von Ägypten erobert hatten. Fortan war den Nationen des Westens, trotz aller Proteste vor allem Frankreichs, klar, dass strategische Entscheidungen dieser Größenordnung der amerikanischen Zustimmung bedurften. 1963 setzte John F. Kennedy sich für Westdeutschland und ein freies

Europa ein, unvergesslich festgehalten in seiner »Ich bin ein Berliner«-Rede. Dieser auf Deutsch gesprochene Satz sagte aus, was die USA im Grunde all ihren Verbündeten mitteilen wollten: Ihr seid nicht allein.

Es war nicht so, dass die Amerikaner gegen Fehler, fatale Dummheit oder verlustreiche Kriege, wie in Vietnam, gefeit gewesen wären. Sich in ihrer Macht sonnend, fühlten sie sich zum Handeln verpflichtet, angeleitet vom imperialen Ethos des amerikanischen Exzeptionalismus. Die Idee, dass die Nation etwas »Besonderes« sei, eine moralische Aufgabe in der Welt habe, aus der sich die »Pflicht«, zu handeln und zu führen, ergebe, ist Imperien seit jeher selbstverständlich. Die Bekenntnisse amerikanischer Präsidentschaftskandidaten zu ihrem Glauben an die Einzigartigkeit des amerikanischen Modells und die besondere Aufgabe der Vereinigten Staaten in der Welt, hören sich für fremde Ohren wie ein mystischer Initiationsritus an. Falls sie den geringsten Zweifel am amerikanischen Exzeptionalismus durchblicken ließen, gerieten sie unter heftigen Beschuss. Das passierte Präsident Obama, der eine skeptische Äußerung zur imperialen Sendung seines Landes verlauten ließ und bis zum Ende seiner Amtszeit deshalb mit Kritik zu kämpfen hatte.[10] Doch das wahrhaft Außergewöhnliche am »amerikanischen Exzeptionalismus« liegt darin, dass er aus historischer Sicht kaum außergewöhnlich ist. Vergil brachte es, an junge Römer gewandt, auf den Punkt:

Dein sei, Römer, das Amt, als Herrscher die Völker zu
zügeln,
Dies ist die Kunst, die dir ziemt, die Gesetze des Friedens zu
schreiben,
Dem, der gehorcht, zu verzeihn, Hoffärtige niederzukämpfen![11]

———

Die Verbündeten der USA fühlten sich sicher. Auch ihre Gegner – deren Zahl nach dem Fall des Ostblocks schrumpfte – genossen die Gewissheit einer Welt mit relativ klaren Gesetzen. Aber da liegt der Haken. Dieses Gefühl der Sicherheit, die begründete Annahme, dass die Bevölkerung nicht allein dem Schalten und Walten heimischer Politiker ausgeliefert war, dass es eine höhere Instanz gab, genossen nur Menschen *außerhalb* der USA. Es gab keine äußere Macht, die Amerikas Sicherheit garantierte oder seine Anführer im Falle verantwortungslosen Handelns in die Schranken wies. Die USA erhielten nie den Rat eines stärkeren Verbündeten, einen Krieg zu unterlassen, weil er in einer Katastrophe enden würde. Sie hatten nie das Gefühl, dass eine Macht ihnen Rückendeckung gibt, denn eine solche existierte nicht. Kein Mensch drohte den USA ein Waffenembargo an. Einfach ausgedrückt, die Amerikaner erhielten nie einen Anruf aus Washington – ein Vorgang, den jeder Regierungschef auf der Welt fürchtete. Sie hatten nicht das, was wir in den Provinzen hatten: jemanden, der sie vor sich selbst beschützte. Zugleich war ihr Schicksal – wie das aller Imperien – in einem gordischen Knoten mit dem verbunden, was sie aus der Entfernung beherrschten, sowie mit der Verantwortung – oder der Herrschaft –, die sie auf sich genommen hatten. Oder in den Worten von Reinhold Niebuhr in seinem klassischen Werk *The Irony of American History:*

»Ein starkes Amerika ist weniger Herr seines eigenen Schicksals, als es ein vergleichsweise schwächeres Amerika war, das sich in seiner kontinentalen Sicherheit und in unbekümmerter kindlicher Naivität wiegte. Eben die Stärke, die unsere Macht über den Kontinent hinaus ausdehnte, hat unser Schicksal auch mit dem vieler anderer Völker verwoben und uns in ein riesiges Netz der Geschichte versetzt, in der andere Absichten, die unseren teils oder gänzlich zuwiderlaufen, unweigerlich dem hinderlich sein oder widersprechen werden, was wir uns innig wünschen. Wir können nicht einfach unseren Weg gehen, auch wenn wir glauben, dass unser Weg ›das Glück der Menschheit‹ verheißt.«[12]

Niebuhrs nüchterne Sicht wurde verdrängt. Der Ausgang zweier Weltkriege und das Obsiegen über eine andere Supermacht führten dazu, dass die Amerikaner unbezwingbar, unentbehrlich und zuweilen geradezu naiv ehrgeizig wurden. Der amerikanische Journalist Thomas Friedman sagte mir einmal:»Die Leute machen sich gern lustig über Amerika, über unsere Naivität … Über unseren Außenminister, der denkt, jedes Problem hat eine Lösung, okay? Diese naiven Amis. Aber die amerikanische Naivität ist äußerst wichtig für die Welt. Wenn wir aufhören, für Rechte, für ein klein wenig Anstand einzutreten, verändert sich die ganze Welt. Und wenn wir uns für die Dunkelheit entscheiden, wird es auf der ganzen Welt stockdunkel.« Unser Treffen fand im Frühjahr 2016 im Gebäude der *New York Times* statt. Ein paar Monate später wurde Donald Trump zum Präsidenten gewählt.

DAS IMPERIALE PROJEKT

Die gegenwärtige Globalisierung verbreitete sich über die Welt wie das Christentum über das Römische Reich. Sie veränderte die Art und Weise, wie Menschen miteinander kommunizieren und Handel treiben, wie schon früher die Seemächte des 15. und 16. Jahrhunderts. Sie eroberte und vereinnahmte mehr Völker und Territorien als alle Großmächte zusammen; sie ist das erfolgreichste imperiale Projekt seit dem Beginn der Moderne. Und sie ist *made in America.* Das Bretton-Woods-System oder auch der Marshallplan waren Teil des Ringens mit der Sowjetunion. Doch muss man diese Maßnahmen aus einer weiteren Perspektive betrachten. Der Wunsch nach freiem Welthandel und starken internationalen Beziehungen resultierte auch aus der wirtschaftlichen Lage der USA gegen Ende des Zweiten Weltkriegs: 1950 produzierten die Vereinigten Staaten etwa die Hälfte der Industrieerzeugnisse auf der Welt, stellten aber kaum 7 Prozent der Weltbevölkerung. Irgendwer musste all die Radiogeräte, Autos, Getränke, ja eigentlich alles, was die leistungsstarken amerikanischen Fabriken ausstießen, schließlich kaufen.

Das Ende eines harten Krieges verheißt nicht unbedingt einen Wirtschaftsaufschwung. Manchmal ist es nur der Anfang einer tiefen, langen Rezession. Das geschah in den Jahren 1945 bis 1948 in Europa: Seine Fabriken, Straßen, Brücken und großen Städte lagen in Trümmern, seine Produktion war gering und seine Kräfte waren aufgezehrt. Nach zwei Weltkriegen war Europa am Boden. Doch herrschten nunmehr die cleveren Amerikaner. Sie mussten das Schicksal des verfluchten Kontinents wenden – um ihrer selbst willen.

Als der amerikanische Außenminister George C. Marshall in seiner berühmten Rede an der Harvard-Universität sein »European Recovery Program« vorstellte, erklärte er warnend, der Welthandel selbst stehe nach dem Krieg vor dem Zusammenbruch. »Abgesehen von der demoralisierenden Wirkung auf die ganze Welt und eventuellen Unruhen infolge der Verzweiflung der betroffenen Menschen, dürften die Konsequenzen für die Wirtschaft der Vereinigten Staaten offenkundig sein. Logischerweise müssen die Vereinigten Staaten alles in ihrer Macht Stehende unternehmen, um wieder normale, gesunde Wirtschaftsverhältnisse zu schaffen, ohne die es keine wirtschaftliche Stabilität und keinen gesicherten Frieden geben kann.« Diese Worte fußten auf der hier bereits erwähnten revolutionären Erkenntnis, die im Zeitalter der Verantwortung alle Führungspersönlichkeiten teilten: dass es den Menschen, um gut zu sein, materiell gut gehen müsse. Und so fuhr auch Marshall fort: »Unsere Politik richtet sich ... gegen Hunger, Armut, Verzweiflung und Chaos. Ihr Ziel ist die Wiederbelebung einer funktionierenden Weltwirtschaft, um politische und soziale

Bedingungen entstehen zu lassen, in denen freiheitliche Institutionen gedeihen können.«[13]

Zunächst sorgte die amerikanische Regierung dafür, dass die Rede in den USA möglichst wenig, wenn überhaupt, publik wurde. Amerikanische Journalisten waren zu der angeblich »routinemäßigen Rede vor Universitätsabsolventen« nicht geladen. Reporter, die die Größe des Dramas erklären wollten, wurden von ihren Redaktionen zurückgepfiffen, wie die *Washington Post* später zugab, und schließlich erklärte das amerikanische Außenministerium, sie habe nichts Neues oder Interessantes enthalten.[14] Charles L. Mee schildert in seinem Buch über den Marshallplan, dass die Presse in ganz Europa und vor allem in Großbritannien dagegen sehr wohl über Inhalt und Bedeutung der Rede informiert wurde.[15] In Washington erkannte man, dass die Zusicherung einer beispiellosen Wirtschaftshilfe für Europa nach einem Krieg, der den USA einen hohen Preis an Menschenleben und Geld abverlangt hatte, zu Hause auf wenig Gegenliebe stoßen würde. Andererseits wollte man aus innenpolitischen Gründen nicht auf eine eminent wichtige Maßnahme verzichten. Es handelt sich um ein Paradebeispiel dafür, wie die Untertanen des Imperiums Sicherheitsversprechen und wirtschaftliche Unterstützung erhielten, während die US-Bürger im Unklaren belassen wurden. Auch sonst waren wahrheitsgemäße Berichte an die Öffentlichkeit nicht gerade ein Eckpfeiler des amerikanischen Imperiums. Die Wahrheit lag an den Frontlinien des Imperiums, nicht in der Kommunikation mit den eigenen Bürgern. Präsident James Knox Polk belog 1846 den Kongress, weil er das Territorium der USA durch einen Krieg gegen Mexiko nach Westen ausdehnen wollte. 1940 versprach Präsident Roosevelt den Amerikanern, als er den Kriegseintritt bereits vorbereitete: »Eure Jungs werden nicht in irgendwelche fremden Kriege geschickt werden.« 1961 erklärte Präsident Kennedy, die USA planten »keine militärische Intervention in Kuba«, kurz vor der gescheiterten Invasion in der Schweinebucht.

In der Ära der sozialen Netzwerke wären Tricks wie die um den Marshallplan fehlgeschlagen. Oft fragen wir, ob Demokratien in der heutigen Zeit der Desinformationen, in der Fakten zusehends an Wert verlieren, überleben können, aber eine weitere interessante Frage ist außenpolitischer Natur: Inwieweit sind Demokratien international handlungsfähig, wenn sie, im Gegensatz zu ihren autoritären Gegnern, so transparent und ungeschützt sind? Man stelle sich vor, damals wäre Donald Trump in der Opposition gewesen, hätte vom Marshallplan Wind bekommen und darüber getwittert: »Unsere Anführer sind so dumm! ... Wir haben Europa gerettet und sollen jetzt auch noch zahlen? Sollen sie doch selbst zahlen! Der Dussel Truman verteilt Milliarden über Milliarden an die kriegsgeplagten Europäer. Sofort absetzen!«

Zum Glück war Trump damals, als Außenminister Marshall seinen Plan vorstellte, erst ein Jahr alt, und das Zeitalter der Verantwortung war auf seinem Höhepunkt. Die USA investierten über 100 Milliarden Dollar[*] in den Wiederaufbau Europas, das heißt 4 Prozent ihres Bruttoinlandsprodukts in den betreffenden Jahren. Dies war ein Beispiel für wirksames Handeln im demokratischen, industriellen Zeitalter, und tatsächlich verhalf es dem Westen, wie wir ihn kennen, zu neuer Blüte. Der Wiederaufbau Europas diente in sicherheitspolitischer Hinsicht der Schaffung und Festigung strategischer Bündnisse wie der NATO.[16] Nach dem Fall der Berliner Mauer propagierten die USA die Ideen des »Washington-Konsenses«: Privatisierung, offene Kapitalmärkte und den Abbau von Handelsschranken. Die Globalisierung schritt in alle Richtungen voran, und in den 1990er-Jahren genossen die USA eine der längsten Wohlstandsphasen ihrer Geschichte.

---

[*] Nach dem Geldwert von 2018, was seinerzeit rund 12 Milliarden Dollar entsprach.

»Wir sind die unentbehrliche Nation«, sagte die amerikanische Außenministerin Madeleine Albright 1998, womit sie meinte, dass nur die USA die Macht besäßen, globale Sicherheit zu garantieren. Es war das Jahrzehnt, in dem die Amerikaner – teils erfolgreich – versuchten, dauerhafte Verständigungen in einer Reihe epischer, zum Teil jahrhundertealter Konflikte zu erreichen: auf dem Balkan, in Nordirland und im Nahen Osten. Drei Jahre nach Albrights Worten wurden die USA von Al-Qaida angegriffen, und das bereits Geschilderte trat ein: Die weltweite Sicherheit ist erschüttert, und der Fundamentalismus bedroht die liberale Ordnung. Das Gefühl der Amerikaner, im eigenen Land sicher zu sein, erwies sich als Illusion.

Angesichts dieser strategischen Überraschung begannen die Vereinigten Staaten zwei Kriege: in Afghanistan gegen das Taliban-Regime, das Al-Qaida unterstützte und schützte, und im Irak gegen das Regime von Saddam Hussein – mit Begründungen, die zwischen Manipulation und Selbsttäuschung schwankten. Die USA, die es bisher stets vermieden hatten, im Stil eines klassischen Imperiums direkt und auf Dauer über anderer Menschen Leben zu herrschen, gewöhnten sich nun an diesen Gedanken und betrachteten ihn als Sicherheitserfordernis, vielleicht sogar als historische Aufgabe. Ihr Imperium band die Fasces jetzt nicht mehr an das Motto »die Regierung des Volkes, durch das Volk«, sondern verstand sie vornehmlich als Machtbefugnis.

Es war ein dramatischer Rückschlag für die Globalisierung, die die USA nach dem Weltkrieg vorangetrieben hatten. Imperien, die mit Gewalt über andere Völker herrschen, Kämpfe zwischen »Zivilisationen«, blockierte Grenzen – all das widersprach zutiefst der offenen und wirtschaftsfixierten Welt, die die Vereinigten Staaten seit 1945 nicht ohne Erfolg zu schaffen versucht hatten.

Auf der verzweifelten Suche nach persönlicher Sicherheit, dem Grundbedürfnis jeden Staates, begannen die Amerikaner, sich selbst vom anachronistischen Modell eines Imperiums zu überzeugen. Der britische Historiker Niall Ferguson erklärte, die USA seien »ein Imperium, das seinen Namen nicht auszusprechen wagt«, und als solchermaßen »verleugnetes Imperium« gefährdeten sie die Sicherheit der Welt.[17] Die Zeitungen wurden deutlich: »Amerikanisches Imperium (gewöhnt euch dran)«, lautete die Überschrift eines Artikels im *New York Magazine*, und ihm folgten noch viele weitere.[18] Ein Chefberater von Präsident George W. Bush sagte der Zeitschrift *Foreign Policy* vertraulich: »Wir sind jetzt ein Imperium.«[19] Im Dezember 2003 verschickte Vizepräsident Dick Cheney Weihnachtskarten mit einem Zitat von Benjamin Franklin: »Wenn ein Spatz nicht zu Boden fallen kann, ohne dass Er (Gott) es weiß, ist es dann denkbar, dass ein Imperium entsteht ohne Seine Hilfe?«[20] Niemand wählt solch einen Grußkartentext aus literarischen Gründen. Damals feierten amerikanische Truppen ihr erstes Weihnachtsfest in Bagdad. Präsident Bush musste die imperialistischen Bestrebungen persönlich dementieren und sagte: »Amerika hat kein Imperium zu erweitern und kein Utopia zu errichten.«[21] Das waren theoretische Äußerungen, denn der Präsident befand sich längst im »Krieg gegen den Terror«. Die Kosten dieser Kriege sind umstritten. Als Mindestsumme werden 1,6 Billionen Dollar genannt,[22] aber die meisten Schätzungen gehen von knapp drei Billionen Dollar aus.[23] Eine Studie von 2018 gab an, es gehe um fast sechs Billionen, wenn man die Renten hinzurechne, die die Kriegsversehrten über die Jahre erhalten werden.[24]

Die USA wurden von vielen ihrer Verbündeten gewarnt, aber die Amerikaner hatten kein Amerika, das ihnen sagte: Hört auf, ehe es zu spät ist. Kein amerikanischer Präsident, der freundlich redete, aber einen großen Knüppel mitführte, warnte sie: »Ihr seid eine von einem Angriff getroffene Großmacht, die mit einem teuren Krieg reagiert, sich in hohe Schulden stürzt, weniger in Infrastruktur und andere wachstumsfördernde Sektoren investiert, enorm steigende Verteidigungskosten und interne Wirtschaftskrisen ver-

kraften muss. Ihr steckt in einem klassischen Abstiegsszenario.«
Sie hatten keine Supermacht, die ihnen Einhalt geboten und sie vor
sich selbst gerettet hätte.

»NIEMALS HIER«

Das Imperium ersetzte effiziente Soft Power durch ineffiziente Hard
Power und schlitterte, während es in Übersee Kriege führte, daheim
in die größte Rezession seit der Großen Depression der 1930er-Jahre.
Den Preis zahlten, wie üblich, die mittleren und ärmeren Schichten.
Und so sind wir wieder in Marianna, Pennsylvania, mitten in dem
zum Rostgürtel verkommenen Stahlgürtel der USA, fünf Monate
vor dem Erdbeben der Trump-Wahl Ende 2016.

Anfang des 20. Jahrhunderts war Marianna ein Erfolgsmodell
der amerikanischen Industrie. Für die Einwohner baute man moderne Backsteinhäuser mit Badezimmern, und Einwanderer aus
Mitteleuropa, Russland und Italien strömten dank der uneinge-
schränkten Immigration in diesen Teil des Landes. Die Kleinstadt
wurde für die drei Kohlebergwerke der Pittsburgh Buffalo Company
errichtet, die als die modernsten und sichersten Zechen ihrer Zeit
galten. Wegen ihres Rufs, auf der Höhe der Technik zu sein, stattete
Präsident Teddy Roosevelt Marianna im Oktober 1908 einen Besuch
ab, begleitet von europäischen Gästen aus der Kohlebranche.
44 Tage später ereignete sich dort ein schreckliches Minenunglück,
das die ganze Nation erschütterte: Eine Methangasexplosion tötete
154 Bergleute.

In der kleinen, aber feinen Bibliothek des Städtchens traf ich
Joe Glad, 89 Jahre, gerader Rücken, Schirmmütze und durchdrin-
gende Augen. Er streichelte ein großes Stück weiche Kohle, wie
man sie zur Stahlherstellung verwendet, und sagte, es sei »gute,
saubere Kohle«. Joe hatte zwei Jahre nach Ende des Zweiten Weltkriegs im Bergwerk angefangen. Sein Vater hatte ihn in die Arbeit

eingeführt und ihm einige Überlebensregeln beigebracht: »Wenn du zum Beispiel ein bisschen Staub siehst, ein kreischendes Geräusch hörst und eine Maus flüchten siehst, läufst du besser mit den Mäusen weg.« Als er anfing zu arbeiten, verluden sein Vater und er Kohle. Sie schafften jeder an die drei Tonnen Kohle pro Arbeitstag. Pro Tonne erhielten sie 93 Cent.[25]

Jeremy Berardinelli, Gemeindevorsteher von Marianna, öffnet uns das Tor zu den alten Gebäuden der 1988 endgültig geschlossenen Zeche. Er zeigt uns den letzten Haufen Kohle, der aus dem Bergwerk gefahren wurde: »Man hat ihn hiergelassen für den Fall, dass wir ein Museum einrichten«, sagt er. Natürlich ist kein Museum entstanden. Die Ruine ist prachtvoll, ziemlich groß und von schrundiger Schönheit. Glad führt mich zu dem Raum, wo man ihn einst eingestellt hatte, das Büro des Betriebsleiters. Er ist ergriffen. »Es tut weh, so weh. Nicht nur mir, auch guten Leuten, die Jobs gebrauchen können«, sagt er. »Ich bin alt, ich werde sterben, noch ein oder zwei Jahre. Aber was sollen die jungen Leute machen?«

Einer der Betroffenen ist Joe Quigley, der seine Arbeit verlor, als die Zeche geschlossen wurde. Im Wohnzimmer der Quigleys in Marianna beginnt und endet das Gespräch bei der Kohle. Ob sie wiederkommen wird. Wofür man sie braucht. Wer ihre Feinde sind. Joes Frau Jessica war sieben Jahre lang bei den Kindern zu Hause, muss nun aber arbeiten gehen, weil »er nicht genug Geld verdient«. Joe sagt, er müsse, verglichen zu seiner Zeit im Bergwerk, »doppelt so viele Stunden arbeiten, um die Hälfte zu verdienen«, und fährt fort: »Sie geben der Kohle die Schuld an ihrem Bankrott, sie sagen, sie würde nicht genug boomen. Aber tatsächlich war ihr Bankrott selbstgemacht.« Sein Vater Joel, der 32 Jahre lang in einem Kohlebergwerk malochte und jetzt Rentner ist, fügt »Konzerngier« hinzu, und sein Sohn erwidert, »deine CEOs kriegen immer noch ihr großes Geld«. Seine Mutter Caroline zeigt an, wohin der Wind weht: »Ich mag Trump nicht, mag ihn wirklich nicht, aber wenn er Arbeitern wieder Arbeit gibt – dann wähle ich ihn.«

»Wisst ihr«, sage ich, »die führenden Leute hier sagen, die Kohleindustrie sei einfach nicht zu retten. Wenn die Zeche geschlossen ist, gibt es andere Arbeitsplätze. Wir werden die Kohle nicht subventionieren. Das ist der freie Markt. Vielleicht ist das Amerika, ich weiß es nicht. Ich frage, weil ich kein Amerikaner bin.« Sie lachen kurz. Joel sagt, er kapiere nicht, welche wirtschaftliche Logik dann dahinterstecke, die amerikanische Kohle nach China zu verschiffen. Sein Sohn fügt hinzu: »Amerika ist faul geworden. Es will sich auf andere verlassen.«

Sie sagen, sie hätten noch nie einen Republikaner gewählt.

»Und werdet ihr Trump wählen?«

»Vielleicht werden wir es müssen.«

Zum Schluss frage ich, ob dies immer noch das großartigste Land auf Erden sei. Das Zimmer dröhnt von ihren »Nein, Nein«-Rufen. »Vielleicht war Amerika das, als dein Dad jung war, aber jetzt?«, sagt Joe zu seinem Vater, und Jessica fügt hinzu, Amerika sei *»embarrassing«*. Von allem, was sie sagen, ergreift mich dieses Wort am meisten. Ihr Land ist ihnen peinlich.

»Niemand hilft seinen eigenen Leuten, es geht nie um hier«, sagt Jessica. »Es geht immer darum, was wir in Übersee billiger kaufen können, was wir in anderen Ländern machen können, *niemals hier«*, und sie betont dabei jede einzelne Silbe

Ihr »niemals hier« hatte etwas Selbstverständliches: die Vernachlässigung der ländlichen USA, des *Flyover country*, das man stets nur überfliegt, die Schere zwischen den florierenden Metropolen und dem ganzen Rest. Weniger selbstverständlich ist der Umstand, dass die Welt derart globalisiert, derart vernetzt geworden ist, dass nichts mehr wirklich »hier« ist.

Ich nehme an, für die Quigleys waren wir die »anderen Länder«. Wir genossen die Sicherheiten einer Ära der Verantwortung. Ob Clinton, Bush oder Obama, kluge oder törichte Politik – die USA waren immer präsent.

Doch während man in den fernen Provinzen das amerikanische

Imperium weiterhin wahrnahm, war sein Motor, der amerikanische Traum, ermattet. Wie ein alter japanischer Soldat, der Jahrzehnte nach dem Krieg aus dem Wald hervorkommt, hörten wir nicht auf, unsere Gespräche, Hoffnungen, Ängste und Erwartungen um »Amerika« kreisen zu lassen. Aber die Verheißung in seinem Herzen war längst verloren gegangen. Es schien, als genieße Trump in einer Art masochistischen Anwandlung sein Statement gleich zum Auftakt seiner Wahlkampagne: »Der amerikanische Traum ist tot.«

Die Quigleys wählten ihn 2016, natürlich.

»MEINE MUTTER IST HIER ERMORDET WORDEN«

An keinem Ort war der amerikanische Traum jemals lebendiger und an keinem ist er jetzt toter als in Detroit. Ich mache per Kleinbus eine Tour durch die Stadtwüste entlang der verlassenen Bauten. Es ist eine bunt gemischte Gruppe von Trümmertouristen: ein Japaner, ein junger Deutscher mit Hipster-Bart, ein Ehepaar aus Florida. Die Fahrt beginnt mit einem amerikanischen Standardritual: der Unterzeichnung eines Haftungsausschlusses für den Fall eines Verbrechens oder Unfalls in den gigantischen verlassenen Gebäuden, den zu Drogenhöhlen verkommenen Schulen und den staubbedeckten Kirchenräumen.

Der Kleinbus hält vor der Harry-B.-Hutchins-Schule, einem beeindruckenden Gebäudekomplex in einer traurigen Straße. Eine Lokalzeitung berichtete zu ihrer Eröffnung: »Die neue Hutchin-Mittelschule ... bietet ihren Schülern alle schulischen Fächer sowie körperliche und soziale Erziehung ... und wird auch als Gemeindezentrum dienen.«[1] Man schrieb das Jahr 1922, und aus den ganzen USA reisten Interessierte an, um das hervorragende Schulsystem der wohlhabenden Stadt Detroit zu besichtigen.

Wir betreten das Schulgebäude und werden ermahnt, mit der Taschenlampe umherzugehen und nichts vom Boden aufzuheben, da es sich um kontaminierte Spritzen handeln könnte. Wasser tropft von den durchlöcherten, zerkratzten Wänden; Plünderer haben die Rohre und alle anderen Metallteile herausgerissen. Der amerikanische Guide zeigt uns die Waschräume: Die Duschkabinen sind aus ganzen Marmorblöcken gebaut, die aus dem Ausland importiert worden waren. Dies hier war das Silicon Valley des frühen 20. Jahrhunderts, den Kindern der Stadt sollte es an nichts fehlen.

Von den Waschräumen geht es weiter zu zwei großen, tiefen Becken. Sie sind leer. Hier schwammen die Kinder einst getrennt nach Jungen und Mädchen. Die Schule hatte auch Lehrwerkstätten für angehende Elektriker, Drucker, Schreiner, Mechaniker und für die Reparatur von Verbrennungsmotoren. In den Sporthallen hatte man Ahornholzböden eingezogen, in den Klassenräumen an die Bedürfnisse der Schüler besonders angepasste Schreibtische aufgestellt. Die eingebauten Naturholzschränke sind noch vorhanden, und viel Licht fällt vom Innenhof in die hellen Klassenräume. »Die Lichtverhältnisse sind jetzt gut zum Fotografieren wegen der Wolken, neutrale Beleuchtung«, erklärt der Guide, und einer der Touristen stellt einen alten Schuh auf einen morschen Schreibtisch. An den Wänden sieht man verblichene Graffiti, und die Touristen bücken sich, um den ausgetretenen Linoleumboden zu fotografieren.

In Detroit lebten 2018 rund 670 000 Menschen.[2] Die Stadt ist riesig: 360 autogerecht geplante Quadratkilometer. Zum Vergleich: 1950, auf dem Höhepunkt von *Motor City,* hatte sie über 1,8 Millionen Einwohner. Das ist ein Rückgang von 65 Prozent.[3] 2010 gab es 53 000 leer stehende Gebäude und mindestens 90 000 brachliegende Grundstücke – auf den meisten hatten Häuser gestanden, die abgebrannt oder abgerissen worden waren. Die große Ausdehnung des Stadtgebiets stellt für die Stadtverwaltung eine enorme Herausforderung dar. Das sieht man schon in manchen Vierteln an den auffällig wenigen Menschen im Straßenbild. Viele Straßen sind nur noch holprige Pisten zwischen vereinzelt stehenden Häusern.

Detroit war keine Goldgräberstadt des 19. Jahrhunderts, für in kurzer Zeit ausgebeutete Minen angelegt und danach dem Tod geweiht; es wurde auch nicht von einem Erdbeben, einer Hungersnot oder einem Krieg heimgesucht. Der Niedergang der Stadt war Folge einer gescheiterten Politik und einer Richtungsänderung im Strom der Globalisierung. Hier ist der amerikanische Traum besonders brutal geplatzt: Detroit erlebte in den letzten Jahrzehnten eine fehlgeleitete Stadtplanung, die Abhängigkeit von Konzernen,

einen Teufelskreis von Armut und Budgetkürzungen, Industrieplei-
ten, Kriminalität und Drogensucht und gescheiterte Versuche eines
Neuanfangs. In den letzten Jahren, nachdem die Stadt offiziell in
Insolvenz gegangen und sich an den Wiederaufbau gemacht hatte,
erwachte die Innenstadt zu neuem Leben, und die Bautätigkeit
dort ist beeindruckend. Aber 2017 stand Detroit immer noch auf
Platz sechs bei der Kriminalitätsrate in den USA und auf Platz sieben der Mordstatistik.

Wir wollen gerade die einstige katholische Pfarrkirche St. Margaret Mary betreten, die verschlossen und verbarrikadiert in einer
offenbar verlassenen Straße steht, als ein Auto mit zwei weißen
Frauen neben uns hält. Sharron Probst und ihre Tochter drehen
eine Erinnerungsrunde durch ihr altes Viertel und haben uns vor
der Kirche gesehen. Sharron, in ihren Siebzigern, hat 1963 hier ge-
heiratet. Sie ist untersetzt, mit Kurzhaarschnitt, und spricht sach-
lich, altamerikanisch. »Die Kirche sieht jetzt so anders aus.« Sie
lehnt sich auf ihren Stock und deutet auf ihre Tochter: »Sie ist hier
getauft worden.«[4] Sie bittet uns, ihr auf dem zugewucherten Weg
zum Gebäude zu helfen.

Drinnen ist die Kirche noch hell, aber zerstört, auch hier waren
Graffiti-Sprayer und Metalldiebe am Werk. Mitten im Raum steht
hochkant ein in der Feuchtigkeit aufgequollenes Klavier und rottet
vor sich hin. Im Pfarrzimmer hängt ein grau verstaubtes Messge-
wand, wie eine billige Requisite für einen Horrorfilm. Sharron bleibt
an der Kanzel stehen, nicht weit vom Altar, unter zwei goldenen
Schwingen, rammt den Stock in den Boden und sagt, die Kirche sei
einst voller Menschen gewesen. »Früher oder später musste man
hier wegziehen, man konnte keinem mehr trauen«, erklärt sie. »Die
Zeiten wurden hart, wirklich hart.« Einen Moment herrscht Schweigen. Und dann sagt sie unvermittelt: »Meine Mutter und mein
Stiefvater sind in diesem Viertel ermordet worden. Am 6. Dezember 1974. Sie waren zu Hause.«

Ich frage, ob es ein Einbruch war.

»Ja, es waren Leute von nebenan. Erst haben sie die Hündin Lady erstochen, denn sie hat das Haus bewacht. Meine Eltern kamen heim, und da haben sie sie umgebracht. Haben je zweiundzwanzig Schüsse auf sie abgegeben. Meine Mutter telefonierte mit der Polizei, als sie schossen. Man konnte den Hörer herunterfallen und dann sie zusammenbrechen hören. Mein Stiefvater war im Keller. Er kam die Treppe hoch, und da waren sie zur Stelle. Er sagte ›okay, okay‹, und dann erschossen sie ihn.«

Sie erzählte eher undramatisch von diesem Horror. Eine solche Geschichte bei einer Zufallsbegegnung in einem westlichen Land außerhalb der USA zu hören, ist so wahrscheinlich, wie zweimal nacheinander vom Blitz getroffen zu werden. Ein alter Zeitungsausschnitt, den ich später fand, berichtet, die Hündin Lady habe »ein Heldenbegräbnis« erhalten, ausgerichtet von den Kindern der Opfer, Cliff und Lee Ledbetter.

——

Die Bilder all der Reisen durch die Weiten der USA leuchten eins nach dem anderen auf.

2008, Grant Park, Chicago. Ich gehe mit den Massen, die Barack Obamas Siegeskundgebung verlassen. Sie sind überglücklich, scheinen auf Wolken zu schweben. Ich schaue auf mein Handy. Eine Stunde zuvor war es mir gelungen, mich in den abgesperrten Bereich, genau unter Obamas Rednerpult, einzuschleichen und ihn beim Besteigen der Bühne zu filmen; das Video zeigt vor allem die langen Beine des ersten schwarzen Präsidenten der Vereinigten Staaten. Eine schwarze Frau, in ihren Siebzigern, fragt mich: »Was haben Sie da?« Ich zeige es ihr, und wir lachen wie zwei, die ein Geheimnis haben. Voller Euphorie im Hotel angekommen, treten zwei weiße Männer in Jeans und Sweatshirts zu mir und einem Freund, der mich begleitet, in den Aufzug. Mein Freund versucht eine gut gelaunte Bemerkung zu den Wahlen zu machen. Zuerst wirken sie gleichgültig, aber das ändert sich im Bruchteil einer Sekunde, wie bei einem plötzlich angreifenden Tier. Einer von ihnen drängt an uns heran und brüllt los: »Ihr beschissenen Ausländer, sagt bloß nichts Falsches über unser Wahlsystem, mischt euch hier nicht ein!« Und sein Freund pflichtet ihm bei. Eine starke Alkoholfahne hängt in der Luft, und ich begreife schlagartig, dass sie uns für Migranten halten – die Obama gewählt haben. Erschrocken flüchten wir aus dem Fahrstuhl und vor einer Prügelei.

Eine Abtreibungsklinik in Ohio, einige Wochen vor den Wahlen 2016. Der Arzt David Burkons fühlt sich verfolgt, natürlich. Er ist fast siebzig, als wir ihn treffen, und sagt, er sei der jüngste Abtreibungsarzt im Bundesstaat; keiner wolle einen so verhassten und riskanten Beruf ausüben. Für die zwei Männer, die beharrlich vor dem Gebäude stehen, ist er ein »Babymörder«, und er bekommt Morddrohungen. Eine junge Studentin spricht mit mir. Sie will medikamentös abtreiben. »Ich treffe die richtige Entscheidung, da bin ich mir sicher«, sagt sie. Draußen stehen die Männer mit Baseballkappen und drastischen Schildern, warten, dass sie wieder herauskommt. »Das ist Mord, das ist Auschwitz, das ist Holocaust«, schreien sie mich an. Im Wartezimmer steht eine junge Schwarze, vollkommen verzweifelt: Sie benötigt einen Schwangerschaftsabbruch, hat aber nicht genug Geld. Der Eingriff kostet 425 Dollar. Ob es denn keine staatliche Unterstützung gebe, möchte sie wissen. Der Arzt ist verblüfft, schluckt ein bitteres Lächeln hinunter: »Nein, keineswegs.«

North Carolina, in Ron Baitys Kirche in Winston-Salem. Die Gläubigen sind schon bereit für den Sonntagsgottesdienst. Der Prediger soll Homosexuelle mit Maden verglichen haben und warnt seit der Anerkennung gleichgeschlechtlicher Ehen vor einer Katastrophe im Stil von Sodom und Gomorrha: »Ihr denkt, Ebola ist schlimm, dann wartet mal ab.«[5] Es ist Vatertag, und am Eingang erhält jedes männliche Wesen einen Schraubenzieher geschenkt. Ich blicke auf den Haufen. Sie sehen so verloren aus, diese Schraubenzieher in der Kirche, und ich kann mir das Lachen nicht verkneifen. Es sind noch knapp zwei Monate bis zu den Wahlen von 2016, und außerhalb des Kirchenraums sagt mir der Prediger, Transsexualität sei eine geistige Störung, und warnt, sein Amerika sei noch quicklebendig: »Begrabt uns noch nicht.«

Ebenfalls 2016 in Charlotte, rund hundert Kilometer von Winston-Salem, verstößt die Transfrau Erica Lachowitz vor meinen Augen gegen das »Toilettengesetz«, zu dessen flammenden Befürwortern Baity gehört.* Sie betritt die Damentoilette des örtlichen Markts zusammen mit ihrer achtjährigen Tochter Alice, die den Kopf tief in der Bluse ihrer Mutter verbirgt. Später bei Tisch erzählt Alice von ihrer Freundin Reagan: »Ich kenne sie schon vom Kindergarten, und ich bin immer zu ihren Geburtstagen gegangen, und sie ist zu meinen gekommen. Aber als wir in der zweiten Klasse waren, hat sie mich nicht eingeladen.« Sie wendet sich ihrer Mutter Erica zu: »Als sie nicht wusste, dass du eine Transfrau bist, hat sie mich immer eingeladen, aber seit ich es ihr erzählt habe, spricht sie kaum noch mit mir.«

———

In diesen Bildern verbirgt sich ein radikaler Moment. Was ist ein radikaler Moment? Er tritt ein, wenn das Undenkbare aus dem Käfig anerkannter Konventionen ausbricht und sich als eine Option wie alle anderen präsentiert. Das ist, selbstverständlich, nicht unbedingt schlecht. Barack Obamas Wahlsieg war für die USA ein radikaler Moment, der die wichtigsten und intimsten Gefühle um Staatsbürgerschaft, soziale Mobilität und Rasse berührte. Aber einige Verlierer, Menschen, die entsetzt über den Wahlausgang

---

* Der »Public Facilities & Security Act«, gemeinhin als »Bathroom Bill« bezeichnet, wurde 2016 in North Carolina erlassen und zwang Schulen und andere öffentliche Einrichtungen, Menschen an der Benutzung öffentlicher Toiletträume zu hindern, die nicht mit ihrem bei der Geburt vermerkten Geschlecht übereinstimmen. Es untersagte Stadtverwaltungen außerdem, eigene Antidiskriminierungsvorschriften einzuführen.

waren, hatten das Gefühl, ihnen würde ihr Land gestohlen, und es sei nicht wiederzuerkennen. Viele, wie der spätere US-Präsident Donald Trump, begannen zügig, das Vakuum zwischen dem, was diese Leute in den USA für möglich gehalten hatten, und dem tatsächlichen Geschehen mit Verschwörungstheorien zu füllen. Die »Birther-Bewegung« ist nicht nur rassistisch, sie steht auch für die Unfähigkeit ganzer Bevölkerungsgruppen, sich mit der Wahl Barack Obamas abzufinden – und mit der Einsicht, dass er und seine Wähler durchaus zu Amerika gehören. Die Behebung dieser Diskrepanz verlangte nach der Behauptung, Obama sei in Wahrheit ein Betrug, eine finstere Lüge.

Das ist ein Beispiel für einen radikalen Moment. Nach diesem kann der Mensch nicht mehr gut einschätzen, wie das gesellschaftliche Leben in naher Zukunft aussehen wird. Nichts ist mehr klar, und deshalb ist alles instabil und polarisiert. In Trumps Amerika wissen nicht weiße Bürger nicht, ob sie auf Anerkennung, Mitbestimmung und größere Chancengleichheit zusteuern oder im diskriminierenden Labyrinth eines weißen Establishments gefangen bleiben, das ihnen niemals Macht übertragen und immer weiter Gerrymandering betreiben wird. Die beiden Genderfrauen, die ich in Charlotte traf, wissen nicht, ob ihr Land die Gleichstellung der LGBT-Gemeinschaft fördert oder die Zeit zurückdreht. Prediger Baity kann nicht einschätzen, ob er den Menschen bald wieder vorschreiben darf, mit wem sie Geschlechtsbeziehungen haben und welche öffentliche Toilette sie aufsuchen dürfen, oder ob seine Zeit abgelaufen ist. Millionen Amerikaner haben keine Ahnung, ob Obamas Gesundheitsreform in den nächsten Jahren auf die eine oder andere Weise zugrunde geht oder ob sie im Gegenteil durch ein wirklich allgemeines Gesundheitssystem ersetzt werden wird. Die Bewohner der Innenstädte wissen nicht, ob sie deren Renaissance, die ihnen seit zwei Jahrzehnten versprochen wird, noch erleben werden oder ob das Schicksal ihrer Viertel besiegelt ist und sie zerfallen werden wie die ausgebrannten Ruinen im Osten Detroits.

Kein Mensch weiß, ob dieser Staat das Recht der Frau auf ihren Körper in gewissem Umfang weiter verteidigen oder das Urteil Roe vs. Wade von 1973 kippen und Frauen vor Gericht stellen wird, die »ihre Leibesfrucht gefährdeten«, wie es jetzt schon passiert.[6]

Die Ungewissheit betrifft nicht nur alltägliche politische Fragen, sondern auch und vor allem solche, die an die Grundlagen des amerikanischen Modells rühren: Akzeptanz des im vorigen Kapitel erwähnten imperialen Narrativs oder der Wunsch nach Isolationismus. Eine liberale Vision oder das Einsickern des Suprematismus in die Mainstream-Politik. Die erstarkende Debatte über das amerikanische System an sich, zwischen Sozialismus, der unter jungen Leuten wachsenden Anklang findet, und dem Kapitalismus zeitgenössischer Prägung. Die Reden und Taten des Präsidenten selbst stellen den letztgenannten Punkt infrage: Donald Trump mit seinem Motto »Handelskriege sind gut und leicht zu gewinnen«,[7] der Kaiser der Zölle und Herr der Subventionen, ist kein Kapitalist im herkömmlichen Sinn.

DAS GELD SCHNAPPEN UND WEGRENNEN

Der Reaktor des Atomkraftwerks Amerika, das heißt der Energielieferant für alles andere, ist die verlässliche Wohlstandsverheißung. Diese schwand jedoch immer mehr, öffnete sich dem radikalen Moment, in dem wir uns derzeit befinden. Nach dem Zweiten Weltkrieg lösten die freie Marktwirtschaft und der weltweite Abbau von Handelsschranken eine Globalisierungswelle aus, die die USA mit Wohlstand überschwemmte. Als dieses gewaltige Phänomen aber zur Herausforderung für die amerikanische Wirtschaft und Gesellschaft wurde, wich die amerikanische Politik einer ehrlichen Debatte über die Globalisierung aus.

Bei Kriegsende waren fast 40 Prozent der amerikanischen Arbeitskräfte im verarbeitenden Gewerbe beschäftigt. Wir werden nie erfahren, ob die Amerikaner eine Welt ohne Handelsschranken auf den Weg gebracht hätten, wenn sie in den 1940er-Jahren nicht die führende Industrienation gewesen wären, aber das tut nichts zur Sache. Die Globalisierung machte amerikanische Konzerne reich und verwandelte die ganze Welt in Kunden, und genau das hatte Washington vom ersten Moment an benötigt. Als die Welt sich jedoch erholte und Staaten wie Frankreich, Großbritannien, Deutschland und Japan wirtschaftlich erstarkten, schrumpfte der amerikanische Vorsprung. 2015 beschäftigte die amerikanische Industrie kaum 9 Prozent der Arbeitskräfte.[8]

Der Wandel kündigte sich erstmals an, als Präsident Richard Nixon 1971 einseitig den Goldstandard aufhob, ein Schlüsselelement des Bretton-Woods-Systems. Dies war aus mehreren Gründen unumgänglich. Die USA litten unter Arbeitslosigkeit und einer relativ hohen Inflation, der Dollar war überbewertet und daher Gegenstand aggressiver Spekulation auf den Märkten, und die USA hatten ohnehin nicht genug Gold in Fort Knox lagern, um ihrer Verpflichtung zur Ausgabe einer Unze Gold für jeweils 35 US-Dollar gegebenenfalls nachzukommen. Zuweilen vergisst man, was Nixon in diesem Zusammenhang außerdem unternahm: Als äußerst bedeutsamen Schritt für die Handelsbeziehungen seit dem Krieg verhängte er vorübergehend einen pauschalen Zoll von 10 Prozent auf Importwaren, um die Handelspartner der USA zu zwingen, einer Dollarabwertung zuzustimmen und damit die Konkurrenzfähigkeit amerikanischer Waren auf dem Weltmarkt wieder zu verbessern.[9] Zum ersten Mal hatten die USA Probleme mit einer florierenden industrialisierten Weltwirtschaft bekommen. Nixon glaubte, seine Maßnahmen, zu denen auch Steuersenkungen und ein neunzigtägiger Lohn- und Preisstopp gehörten – der sogenannte Nixon-Schock –, seien historisch. Er nannte die mit Amerikas Handelspartnern unterzeichneten neuen Abkommen »die wichtigste Währungsvereinbarung der Weltgeschichte«. Sie kollabierte nach knapp achtzehn Monaten. Die globalen Geldmärkte waren nun zu mächtig, um sich von amerikanischen Interessen manipulieren zu lassen.

Geschützt durch politische Maßnahmen gegen ausländische Konkurrenz und eine lasche Durchsetzung des Kartellrechts, wurden damals die für den Rostgürtel typischen Auto- und Stahlwerke immer träger. In einer globalisierten Welt wird der Wettbewerb ständig härter, aber in den USA tat man, als seien die großen Drei von Detroit, Ford, General Motors und Chrysler, eine Naturgewalt wie Sonne und Wind. Die Produktivität wuchs in diesen Regionen um Dutzende Prozent langsamer als in den übrigen USA, während die Löhne höher waren.[10] Dieser Punkt wird oft verzerrt dargestellt. Viele Stahlwerke in Pennsylvania wurden nicht wegen Importstahls stillgelegt, sondern weil Arbeit und Produktion schlicht in den Süden der USA abwanderten. Starke Gewerkschaften trieben die Arbeitskosten in die Höhe und forcierten damit einen Teil der Werksschließungen und Produktionsverlagerungen innerhalb der USA.

Zweifellos hat der Import jedoch wesentlich zum Niedergang der amerikanischen Industrie beigetragen. Die Produktion in billigeren Zentren sparte den Konzernen viel Geld, vermehrte die verfügbaren Mittel der Konsumenten und hob den allgemeinen Lebensstandard. Trotz der populistischen Rhetorik wird kaum jemand auf all das verzichten wollen. Als ich die Quigleys in Marianna fragte, ob sie bereit wären, ein paar Tausend Dollar mehr für ihre Fernseher und Handys auszugeben, damit sie in Amerika hergestellt würden, erntete ich schallendes Gelächter.

Die USA profitieren natürlich seit jeher von der Globalisierung. Dramatisch verändert hat sich allerdings der Arbeitsmarkt: Während früher ein großer Teil der Bevölkerung in Industriebetrieben arbeitete, überwiegen heute Handel und Dienstleistungen.[11] Für Arbeitskräfte ohne akademische Bildung bedeutet das Jobs, die weniger sicher und profitabel sind als ihre alten. David Autor vom MIT hat als einer der Ersten untersucht, wie der Welthandel lokale

Gemeinschaften in den USA in den Ruin trieb. Mindestens eine Million Menschen verloren nach 2000 innerhalb weniger Jahre ihren Industriearbeitsplatz, ohne geeigneten Ersatz zu finden, schreibt er, und hinter diesen Menschen standen ganze Familien. Er zeigte, dass sich kleine Gemeinden überall im Land nie vom Schock der massiv gewachsenen Importe aus China ab 2001 erholten, dem Jahr von Chinas Beitritt in die Welthandelsorganisation.[12] In einem Interview mit der Internetplattform Vox 2017 stellte der Autor sich gegen die verbreitete Annahme, Arbeitskräfte könnten »von Sektor zu Sektor wechseln« und müssten dabei allenfalls eine Lohneinbuße hinnehmen; in Wahrheit sei die Lage schwieriger. »Menschen wechseln nicht gern den Beruf; ihre Fähigkeiten sind auf die vorherige Industriearbeit zugeschnitten, sie fühlen sich ihrem Job verbunden, er gehört zu ihrer Identität. Und da die Schockwellen geografisch konzentriert auftreten, sind sie sehr, sehr disruptiv.«[13]

Zu den nachteiligen Auswirkungen gehören niedrigere Löhne für Bezieher ohnehin schon geringer Einkommen, sinkende Heirats- und Geburtenraten, mehr uneheliche Kinder und mehr Kinderarmut. Diese Daten passen zu den Ergebnissen von Anne Case und Angus Deaton von der Princeton University über »Verzweiflungstode« – gehäufte Sterbefälle von weißen Männern mittleren Alters, zumeist zwischen fünfundzwanzig und vierundsechzig Jahren, durch Selbstmord, Drogenkonsum und alkoholbedingte Leberkrankheiten.[14] Besonders gravierend ist die Opioid-Epidemie in den USA, die Zehntausende Opfer fordert. Die dramatisch gestiegene Anzahl der Todesfälle durch akute oder langfristige Selbstschädigung erklärt den allgemeinen Trend – die steigende Sterberate unter weißen amerikanischen Männern im arbeitsfähigen Alter.

Für viele Menschen endet die Analyse an diesem Punkt – beim Welthandel und dem Einfluss des Imports auf Arbeitsplätze und Wettbewerb. Eine Art simples Nullsummenspiel. Oder in den Worten Donald Trumps bei seiner Rede in Detroit kurz vor den Wahlen von 2016: »Die Wolkenkratzer sind in Beijing und vielen anderen Städten in aller Welt hochgewachsen, während die Fabriken und Wohnviertel in Detroit bröckelten.«[15] Diese Analyse lässt mindestens die Hälfte der Fakten außer Acht. In den 1990er-Jahren beispielsweise konnten die amerikanischen Autohersteller dank wachsender Effizienz mit ihren europäischen und japanischen Konkurrenten mithalten. Das Bruttoinlandsprodukt und die allgemeine Produktivität des amerikanischen Marktes stiegen weiter, und doch gingen die Industriejobs immer schneller verloren.

Das passierte, weil seit Anfang der 1980er-Jahre Technologie und Automatisierung in die Werkshallen einzogen. Viele Daten zeigen, dass die Technologie für die große Mehrheit der Jobverluste in den USA während der Jahre 2000 bis 2010 verantwortlich ist und bis zu 87 Prozent der Arbeitsplätze vernichtete.[16] In anderen Worten, in den letzten Jahrzehnten war es nicht vorwiegend der Welthandel, der die USA Arbeitsplätze kostete, es waren Roboterarme und neuerdings auch die Digitalisierung im weitesten Sinne. Das hat viel mit der Globalisierung zu tun: Wegen des globalen Wettbewerbs ist die ständige Einführung technischer Neuerungen überlebenswichtig. Tust du es nicht, tut es dein Konkurrent. »Mexiko« oder »China« die Schuld zu geben, ist relativ einfach; deutlich schwieriger ist es, Roboter politisch zu dämonisieren, zumindest bisher.

Globalisierung bewirkt naturgemäß, dass keine Gesellschaft eine Insel ist, nicht einmal diejenige, die unangefochten an der Spitze steht und die Globalisierung einst erfand. Eine Entwicklung, die eine Gesellschaft bereicherte und bereichert, kann breite Bevölkerungsschichten in Armut stürzen – ohne dass dies aus einer rein ökonomischen und allgemeinen Perspektive irgendwelche Folgen hätte. Letzten Endes trug der Import aus China viel zum höheren Lebensstandard der Mittelschicht bei und hatte auf diese einen größeren Einfluss als der Verlust der Arbeitsplätze seit dem Jahr 2000. Die Veränderungen in den Fabriken sind erbarmungslos, aber naturgegeben. Die amerikanischen Eliten hätten durch Fürsorge für die Arbeiterklassen darauf reagieren können, zum Beispiel durch höhere Investitionen in Infrastruktur und Bildung, und dabei die Einsicht gewinnen können, dass hohe Steuern unerlässlich sind. Eine weitere Möglichkeit wäre mehr Unterstützung und Absicherung für neue Kleinbetriebe gewesen, der klassische Weg, auf dem die Amerikaner einst Fuß gefasst und Wohlstand erworben haben. Aber nichts davon geschah. Seit den 1970er-Jahren ist der Anteil neuer Unternehmen am amerikanischen Markt sogar um die Hälfte gesunken.[17] Das liegt unter anderem daran, dass die großen Ketten die Entstehung kleiner Betriebe behindern.[18]

Aber es kam noch schlimmer. Großkonzerne und deren Eigentümer und Manager förderten bewusst Strategien und Produkte, die der Gesellschaft als Ganzes schadeten, und das nicht nur in den USA, sondern weltweit. 2015 enthüllte *Inside Climate News*, dass multinationale Mineralölgesellschaften schon 1977 den Zusammenhang von Klimaveränderungen und fossilen Brennstoffen erkannt hatten, elf Jahre bevor das Thema an die Öffentlichkeit drang, ja dass sie sogar aufwendige Experimente durchgeführt und den schädlichen Einfluss von Treibhausgasen in Klimamodellen untersucht hatten.[19] Umgesetzt wurde das gewonnene Wissen in die Verbreitung von Falschinformationen und die Ausgabe zweistelliger Millionensummen in Dollar, um wissenschaftliche Erkenntnisse in Klimafragen zu dementieren.[20] Dieses Verhalten erinnert stark an den Versuch amerikanischer Tabakfirmen, die ungeheure Gesundheitsschädlichkeit von Zigaretten zu vertuschen. Es ist ein festes Muster von Lüge und Habgier. Das aktuellste Beispiel liefert die von aggressiven, trügerischen oder erlogenen Daten begleitete Verbreitung des Opioids Oxycontin, hergestellt vom Pharmaunternehmen Purdue.[21] Das Medikament gilt als einer der Hauptauslöser der Opioid-Epidemie, die Abertausende Menschen tötete.

Das sind Ausbeutungsprojekte. Auch wenn man sie als außergewöhnlich grausam einstuft, ist das oberste Prozent doch zumindest auf Steuernachlässe und schnelle Kapitalgewinne aus – wie in Woody Allens Film *Take the Money and Run* (dt. *Woody, der Unglücksrabe*). Eine 2017 von Thomas Piketty, Emmanuel Saez und Gabriel Zucman durchgeführte Studie zeigt, dass die untere Hälfte der amerikanischen Bevölkerung 2014 real noch etwa das Gleiche verdiente wie 1980, lediglich 16 000 Dollar pro Kopf (vor Steuern). Diese Tatsache ist an sich schon verblüffend. Die obere Hälfte nahm 205 Prozent mehr ein – über 1,3 Millionen Dollar.[22] Somit ist der Anteil der Armen am Nationaleinkommen um fast die Hälfte gesunken.[23]

Die Löhne amerikanischer Arbeitnehmer sind ein heikles und umstrittenes Thema. Ökonomen ringen seit Jahren um die scheinbar simple Frage, ob die Löhne in den USA gestiegen sind, und wenn ja, um wie viel. Mehr als zwei Jahrzehnte lang, von den 1970ern bis Mitte der 1990er-Jahre, ist der Stundenlohn eines amerikanischen Arbeitnehmers, auch konservativ betrachtet, nicht nur gleich geblieben, sondern sogar gesunken.[24] Einer Einschätzung zufolge erreichte der durchschnittliche Wochenlohn amerikanischer Industriearbeiter und einfacher Angestellter 1978 einen Gipfel, der seither nie wiederkehrte.[25] Selbst nach einigem Wachstum der Durchschnittslöhne in den 1990er-Jahren ging es im Vergleich zu früher um geringe Beträge, und nach einer Untersuchung des Pew Research Center hatten diese Löhne eine ähnliche Kaufkraft wie jene vierzig Jahre zuvor.[26] Verwendet man jedoch eine andere Inflationsberechnung, scheinen die Löhne – auch in der Mittelschicht – erheblich gestiegen zu sein. Und da der Anstieg des Lebensstandards eindeutig ist, verbreiteten einige Ökonomen die These: »Lohnstagnation ist ein Mythos.«

Es empfiehlt sich deshalb, das Haushaltseinkommen zu untersuchen. Betrachtet man dieses nach Steuern, unter eventueller Anrechnung von Lebensmittelmarken und Berücksichtigung von Krankenversicherungen wie Medicaid, so sind die Einnahmen der amerikanischen Mittelschicht* innerhalb von 37 Jahren um 47 Prozent gestiegen,[27] also nur um gut ein Prozent pro Jahr. Die vorherige Mittelschichtsgeneration war weit besser dran. Ihr Jahreseinkommen wuchs mindestens doppelt so schnell,[28] und neun von zehn Menschen des Jahrgangs 1940 verbesserten ihr Einkommen erheblich im Vergleich zu ihren Eltern.[29] Weltweit ist die Ungleichheit seit 1980 stark gewachsen, in Europa jedoch weit weniger gegenüber dem ausschweifenden obersten Prozent in den USA.[30]

Diese Vermögensumverteilung in der amerikanischen Gesellschaft und die Übervorteilung der Mittelschicht wären kaum eingetreten, wenn die Entscheidungsträger und Kongressabgeordneten nicht weggesehen hätten. Sie ließen diese Orgie der Habgier zu, weil sie dazu eingeladen worden waren. Seit Mitte der 1980er-Jahre sind die Ausgaben für politische Kampagnen und Lobbyarbeit in den USA um mehrere Hundert Prozent gestiegen. Eine Fallstudie zu einem einzelnen Gesetzgebungsverfahren ergab, dass Konzerne für jeden Dollar Lobbyausgaben über 220 Dollar zurückbekamen. Das ist eine hübsche Plutokraten-Rendite von 22 000 Prozent.[31]

Die USA haben nicht offen über die Globalisierung diskutiert, sondern es bei einem flüchtigen Blick auf Durchschnittsdaten bewenden lassen. Sie vergewisserten sich, dass das Bruttoinlandsprodukt und die Produktivität insgesamt wuchsen, haben vielleicht auch noch kurz die Aktienkurse überflogen. Aber solche Daten zeigen keine schwelenden politischen Probleme auf lokaler Ebene an, die dramatische Auswirkungen auf die Zukunft der Gesellschaft entwickeln und sie zutiefst erschüttern können. Eine andere Untersuchung von David Autor zeigt, dass Regionen mit vielen Importen eine politische Radikalisierung nach rechts und links erlebten, sodass Vertreter des Mainstreams durch radikalere Kräfte

---

* Gemeint ist die breite Mittelschicht, die Perzentile 21 bis 80.

ersetzt wurden.[32] Thomas Friedman sagte mir einige Monate vor Trumps Wahlsieg, obwohl er ständig auf dem Freihandel herumreite und behaupte, die Erde sei flach, erkenne er die Bedeutung des Welthandels für Gemeinden, die darunter litten. »Und obwohl Leute wie ich gesagt haben, dass wir etwas für sie tun müssten, haben wir es tatsächlich nicht getan.« Er hat eindeutig recht. Seit den 1980er-Jahren und verstärkt nach dem Fall der Berliner Mauer versprach man den Amerikanern einen neuen Morgen in den USA, aber in Wirklichkeit ging für viele die Sonne unter.

SELBSTBEWUSSTSEIN ENTWICKELN

Ich sitze mit den Menschen, für die die Sonne untergegangen ist, in Waynesburg, Pennsylvania, zusammen. An jenem Morgen hatte ich versucht, in die Emerald Mine hineinzukommen, die die Kleinstadt einst ernährte und dann geschlossen wurde, doch ein einzelner Wachmann verscheuchte mich vom verschlossenen Tor. Hier leben rund 4000 Einwohner. Die Hälfte der Haushalte hat ein Jahreseinkommen von bis zu 44 500 Dollar, 15 000 Dollar unter dem Medianeinkommen in Pennsylvania.[33] In der Stadt heißt es, junge Arbeitnehmer verdienten um die 14 000 Dollar pro Jahr, weniger als der Durchschnittslohn in Mexiko. Rund ein Viertel der Einwohner leben in Armut. In einem engen Raum mit Neonbeleuchtung und spartanischer Einrichtung sitzen mir die Bezirksleiter der United Mine Workers of America (UMWA) gegenüber. Wann immer ich erkläre, die Schließung der Kohlebergwerke sei eine rein wirtschaftliche Angelegenheit, protestieren sie lautstark. »Die Regierung will zumachen«, sagt der County Commissioner Blair Zimmerman, »sie zerstören Gemeinden. Es ist ihnen egal, was mit uns passiert. Hier gibt es Alkohol- und Drogenprobleme, Probleme in der Familie. Der Ehemann, der früher nach Hause kam, bei den Schulaufgaben half, seiner Frau zur Hand ging, ist jetzt Fernfahrer.« Lkw-Fahrten über weite Strecken sind die einträglichste Arbeit, die entlassene Bergleute finden können; sie verdienen rund die Hälfte ihres einstigen Lohns in der Zeche und bekommen ihre Familie kaum noch zu sehen.

Die Anwesenden wissen von ergiebigen und sauberen Kohlekraftwerken in Dänemark und in Japan[34] und erklären, die Erdgasindustrie habe politische und ökologische Kampagnen gegen den Kohlebergbau finanziert. Das ist keine Verschwörungstheorie. Das *Time Magazine* enthüllte, dass der Sierra Club, die älteste Naturschutzorganisation der Vereinigten Staaten, von 2007 bis 2010 über 25 Millionen Dollar von der amerikanischen Erdgasindustrie erhalten hatte, sowie auch Spenden von Firmen, die mit der problematischen und umweltschädlichen Fracking-Technik zu tun hatten. Unter anderem finanzierten diese Gelder eine Kampagne namens »Beyond Coal«, deren erklärtes Ziel die Schließung von Kohlebergwerken war.[35] Die Erdgaskonzerne wollten dem Sierra Club nach dessen Aussage noch weitere mindestens 30 Millionen Dollar spenden, aber in diesem Stadium beschloss man, die Beziehungen abzubrechen.

Ed Yankovich, einer der Gewerkschaftsführer, spricht geschliffen und mit vielen Ausrufezeichen. »Wir sollen in neue Berufe wechseln, richtig? Die sind aber nicht da, nirgends! Nirgendwo hier in den Appalachen! Du kannst am Anfang dieses Gebirgszugs in Maine beginnen und den ganzen Weg bis Alabama abklappern – und dann sag mir, wo sie sind! Es gibt sie nicht! Die Kids hier in Greene County, in den Appalachen, die sind nicht dumm, die sind schlau. Wir können Leute in der neuen Hightechindustrie ausbilden, aber da ist keine Tür, wo man morgen früh anklopfen könnte und sagen, ›da bin ich, bereit, diesen neuen Hightech-Job anzunehmen‹, denn hier gibt's keine Jobs! Und soweit mir bekannt ist, wird in absehbarer Zukunft auch niemand welche bringen.« Er lehnt sich auf seinem Stuhl zurück. Wie tief getroffen er ist, merkt man ihm besonders in dem Moment an, als er feststellt, dass die Kinder

der im Zimmer Anwesenden nicht dumm, sondern einfach nur chancenlos sind.

Er hat natürlich recht. Das amerikanische Projekt für Chancengleichheit – ein Forscherteam von den Hochschulen Stanford, MIT und der London School of Economics sowie vom amerikanischen Finanzministerium – hat die Daten von 1,2 Millionen Amerikanern, die Patente innehaben, untersucht, um Erkenntnisse über ihre Herkunft nach Schulbezirken und das Einkommen ihrer Eltern zu sammeln. Die Ergebnisse fielen fast schon banal aus: Kinder, die in der dritten Klasse gute Noten in Mathematik erzielen, haben die besten Aussichten, Erfinder und Gründer zu werden, aber nur, wenn sie aus reichem Hause stammen. Weiße Kinder haben eine dreimal bessere Chance als schwarze.[36] Das heißt, den USA entgehen Neuerungen, Patente und Initiativen von schlauen Kindern, nur weil sie in die falsche Familie hineingeboren wurden. Mangelnde Chancengleichheit ist nicht nur unmoralisch, sondern auch ineffizient.

———

Im März 2016 trat Hillary Clinton in Columbus, Ohio, auf. Sie präsentierte ein Programm zur Umstellung von Kohle- und Ölkraftwerken auf saubere und erneuerbare Energie. »Ich habe als einzige Kandidatin eine klare Strategie, wie man, durch Verwendung sauberer, erneuerbarer Energien, ökonomische Chancen ins Kohlezechenland bringen kann. Denn wir werden viele Bergleute und Bergbauunternehmen arbeitslos machen, richtig?« Clintons Programm sah Investitionen von 30 Milliarden Dollar für die Bergbaugemeinden vor, aber kein Mensch achtete darauf: Alle hatten nur »Bergleute arbeitslos machen« gehört. Später bezeichnete sie das als den schwersten Fehler ihres Wahlkampfs.

In Trumps Wahlkampfteam erkannte man das Potenzial. Im Mai desselben Jahres hielt Trump eine große Wahlversammlung in West Virginia, einer Kohleregion. »Ich möchte ein paar von den

Kumpeln bitten, mal herzukommen, nur rauf auf die Bühne«, rief er zwei Bergleuten im Publikum zu. »Schauen wir mal, ob sie eine Mütze oder einen Helm aufhaben. Ich liebe Helme. Das ist ein Helm!«[37] Das Publikum johlte. Trump ließ sich mit ihnen ablichten. Er presste Lippen und Augen zusammen und machte eine Geste, als würde er eine Kohlenschaufel einrammen. Das Publikum geriet außer sich, und Trump nahm den geliehenen Helm wieder ab. »Wenn ich siege, bringen wir diese Bergleute zurück. Ihr werdet so stolz sein auf euren Präsidenten, so stolz auf euer Land.«

Trump verbreitete Slogans, zog eine Show ab und gab leere Versprechungen. Clinton sagte ihnen die bittere Wahrheit und präsentierte ein konkretes Programm zum Ausweg aus der Krise. Der eine lieferte schöne Lügen über eine Industrie, die nicht wiederkehren würde, die Zweite ging den Problemen auf den Grund. Ihr gebührt zumindest Anerkennung für ihre Ehrlichkeit und Glaubwürdigkeit insofern, als sie das Problem erkannte und durchdrang. Der Gegenkandidat köderte Wähler mit Populismus.

Die Bergleute, mit denen ich vor der geschlossenen Zeche in Waynesburg redete, sahen das anders. Sie hatten zwei Lügen gehört: Trumps schöne Lügen über die Wiederbelebung des sterbenden Kohlebergbaus, die – wenn überhaupt – nur durch den Markt kommen würde und nicht durch Maßnahmen des Präsidenten, und eine durchsichtigere, hässlichere Lüge der Kandidatin Clinton. Sie wusste genauso gut wie die Bergleute, dass kein staatliches Programm sie retten und kein Hightech-Unternehmen auf ihren Feldern landen würde wie das Haus von Dorothy in *Der Zauberer von Oz*. Sie wussten, dass Washington sie vor langer Zeit vergessen hatte und Clinton jetzt notgedrungen lavierte – zwischen ihrer politischen Absicht, die Stimmen der Bergleute zu gewinnen, und anderen politischen Zwängen wie der Abwicklung der Kohleindustrie zugunsten sauberer Energie, um es den großen Umweltverbänden recht zu machen. Clintons Versprechungen wurden gleichgültig aufgenommen, wie Regenprasseln auf einer Lore in einer verlassenen Minenstadt. Es war nicht etwa so, dass sie Trump Glauben geschenkt hätten. Fast alle meine Gesprächspartner betonten, dass sie Trump »nicht liebten«. »Wir mussten hier zwischen zwei Lügnern wählen«, sagte mir einer der Ex-Bergleute vor der geschlossenen Zeche in Waynesburg, »und wir wussten, dass Trump sich zumindest bemühen würde.«

Die Bergleute gaben der Lüge des Mannes, der den mächtigen Strom von technologischem Fortschritt und Globalisierung aufzuhalten versprach, den Vorzug über die Lüge der Gegenkandidatin, die ihnen versprach, ihnen irgendwann mal ein Floß zu bauen, wenn sie längst ertrunken wären.

Diese Leute verloren ihre ikonische »gute Arbeit«. Der Wert ihrer Ersparnisse sank um Dutzende Prozent, ihr Anteil am Volkseinkommen ging zurück, ihre Gewerkschaften schwanden dahin, und ihre Kinder genießen keine Chancengleichheit. Wie in vorigen Kapiteln zum Thema Nationalismus erwähnt, ist die Angst vor dem Armutsrisiko eine starke politische Kraft. Die Mittelschicht blickte entsetzt in den Abgrund, auf die unteren 50 Prozent der amerikanischen Gesellschaft, die ihr Vermögen nach der Krise von 2008 verloren und sich nicht wieder erholt hatten.[38] Gleichzeitig wurden »der Andere« oder auch, in den Worten der Quigleys, »die anderen Länder« immer mehr als Bedrohung für das eigene Leben und die eigene Identität aufgefasst. Das wog schwerer als jede Lohneinbuße.

Und deshalb erwachte ein neues Bewusstsein: »Skynet beginnt in geometrischer Rate zu lernen. Es entwickelt Selbstbewusstsein um 2:14 Uhr Ostküstenzeit«, berichtet der Terminator in dem gleichnamigen Science-Fiction-Film.[39] Wie im Film waren diese Menschen viel zu lange stumme Maschinen, Werkzeuge der aufstrebenden USA. Doch der Zugang zu Informationen, der Aufstieg der sozialen Netzwerke und ein wachsendes globales Bewusstsein haben der Arbeiterklasse ihre wahre Lage vor Augen geführt. Die Bergarbeiter in Marianna und Waynesburg diskutierten mit mir über Aktiendividenden, Körperschaftssteuern, Bildungspolitik, Weltwirtschaft und diverse Energiemärkte mit einem Fachwissen, das früher nicht eben verbreitet war, auch und gerade nicht im ländlichen Pennsylvania. Nun in »geometrischer Rate« lernend, wollten sie keinesfalls die Gelegenheit verpassen, die ein radikaler Moment bot, nachdem der 11. September 2001 diesen möglich gemacht und die Krise von 2008 ihn eingeläutet hatte. Für sie war und ist das kein »Rückschritt« und keine »Populismuswelle«, sondern ein Versuch, die Vektoren amerikanischer Macht und nationaler Prioritäten zu verändern. Ohne jeden Glauben an gesellschaftliche Institutionen, vom Kongress bis zu den Medien, entschieden sie sich für die Revolte.

TRUMP, DER KANDIDAT DER GLOBALISIERUNG

»Nach dem großen Sieg hatte ich mitten in der Nacht eine Vision. In meiner Vision herrschen Ruhe und Frieden. Bis zum Horizont klarer Himmel über blühenden Feldern. Keine Grenzen, keine Stacheldrahtzäune. In meiner Vision arbeiten die Menschen auf dem Feld und in der Fabrik ohne Hass, ohne Angst, arbeiten gemeinsam, ungeachtet von Nation, Religion, Rasse und Geschlecht, denn alle arbeiten für ein und dasselbe Ziel, sie arbeiten für mich. Ich baue euch Fabriken, ich gebe euch Werkzeug und Maschinen, und ihr arbeitet für mich. Gern werdet ihr arbeiten, ein Lied auf den Lippen, denn ihr habt einen Grund zum Arbeiten, habt ein Ziel, es gibt eine Vision, meine Vision.«

Hanoch Levin, *Shitz*, 1974

Ende 2018 war ich zu einer nicht öffentlichen Konferenz von Akademikern in Großbritannien eingeladen. Sie fand auf einem abgelegenen britischen Landgut statt, der Abend war angenehm, der Portwein wärmend. Die Teilnehmer bemühten sich um eine Analyse der internationalen Lage zwei Jahre nach Donald Trumps Wahl zum Präsidenten. Während die Europäer – schon wegen des nahenden Brexits zurückhaltend – vorsichtig und kühl blieben, waren die Amerikaner, von denen keiner für Trump gestimmt hatte, derartig deprimiert, dass sie einem schon leidtaten. Sie sprachen von der Zerstörung, die Trump hinterlässt, sagten, dass die amerikanische Politik nie mehr die Normen werde wiederherstellen können, die gegenwärtig im Weißen Haus beerdigt würden. Sie redeten von der Beschädigung des Ansehens und der Sicherheit, die die USA ihren Bündnispartnern bieten, und von dem Gewinn, den ihre Gegner, mit Russland an der Spitze, ihrer Meinung nach aus der Lage ziehen würden. Doch es geschah noch etwas, etwas Außergewöhnliches: Sie gestanden, dass Trump notwendig gewesen sei, dass sie rückblickend begriffen, ihn wirklich gebraucht zu haben. »Er zwingt uns, unsere Prinzipien neu zu überdenken«, sagte ein Teilnehmer, »aber mehr noch – er hat das liberale Empfinden angefacht.« So verhasst er ihnen auch war, sie rechneten es ihm doch an, dass er über Dinge sprach, die man zuvor umgangen hatte. »Trump hat von Wunden geredet, von denen alle wussten, ohne jedoch an ihnen rühren zu wollen, von der Migration bis zu Amerikas Platz in der Welt. Jetzt rührt er an ihnen, und wie«, ergänzte ein anderer Teilnehmer. Die immer zahlreicheren Tabuthemen in der politischen Kultur der USA hatten einen Mann auf den Plan gerufen, der sämtliche Tabus genüsslich bricht.

Derartige Tatsachen zwingen zur Rückschau auf die Hauptakteure – die überzeugten Trump-Wähler. Die Quigleys klingen 2019 am Telefon zufriedener und glücklicher als bei unserem ersten Gespräch drei Jahre zuvor.[1] Joe arbeitet wieder in der Kohlengrube. Hängt das mit der Grundhaltung der Trump-Regierung zur Kohle zusammen? Das ist keineswegs sicher, aber die Familie schreibt es dem Präsidenten zu. Jessica arbeitet noch und ist befördert worden. Die bessere Wirtschaftslage in Pennsylvania und in den übrigen Bundesstaaten hat auch ihrer Heimatstadt Marianna kleine Verbesserungen gebracht. Eine neue Pizzeria hat eröffnet, und es gibt einen Metzger.

Diese Leute, die früher stets die Demokraten gewählt hatten, sind vollauf zufrieden mit ihrer Entscheidung für Trump. »Trump hat viel für das Land getan«, sagt Joe. »Er bringt Jobs, die Arbeitslosigkeit ist gesunken, aber da sind einige Probleme mit Trump, etwa wie er redet und so weiter. Das kann unangebracht sein, aber in wirtschaftlicher Hinsicht tut er das Richtige, denke ich.« Jessica pflichtet ihm bei. Sie sagt, viele hätten in den letzten Jahren »Arbeit gefunden oder sich beruflich verbessert«, aber es gebe zu viel negative Stimmung, wofür sie vor allem die Gegner des Präsidenten verantwortlich macht. »Ich finde, die ganze Sache mit den sozialen Medien ist lächerlich, aber ich meine, es ist nicht nur Trump … Ich habe einfach das Gefühl, vieles wird vielleicht übertrieben ... Die Leute sind in Panik.«

Ihr Mann Joe mag es nicht, wenn Trump Leute »beschimpft und so«. »Ich sah ihn neulich davon reden, dass er ein besserer Mensch sei als Jon Stewart. Jon Stewart war ein TV-Moderator. Aber Jon Stewart hat um die Gesundheitsfürsorge für die 9/11-Feuerwehrleute gekämpft, die zuerst vor Ort gewesen sind, und er hat das durchgekriegt. Dass Trump dann ankommt und sagt, er hält sich für einen besseren Menschen als Jon Stewart – so etwas muss nicht sein.«

Die Quigleys finden die Kritik an Trump übertrieben, »furchtbar dramatisch«, meint Jessica. »Sie (die Demokraten) wollen Trump nur schlechtmachen, wisst ihr«, sagt sie. Joe wiederum gefällt Trumps Wille, »mit allen zusammenzuarbeiten«. »Er versucht wirklich, etwas zu leisten«, schließt er.

Als ich über das Gesagte nachdachte und meine Notizen erneut überflog, erkannte ich eine wesentliche Veränderung: 2016 hatten die Welt und »andere Länder« einen wesentlichen Raum in unseren Gesprächen eingenommen, wie auch die Stellung der USA im Allgemeinen. Drei Jahre später griffen die Quigleys diese Themen nicht mehr auf, sondern sprachen, wieder, nur über Amerika. Joe und Jessica sagten, sie würden Trump 2020 vermutlich wiederwählen.

———

Im ersten Akt wurde die Globalisierung auf dem Fundament des Zeitalters der Verantwortung und der industriellen Revolution errichtet, sie schuf Wohlstand für die USA und die ganze westliche Welt. Eine Zeit lang war die Welt säuberlich aufgeteilt. Es gab Supermächte, wohlhabende Metropolen sowie Zentren, in denen Arbeitskräfte und Umwelt ausgebeutet wurden. Die Arbeitskräfte begannen sich dank des alle Bereiche erfassenden Fortschritts selbst zu befreien. Im zweiten Akt geriet das System in den reichen Ländern ins Wanken, und die Arbeitseinkommen wanderten in den Osten und Süden des Globus ab, wo sie Millionen Menschen aus tiefster Armut retteten. Das politische Establishment auf der Rechten wie der Linken erwärmte sich, aus wirtschaftlichen und politischen Gründen, für die Immigration und erklärte sie zu einem Konsens. Gleichzeitig wuchs die Opposition gegen die liberalen Werte, und der Fundamentalismus begann seinen Stein den Berg hinaufzuwälzen.

Zum Ende dieses Akts wurden die Kulissen der Revolte gefertigt und aufgestellt. Zu viele Menschen sahen ihre persönliche Sicherheit, ihre Identität und ihren Arbeitsplatz gefährdet. Der verratene Mittelstand holte eine Pistole hervor und legte sie auf der Bühne ab. Zu Beginn des dritten Akts passierte alles auf einmal, und die Revolte kam an allen Ecken und Enden zum Ausbruch: Fundamentalismus, Populismus, Nationalismus, Flüchtlingskrise, Brexit, Linksradikalismus, Handelskriege und eine erschütterte Weltordnung. Nicht alle, nicht einmal die Mehrheit, aber eben viele haben sich der Revolte angeschlossen; es ist keine kohärente oder ideologisch gefestigte Bewegung, sondern ein Abschütteln mit vielen Facetten und diversen Kontexten.

Der Moment, in dem wir uns jetzt befinden, gleicht nicht – wie in den letzten Jahren oft behauptet – dem Ausbruch einer Revolution im Stil der bolschewistischen Revolution. Die kämpferische kleine Gruppe, die im Oktober 1917 die Macht in Russland an sich riss, war eine gut organisierte Garde mit einer umfassenden, alles auf den Kopf stellenden Ideologie. Fast vom ersten Augenblick an präsentierten die Kommunisten ein radikales Gegenprogramm zur menschlichen Existenz in der Gesellschaft. Dieses Modell basierte, seit Karl Marx, auf einer erstaunlich ausgefeilten und vielschichtigen theoretischen Grundlage.

Wir stehen nicht an einem solchen Punkt. Es ist eine Zeit des Wandels, und dies ist bloß der erste Schritt, ein aufgestoßenes Tor zu einem neuen Zeitalter, dessen Wesenszüge wir kaum kennen.

Die Antworten, welche die Akteure dieses radikalen Augenblicks anbieten, betreffen die Zerstörung der bestehenden Machtstrukturen – ohne klare politische Vorstellung davon, was sie ersetzen soll.

Historische Vergleiche hinken meist, aber wenn man einen bemühen möchte, dann ähnelt das jetzige Geschehen nicht der Oktoberrevolution, sondern der Februarrevolution einige Monate zuvor. Während dieser Revolution dankte der Zar ab, die Monarchie wurde abgeschafft, Arbeiter- und Soldatenräte (Sowjets) entstanden, und eine provisorische Regierung wurde gebildet. Es floss wenig Blut im Vergleich zu dem nachfolgenden Bürgerkrieg, aber das nahende Massaker lag schon in der Luft. Die Februarrevolution erschütterte die politische Lage so dramatisch, dass die Radikalen blitzartig zum geordneten Angriff übergehen konnten. Wladimir Iljitsch Lenin gelang es mithilfe des kaiserlichen Deutschland, im plombierten Eisenbahnwaggon nach Russland zurückzukehren, laut Winston Churchill »wie ein Pestbazillus«, um dort einen bolschewistischen Staatsstreich auszuführen.

Donald Trump ist nicht Lenin, weit entfernt davon. Er ist lediglich derjenige, der mit Tschechows – längst auf der Bühne bereitliegender – Pistole schoss und damit offiziell unsere Epoche eröffnete. Trump ist, in anderen Worten, der Anfang.

EIN DUNKLER ABKÖMMLING DER GLOBALISIERUNG

Ironischerweise verdankt Trump seinen Werdegang, mehr als alle seine Vorgänger im Präsidentenamt, dem Zeitalter der Globalisierung, die er vernichten will. Sein politischer Aufstieg begann nach der globalen Finanzkrise, und seine stärksten Argumente, die ihn 2016 vom Gros der republikanischen Präsidentschaftskandidaten unterschieden, drehten sich um Immigration, Jobs und missratene Maßnahmen in der internationalen Handelspolitik.

Aber nicht nur Trumps Politik, ein neues Kapitel in seinem Leben, war von der Globalisierung geprägt. Als Immobilienunternehmer legte Trump Golfplätze in aller Welt an, baute Gebäude in Manhattan aus chinesischem Stahl, verkaufte dubiosen russischen Kunden Wohnungen, rettete sich mit Krediten deutscher Banken vor dem Bankrott und ist süchtig nach dem weltumspannenden sozialen Netzwerk Twitter. Dies ist mehr als eine schlichte Aufzählung, denn der Stahl aus China, die Finanzspritze aus Deutschland, das Geld aus Russland, die ausländischen Direktinvestitionen, die Verbreitung von Technologie und der Aufbau sozialer Netzwerke – all das verdankt sich dem stetigen Abbau internationaler Barrieren für den Fluss von Waren, Wissen und Kapital. Trumps Geschäfte florierten in einer Welt, die die Architekten des Zeitalters der Verantwortung, die Begründer des Bretton-Woods-Systems, geschaffen hatten. Ohne all dies – insbesondere ohne die Möglichkeit für ausländische Marktteilnehmer, in seine Firmen zu investieren und seine Immobilien zu erwerben – hätte er wohl kaum so reich werden oder auch nur seine zahlreichen unternehmerischen Krisen überstehen können. Während sein Vater Fred Trump noch ein Wirtschaftsimperium aufbaute, das sich fast ausschließlich auf die USA konzentrierte, handelte Trump stets global. Später heiratete seine Tochter Ivanka in eine andere reiche Familie ein, die von einem internationalen Hebeleffekt profitiert. Ein Feind der Globalisierung? Trump war ihr *Macher.*

Zugleich war die einzige Konstante in Trumps Rhetorik – der schon Demokrat und Republikaner war, mal das Recht der Frau auf ihren Körper und später ein Abtreibungsverbot unterstützte, für und gegen den Irakkrieg eintrat und jeden Tag seiner Präsidentschaft über dreizehn Fehler oder Lügen verbreitet[*] – seine schon seit den

---

[*] Nach Zählung der *Washington Post*, bis Oktober 2019.

1980er-Jahren wiederholt vorgebrachte Behauptung, die Welt würde Amerika wirtschaftlich und politisch »ausnutzen«. Vom ersten Augenblick an profitierte er ökonomisch von der Globalisierung – und benutzte seinen Erfolg als Plattform zu ihrer Bekämpfung.

Als Entertainer vermarktete er sein Label über viele Jahre. Man sieht Trump im Fernsehen den Generaldirektor der WWE[*] packen, zu Boden drücken, in die Arena zerren, ihm den Kopf mit Rasierschaum einseifen und ihn vor laufender Kamera rasieren. Er bittet ein Kamerateam mit dem amerikanischen Adler in sein Büro und ist amüsiert, als man ihm den Vogel auf die Schulter setzt, um ihn für eine neue Reality Show zu filmen. Er tritt in einem gelben Anzug in einem Sketch der Comedy-Show »Saturday Night Live« mit als Hühnern verkleideten Schauspielern auf, um sein imaginäres Restaurant »Donald Trump's House of Wings« anzupreisen. Das Image persönlichen Erfolgs ist entscheidend. In all meinen Gesprächen mit seinen Wählern und Unterstützern diente sein Vermögen als ultimatives Argument: Er als Geschäftsmann weiß, wie der amerikanische Traum zu retten ist. Sie sahen sich als Trumps Stammkunden, nicht als ferne Zuschauer einer Erfolgsgeschichte.

Zu diesem Image gehört wesentlich das Etikett »Milliardär« (Trump sagt gern genüsslich »Milliarden über Milliarden« bei allen möglichen Gelegenheiten). Aber es gibt viele andere Milliardäre. Was Trump in Amerika von ihnen abhebt, ist der Umstand, dass es ihm – in den Augen vieler Bewunderer – gelungen ist, sich zum überlebensgroßen Archetyp aufzubauen, ohne Schwanken und Nuancen, wie seine Gestalt bei den Simpsons. Er ist sein eigenes Logo, mit seiner ikonischen Frisur und typischen Sprechweise, die leicht nachzuahmen ist. Die Aufnahmen, die ihn in seinem Privat-

[*] World Wrestling Entertainment Inc., ein Medienunternehmen, das Wrestling-Shows veranstaltet.

flugzeug beim Vertilgen von Kentucky Fried Chicken oder einem McDonald's-Burger zeigen, hinterlassen den (irreführenden) Eindruck eines Selfmade-Mannes und bedienen dabei auch die Mittelschichtsromantik: aus eigener Kraft reich werden, aber schlicht bleiben, bürgernah, ein Mann des Volkes. Und in den Worten von Fran Leibowitz:»Trump ist so, wie ein Armer sich einen Reichen vorstellt.«

Trump ist natürlich keineswegs ein schlichter Mann aus dem Volk, dafür aber sehr publikumsnah und erstaunlich zugänglich für eine steinreiche Person. Trump ist der zugängliche Milliardär. Er ist zugänglich für regelmäßige Interviews in der »Howard Stern Show« im Radio, wo er gern erzählt, mit welchem Model er gestern aus war und welche Noten er den verschiedenen Körperteilen dieser oder jener Frau gibt; zugänglich für Gastauftritte in den Late-Night-Shows, für Interviews in Wirtschaftsmagazinen, für Angebote, sich in einem Film oder einer TV-Serie selbst zu spielen – und natürlich Geld zu spenden, Pleite zu machen, ein Bild für die Klatschspalten zu liefern, sich in einer Sendung telefonisch zuschalten zu lassen. Eine solche Extrovertiertheit ist für einen amerikanischen Tycoon ungewöhnlich. Trump war derart zugänglich, derart hungrig nach Aufmerksamkeit, dass die *Washington Post* einmal schrieb, er habe gelegentlich Journalisten angerufen und sich als »John Miller«, einen selbst erfundenen Publizisten und Trump-Freund, vorgestellt,[2] um sich selbst Komplimente zu gönnen: »Er macht's vermutlich so gut wie jeder andere«, sagte »John Miller« bei einer Tonaufnahme über Trump, »Schauspielerinnen, Stars, über die ihr schreibt, rufen einfach an, um zu sehen, ob sie mit ihm ausgehen können und so.« Oder »Miller« ein anderes Mal: »Er hat null Interesse an Madonna«, obwohl »sie anrief und mit ihm ausgehen wollte«.[3] Bill Kristol, ein konservativer Journalist, der Trump verabscheut, sagte seinerzeit: »Die Republikanische Partei steht im Begriff, den Zauberer von Oz zum Präsidentschaftskandidaten zu nominieren.«[4]

Das trifft nicht den Punkt: Für viele Amerikaner ist der Zauberer von Oz ein echter Zauberer. Trump hat alle Umschuldungen, Pleiten, gekappten Kreditlinien und abfälligen Berichte der Wirtschaftszeitungen über seine Unternehmen und seinen Ruf überstanden – den er stattdessen geschickt aufpolierte. Milliardäre stehen am Ende der kapitalistischen Nahrungskette, auch was die Selbstdarstellung angeht, und Trump war eindeutig der präsenteste von ihnen. Er mauserte sich von einer New Yorker Lokalgröße zur nationalen Ikone, zum regelmäßigen Gast in den amerikanischen Wohnzimmern. Ab 2004 präsentierte ihn die TV-Serie »The Apprentice« sogar als hervorragenden Geschäftsmann.[*] Die Serie erreichte spektakuläre Einschaltquoten und zeigte niemals Trumps traurige ökonomische Fehlschläge oder die begründeten Klagen, dass er seine Lieferanten nur ungern bezahlte, dafür aber umso lieber vor Gericht zog.[5] Amerika bekam im Fernsehen einen groben, knallhart konkurrierenden Räuberbaron vorgesetzt, angeblich aus dem einfachen Volk aufgestiegen, einen Zirkusdirektor in der kapitalistischen Gladiatorenarena, wo das Todesurteil nach marktwirtschaftlicher Methode vollstreckt wurde: durch Entlassung. Er stilisierte sich zur höchsten Autorität für etwas, was weiten Bevölkerungskreisen in den USA entglitten war – Erfolg.

Als Präsident blieb er, zumindest scheinbar, zugänglicher und nahbarer als alle seine Vorgänger in den letzten Jahrzehnten. Er beantwortet mehrmals die Woche offiziell Fragen, twittert täglich über aktuelle Themen, vom Handelskrieg mit China bis zur Verhaftung eines Rappers in Schweden, und setzt seinen Wahlkampf auf Massenveranstaltungen einfach fort. Im Zeitalter der sozialen Netzwerke ist die Beschäftigung mit einer Person eine wichtige Kennzahl, und Trump bewegt – oder eigentlich zwingt – jeden dazu, sich

---

[*] In der Serie konkurrieren junge Leute um eine gut dotierte Praktikantenstelle in einem von Trumps Unternehmen, wobei sie eine Reihe ökonomischer und anderer Aufgaben lösen müssen. Trump sortiert die Verlierer aus, indem er sie »feuert«.

mit ihm zu beschäftigen. Sie werden kaum jemandem begegnet sein, dem Trump gleichgültig ist, und ich nehme an, Sie werden auch künftig keinen solchen Menschen treffen.

Auch Jahre nach seinem Sieg ist Trumps Einzug ins Weiße Haus noch immer unfassbar. Er wurde von zweiundzwanzig Frauen öffentlich beschuldigt, sie sexuell bedrängt oder angegriffen oder unsittlich berührt oder vergewaltigt zu haben. Zu diesen Aussagen gesellte sich eine Tonaufnahme, auf der man Trump über Frauen sagen hört: »Ich warte nicht mal ab. Und wenn du ein Prominenter bist, lassen sie dich machen. Du kannst alles machen. Ihnen an die Pussy greifen.«[6] Kein anderer US-Präsident verhielt sich jemals auch nur annähernd so skandalös, aber das war nicht die einzige Grenze, die überschritten wurde: Er war der erste amerikanische Präsident, der zuvor kein öffentliches Amt innehatte; der erste seit Nixon, der seine Steuererklärung nicht veröffentlichte; er war ein Kandidat, dessen Unternehmen mehrmals bankrottgegangen waren und der unter den führenden Köpfen seiner Partei als ausgemachter Betrüger galt. Einige Monate vor Trumps Nominierung zum Präsidentschaftskandidaten hielt Mitt Romney, der republikanische Kandidat von 2012, eine Rede über das Phänomen Trump: »Donald Trump ist ein Schwindler, ein Betrüger. Seine Versprechungen sind so wertlos wie ein Diplom von der Trump University.«[7] * Trump ist wohl einer der eingefleischtesten Lügner, der in der Neuzeit jemals an der Spitze einer Großmacht stand, aber was ihn dabei so bedeutsam macht, ist nicht nur seine Bereitschaft zu lügen, sondern auch seine Neigung, es so offen und

---

* Die Trump University war ein kommerzielles Projekt des Trump-Konzerns und endete mit der Schließung der Hochschule, einem Ermittlungsverfahren der New Yorker Generalstaatsanwaltschaft und zahlreichen Klagen von Studenten, die das Ganze als Betrug bezeichneten.

durchsichtig zu tun, dass die Lügengeschichten für alle erkennbar sind.

Und trotzdem gerieten seine Wähler 2016 in seinen Bann, und die meisten hielten ihm auch in den folgenden Jahren die Treue. Das hätte kaum passieren können, wenn das amerikanische Imperium nicht an einer schweren inneren Krankheit litte. Es ist der Lauf der Welt, dass große politische Mächte starke und schwache Phasen durchmachen, doch wurden die Gebrechen des amerikanischen Imperiums von seinen Regierenden konsequent verleugnet und vernachlässigt. Sie wollten nicht wahrhaben, dass das globale System ganze Gemeinschaften auf dem amerikanischen Kontinent schwer getroffen hatte, sie leugneten den Schwund amerikanischer Macht auf der Welt und die wachsende Unsicherheit seit den Anschlägen vom 11. September 2001. Sie wollten heikle und explosive Themen wie Immigration oder Identität nicht ehrlich angehen. Häufig erkannten sie die Nöte – etwa der einfachen Arbeiter –, deklamierten jedoch nur die alten Mantras von positivem Denken im Stil der Glückskeks-Globalisierung, lieferten mystische und tautologische Vorhersagen, dass die USA alle ihre Herausforderungen bestehen würden. Warum? Weil sie sie bisher immer bestanden hatten.

Trumps revolutionäre Botschaft an die Amerikaner war das genaue Gegenteil. Die Untergangsstimmung, die manche empfänden, sei gerechtfertigt, und die Nation lebe am Rand des Abgrunds. Trump ist ein Marketinggenie, er vermarktete Verzweiflung. Die Feindschaft gegen die Globalisierung im weitesten Sinne – nicht nur gegen den Welthandel, sondern gegen die Verwicklung in die und die Teilnahme an der Welt – wurde so virulent, dass sogar er, der New Yorker Milliardär aus steinreichem Elternhaus, einige ihrer Parolen übernahm. Seine Ansprache bei der Nominierung zum republikanischen Präsidentschaftskandidaten galt als die düsterste Nominierungsrede überhaupt. Hier einige Kostproben: »Unser Parteitag fällt in eine Krisenzeit unserer Nation ... Die Angriffe ... der

Terrorismus ... die Gewalt auf unseren Straßen ... Chaos ... Verbrechen und Gewalt ... Morde ... Opfer von Schießereien ... illegale Immigranten mit krimineller Vergangenheit ... laufen frei herum und bedrohen friedliche Bürger ... nationale Katastrophen ... eine internationale Demütigung nach der anderen. Eine nach der anderen ... Amerika ist weit unsicherer, die Welt ist weit instabiler ... Desaster ... Der IS hat sich über die Region und die ganze Welt ausgebreitet ... radikale Muslimbrüder ... Chaos ... Krise ... die Situation ist schlimmer denn je zuvor ... Tod, Zerstörung und Terrorismus und Schwäche ... Amerika – eine gefährlichere Umgebung als ich sie, ehrlich gesagt, je gesehen habe – oder irgendjemand in diesem Raum sie jemals gesehen oder erlebt hat.«[8]

GLOBALE WAHLEN

Trumps Rhetorik korrespondiert hervorragend mit der für die Ära der Revolte typischen Erschütterung und Unsicherheit. Nicht nur, dass Trump seinen persönlichen Aufstieg der Globalisierung zu verdanken hat – in den vorigen Kapiteln haben wir auch gesehen, dass die Grundlagen der amerikanischen Gesellschaft, vom Jobverlust in der Industrie bis zu den Sorgen um die Immigration, durch den transformativen Charakter der Globalisierung umgeformt wurden. Und schließlich kamen die Wahlen selbst. Die Wahlkampagne von 2016 war die globalste der amerikanischen Geschichte. Vor allem genoss Donald Trump die Früchte der dramatischen Einmischung seitens einer ausländischen Macht in den inneramerikanischen politischen Diskurs – die umfangreiche russische Geheimoperation mit dem Ziel, Zwietracht in den USA zu säen und Trumps Siegchancen zu erhöhen. Selbst wenn man davon ausgeht, dass die russische Intervention den Wahlausgang nicht entschied, so war sie zweifellos eine präzedenzlose Aktion der Russen. Sie schafften, was das Sowjetreich selbst auf dem Höhepunkt seiner Macht nicht fertiggebracht hatte: die Verbreitung von Desinformation unter Millionen Amerikanern, die zumeist unwissentlich an der russischen Kampagne mitwirkten und damit die Agenda vorantrieben, die offenbar in Wladimir Putins Büro ausgearbeitet worden war.[9] Doch neben dem Vorgehen des russischen Staatschefs gab es weitere internationale Einmischungen: die Verbreitung von Fake News durch (zum Teil ausländische) private Akteure aus finanziellem Interesse; die aus den übernationalen sozialen Medien zusammengetragenen Informationen, die Trumps Wahlkampfstab zugespielt wurden;[*] die Inspiration durch den Brexit; der Widerhall, den Terroranschläge in anderen Ländern und die Bilder der Flüchtlingskrise in den USA fanden.

Die Globalisierung schwächte allmählich die Souveränität des Staates, bis es dann passierte: Die ganze Welt war in die amerikanische Entscheidung involviert, bis hin zum Eindringen einer fremden Macht in die Wahlmaschinen[10] und deren Fähigkeit, Demonstrationen in den USA auszulösen und Falschinformationen zu verbreiten, um Wähler vom Urnengang abzuhalten. Das waren unvermeidliche Folgen immer engerer Verbindungen. Der Gedanke, es könnte Themen geben, die mit den Wahlen oder den USA eigentlich »nichts zu tun« hätten, erwies sich als anachronistisch. Die Nichteinmischung der Regierung Obama in den syrischen Bürgerkrieg verlangte erhebliche moralische Konzessionen und zwang den Präsidenten später doch noch zum Eingreifen – in Form des Kampfes gegen den IS. Im weiteren Verlauf löste die Lage in Syrien eine internationale Flüchtlingskrise aus, die sich auf die Europäische Union auswirkte und zum Brexit beitrug – und damit natürlich

---

* Cambridge Analytica, ein britisches Datenanalyse-Unternehmen, wurde 2018 überführt, die persönlichen Daten von Facebook-Nutzern ohne ihre Zustimmung abgeschöpft und für politische Werbezwecke verwendet zu haben, speziell für Donald Trumps Wahlkampagne 2016.

Trumps Wahlkampf entgegenkam. In einer globalisierten Welt gibt es keine isolierten Konflikte, und Supermächte können nicht untätig bleiben, ohne einen Preis dafür zu zahlen.

Hillary Clinton verteidigte die Globalisierung und warnte – wohl zu Recht – vor einer Abschottung, die Amerika und amerikanischen Arbeitnehmern nur schaden würde. Doch in diesem Stadium waren die zentralen Punkte im Leben der Mittelschicht – Jobsicherheit, wirtschaftliche Solidität, ein gewisser Gemeinsinn, persönliche Sicherheit, die Aussicht, dass die Kinder es einmal besser haben würden – schon durch Fantasiebilder oder Fälschungen, oder Fantasiebilder von Fälschungen, ersetzt worden. Kredit statt Sparkonto, Konsumrausch statt Solidität, Überstunden statt Beförderung, Junkfood statt Nahrung, Zugang zur ganzen Welt über das Smartphone, aber eine schwindende Aussicht, den Wohlstand zu genießen, den sie verheißt. Und hier kommt Trump ins Bild. Seine Argumentation war eingängiger:»Wir werden dieses Land und seine Bewohner nicht mehr dem falschen Lied des Globalismus unterwerfen«, sagte er in einer seiner wichtigen Reden.»Der Nationalstaat bleibt das wahre Fundament für Glück und Harmonie. Ich bin skeptisch gegenüber internationalen Zusammenschlüssen, die uns binden und Amerika herunterziehen.«[11]

Die trügerische Wirklichkeit rief Trump auf den Plan: ein»bürgernaher« Milliardär, der die Medien hasst, aber symbiotische Beziehungen zu ihnen unterhält; ein Mann, der vorgibt, das echte Amerika zu verkörpern, während sein Büro wie eine Theaterbühne ausgeleuchtet ist. Jede Begegnung mit ihm sei eigentlich, sagte mir einmal sein brillanter Biograf, der Schriftsteller Michael D'Antonio, wie ein Auftritt in einer Szene, deren Text Trump schon im Voraus schrieb. Dieser Text befasst sich mit dem»großen Amerika«, aber das ist ein Begriff, der seine wahre Quelle verloren hat. Nicht umsonst ist Trump durch eine Reality-Serie in die amerikanische Realität eingetreten, durch eine Verfälschung der Wirklichkeit, die gar nicht mehr vorgibt, für etwas Wahres zu stehen. Das kommt dem

Simulakrum des postmodernen französischen Philosophen Jean Baudrillard schon sehr nahe:»Eine Realität, die etwas von ihrer Authentizität eingebüßt hat, deren erfundene Quellen im mächtigen Strom der künstlichen Medienbilder verwischt und verschlungen wurden.«[12] Auf den ersten Blick ist das schrecklich. Aber diese Verfälschung passte verblüffend zu der über die Jahre hohl gewordenen Wirklichkeit in amerikanischen Bundesstaaten wie Michigan, Wisconsin und Pennsylvania. In einer Welt, in der Wahres durch Falsches ersetzt wurde, ist die kühnste Fälschung der König, der Präsident.

Das Wahlergebnis sah ganz oder beinahe zufällig aus. Hillary Clinton lag in der *Popular Vote* um Millionen Stimmen vorne, verlor aber in den drei genannten Staaten mit einem Abstand von insgesamt knapp 80 000 Stimmen, was sie die Präsidentschaft kostete. Die erfahrenere Kandidatin hätte gewinnen können, wenn ein Viertel Prozent der Amerikaner etwas weniger chauvinistisch gewesen wäre, wenn ein größerer Anteil der schwarzen Gemeinschaft wählen gegangen wäre oder wenn der FBI-Chef James Comey seine nunmehr berüchtigte Nachricht über neuerliche Ermittlungen zu Clintons »E-Mail-Affäre« zurückgehalten hätte. Aber sie verlor. Nicht aus all diesen einzelnen Gründen, sondern weil Amerika derart verunsichert war, dass es einen Mann wie Donald Trump über die Ziellinie brachte. Und nein, es war kein Zufall. Republikaner und Demokraten hatten es sich in ihrem Glauben an den unaufhaltsamen Fortschritt bequem gemacht und sich vom korrumpierenden Glitzer der Lobbyisten einlullen lassen, während der innerste Kern der USA sich bedroht und verängstigt fühlte. Als sie erwachten, hatte Donald Trump sie überflügelt, eine rote Baseball-Kappe auf dem Kopf, und lächelte. Die Revolte gegen die Globalisierung, die auf den verborgenen Foren der Avantgarde begonnen hatte, führte eine Guerillaoperation im Zentrum der politischen Landkarte aus – gegen die wichtigste Weltmacht, gegen deren wichtigstes Amt.

Trump ist nur der Toröffner, ein Echo der Februarrevolution von 1917, der schwächliche Vorreiter einer chaotischen Apokalypse.

Es ist eine Tragödie Shakespeare'schen Ausmaßes: Eine Kreatur der globalisierten Welt, eine in die Globalisierung und das von ihr hervorgerufene Unbehagen hineingeborene Marke, ein Milliardär, der alles der liberalen Weltordnung verdankt und durch sie aufgestiegen ist, versucht nun, sie zu zerstören.

EIN NATIONALIST WIRD GEBOREN

Kurz vor den amerikanischen Halbzeitwahlen 2018 für den Senat und das Repräsentantenhaus reiste Trump nach Houston, Texas, um die Kampagne von Senator Ted Cruz zu unterstützen. Die beiden Politiker hatten einander zwei Jahre zuvor im Rennen um die Präsidentschaftskandidatur wüst beschimpft, wozu Trump selbstredend das meiste beitrug. Er betitelte Cruz als »Lügen-Ted«, bezeichnete ihn als »einen der größten Lügner, der mir je untergekommen ist«, als »einen sehr labilen Menschen«, einen, der »etwas von einem Durchgedrehten« habe. Cruz sagte, Trump dürfe nicht Präsident werden, denn er sei ein »Narzisst« und »unverbesserlicher Schürzenjäger«, »völlig unmoralisch«, und die Amerikaner könnten eines Morgens entdecken, dass er »Dänemark atomar angegriffen« habe. Das ist nur eine bescheidene Auswahl der gegenseitigen Beleidigungen. Nach Trumps Wahl schwenkte Cruz – wie die meisten Republikaner – auf den Mann ein, den er zuvor noch als Gefahr für die US-Bürger hingestellt hatte. Und Präsident Trump wollte natürlich nicht, dass der Republikaner Cruz seinen Senatssitz an einen Demokraten verlor.

Im Vorfeld der Veranstaltung in Houston änderte Trump offiziell seine Einstellung zu Cruz und krönte ihn nun zum »schönen Ted«, als sei er ein mittelalterlicher Papst, der einem rebellischen Adligen Ablass gewährt. Der Abend war feierlich, das zahlreich erschienene Publikum begeistert, und Trump ging in seiner Rede ausführlich auf die amerikanische Wirtschaftslage ein und darauf, dass die europäischen Nationen »uns nicht mehr ausnutzen, Leute«.[13] Und dann sagte er, auf welchem Weg er die liberale Ordnung und die Globalisierung, wie wir sie kennen, zu zerstören gedachte. Wenig überraschend handelte es sich um eine recht alte Idee. »Amerika gewinnt wieder. Amerika wird wieder geachtet, weil wir Amerika an die erste Stelle rücken. Wir rücken Amerika an die erste Stelle. Das hat es jahrzehntelang nicht mehr gegeben …« Danach benannte der amerikanische Präsident den Feind: »Aber radikale Demokraten möchten die Uhr zurückstellen für die Herrschaft korrupter, machthungriger Globalisten. Ihr wisst doch, was ein Globalist ist? Ihr wisst, was ein Globalist ist? Ein Globalist ist ein Mensch, der will, dass es dem Globus gutgeht, dabei aber, ehrlich gesagt, nicht so viel für unser Land übrighat.«

Wie in vorhergehenden Kapiteln bereits erwähnt, ist dies die klassische populistische Rhetorik von Marine Le Pen und dem Front National in Frankreich, die Menschen mit liberalen Wertvorstellungen als Verräter abstempelt. Sie propagiert einen angeblich unumgänglichen Gegensatz zwischen universalen Werten einerseits und heimischen Interessen und nationaler Kultur andererseits. Dies ist keine kodierte, sondern eine sehr direkte Aussage: Es gibt einen verborgenen Feind, er ist unter uns. Im Diskurs amerikanischer Rechtsradikaler dient der Ausdruck »Globalist« in diesem Kontext normalerweise antisemitischen Zwecken. Hat Trump, dessen Tochter und Enkel Juden sind, dies bedacht? Vielleicht ja, aber vermutlich nicht. Jedenfalls verwendete er im Weiteren ungerührt einen Begriff, der im politischen Diskurs der USA während eines Großteils des 20. und zu Beginn dieses Jahrhunderts als belastet galt. »Ihr wisst, sie haben ein Wort. Es ist ein wenig aus der Mode gekommen. Es heißt ›Nationalist‹, und ich sage wirklich, wir sollten das Wort eigentlich nicht benutzen. Wisst ihr, was ich bin? Ich bin ein Nationalist, okay? Ich bin ein Nationalist … Verwendet das Wort. Verwendet es.« Trump definierte nicht, was Nationalismus für ihn bedeutet, und vermied das Thema auch am nächsten Tag bei einer Pressekonferenz im Weißen Haus, wo er sich erneut als Nationalist bezeichnete. Allerdings stritt er vehement ab zu wissen, dass dieses Wort etwas mit Rassismus und weißem Suprematismus zu tun hat. Wie üblich bei Nationalisten geht es ihm weniger darum, was er ist, als darum, wer er nicht ist. Er ist nicht jener nichtswürdige Feind, keiner der verräterischen Globalisten, die entschlossen sind, ein »großes Amerika« im Dienst einer geheimen internationalistischen Agenda zu sabotieren.

Daran entzündete sich in der amerikanischen Öffentlichkeit naturgemäß eine umfängliche Debatte über Nationalismus. Sie reichte vom ethnischen oder rassistischen Nationalismus, von den klassischen Begriffen eines liberalen Nationalismus im Sinne des italienischen Revolutionärs Giuseppe Mazzini über einen »ökonomischen Nationalismus« in der oberflächlichen Definition von Trumps ehemaligem Berater Steve Bannon bis hin zu einem historischen Rückblick, der dem Verschwinden des Begriffs aus dem legitimen politischen Diskurs der USA nachging. Die Debatte war so lebhaft, dass sie eine einfache, klare Wahrheit verdeckte: Trump hatte endlich gesagt, was er wirklich ist. Und seine Selbstdefinition fügte sich hervorragend in seine zutiefst beunruhigende persönliche Entwicklung ein.

Jahrelang meinten viele, bei Trump sei die Form der Inhalt, seine demagogische Stimme sei inhaltsleer, ein nie versiegender Bewusstseinsstrom narzisstischer Sprüche auf Twitter, der einzigen App, die er auf seinem Telefon hat. Schlimmstenfalls hielten sie ihn für einen gefährlichen Clown. Für seine Anhänger war er ein Populist im positiven Wortsinn, pragmatisch und resolut, der permanent gegen Konventionen aufbegehrt, sich gegen den erbitterten Widerstand des morschen politischen Establishments durchsetzt. Schon vor der Entscheidung von 2016 lieferte Salena Zito in der Zeitschrift *The Atlantic* den Schlüssel: »Die Presse nimmt ihn wörtlich, aber

nicht ernst; seine Anhänger nehmen ihn ernst, aber nicht wörtlich.«[14]

Nach Jahren im Weißen Haus steht außer Zweifel, dass man
ihn ernst *und* wörtlich nehmen muss. Trump hat sich bemüht, viele
seiner Versprechen in die Tat umzusetzen, auch zu hohen Kosten
für die amerikanische Gesellschaft und Wirtschaft und für die politische Kultur der wichtigsten Republik der Welt. Egal, ob es um
Mauerbau, Wirtschaftskriege oder Schikanen gegen Immigranten
geht – kein Mensch kann Trump vorwerfen, seine Versprechungen
seien nur eine hohle Fassade gewesen oder er wäre umgeschwenkt.
Es kann auch niemand behaupten, er sei irgendwie nachgiebiger
geworden – oder bedächtiger und konventioneller. Im Gegenteil:
Trump handelte als Präsident derart launisch, dass keinerlei Rou-
tine aufkam. Man könnte das berühmte Bonmot über das Königshaus Bourbon auf ihn übertragen: Trump hat nichts gelernt und
nichts vergessen. Der Arbeitstag des einflussreichsten Inter-
net-Trolls der Welt, der auch der mächtigste Mann der Welt ist,
blieb relativ gemütlich und ist stark von der morgendlichen Nachrichtensendung »Fox & Friends« beeinflusst. Mit der Zeit hörte
man immer weniger über enge Mitarbeiter, die sich bemühten, seine
Fernsehzeiten und Twitter-Nutzung einzuschränken, einen geordneten Terminkalender zu führen oder die vom Präsidenten ange-
nommenen Telefongespräche systematisch auszusieben. Er selbst
war der unermüdliche Wirbelwind in der Regierung, der ständig
für Spannungen und Eklats sorgte. Und aus diesem permanenten
Sturm ertönte die wahre Stimme des 45. Präsidenten: »Ich bin ein
Nationalist.«

Menschen erzählen mit ihren Taten und Worten von sich
selbst, und Trump hat viele Male von seinem ethnischen Nationalismus erzählt, zunächst mit seiner zwanghaften Suche nach
einem Feind, der darauf lauere, einem in den Rücken zu fallen,
jene festen oder wechselnden »Volksfeinde«: Journalisten, Immigranten, Globalisten, Demokraten, Konzerne, die Fabriken ins

Ausland verlegen, die amerikanische Notenbank, der verstorbene John McCain und viele andere. Er erzählte von sich, als er von »*America first*« sprach, unter Verwendung des historisch belasteten Begriffs derjenigen, die den Eintritt der Vereinigten Staaten in den Zweiten Weltkrieg verhindern wollten; als er in der Wirtschaftspolitik auf klassische nationalistische Methoden zurückgriff, weit entfernt vom freien Markt des herkömmlichen amerikanischen Konservatismus; als er die Einreise von Bürgern aus muslimischen Staaten untersagte; in seinen unaufhörlichen öffentlichen Konfrontationen mit anderen Staaten und ihren Regierenden, von Dänemark bis China; in seiner obsessiven Haltung gegen Immigranten und Immigration und für Grenzen und Mauern, mit dem Ziel, die den Nationalisten so wichtige Trennung zwischen der historisch gewachsenen Gruppe mit derselben Identität und Kultur einerseits und den »Fremden« andererseits wiederherzustellen. Mit der Zeit erzählte er sogar, welche Sorte Nationalist er ist – unter Betonung der einen »richtigen« Identität, weiß und weit rechts, zum Beispiel als er nach dem Anschlag von 2017 in Charlottesville, Virginia, sagte, es habe »ein paar sehr gute Leute auf beiden Seiten« gegeben,[15] obwohl auf der einen Seite Nazis und Verfechter des weißen Suprematismus standen, von denen einer eine Gegendemonstrantin ermordete, oder in dem beispiellosen Moment in der amerikanischen Geschichte, als er nicht weißen, weiblichen Kongressabgeordneten riet, sie sollten in ihre »Herkunftsländer zurückgehen«.[16]

Alldem liegt kein systematischer Plan zugrunde. Ein Blick auf seinen Regierungsstil und seine Maßnahmen zeigt, dass er ständig und mit Schwung improvisiert und dass sein Nationalismus allerhand Mängel aufweist. Ein Nationalist, der etwas auf sich hält, würde es nicht gleichmütig oder geradezu positiv aufnehmen, dass eine gegnerische Macht in die Wahlen des Landes eingreift, würde niemals Kriegshelden seines Landes verunglimpfen oder in einem Fernsehinterview sagen: »Ich denke, unser Land tötet auch viel«, um die Grausamkeit eines ausländischen Staatschefs zu rechtfertigen.[17]

Populismus und Nationalismus gingen bei ihm lange Hand in Hand. Aber zwischen diesen beiden Haltungen gibt es einen wesentlichen Unterschied. Populismus stellt an den Anfang seiner politischen Argumentation die Frage: Wer ist oben und wer ist unten? Oder, in den Worten von Benjamin De Cleen, die Dimension von »Mächtigen und Ohnmächtigen«.[18] Es gibt authentische und »gerechtfertigte« Forderungen der »Allgemeinheit«, und es gibt die Eliten und die politischen Institutionen, die angeblich versuchen, diese Forderungen abzuwehren.

Im Westen verwendet man das Wort »Populismus« gern als Oberbegriff für Phänomene des letzten Jahrzehnts, aber es entpuppt sich mehr und mehr als bloßes Etikett, das oft mehr verdeckt, als es aussagt. In den USA ist Trump immer noch »Republikaner« und kein Nationalist, obwohl er sich selbst als einen solchen bezeichnet hat. In Europa scheut man sich bisher noch, nationalistische, faschistische oder rassistische Parteien mit Attributen zu belegen, die mit historischen Erinnerungen an den Zweiten Weltkrieg behaftet sind. Das nützt extremen Kräften, die als Agenten des Hasses agieren. Das bunte und undurchsichtige Gewand des Populismus wirkt nach außen wenig bösartig oder gewalttätig und kann deshalb das Tor zu etwas Düstererem verbergen, etwa zum Rassismus.

Anders als der Populismus fragt der Nationalismus nicht, wer in der Gesellschaft herrscht und wer beherrscht wird. Er befasst sich mit anderen, horizontalen Beziehungen und fragt, wer drinnen und wer draußen ist – beziehungsweise, wer draußen sein sollte. Die Annahme, Trump sei ein klassischer amerikanischer Isolationist, der Ruhe und Abgeschiedenheit für Amerika wünsche, ist geplatzt. Er hat eine andere Weltsicht, die die Hälfte des amerikanischen politischen Spektrums als Quislinge in einer globalen Verschwörung wertet. Nicht die Machtverhältnisse zwischen den Gesellschaftsschichten interessieren den Nationalismus, sondern Identitätsmerkmale, die Menschen für die Nation qualifizieren oder sie beflecken und ausschließen. »In diesem Land sprechen wir Englisch, nicht Spanisch«, sagte Trump in einer der Fernsehdebatten vor den Wahlen von 2016. Bei anderer Gelegenheit erklärte er, ein amerikanischer Richter, der in den USA als Sohn mexikanischer Einwanderer geboren war, könne »wegen eines Interessenkonflikts« nicht in einem Prozess über ihn, Trump, urteilen.

Der Nationalismus hat noch eine weitere Eigenschaft: Er überlebt nicht lange in Symbiose mit anderen Ideen. Die Ernennungen, die Trump als Präsident in seiner Regierung vornahm, die Steuerreform, die er einleitete, und die guten Beziehungen, die er zur republikanischen Führungsspitze aufbaute, zeigten, dass er kein treuer Populist ist. Das ist die Natur des Nationalismus: Es gibt keinen Sozialismus im Nationalsozialismus, und auf die Dauer gibt es auch keinen National-Populismus, nicht wirklich. Ethnischer oder rassistischer Nationalismus kann nur mit dem Faschismus in Harmonie leben, denn diesen ergänzt er perfekt. Die stürmische Debatte darüber, ob Trumps Präsidentschaft die konkrete Gefahr des Faschismus in den USA mit sich bringt, ist seit Jahren in Gang, aber es ist zweifelhaft, ob man Trump selbst als Faschisten darstellen kann – als so einen, der die demokratische Staatsform restlos abschaffen will, ein nationalrevolutionäres Projekt mittels staatlicher Gewaltmaßnahmen voranzutreiben strebt oder ein organisiertes, antiindividualistisches Kollektivbewusstsein propagiert, das für faschistische Traditionen typisch ist.

Natürlich ist nicht jeder Nationalist auch gleich ein Faschist. Tatsächlich ist Trumps Verhalten weit erratischer, jedoch geprägt von einem tief empfundenen Nationalismus. Dazu gehört das Gefühl einer ständigen – äußeren oder inneren – Bedrohung, die dazu angetan ist, die einzigartige biologische und kulturelle Identität der nationalen Gemeinschaft zu zerstören. Daher ist jeder Diskurs, der Staatsbürgerschaft und Menschenrechte befördert, für den Nationalisten eine gefährliche liberale Fiktion. Der Gedanke, dass es Recht und Gerechtigkeit auch unabhängig von der Nation gibt, erschüttert seine Welt. Sozialismus, Konservatismus und Demokratie befassen sich alle mit der Zivilgemeinschaft, aber die findet der Nationalist zweitrangig. Der Nationalismus kann nie in Symbiose leben, denn er tötet unweigerlich seinen Wirt.

Genau das ist Trump passiert. Er hat keine – gute oder schlechte – populistische Gesetzesinitiative vorangebracht, um die Institutionen und das System der Elitenherrschaft zu verändern oder eine Neuverteilung der Ressourcen einzuleiten. Andererseits unternahm er weitreichende nationalistische Schritte – in Wort und Tat. Der Populismus blieb zwar, verkam aber zu einem Stilelement, zum Dekor und zum Stimmungsbringer auf durchgeplanten Massenveranstaltungen. Gleichzeitig entfremdete sich Trump zunehmend der Realität. Er ignorierte die Schäden für die amerikanische Wirtschaft durch den Handelskrieg und konzentrierte sich voll auf sein Motto »sie nutzen uns nicht mehr aus«, ohne jedoch den wahren Auswirkungen auf die Stellung seines Landes und der Lage der Arbeitnehmer Beachtung zu schenken.

»Nationalismus ist Machthunger gemildert durch Selbsttäuschung«, schrieb George Orwell. »Obwohl endlos über Macht, Sieg, Niederlage, Rache sinnierend, interessiert sich der Nationalist oft nicht sonderlich für das, was in der realen Welt vor sich geht. Er möchte einfach *fühlen*, dass seine eigene Gruppe die Oberhand über eine andere gewinnt.«[19] Damit diese Einstellung Bestand hat und Politiker sich auch dann noch halten können, wenn die Folgen ihres Handelns Misserfolg bedeuten, muss sich in der Gesellschaft Indifferenz gegenüber der objektiven Wahrheit breitmachen.

DIE IMPLOSION DER WAHRHEIT

Einige Wochen nach Donald Trumps Wahlsieg reiste ich wieder in die USA, diesmal jedoch nicht in ihre vergessenen und vernachlässigten Regionen, sondern in das kalifornische Silicon Valley. Dort stand die Hightech-Elite am Beginn einer Panikattacke, die in wechselnder Stärke während Trumps gesamter Amtszeit andauern sollte.

Die morgendlichen Nebelschwaden hingen über der weiten Bucht, begleitet von anhaltendem Nieselregen. Vom Hotel aus hörte man die Kähne unter der rötlichen Golden Gate Bridge tuten, und wackere Radfahrer in Windjacken umrundeten die grünen Hügel ringsum. Diese Gegend von Kalifornien atmet satte Fruchtbarkeit. Der Wohlstand kitzelt einen geradezu, wenn man die kurvigen Straßen entlangfährt, in den Kleinstädten verlangsamt und schließlich nach San Francisco gelangt.

Wenig überraschend gehört diese Gegend auch zu denen der USA, die am stärksten unter der extremen Ungleichheit zwischen Arm und Reich leiden, und die Schere hat sich mit dem wachsenden Erfolg der Hightech-Branche in den letzten Jahrzehnten immer weiter aufgetan.[2] Tatsächlich hält Kalifornien drei wichtige Rekorde: Es ist scheinbar der liberalste, oder der am weitesten links stehende, Bundesstaat der USA. Es gibt dort mehr Obdachlose als in den anderen Bundesstaaten.[3] Und im Großraum San Francisco leben mehr Milliardäre als in jeder anderen Metropole der Welt.[4] 2019 hatten drei der fünf wertvollsten Konzerne der USA ihren Sitz in einem Umkreis von 25 Kilometern im Silicon Valley: Google, Apple und Facebook.

»In den letzten siebzehn Jahren habe ich mir ein Leben im Silicon Valley aufgebaut«, sagte der Apple-CEO Tim Cook 2015 den Absolventen der George-Washington-Universität. »Es ist ein besonderer Ort. Einer dieser Orte, wo es kein Problem gibt, das sich nicht lösen ließe. Egal, wie schwierig oder komplex, das gehört zum Wesen dieses Ortes. Ein grundehrlicher Optimismus. In den 90er-Jahren hatte Apple eine Werbekampagne, die wir ›Think different‹ nannten. Es war recht einfach. Jede Anzeige war ein Foto von einem unserer Helden. Menschen, die die Kühnheit besaßen, unser aller Lebensweise infrage zu stellen und zu ändern. Menschen wie Gandhi und Jackie Robinson, Martha Graham und Albert Einstein, Amelia Earhart und Miles Davis. Diese Menschen begeistern uns immer noch. Sie gemahnen uns, nach unseren hehrsten Werten zu leben und unsere höchsten Ziele anzustreben.«[5] Wie Tim Cooks Rede zeigt, ist das Silicon Valley für seine Spitzenleute nicht nur eine Ansammlung von gewinnorientierten Konzernen; von ihm geht eine fast messianische Botschaft von der Verbesserung der *conditio humana* aus.

Tim Cooks Botschaft erlitt in den amerikanischen Präsidentschaftswahlen im November 2016 eine empfindliche Niederlage. Ihr Ausgang brachte die Kräfte des Fortschritts nicht etwa voran, sondern in Gefahr. Die sozialen Netzwerke und die Medien für die Smartphone-Welt, die im Silicon Valley entstanden waren, verbanden vielleicht den Globus, bloß eben anders als gedacht. Sie schufen geschlossene Kreise von Gleichgesinnten, die ihre Selbstgerechtigkeit auf Kosten der Vielfalt und der Faktenprüfung verbreiteten. Die Russen nutzten das in großem Stil für ihre Geheimoperation während des Wahlkampfs, von Fotomontagen, die Hillary Clinton mit »muslimischen« Unterstützern zeigten, über Posts, die Wähler in vorwiegend schwarzamerikanischen Wahlkreisen von den Urnen fernhalten sollten, bis hin zu einem Facebook-Post, der in den USA 130 000 Likes erhielt: Donald Trump im Santa-Claus-Kostüm im Oval Office mit dem Schriftzug »Wir sagen wieder frohe Weihnachten!« – als Protest gegen die politische Korrektheit, die einen angeblich zwang, »frohe Feiertage« zu wünschen.[6]

Suchmaschinen und Mobiltechnologie haben Informationen besser zugänglich gemacht, jedoch genauso Desinformationen. Nach einer Untersuchung der Internetplattform BuzzFeed wurden die zwanzig beliebtesten, aber vollständig fiktiven Geschichten in den letzten drei Monaten der amerikanischen Wahlkampagne 8 711 000 geteilt, geliked oder kommentiert. Über Facebook verbreitete Schlagzeilen lauteten: »Papst Franziskus schockiert die Welt, unterstützt Donald Trump«. »Wikileaks bestätigt, Hillary Clinton hat dem IS Waffen verkauft«. »Lest einfach das Gesetz: Hillary Clinton darf kein Regierungsamt innehaben«. Demgegenüber kamen die zwanzig beliebtesten Geschichten der traditionellen Medien wie *Washington Post, New York Times,* NBC zusammen auf nur 7 367 000 Interaktionen auf Facebook.[7] Journalistische Medien, die Meldungen überprüfen, wurden von den Fantasiegeschichten im Abstand von über einer Million besiegt. Rund zwei Drittel der Amerikaner konsumieren Nachrichten aus den sozialen Netzwerken.[8] Spätere Untersuchungen ergaben, dass Amerikaner Fake-News-Seiten außergewöhnlich stark ausgesetzt waren; demnach hatte im Oktober und November 2016 einer von vier Amerikanern eine solche Falschmeldungsadresse aufgerufen. Facebook war »ein zentraler Verteiler solcher Nachrichten«.[9]

Das Magazin *Wired* beschrieb, wie Boris, ein mazedonischer Teenager, seine Karriere als Verbreiter von Falschinformationen über Google AdSense zu Gewinnzwecken begann. »Der erste Artikel, den Boris über Donald Trump verbreitete, schilderte, wie der Kandidat auf einer Wahlversammlung in North Carolina einen Mann im Publikum geohrfeigt hatte, weil er nicht mit ihm übereinstimmte. Das war natürlich nie geschehen ... Aber Boris hatte diesen Bericht irgendwo online gefunden, und er musste seine Website ›Daily Interesting Things‹ permanent mit Material versorgen ... Er postete den Link auf Facebook, streute ihn unter Gruppen, die sich mit der amerikanischen Politik beschäftigten. Zu seiner Verblüffung wurde sie rund 800-mal geteilt. Im selben Monat, Februar 2016, verdiente Boris über 150 Dollar mit Google Ads auf seiner Webseite. Da er meinte, dies sei der für ihn bestmögliche Zeitvertreib, hörte er auf, die Schule zu besuchen.«[10]

Das ist eine hübsche, relativ harmlos anmutende Geschichte, aber danach kam Pizzagate, eine Verschwörungstheorie über einen Kinderpornoring, in den Hillary Clinton angeblich verwickelt war. Umfragen zufolge meinte ein zweistelliger Prozentanteil der Amerikaner, da sei etwas dran,[11] und 2017 landete Edgar Maddison Welch, 29 Jahre, Vater von zwei Töchtern aus North Carolina, für vier Jahre im Gefängnis, weil er in eine beliebte Pizzeria in Washington, D. C., eingedrungen war und Schüsse abgegeben hatte, um die dort vermeintlich im Keller festgehaltenen und missbrauchten Kinder zu befreien. In einem Interview für die *New York Times* sagte er später:»Die Info dazu stimmte nicht hundertprozentig«, doch wollte er von der Verschwörungstheorie nicht konsequent abrücken.[12] Pizzagate trat bald in den Hintergrund, machte aber nicht minder bösartigen Anschauungen Platz. Führend ist dabei die»QAnon«-Theorie, die von einem»Staat im Staate« und einem Kampf zwischen Licht und Finsternis munkelt. Schließlich entstanden rassistische und mörderische Lügengeschichten wie die rechtsradikale Legende vom»Großen Austausch«, die die Massaker von Christchurch und El Paso inspirierte.

Im Winter 2017, als Regen auf die Kais in San Francisco nieselte, traf ich im Silicon Valley verstörte und deprimierte Menschen, weit entfernt von der typischen Hochstimmung in der amerikanischen Technologiebranche. Einige waren Führungskräfte der großen Internetanbieter. Als ich die durchdesignten und prächtigen Büros eines der Internetriesen mit ihren bequemen Polstermöbeln und großzügigen Küchen betrat, war klar, dass die frühere Sorglosigkeit spürbarer Angst Platz gemacht hatte.»Wir verstehen die Herausforderung hier«, sagte mein Gesprächspartner, der nicht zitiert werden wollte, weil ihm nicht erlaubt worden war, offiziell mit einem Journalisten zu reden. »Wir verstehen, was uns passiert ist, übernehmen Verantwortung für diese ganze Geschichte und werden sie lösen.« Der Mann wirkte übernächtigt. Er hatte wirklich gedacht, er würde Menschen miteinander verbinden – gleichzeitig strich er ein Riesengehalt und Aktien ein –, und nun fand er sich plötzlich in einer besonders gruseligen Folge der Fernsehserie »Black Mirror« wieder. Die Herausforderungen wuchsen ständig: Menschen hetzten zu Gewalt auf, verübten Gewalttaten an anderen oder sich selbst und nutzten die Plattform, um schreckliche Dinge live zu verbreiten. Zwei Jahre nach unserer Unterhaltung sendete der Mörder, der den Angriff auf die Moscheen in Neuseeland verübte, seine Gräueltaten über Facebook Live.

Mein Gesprächspartner redete von der langfristigeren großen Herausforderung: Methoden, um Lügen herauszufiltern oder Nutzer zumindest vor völlig frei erfundenen Geschichten zu warnen. Er sagte: »Es besteht keinerlei Aussicht, dass wir das alles in der nächsten Zeit mit künstlicher Intelligenz machen können. Wir müssen es mit Menschen tun, es selbst in die Hand nehmen. Aber dann ist zu bedenken: Wenn wir anfangen, auszusieben und den Inhalt zu redigieren, verwandeln wir uns in etwas Komplexeres, etwas, das wir ersetzt haben. Wir werden ein konventionelles Medium.« Er erschrak angesichts dieser Möglichkeit mit all ihren Facetten: Überwachung von ungeheuren Mengen an Information, Feststellung oder solide Vermutung der Wahrheit, ständige Auseinandersetzungen über Inhalte, im Grunde die Redaktion einer Zeitung mit Abermillionen Autoren.

Als ich ihn fragte, wie seine Plattform auf Gesellschaften außerhalb der Vereinigten Staaten einwirke, schien er überrascht zu sein. Darüber hätten sie noch gar nicht eingehend nachgedacht; ihr eigenes politisches Problem läge schließlich in den USA. In den vergangenen Jahren hat sich gezeigt, wie stark YouTube, Google, Facebook, Twitter und andere Netzwerke Rassisten und Hasspredigern in aller Welt zur Verbreitung von Lügen und Hetze dienen und damit Gesellschaften mit ohnehin starken ethnischen Spannungen weiter aufwühlen.[13] In Myanmar wuchsen die ethnisch-religiösen Spannungen gegenüber der Minderheit der muslimischen Rohingya, die wahrhaft genozidalen Gewalttaten ausgesetzt war; die Hetze war über Facebook Messenger verbreitet worden.[14] In Deutschland legte eine Studie dar, wie fremdenfeindliche Posts rechtsradikaler Nutzer Angriffen auf Zuwanderer vorausgehen, sie also im Grunde ankündigen, und zwar in Kommunen, wo soziale Netzwerke stärker genutzt werden.[15]

In dem neuen feindseligen Klima unternahmen die Tech-Riesen weitreichende Schritte, um die Lügenindustrie und den radikalen Diskurs von ihren Plattformen fernzuhalten. Sie investierten Riesensummen in Forschung, Überwachung und neue leistungsstarke Filter. Facebook stellte mehrere Tausend Leute ein, um diesen Herausforderungen zu begegnen, und kooperiert mit Dutzenden von Organisationen, um Fakten zu prüfen. In einer offensichtlichen Notmaßnahme reduzierte das Unternehmen die Zahl kommerzieller und politischer Seiten auf News Feed, um den ätzenden und brutalen Diskurs über aktuelle Ereignisse um jeden Preis abzuwehren. Die Beschäftigung mit Lügen und deren Widerlegung wurde umso wichtiger, je eindringlicher die öffentliche Debatte über den Einfluss von Falschmeldungen wurde. Freunde in der Tel Aviver Hightech-Branche berichteten mir immer wieder über die Entwicklung von Instrumenten in den sozialen Netzwerken und den Internetplattformen mit dem Zweck, Desinformationen auszusieben, Meldungen in Echtzeit zu überprüfen oder umstrittene Fakten zumindest als solche zu markieren. »Wenn wir das hinbekommen, retten wir die Welt«, sagte mir der Vizepräsident eines großen Unternehmens, »oder vielleicht die Wahrheit.«

DAS MEDIUM IST DIE LÜGE

Das Verhalten der Internetriesen, und eigentlich auch die öffentliche Debatte, fußt auf einigen unausgesprochenen Thesen. Die wichtigste besagt, die sozialen Netzwerke und das Internet im Allgemeinen seien von entscheidender Bedeutung für Trumps Wahlsieg und die Verbreitung von falschen beziehungsweise von Russland lancierten Informationen gewesen. Die zweite These besagt, dass man die Netzwerke verbessern und in einen wertvolleren Ort für die Wahrheit verwandeln könne – mittels Zwängen, technologischen Instrumenten und Bildung. Die dritte These besagt, dass Menschen passiv in den Bereich der Falschinformationen tappen und vor den Lügenhändlern gerettet werden müssten.

All diese Thesen sind problematisch oder schlichtweg falsch. Erstens wurden Verschwörungstheorien nicht nur, oder hauptsächlich, über soziale Netzwerke verbreitet, und Donald Trumps Wahlsieg kann nicht auf russische Einmischung und Fake News zurückgeführt werden. Tatsächlich zeigen immer mehr Daten, dass diese beiden Faktoren höchstens marginalen Einfluss im Verhältnis zu den klassischen Entscheidungsfaktoren ausübten: Parteibindung, Wahlbeteiligung, die Revolte weißer Arbeiter, Nachrichten der etablierten Medien, darunter auch falsche.[16] Anders ausgedrückt, die digitale Welt schuf keine neue Wirklichkeit, sondern spiegelte eher bereits bestehende Trends wider – und verstärkte sie möglicherweise.

Zweitens ignorieren die wohlgemeinten Reparaturbemühungen des Silicon Valley – ich meine das nicht ironisch – die allgemeinen Verhältnisse, die von seinen Konzernen geschaffen wurden. Marshall McLuhan konstatierte, »das Medium ist die Botschaft«,[17] aber manche haben ihn offenbar nicht ernst genug genommen. Das neue Medium versicherte, jeder habe eine Stimme, wichtig seien das Wohlbehagen und die aktive Beteiligung der Nutzer sozialer Netzwerke – zum Teufel mit den Fakten oder mit den Hierarchien zum

Filtern von Informationen. Wie die Neureichen aus dem Silicon Valley nur zu gut wussten, wurde das Medium von multinationalen Aktiengesellschaften aus Profitgründen geschaffen. Lügen passen, mit anderen Worten, hervorragend zu den Algorithmen der sozialen Netzwerke. Je dreister und großspuriger die Lügen, umso heftiger sind die Reaktionen der Nutzer. Fake News sind kein *bug*, sondern ein Wesensmerkmal.

Die dritte These ist die schwächste. Das romantische und paternalistische Modell, wonach Mediennutzer entweder Opfer oder Dummköpfe sind, die es zu retten gilt, ist wirklichkeitsfremd. Es besteht kein Grund zu glauben, dass neue, bessere Methoden der Faktenprüfung mehr Akzeptanz oder Glauben finden würden als die klassischen Medien, und Umfragen ergeben tatsächlich, dass fast die Hälfte der Amerikaner auch Faktencheck-Plattformen mittlerweile als politisch einseitig ansehen.[18] Aktuelle Daten zeigen jedenfalls, dass viele durchaus wissen, dass sie Fehlinformationen und erfundene Geschichten konsumieren oder gar weiterverbreiten. Eine Ipsos-Studie, für die 19 000 Menschen in 27 Ländern befragt wurden, kam 2018 zu dem Ergebnis, dass 65 Prozent der Teilnehmer sagten, die Internetnutzer lebten »in ihrer eigenen ›Blase‹, … verbunden nur mit Menschen wie sie und nach Meinungen suchend, denen sie bereits zustimmen«, und über ein Drittel gestand, dass dies auf sie zutreffe. Sechs von zehn Befragten antworteten, die Leute scherten sich nicht mehr um Tatsachen, würden nur »glauben, was sie wollen«. Das sagten 68 Prozent in den USA und 62 Prozent in Deutschland.[19] Es ist ein bemerkenswertes Eingeständnis. Vier von zehn Nutzern der sozialen Medien in Großbritannien erklärten laut einer Studie des Loughborough University's Online Civic Culture Centre, falsche oder ungenaue Nachrichten weitergeleitet zu haben. Einer von sechs gab zu, es *absichtlich* getan zu haben. Das ist leicht zu verstehen: Auf die Frage, warum sie Politikmeldungen überhaupt in sozialen Medien teilten, antwortete die größte Gruppe, sie täten es, »um ihre Gefühle auszudrücken«, und ein knappes Fünftel sagte, sie wollten andere ärgern.[20] Gefühle sind derzeit die Hauptsache, rationale Sachdebatten haben es schwer. In einem Interview, das während des Parteitags der Republikaner 2016 stattfand, sagte Newt Gingrich, ein Trump-Anhänger und ehemaliger Sprecher des amerikanischen Repräsentantenhauses, der Interviewerin von CNN, »die Menschen fühlen sich wirklich stärker bedroht«.[21] Damit verteidigte er Trumps falsche Behauptung über »enorm steigende Verbrechensraten« in amerikanischen Städten. Sie erwiderte, das stimme zwar, aber die Tatsachen stützten dies nicht. »Als politischer Kandidat gehe ich mit dem, was die Leute fühlen, und lasse Sie mit den Theoretikern gehen«, gab Gingrich zurück. Seine Worte sind nicht nur ein Beispiel für den Zynismus von Politikern, sondern eine Reaktion auf das, was Menschen öffentlich über sich und ihre »Gefühle« sagen. »Eine Lüge kann um die halbe Welt reisen, während die Wahrheit sich noch die Schuhe bindet«, lautet ein berühmtes Sprichwort, das seiner Zeit sichtlich voraus war.

Eine Großstudie des MIT untersuchte 126 000 Geschichten, die auf Twitter erschienen und von drei Millionen Nutzern in zehn Jahren abgesetzt wurden. Das wichtigste Ergebnis war die klare Unterlegenheit der Wahrheit. Nach jedem Maßstab tritt zutage, dass falsche Geschichten häufiger veröffentlicht werden, mehr Einfluss ausüben und sich weit schneller verbreiten als wahre Nachrichten. Das gilt für jeden untersuchten Bereich, von der Politik bis zur Unterhaltung. Eine Lügengeschichte erreicht 1500 Menschen sechsmal schneller als eine wahre. Und noch ein Faktum: Es sind keine von interessierter Seite im Internet eingesetzten Bots, sondern echte Menschen. Zwischen 2006 und 2016 fand sich auf automatischen Konten keinerlei Trend zur Verbreitung von Lügen. Die Lügenkultur gedeiht, »weil Menschen, nicht Roboter, Lügen mit steigender Wahrscheinlichkeit verbreiten«, schreiben die Forscher.[22] Kombiniert mit dem, was Befragte von sich preisgeben, scheint Lügen ein lasterhaftes Vergnügen geworden zu sein, wie exzessives Shoppen oder eine große Packung Eis ganz allein leer zu löffeln. Außerdem beschuldigen Menschen zumeist alle außer sich selbst. Zwei von drei weltweit Befragten meinten, sie sähen »ziemlich oft« oder »sehr oft« böswillig erfundene Geschichten in den konventionellen Medien.[23] * Trifft das zu? Das ist schwer zu beurteilen, weil die Menschen sich immer schwerer damit tun, zwischen wahr und falsch zu unterscheiden. Der Frust sickert ins tägliche Leben ein. Bei einer Untersuchung des Pew Research Center von 2019 sagte die Hälfte der befragten Amerikaner, sie vermieden Gespräche mit jemand anderem, weil sie fürchteten, diese Person könnte »Nachrichten« oder »Information« ansprechen.[24]

Die Datenlage zeigt eindeutig, dass sich etwas Tiefverwurzeltes und Altüberkommenes in unseren Gesellschaften verschoben hat. Die grundlegende Frage lautet nicht, warum Menschen auf Lügen hereinfallen, sondern warum sie das Vertrauen in relativ zuverlässige Quellen, nämlich die traditionellen Institutionen der modernen Gesellschaft, verlieren. Auf falsche oder irreführende Behauptungen einzugehen, ist ein beliebtes Vorgehen bedrängter Eliten, aber eine schärfer analysierende Untersuchung muss nach der Ursache des Vertrauensschwunds fragen, der ein von Lügen überquellendes Ökosystem hinterlassen hat.

———

»Es gibt ein Vertrauensdefizit da draußen in der Welt«, erklärte der UN-Generalsekretär 2019,[25] und die Daten sind tatsächlich verwirrend. Vertrauen ist die Grundlage jeglichen Zusammenlebens: in der Gesellschaft, in der Wirtschaft und in zwischenmenschlichen Beziehungen. Vertrauen und Wohlstand in der Gesellschaft hängen

---

* In Deutschland beschuldigt, entgegen dem weltweiten Trend, nur ein Drittel die Medien solcher Fälschungen.

eindeutig zusammen, und Forschungen weisen auf eine Kausalbeziehung hin: Je größer das Vertrauen, desto florierender die Gesellschaft.[26] Der internationale Vertrauensmesser, das Edelman Trust Barometer, zeigt für die letzten Jahre, dass Menschen in aller Welt und besonders im Westen eine Vertrauenskrise durchmachen. Die Hälfte der Weltbevölkerung äußert Misstrauen gegenüber der Regierung, den Medien, Nichtregierungsorganisationen und Wirtschaftsunternehmen. Ob etabliert und gebildet oder arm und ohne Hochschulabschluss – nur einer von fünf glaubt, »das System funktioniert in meinem Interesse«. Sieben von zehn Amerikanern sagen, sie hätten »den Wunsch nach Veränderung«.[27] Nur vier von zehn Einwohnern der Industriestaaten vertrauen ihren Regierungen.[28]

In der Europäischen Union sagen über 60 Prozent, sie hätten »eher wenig Vertrauen« in ihre nationalen Regierungen.[29] Fast jede Institution in der US-Gesellschaft hat in den letzten vierzig Jahren bei den Bürgern erheblich an Vertrauen eingebüßt. Das Vertrauen in den Kongress bemisst sich in einer einstelligen Prozentzahl und nähert sich der statistischen Standardabweichung. Das Vertrauen ins Präsidentenamt ist seit den 1970er-Jahren um 27 Prozent gesunken. Das Vertrauen in die US-Regierung lag 1972 bei über 53 Prozent und ist seither um zwei Drittel eingebrochen.[30] In jenen Jahren florierte die amerikanische Wirtschaft, Bruttoinlandsprodukt und Prosperität wuchsen, der Lebensstandard stieg in allen Bevölkerungsschichten, und die USA waren erst eine und dann die einzige Supermacht. Die Bestätigung des amerikanischen Modells durch den Ausgang des Kalten Kriegs änderte jedoch kaum etwas, im Gegenteil. Je später jemand im Zeitalter der US-Hegemonie geboren ist, desto pessimistischer wurde er in Bezug auf seinen Staat. Das Misstrauen wächst insbesondere unter den Millennials, die Parlament, Militär, Religion und Wirtschaft durchgehend weniger vertrauen.[31]

Aber es geht nicht nur um Institutionen: Das zwischenmenschliche Vertrauen, das anhand von Sätzen wie »die meisten Menschen sind vertrauenswürdig« gemessen wird, ist ebenfalls rückläufig, und nur noch einer von drei Amerikanern bejaht diesen Satz.[32] Während die US-Amerikaner den Grad ihres Vertrauens in ihre Mitmenschen in den letzten Jahren mit 5,8 von 10 bezifferten, gaben die Briten 5,5 und die Franzosen nur 4,9 an.[33] Sieben von zehn jungen Leuten erklären, die meisten Menschen würden einen auszunutzen versuchen, wenn sie die Gelegenheit dazu bekämen.

Wie gesehen besteht ein großer Unterschied zwischen den Altersgruppen: Bei den über Fünfundsechzigjährigen, deren Arbeitsleben in das Zeitalter der Verantwortung fiel, sind nur vier von zehn so pessimistisch.[34] Insgesamt ist das Vertrauen der Älteren gegenüber Fremden doppelt so hoch wie das der Jungen. Vielleicht hat das mit der Welt zu tun, in der die jungen Leute aufwuchsen: Forscher sehen eine Korrelation zwischen sozialer Ungleichheit und wachsendem Misstrauen und vermuten einen Kausalzusammenhang. Wir haben in den vorangegangenen Kapiteln gesehen, wie die Ungleichheit in den USA und in den meisten Ländern des Westens während der letzten Jahrzehnte anwuchs.[35]

Am misstrauischsten sind tatsächlich jene, die sich betrogen fühlen: Minderheiten, Arme, Junge, Menschen ohne Hochschulabschluss und Geringverdiener.[36] Das Vertrauen schwindet dramatisch dort, wo wirtschaftliche Ungleichheit, Diskriminierung und materielle Not herrschen. Keiner weiß das besser als die Einwohner einer Stadt in Michigan, weit entfernt vom Silicon Valley.

DIE VERGIFTETE STADT

Ich blicke auf das funkelnde Wasser des Flint River in Michigan. Wenn man vom Weg ein Stückchen hinunter ans schlammige Ufer geht, sieht man Gegenstände im Wasser: rostige Eisenteile, einen zerrissenen Sack. Auf der Oberfläche schwimmt ein öliger Film, der nichts Gutes verheißt. In den letzten Jahren ist die Stadt Flint zur

Heldin einer bitteren Geschichte über das heutige Amerika geworden. Wer fälschlich annimmt, der Vertrauensverlust und die Lügenkultur hätten erst in der digitalen Ära angefangen, sollte an jene Orte und ihre Bewohner denken, die ihr Vertrauen lange vor der Verbreitung von Desinformation in den sozialen Netzwerken verloren. Im Kern ist es eine Geschichte über Menschen, die belogen wurden – und die man belügen darf.

Ich befinde mich vor der Wasseraufbereitungsanlage, die ausgebaut wurde, um Millionen Dollar einzusparen. Sie wurde weltweit berüchtigt. In ihrer Mitte ragt ein funkelnd weißer Wasserturm auf. Ein Stück weiter steht ein Hydrant, der sonderbarerweise offen ist. Das Wasser sprudelt ungehindert heraus, bildet eine große Lache und strömt in den Fluss. Das heimische Wasser ist kein begehrtes Gut in Flint.

Mit dem Fluss verbinden sich viele historische Erinnerungen. An seinem Ufer wuchs die Stadt heran, als der Bundesstaat Michigan dank seiner günstigen Lage an der amerikanischen Handelsroute zwischen Saginaw im Norden und Detroit im Süden aufblühte. Die Weißen kamen und vertrieben die indianischen Ureinwohner, die dem Fluss seinen Namen gegeben hatten: Pawanunking – »Feuersteinfluss«, englisch »Flint River«. Später kamen schwarze Sklaven aus dem Süden hinzu, die zu freien Menschen wurden. Die Stadt Flint spielte einst eine wichtige Rolle in der Industriegeschichte: Sie war der Geburtsort des Großkonzerns General Motors und seiner vielen Automodelle.

Der Giftskandal von Flint bahnte sich an, als die gewählten Vertreter der überwiegend von Afroamerikanern bewohnten Stadt mit einer Armutsquote von 40 Prozent durch »Finanznotstandsverwalter« abgelöst wurden, die der republikanische Gouverneur von Michigan einsetzte. 2013 sollten sie angesichts des hohen städtischen Defizits für die »Einsparung öffentlicher Gelder« sorgen, eine Tarnbezeichnung für die reduzierte Grundversorgung einer schwachen Bevölkerung. Das Ganze wurde professionell durchgezogen. Wo kann man sparen? Am Wasser. Wasser ist eine blendende Idee. Das Wasser für die Stadt war bisher aus Detroit gekommen, sollte nun aber aus dem Huronsee fließen. Dazu musste eine neue Wasserpipeline verlegt werden, was einige Zeit dauern würde. Bis dahin wollte man eine ungenutzte und vergessene Quelle nutzen, die die Stadt durchquerte – den Fluss, in den die Abwässer einer ganzen industriellen Revolution abgelassen worden waren.[37] Berechnungen wurden angestellt, Excel-Tabellen angefertigt, und das Ergebnis lautete: Fünf Millionen Dollar könnten eingespart werden, wenn man das Flusswasser aufbereitete und den Haushalten zuleitete. Die Lebensader der Stadt würde durch die Adern ihrer Bewohner fließen. Und keine Sorge: Die Technik würde das Wasser reinigen, das Ganze sei sicher. Die nicht gewählten Politiker erteilten ihren Segen.

Im April 2014 erhebt der Bürgermeister feierlich ein Glas Flusswasser »auf das Wohl Flints« und trinkt es aus.[38] Schon beim ersten Öffnen der Hähne gibt es Klagen über die stinkende, trübe Brühe. Man habe alle notwendigen Stoffe zugesetzt, beruhigt man die Bevölkerung ein wenig von oben herab. Im Januar 2015 werden überhöhte Werte von Trichlorethylen, einem wahrscheinlich krebserregenden Stoff, im Wasser entdeckt. Der Bürgermeister will einen »Wasserberater« hinzuziehen. In der Stadt bricht die Legionärskrankheit aus, mit zwölf Toten, aber kein Mensch sieht einen Zusammenhang. Im Juni desselben Jahres hat die amerikanische Umweltschutzbehörde genug Daten in der Hand, um durch eine Notverordnung den Gebrauch als Trinkwasser zu untersagen, unternimmt jedoch fast nichts.[39] Unterdessen zeigen die Einwohner Fotos von braunen Ablagerungen in der Badewanne, berichten von Hautausschlägen und kranken Kindern. Der Stadtrat beschwert sich, wird aber abgewiesen. Im September 2015 stellen erstmals außenstehende Experten von der Virginia-Tech-Universität Untersuchungen in Flint an und entdecken überhöhte Bleiwerte in einem großen Teil der Häuser, bei einigen Familien in einer Höhe, wie sie

Chemieabwässer aufweisen. Zunächst beharren die eingesetzten Verwalter erneut, es sei alles sicher und in bester Ordnung. Aber die Wahrheit lässt sich nicht länger verwässern; die Tatsachen kommen ans Licht. Das Wasser wurde in der Anlage nicht mit Korrosionsschutzmitteln versetzt, sodass die uralten Bleirohre, die zu den Häusern führten, massiv korrodierten und das Wasser mit Blei verseuchten. Die Folgen der hohen Bleikonzentration in ihren Körpern werden die Stadtbewohner und vor allem die Kinder ihr Leben lang begleiten. Erhöhter Bleigehalt kann Gehirnschäden, Verhaltensstörungen und Schwerhörigkeit auslösen und das Wachstum und die Entwicklung von Kindern beeinträchtigen.

Im August 2017, rund drei Jahre nach der Umstellung der Wasserversorgung auf Flusswasser, erklärte eine Untersuchung, warum seit Ende 2013 58 Prozent mehr Föten im Mutterleib gestorben waren als in anderen Städten in Michigan und warum die Geburtenrate um 12 Prozent gesunken war, das heißt, dass 198 bis 276 Kinder nicht geboren wurden.[40] Es sei eine Folge von Intrigen und Irreführung, wie der Generalstaatsanwalt von Michigan erklärte. »Es gab hier eine Fixierung auf Finanzen und Bilanzen ... Diese Fixierung hat Menschenleben gefordert ... Zahlen waren wichtiger als Menschen, Geld war wichtiger als Gesundheit.«[41]

Diese Krise lässt sich nicht vom allgemeinen Verfall der Infrastruktur in den Vereinigten Staaten trennen. Gesundheitsgefährdende Bleiwerte im Wasser wurden landesweit festgestellt, von Newark in New Jersey bis Houston County in Alabama. Wie an Flint deutlich wird, hat die Kanalisation des amerikanischen Modells schon vor langer Zeit versagt, doch trat das Gift erst mit Verzögerung zutage.

———

Ein großer weißer Wohnwagen steht auf einem öffentlichen Parkplatz in Flint. Es ist die mobile Gesundheitsstation für Kinder, die psychologische Untersuchungen und Beschäftigungstherapie anbietet. Den Container holte man aus New Orleans, wo darin Kinder aus vom Hurrikan Katrina getroffenen Familien behandelt wurden. Er wurde überholt und neu gestrichen, und nun ist er einsatzbereit für eine weitere amerikanische Stadtbevölkerung, die abgehängt wurde. Drinnen gibt es ein paar alte Puppen und Bastelmaterial. Eine Beraterin, die den Kindern dort hilft, ist Qiana Towns. Bei ihr zu Hause wird ständig über Wasser geredet: sich vor Wasser zu hüten; wann man den Hahn aufdreht; nicht zu vergessen, aus der Flasche zu trinken oder den Filter anzuschalten. Sie hat zwei Töchter, sieben und vierzehn Jahre alt, und gerät in Panik, wenn ihre Kleine beim Zähneputzen vergisst, den Filter einzuschalten, »denn vielleicht ist das der Schluck, der ihr nachhaltig schadet«. Sie befürchtet, das Blei könnte ihrer aller Leben zerstören. »Meine Siebenjährige macht sich hervorragend. Sie lernt schnell und ist ein kluges Mädchen, und ich muss dran denken, dass sie das Wasser getrunken hat, und ob das jemals ihre rasche Auffassungsgabe beeinträchtigen wird. Dann kommt das Schuldgefühl zurück, und ich denke, hätte ich doch nur aufgepasst.« Das Wort »Schuld« kehrt in unserem Gespräch immer wieder. »Ein ungeheures Maß an Schuld ... Weil es Anzeichen gegeben hat. Ich sah, dass das Wasser den Duschvorhang verfärbte, merkte, dass es einen Geruch verströmte, der zuvor nicht da war. Ich dachte, ich könnte den Leuten vertrauen, die mir sagten, das Wasser sei unbedenklich. Deshalb habe ich nicht so reagiert wie sonst, wenn es darum geht, meine Kinder zu schützen.« Wenn sie das sagt, kann man gar nicht anders, als sie in die Arme zu nehmen und ihr immer wieder zu versichern, was sie selbst weiß, aber nicht empfindet – dass es nicht ihre Schuld ist. Und man denkt an das, was hier verloren ging: Vertrauen. Es ist nicht zu viel verlangt, dass man einen Wasserhahn öffnen und seinem Kind ein Glas Wasser geben kann, ohne es damit zu vergiften. Oder in Qianas Worten: »Ich konnte mir das einfach nicht vorstellen. In einer Gesellschaft, wisst ihr, wie in den Vereinigten Staaten, dass da eine Stadtverwaltung eine so schlechte Wasserqualität zulassen würde.«

Aber jetzt weiß sie es, und ihre Kinder wissen es. Und Karen Weaver, die beeindruckende neue Bürgermeisterin, die nach der Absetzung der »Finanznotstandsverwalter« gewählt wurde. Sie empfängt mich in ihrem Büro. Was hier passierte, wäre nicht geschehen, wenn die Mehrzahl der Bevölkerung nicht arm und schwarz wäre, sagt sie. Schlicht und einfach. Sie erzählt, dass das örtliche General-Motors-Werk sich von der Versorgung mit Flusswasser abgekoppelt hatte, weil es Rostschäden an seinen Maschinen verursachte. Man ließ das Wasser per Tankwagen kommen, während die Einwohner von Flint weiter die bleihaltige Brühe tranken.

Romantische Träume sehen schwache Bevölkerungskreise zur Rache an die Wahlurnen schreiten. Die Wirklichkeit sieht anders aus. Wenn die Schwachen missachtet und vergiftet werden, wenn sie den Glauben an das System und an sich selbst verlieren, gehen sie nicht an die Urnen. Bei den Wahlen von 2016 sank die Wahlbeteiligung in Genesee County, zu dem Flint gehört, um über 5 Prozent,[42] und besonders die demokratischen Wähler der verarmten Stadt gingen nicht wählen. Sie blieben zu Hause, mit dem vergifteten Fluss in ihren zugedrehten Wasserhähnen. 2012 hatte das County Barack Obama einen Vorsprung von 57 000 Stimmen beschert, der vier Jahre später auf nur noch 19 000 Stimmen sank. Die Republikaner erzielten das beste Ergebnis seit 28 Jahren. Trump fuhr einen knappen Sieg in Michigan ein.

Die Wasserversorgung für Flint ist in den letzten Jahren saniert worden. Proben zeigen, dass das Wasser trinkbar ist und erstaunlich geringe Bleiwerte aufweist. Aber 2019, fünf Jahre nach Ausbruch der Wasserkrise, hält Bürgermeisterin Karen Weaver die Einwohner weiterhin dazu an, Wasser nur gefiltert oder aus Flaschen zu trinken, und viele halten sich daran.

Im Juni 2019 gab die Staatsanwaltschaft von Michigan bekannt, dass alle Anklagepunkte gegen Verdächtige in dieser Sache fallen gelassen wurden, unter anderem Totschlag und fahrlässige Tötung. Neue Ermittlungen würden eingeleitet, hieß es. Die Vertrauenskrise ist in der digitalen Welt deutlich sichtbar, aber sie beginnt anderswo, an sehr unspektakulären Orten. Flint erteilt uns eine wichtige Lehre: Die Stadt wurde doppelt vergiftet, erst durch verseuchtes Wasser und dann durch Lügen. Der Schaden, den Lügen anrichten, heißt Vertrauensverlust.

DIE GROSSMUTTER BELÜGEN

Meine Großmutter bat mich einmal, für sie eine Waschmaschine zu kaufen. Diese Bitte war etwas ganz Neues, denn meine Großeltern führten ein vollkommen selbstständiges Leben bis in ihre Siebziger und Achtziger hinein. Sie waren – wie es sich für das Zeitalter der Verantwortung gehörte – fleißige und sorgfältige Menschen. Sie kauften stets in Geschäften mit gutem Ruf, niemals auf Kredit und immer erst nach Einholung von Empfehlungen für das jeweilige Produkt. Wie für diese Generation typisch, war die Bitte mit präzisen Anweisungen verbunden. Ich sollte ein bestimmtes Geschäft, und nur dieses, aufsuchen und die vereinbarte Waschmaschine erwerben. In diesem Geschäft kauften sie immer.»Und darauf verlassen wir uns«, erklärte meine Großmutter.

In dem Geschäft stellte ich fest, dass es sehr teuer war, eigentlich überteuert. Eine kurze Google-Suche ergab, dass man die gleiche Waschmaschine mit denselben Garantiebedingungen über das Internet bestellen konnte – für ein Drittel weniger. Ich ging zurück zu Großmutter, berichtete ihr und kaufte mit ihrer Einwilligung die Maschine auf diesem Weg. Als ich ihr den überhöhten Preis in »ihrem« Laden nannte, riss sie erstaunt die Augen auf:»Dann haben sie uns all die Jahre übers Ohr gehauen?«, fragte sie. Für mich war es keine persönliche Angelegenheit, sondern ein normales Verhalten; mir war klar, warum die Preise dort höher lagen. Der Laden befand sich in einem teuren Einkaufszentrum, und die Kundschaft war alt und treu. Aber meine Großmutter nahm es persönlich. Zu ihrer Zeit, als Preisvergleichsportale noch nicht existierten und man solche Produkte nicht per Telefon oder Post bestellte, war so eine Anschaffung eine persönliche Angelegenheit. Sie brauchte Zeit, wollte geprüft sein, verlangte Vertrauen in den Verkäufer, der zu jedem Gerät eine Geschichte erzählte. Plötzlich begriff meine Großmutter, dass man sie belogen hatte, und das jahrelang. In gewisser Hinsicht sind wir alle wie meine Großmutter, nur eben immer.

Vor dreißig Jahren nehmen zweihundert Personen an einer Fortbildung teil. Ein Dozent erzählt ihnen eine fantastische Geschichte: In einem fernen Land ist es nach einem Todesfall üblich, ein paar Bissen von den Nieren des Verstorbenen zu essen. Allerdings sei das erst in den letzten drei Jahren Brauch geworden. Die Geschichte erscheint den Zuhörern seltsam, vielleicht unsinnig. Sie möchten sie auf ihren Wahrheitsgehalt prüfen. Wie machen sie das? Sie können es nicht in Büchern nachlesen. Sie sind nicht auf dem aktuellen Stand. Es soll sich ja um ein neues Phänomen handeln. In den Enzyklopädien steht es erst recht nicht. Was bleibt ihnen anderes übrig, als in ein Flugzeug zu steigen und in das ferne Land zu fliegen? Vielleicht das nächste Fachjournal abzuwarten? Die Botschaft anzurufen? Natürlich können sie nachforschen, verifizieren oder widerlegen. Das verlangt Mühe, Zeit und Nachdenken. Die Befriedigung gesicherter Erkenntnis kann sich erst in einigen Wochen oder Monaten einstellen.

Wenn einer der Veranstaltungsteilnehmer sich später von seinem Arzt untersuchen lässt, möchte dieser das gewohnte Medikament vielleicht durch ein anderes ersetzen. Keine Sorge, wird der Arzt sagen, das generische Mittel ist genauso gut wie das Original. Der Patient wird es glauben. Hat er eine andere Wahl? Er kann natürlich die Krankenhäuser abklappern und eine weitere Ansicht über das Präparat einholen oder medizinische Fachblätter abonnieren. Das ist eher unwahrscheinlich, denn es würde relativ viel Zeit und Geld kosten. Studien zeigen regelmäßig, dass Ärzte den

Patienten ihre wirtschaftlichen Interessen nicht gern offenlegen. Laut einer Studie verheimlichten vier von zehn Ärzten den Patienten ihre Geschäftsbeziehungen zu Pharmakonzernen oder den Herstellern medizinischer Geräte.[43] Am Abend sieht er fern. Der Finanzminister nennt ökonomische Daten. Unser Opfer – selbstverständlich ist er ein Opfer – hat etwas anderes in Erinnerung. Vielleicht ist er obsessiv und bewahrt alle Wirtschaftszeitungen auf, aber vermutlich ist das nicht der Fall. Er möchte die flüchtige Angabe des Politikers überprüfen. Wie wird er das anstellen?

Am Morgen liest er in der Zeitung unter »Nachrichten aus aller Welt« eine verblüffende Geschichte über die Leiche eines Tauchers, die man in einem verbrannten Wald in Griechenland fand, vermutlich angesogen von einem Löschflugzeug und dann über dem Feuer abgeworfen. Der Leser erinnert sich, vor zwei Jahren eine seltsam ähnliche Nachricht gelesen zu haben. Er vermutet (zu Recht), dass es sich um eine urbane Legende handelt. Was wird er machen? An die Zeitung schreiben? Wie wahrscheinlich ist es, dass er eine Antwort erhält – und dass eine Richtigstellung veröffentlicht wird?

All diese Fälle entstammen einer Welt ohne Google, ohne soziale Netzwerke – kurz, ohne gute, schnelle und preiswerte Möglichkeiten, etwas zu überprüfen, zu vergleichen, zu verifizieren, zu bestätigen oder zu widerlegen. Und es gibt viel zu widerlegen. Die Daten zur Anzahl der Lügen, die Menschen täglich erzählen, variieren. Ein klassisches Buch zum Thema stellt fest, dass der Durchschnittsmensch an einem normalen Tag an die 200 Lügen zu hören bekommt, einschließlich wohlmeinender Lügen.[44] Eine andere Studie der Universität Massachusetts bekräftigte das Ergebnis und zeigte, dass sechs von zehn Menschen kein zehnminütiges Gespräch führen können, ohne zwei- bis dreimal zu lügen; sie gestanden die Lügen selbst ein, nachdem man ihnen die Gespräche vorgespielt hatte.[45] Optimistischere Untersuchungen behaupteten, Amerikaner würden ein- bis zweimal pro Tag lügen; eine neuerliche

Untersuchung ergab, dass es sich nur um einen Durchschnittswert handelt. Wieder andere Forscher erklärten, tatsächlich gebe es notorische Lügner, aber die übrige Bevölkerung könne tagelang ganz ohne Lügen auskommen.[46] All diese Daten sind problematisch: Ironischerweise ist anzunehmen, dass Menschen die Anzahl ihrer Lügen nicht präzise angeben, weil sie dabei unbewusst oder absichtlich lügen.

Und wie häufig lügen Mächtige? Das ist eine wichtige Frage. Sie haben größeren Einfluss auf das Leben anderer Menschen und oft auch mit ihren Lügen mehr zu gewinnen. Über die relative Ehrlichkeit von mächtigen Menschen ist nicht viel geschrieben worden, aber eine Studie der Columbia University schildert ein faszinierendes Experiment. Eine Gruppe von 47 Teilnehmern wurde wahllos in »Anführer« und »Untergebene« aufgeteilt. In Rollenspielen konnten die »Anführer« Entscheidungen über die finanzielle und soziale Lage eines »Untergebenen« fällen. Danach sollten Anführer und Untergebene 100 Dollar stehlen und einen Interviewer (der in den Zweck des Experiments nicht eingeweiht war) überzeugen, dass sie den Betrag nicht entwendet hatten. Wer es schaffte, durfte das Geld behalten. Das Ergebnis fiel überraschend aus: Das kurze Rollenspiel hatte die »Anführer« in schamlose Lügner verwandelt. Sie zeigten weniger kognitive oder emotionale Anzeichen dafür, dass sie logen. Der Unterschied war sogar biologisch nachweisbar: Den Teilnehmern wurden vor und nach dem Experiment Speichelproben entnommen, um einen möglichen Anstieg des Cortisol-Spiegels zu messen, eines Hormons, das bei Druck und Stress ausgeschüttet wird. Bei den »Anführern« war der Spiegel deutlich niedriger als bei den »Untergebenen«, die sich beim Lügen unwohl fühlten und auch Denkfehler machten. Die Forscher erklärten: »Macht entfaltete eine Pufferwirkung, die es den Mächtigen erlaubte, erheblich leichter zu lügen.«[47]

DER VORHANG DER UNEHRLICHKEIT WIRD DURCHSICHTIG

Hier eine Hypothese: Am Anfang vermehrten sich nicht die Lügen, sondern die Wahrheit. Das geschah abrupt, aufgrund eines technologischen Sprungs und weltumspannender Beziehungen. Die Fähigkeit, zu verifizieren, zu widerlegen und zu prüfen, wurde derart gestärkt, dass viele Lügen mit einem Mal aufflogen. Die Möglichkeit, über Lügen zu sprechen und gezielte Falschmeldungen als solche zu entlarven, wuchs dramatisch. Daraufhin kollabierte das Vertrauen der Menschen in Institutionen und Mitmenschen. Schnell entstand der Eindruck, dass alle sich gegenseitig belügen, was wiederum weitere Lügen nach sich zog. Die Wahrheit hatte sich ausgebreitet, bis sie in sich zusammenbrach.

Ein entscheidender Moment trat ein, als Lügen von Autoritätspersonen aufgedeckt wurden. Jede Gesellschaft bevollmächtigt einige ihrer Mitglieder formell oder informell, Wahrheiten über die Welt zu vermitteln. Von diesen Befugten erwartet die Allgemeinheit zu Recht, dass sie breiten Bevölkerungsschichten wahre Geschichten erzählen oder Einzelnen besonders wichtige Informationen über ihr Leben mitteilen.

Natürlich haben diese Personen – Politiker, Banker, Ärzte, Journalisten, Polizisten, Lehrer, Kommunalpolitiker und sogar der Elektrohändler meiner Großmutter – immer schon in wechselndem Umfang gelogen. Sie logen, weil wir alle lügen, und zumindest nach der hier zitierten Untersuchung lügen Mächtige besser und mit weniger Schuldgefühlen. Die größten und verheerendsten Lügen sind ja nicht die, die in den letzten Jahren im Internet auftauchen, sondern jene, die von Einflussträgern ausgesprochen wurden: die Lüge über die Gründe für den Einmarsch in den Irak. Die Lüge, dass ein bestimmtes Opioid nicht abhängig macht. Die Lüge über den amerikanischen Traum, während die amerikanischen Eliten eine Oligarchie errichten. Der Ozean von Lügen vor der Finanzkrise von 2008.

Bis vor etwa dreißig Jahren lebte die Menschheit hinter einem Vorhang der Unehrlichkeit, der einen gewissen Freiraum für Ungenauigkeiten und Lügen schuf. Dieser Vorhang ist nicht vollständig gefallen, aber durchsichtiger geworden, und das recht plötzlich. Die Technologie – oder genauer gesagt Google – hat den Menschen die Möglichkeit gegeben, Tatsachenberichte aus aller Welt nachzuprüfen, und zwar leichter und billiger denn je. Sie können natürlich nicht alle Lügen enthüllen, aber weit mehr als zuvor. Die dafür heute verfügbaren Informationen sind fast immer wahrheitsgetreuer und aktueller, weil das Internet – im Gegensatz zu Büchern – dynamisch und flexibel ist. Allerdings muss man für derartige Nachforschungen über einen Internetzugang und Internet-Kompetenz verfügen. Doch mit der Zeit schrumpft die Zahl der digitalen Analphabeten, während weltweit die Zahl derjenigen wächst, die Informationen bestätigen oder widerlegen können. Diese Fähigkeit ist also den globalen Massen vor den Bildschirmen gegeben, und das ohne unmittelbare Kosten für einzelne Suchanfragen. Außerdem gewähren E-Mail, soziale Netzwerke und Applikationen wie WhatsApp die Möglichkeit, vom Wissen vieler anderer zu profitieren. Wenn man nicht weiß, wo man nachschauen soll, weiß es ein Freund. Früher hätte das bedeutet, das ganze private Telefonverzeichnis abzuarbeiten.

Es gibt eine riesige Datenfülle, einiges davon ist falsch oder absichtlich irreführend, und manchmal verstehen die Nutzer nicht alles. Aber das allen verfügbare Wahrheitspotenzial ist zweifellos dramatisch gestiegen, und es wächst weiter. Schon 2016 hatte es Google mit vier Millionen Suchanfragen pro Minute, zwei Billionen im Jahr, zu tun, viele davon ganz neu und zuvor noch nie über Google gestellt.[48] Das ist eine Erweiterung der Wahrheit, oder der Wahrheitssuche, die den Ballon – die Gesellschaft mit ihren Konventionen – immer weiter aufbläst.

Nehmen wir zum Beispiel die entschiedene Abneigung von Ärzten gegen »Dr. Google« beziehungsweise die Neigung der Patienten, Diagnose und Medikamente online zu überprüfen. Eine

Studie ergab, dass allein schon die Verfügbarkeit von Suchergebnissen, die nicht genau der von Kinderärzten empfohlenen Behandlung entsprechen, das Vertrauen der Eltern in den Arzt erheblich senkt – noch bevor sie überhaupt die Richtigkeit der eigenen Suchergebnisse verifiziert haben.[49] Andererseits: Laut den hier vorgelegten und vielen anderen Ergebnissen lügen Ärzte tatsächlich, und das nicht gerade wenig. Ebenso kann sich herausstellen, dass der Dozent mit den tollen Anekdoten diese klaut, der Politiker die Tatsachen umgestaltet, der gute Lehrer von seiner letzten Schule gefeuert wurde, weil über all das die Lokalzeitung berichtet – online. Sind Menschen, die betrügen, in der Mehrheit? Ist Dr. Google tatsächlich besser als der eigene Arzt? Keineswegs. Aber der Schock einer neuen Welt, wo alle Tatsachen nur ein paar Klicks entfernt sind und der Mensch von Nachrichten über enthüllte Fake News überschwemmt wird, waren zu viel für unseren öffentlichen Diskurs. Analysiert man die Gallup-Umfragen, die über Jahrzehnte hinweg das Vertrauen messen, sieht man, dass das Vertrauen der amerikanischen Gesellschaft in ihre Institutionen zwischen 1997 und 2007 am stärksten geschwunden ist.[50] Hat das mit der Lage der Mittelschicht, der wirtschaftlichen Ungleichheit und den Anschlägen vom 11. September 2001 zu tun? Gewiss. Hier lag die Keimzelle der Vertrauenskrise. Aber es spielt eine weitere Entwicklung herein: Im Jahrzehnt von Internet und Google haben viele Menschen entdeckt, dass es gute Gründe gibt, sich nicht mehr auf die Mächtigen und ihre Geschichten zu verlassen.

Die Millennials sind in diesem Zeitalter aufgewachsen. Während sie manchen Institutionen in der Gesellschaft wenig trauen, haben sie großes Vertrauen – ein weit größeres als die älteren Generationen – in drei Gruppen: Wissenschaftler, Akademiker und Journalisten.[51] In diesen drei Bereichen fordert die Berufsethik eingehende Recherchen und Forschungen, sind Faktenprüfungen selbstverständlich. Für Menschen, die in die Welt von Google hineingeboren wurden, schafft das offenbar Vertrauen.

Nun also zu den Lügen.

Als die Wahrheit sich ausdehnte, bis sie implodierte, entstand ein gefährliches Vakuum. Viele deckten böswillige Fiktionen auf und meinten, tatsächlich die Wahrheit gefunden zu haben. Wann immer ein Schwindel oder eine Lüge seitens einer prominenten Institution oder einer angesehenen Persönlichkeit aufflog, wuchs die Macht der Scharlatane und ihrer »Wahrheit« über Impfungen, eine flache Welt, die Illuminaten und George Soros mit seinen angeblichen Machenschaften.

Den Lügen kam noch etwas sehr entgegen: Sie wurden nicht mehr vorrangig von Mächtigen und Autoritäten vorangetrieben, die relativ vorsichtig sein mussten, oder von Leuten, die an irgendeiner Straßenecke »das Ende naht« riefen. Die Lügen erlebten eine Privatisierung und Dezentralisierung, lagen nunmehr in vielen Händen und ließen sich weitaus einfacher verbreiten. In dieser Situation treffen die Menschen eine höchst rationale Entscheidung: Sie trauen niemandem mehr.

Die Ausdehnung der Wahrheit, der Vertrauensschwund und die Möglichkeit, bei Google nachzusehen, stützen die Behauptung, dass »alle lügen« – so auch der Titel von Seth Stephens-Davidowitz' Buch, das 2018 in vielen Ländern auf der Bestsellerliste stand.[52] Es verwendet Suchmaschinendaten, um die Scheinheiligkeit aufzuzeigen, mit der Menschen Freunde, Wissenschaftler und sich selbst belügen. Der Autor zeigt hervorragend, wie das technologische Zeitalter die Wahrheit ausdehnt und dabei Unaufrichtigkeit bloßlegt, beispielsweise von Menschen, die den Martin-Luther-King-Tag begehen, sich daneben aber besonders für rassistische Witze über Schwarze im Internet interessieren.

Doch die Erkenntnis, dass »alle lügen«, bringt eine selbsterfüllende Prophezeiung hervor: Es entsteht eine innere Rechtfertigung zu lügen, weil es ja ohnehin alle tun. Zwei Drittel der US-Amerikaner behaupten laut einer Umfrage, sie würden belogen – ein Anstieg um 50 Prozent seit Ende der 1980er-Jahre.[53]

Vielleicht haben sie das *Gefühl*, mehr belogen zu werden, aber faktisch geht die Entwicklung dahin, dass Lügen heute viel leichter aufzudecken sind. Sie sind fragil. Niemals konnten Menschen schneller und eindeutiger in Debatten siegen. Sie zücken ihr Handy und erhalten gute Antworten auf ihre Google-Anfragen.

In dieser Situation ziehen sich Menschen gern auf Dinge zurück, die sie voll unter Kontrolle haben und die daher nie widerlegt werden können: ihre eigenen Ansichten, gelegentlich untermauert von passenden oder passend gemachten Tatsachen. Dementsprechend erklären manche, dass Tatsachen in ihren Kreisen nichts mehr gälten oder dass sie mit anderen nicht über »Nachrichten« und »Informationen« reden wollten. Eine Studie ergab, dass derzeit nur ein Viertel der Amerikaner zwischen Tatsachenmeldungen und Meinungsäußerungen in den Nachrichten unterscheiden können.[54] Es stellt sich die Frage, ob sie überhaupt dazwischen unterscheiden wollen.

Hannah Arendt schreibt in ihrem Werk *Elemente und Ursprünge totaler Herrschaft* über die lähmenden Ideologien und Methoden des Unterdrückungssystems und deren Verhältnis zu Wahrheit und Lüge, Tatsachen und Meinung. »[I]n einer ständig wechselnden und immer unverständlicher werdenden Welt [hatten sich Menschen] darauf eingerichtet ..., jederzeit jegliches und gar nichts zu glauben, überzeugt, dass schlechterdings alles möglich sei und nichts wahr. ... [D]ie Massenpropaganda [setzt] mit außerordentlichem Erfolg ein Publikum voraus ..., das jederzeit bereit ist, alles hinzunehmen, und sei es noch so unwahrscheinlich, und es doch nicht im mindesten verübelt, wenn der Betrug sich herausstellt, weil es offenbar jede Aussage ohnehin für eine Lüge hält.«[55]

Die gefährlichen Entwicklungen, von denen Arendt sprach, waren unter ganz anderen Umständen entstanden, und der Totalitarismus, der sie beschäftigte, ist, zumindest vorläufig, ausgestorben. Aber der abgrundtiefe Zynismus, den sie schilderte, ist wieder aufgestiegen und sät Gewalt. Wenn es keine Wahrheit und Lüge mehr gibt, ist der Fortschritt selbst in Gefahr.

DER KAMPF UM DEN FORTSCHRITT

»Schön ist wüst, und wüst ist schön.
Wirbelt durch Nebel und Wolkenhöhn!«[1]

William Shakespeare, *Macbeth*

Die Menschheit schreibt ein neues Kapitel, eine Erzählung über ein Geschehen, in welchem die Einzelnen mehr denn je miteinander vernetzt sind. Die Menschen in diesem Buch und seine Leser sind ihre Helden. Das Zeitalter der Verantwortung und der Stabilität mit seinen wachsenden internationalen Beziehungen hat zwischenstaatliche Kriege zu einem seltenen, außergewöhnlichen Ereignis gemacht. Industrialisierung und Handel eröffneten neue Chancen für Hunderte Millionen Bewohner des globalen Ostens und Südens, die zuvor von der westlichen Wohlstandswelt abgeschnitten waren. Im Durchschnitt hat die Lage des Einzelnen sich dramatisch verbessert, aber ein Durchschnittswert erzählt nicht die ganze Geschichte. Große Bevölkerungskreise verloren ihren Arbeitsplatz, wurden an den Rand der Gesellschaft gedrängt, litten unter den Auswirkungen des Klimawandels und entdeckten, dass ihre Stadt oder ihr Land sich in ein Ausbeutungszentrum verwandelt hatte. Viele hielten die Identität ihrer Gemeinschaft oder ihre Lebensweise für bedroht. Dieses Gefühl trügt nicht, und das Empfinden, die Globalisierung habe vielen geschadet, ist kein Aberglaube.

Die stärkste Spannung in der globalen Wirklichkeit rührt daher, dass in dieser so beängstigenden wie vielversprechenden neuen Welt Menschen leben, die dasselbe suchen wie ihre Vorfahren vor 500 Jahren: Sicherheit, Lebensunterhalt, Liebe, Glaube und möglichst auch Freiheit. Trotz zunehmender Vernetzung, technologischer Neuerungen und der Verbreitung übernationaler kultureller Konzepte haben die Menschen keinen Evolutionsprozess durchgemacht, der diese Wünsche und Bedürfnisse verändert oder getilgt hätte. Wir leben und atmen nicht, indem wir auf Bildschirme starren, und unser Wertekosmos bleibt vorwiegend ein lokaler. Die Globalisierung als permanente Revolution, gespeist von dieser Spannung, führt unweigerlich zu Zusammenstößen.

»Für den Großteil der Welt wirkt die Globalisierung, in ihrer jetzigen Gestalt, wie ein Teufelspakt. Wenige Menschen im Land werden reicher. Die Statistiken zum Bruttoinlandsprodukt, was immer sie taugen mögen, sehen besser aus, aber Lebensweisen und Grundwerte sind in Gefahr.«[2] Diese Zeilen schrieb der Wirtschaftsnobelpreisträger Joseph Stiglitz schon 2006. Anderthalb Jahre später brach die schwerste Finanzkrise seit der Großen Depression aus, und die Globalisierung geriet ins Schleudern. Seither hat die Welt schnelle und häufige Schwankungen durchgemacht: weltweite Konjunkturflaute, Staatsverschuldung, Brexit, Trump-Wahl, Syrienkrieg, Flüchtlingskrise, der Einsatz von Fake News und wachsende Klimaschäden. Die Opposition gegen die Globalisierung wuchs und fand neue Unterstützer. Ihre alten Feinde witterten Morgenluft. »Die Eliten haben zu sehr unter sich gelebt«, spottete Marine Le Pen, die wortgewandteste und gefährlichste unter den rechtsnationalen Gegnern des »Globalismus«, »sie benahmen sich wie Raubtiere, die die Welt nur dazu benutzten, sich selbst zu bereichern, und ob es nun um die Wahl Donald Trumps oder den Brexit geht – die Eliten haben erkannt, dass die Leute ihnen nicht mehr zuhören, dass sie ihre Zukunft selbst bestimmen und in vollständig demokratischem Rahmen die Kontrolle über ihr Schicksal zurückgewinnen wollen. Und das versetzt die Eliten in Panik, weil sie die Macht verlieren, die sie sich angeeignet hatten.«[3]

Le Pen lügt dabei natürlich über das angeblich Konspirative, verschweigt jedoch, dass die Globalisierung viele der »Leute«, die sie zu vertreten vorgibt, vor Armut und Tod rettete und anderen zu Reichtum verhalf. Recht hat sie insoweit, als die Globalisierung von politischen Eliten vorangetrieben wurde, die ihre Macht verloren oder aufgaben.

Während lokale Traditionen, Gemeinschaften und Unternehmen in der Revolution des Informationszeitalters ums Überleben kämpfen, sind die Eliten ausgestiegen, haben sich in ihre akademischen Elfenbeintürme, ihre urbanen und technologischen Erfolgsgeschichten und auf ihre Wohlstandsinseln zurückgezogen. Unterdessen haben viele Menschen in aller Welt sich von den falschen Versprechungen des globalen Dorfs abgekoppelt und als Avantgarde neu verkabelt. Sie vertreten, vorwiegend im Westen, große Wählerkreise, die sich durch eine Welt im Wandel zunehmend marginalisiert und abgehängt fühlen.

———

Diese weitreichenden Phänomene mit wohlfeilen Phrasen von einer »populistischen Welle« oder einer »Bedrohung der Demokratie« zu erklären, ist krude und greift zu kurz. Die Populismus-Diagnose erklärt nicht das Erstarken fundamentalistischer Kräfte in fast allen Teilen der Welt, von Burma bis Nahost und Europa. Den Fundamentalismus als relevante politische Kraft zu ignorieren, ihn als flüchtigen Schatten aus einer ignoranten Vergangenheit zu betrachten, ist ein schwerer Fehler. Der Fundamentalismus ist für die schwachen und armen Schichten das, was der Populismus für die Mittelschicht ist: eine präzise Antwort auf die Ungerechtigkeiten der bestehenden Ordnung. Außerdem verbergen sich hinter dem teils nur vordergründigen Populismus häufig gefestigte Ansichten rassistischer, nationalistischer oder sonstiger Art. Wie gesehen bedienen diese sich des undurchsichtigen Gewands des Populismus, um weitere Anhänger zu gewinnen und ihr wahres Wesen zu kaschieren.

Die »Krise der Demokratien« benennt zwar treffend das Geschehen vor allem im globalen Norden, verfehlt jedoch die Erschütterung autoritärer Regime. Die verzweifelten Anstrengungen Chinas, die Meinungsfreiheit einzuschränken, die Demonstrationen im Iran oder die wachsende Opposition gegen die Herrschaft Wladimir Putins in Russland beispielsweise lassen erkennen, dass solche Regime ebenfalls mit existenzgefährdenden Herausforderungen zu kämpfen haben – mit Herausforderungen, die mit der globalen Ordnung, der Weltwirtschaft und einem beispiellosen technologischen Fortschritt zusammenhängen.

Im Westen weist das sinkende Vertrauen der jungen Generation in die Demokratie, das Yascha Mounk und Roberto S. Foa erforschten und publik machten,[4] weniger auf autoritäre Tendenzen hin als auf einen generellen Vertrauensverlust gegenüber sozialen Institutionen. Im Europa der 1920er- und 1930er-Jahre sah es so aus, als läge die Demokratie in den letzten Zügen, während Kommunismus, Faschismus oder Nationalsozialismus die Zukunft zu gehören schien. In unserem Zeitalter gibt es kein solches Grundgefühl, weder bezüglich der genannten Ideologien noch mit Blick auf neue, später entstandene.

Wir haben es eindeutig mit einer weit verwirrenderen Lage als mit der simplen Dichotomie von »wir« und »sie« zu tun. Solche Dualismen waren typisch für die Zeit des Zweiten Weltkriegs und danach des Kalten Krieges, doch unsere heutige Welt wird immer multipolarer. Verschiedene Ideen verschmelzen miteinander, politische Paradigmen kollabieren, und alte Etiketten sind hohl geworden.

Die mächtigste liberale Führungsperson seit 2016 ist Angela Merkel, eine Konservative. Die Republikanische Partei in den USA unterstützt öffentlich Zölle und Subventionen. »Ich bin ein Leninist«, erklärte Steve Bannon einst einem Reporter – ein typisches Beispiel dafür, wie radikalisiert und unübersichtlich die Situation ist. Mancherorts, zum Beispiel in der britischen Labour-Partei, sind Bigotterie und Rassismus in die radikale Linke eingesickert. Fundamentalismus, Populismus, Linksradikalismus und Nationalismus haben allesamt die Eigenart gemeinsam, Fakten zu leugnen beziehungsweise sich auf riskante Flirts mit Verschwörungstheorien einzulassen.»Zerfall ringsum, das Zentrum hält nicht stand ...«, schrieb W.B. Yeats in seinem berühmten Gedicht»The Second Coming«(Die Wiederkehr des Herrn).»Die Besten kraftlos, wo die Schlechtesten/von Leidenschaft durchdrungen brennen.«[5]

Die Revolte ist nicht kohärent oder strukturiert, findet aber zweifellos statt, an vielen Orten und in vielfältigen Spielarten. Ihre zahlreichen Facetten sind, wie alles in unserer Welt, eng verbunden.

Die Annahme, all das sei nichts als ein Schlagloch auf sonst ebener Strecke, eine Reihe isolierter Ereignisse oder vorübergehender Hindernisse auf dem Weg zum unvermeidlichen Sieg liberaler Werte, ist ebenso falsch wie gefährlich. Nicht nur Frieden, Wohlstand und globale Stabilität liegen auf der Waagschale. Aus der Mitte dieser beschleunigten und informierten Welt ersteht eine Bedrohung für den Fortschritt selbst, die sich ausgerechnet ihrer ausgefeiltesten Mittel bedient. Ein anschauliches Beispiel dafür bietet die Waffenkrise in den USA.

CONNECTICUT, HERBST 2016

Ich werfe einen langen Blick auf Jeremy Richman und fasse im letzten Moment einen für Journalisten ungewöhnlichen Entschluss: Ich werde ihn nicht nach den Verschwörungstheorien fragen, die behaupten, in der Schule in Sandy Hook, Connecticut, seien 2012 keine Schüsse gefallen und daher auch nicht sechs Mitarbeiter und zwanzig Erstklässler ermordet worden, darunter seine Tochter, Avielle Rose Richman.

Einige der Theorien geben vor, die Kinder seien gar nicht geboren worden, andere besagen, der Mord sei geschehen, aber im Auftrag der Regierung. Doch alle Verbreiter dieser Theorien handeln aus einem gemeinsamen politischen Motiv: Angeblich gehe es um eine teuflische Intrige der Regierung Barack Obama, um das in der amerikanischen Verfassung geschützte Recht auf Waffenbesitz einzuschränken. Ich frage den Vater, der seine Tochter verlor, nicht nach dem Medienunternehmer Alex Jones, dessen Ruf Donald Trump einmal als »hervorragend« einschätzte.[6] Jones war der hauptsächliche Verbreiter dieser grausamen Verschwörungstheorie: »Niemand starb« in der Schule, erklärte er.

Ich frage nicht, ob Richmans Familie, wie die Eltern anderer ermordeter Kinder, von Menschen belästigt wurden, die dem Internet entnommen hatten, die Betreffenden seien Lügner und hätten den Tod ihrer Kinder erfunden. Ich frage nicht, weil ich Grund habe anzunehmen, dass es geschah. Noah Pozner war sechs Jahre alt, als er ermordet wurde; seine Familie musste wegen unerträglicher Drohungen und Belästigungen seither siebenmal umziehen. Es ist ausgeschlossen, diese Fragen zu stellen und damit dem Bösen im Gespräch mit jemandem Raum zu geben, der so viel verloren hat.

———

Als ich in Newtown, Connecticut, eintraf, segelten die Herbstblätter langsam von den hohen Bäumen auf die breiten Wege, türmten sich zu Laubhäufchen. Es war das erste Herbstlaub im September. Der Park war leer. Am Spielplatz stand ein großes Schild: »Schutzzone für Kinder. Wir alarmieren die Polizei.«

Hier war ich mit Kaitlin Roig-DeBellis verabredet, Lehrerin einer ersten Klasse in Sandy Hook. Am Morgen des 14. Dezember 2012, einem schönen, klaren Tag, hatte sie mit den Kindern über Feiertagsbräuche, Plätzchenbacken und Santa Claus sprechen wollen. Gegen 9.35 Uhr betrat der Mörder, der soeben seine Mutter ermordet und ihr Sturmgewehr samt zehn Magazinen mitgenommen hatte, das Schulgebäude. Er war schwarz gekleidet, trug eine Sonnenbrille, setzte Ohrenschützer auf und erschoss zunächst sechs Mitarbeiter. Kurz darauf betrat er den Raum der ersten Klasse von Lauren Rousseau, die erst zwei Monate zuvor als Vollzeit-Lehrkraft angefangen hatte. Sie und Rachel D'Avino, eine Therapeutin, die ein behindertes Kind unterstützte, versuchten, die Kinder in die Toiletten zu schieben und so zu verstecken, aber vergebens. Sie beide und alle fünfzehn Schüler der Klasse wurden ermordet. Roig-DeBellis ist beeindruckend, selbstsicher, unnachgiebig. Sie hatte schon vor dem Massaker an die Möglichkeit eines Mordschützen in der Schule gedacht und gesteht, »immer auf das Schlimmste gefasst« gewesen zu sein. Als sie die Schüsse hörte, konnte sie alle Kinder rasch in den kleinen Toilettenraum drängen und ermahnen, ganz still zu sein. Jenseits der Wand war das Klassenzimmer von Lehrerin Victoria Soto, die ermordet wurde, während sie den Täter anflehte und ihre Schüler mit ihrem Leib zu schützen versuchte. Roig-DeBellis und ihre Schüler hörten die Schreie und Schüsse hinter der Wand.

Wir sitzen auf einer kleinen Holzbank. »Ich dachte, wir würden alle erschossen«, sagt sie, »ich dachte, ich würde zusehen, wie alle meine Schüler ermordet werden und dann selbst den gleichen Tod sterben.« Der Mörder kam nie in den Toilettenraum, wo sie sich versteckten, und all ihre Schüler waren gerettet. Als sie von dem »Wunder« spricht, das an ihr und ihren Schülern geschehen war, kann ich mich kaum noch auf das Gespräch konzentrieren, denn ich muss an meine Tochter denken, fünf Jahre alt, fast im Alter dieser Kinder.

Avielle Rose Richman war eines der ermordeten Kinder. Ihre Eltern, Jennifer Hensel und Jeremy Richman, gründeten zu ihrem Andenken die Avielle Foundation. Jeremy erforschte als Neuropharmakologe die Mechanismen der Alzheimer-Krankheit, seine Frau Jennifer entwickelt als Mikrobiologin Krebsmedikamente. Zweck der Stiftung ist es, »mittels Neurowissenschaften, Gemeindearbeit und Erziehung Gewalt zu verhindern und Mitgefühl aufzubauen«.[7]

Jeremy Richman und ich nehmen zwei Stühle und setzen uns auf den Rasen unterhalb seines Büros. Er ist ernst und direkt. »Avielle war eine jener glückstrahlenden Seelen«, sagt er lächelnd, »sie konnte ein ganzes Zimmer erhellen, nur mit ihrer Anwesenheit.

Ihr Lächeln war ansteckend, und alle mochten es. Sie wollte ihre Mitmenschen immer zum Lachen bringen und schaffte das vor allem, indem sie Geschichten erzählte.«Im Lauf der Jahre bekam das Ehepaar noch zwei Kinder, Imogen, im März 2019 vier Jahre, und Owen, zwei Jahre alt.

Zweihundert Meter von uns dröhnt der Lärm der Mittelschule, die seine Tochter ab der fünften Klasse hätte besuchen sollen. Richman hat ein Anliegen für unser Gespräch: Er möchte über die Forschungsarbeit sprechen und fragen, ob es eine wissenschaftliche Methode gibt, der Gewalt in den USA und weltweit zu widerstehen.»Wir finanzieren Studien, die den Aufbau und die Chemie des Gehirns untersuchen, um Bezüge zu Verhaltensweisen zu erkennen, die wir in der realen Welt sehen. Wir versuchen eine Brücke zwischen biochemischer und Verhaltensforschung zu schlagen.«

Schon die Verfügbarkeit von Waffen im Haus ist ein starker Risikofaktor für Selbstmord oder Mord durch Waffenbesitzer, und Richman spricht mit mir ausführlich über die Daten, die das belegen. Wir treffen uns einige Tage nachdem ich in den Wäldern von Michigan Schießübungen amerikanischer Milizen beigewohnt habe, die wild entschlossen waren, ihre Schusswaffen – einige hatten zu Hause Dutzende – niemals abzugeben.»Wissen Sie«, sage ich zu Richman,»als ich denen die Statistiken und Forschungsergebnisse über die Gefahren des Waffenbesitzes präsentierte, erwiderten sie, das sei Darwinismus, und dumme Menschen erschössen sich eben selbst. Andere meinten, wenn es Schusswaffen in den Schulen gäbe, sähe vielleicht alles anders aus. Ich habe Donald Trump das sagen gehört.«

»Natürlich«, erwidert er bitter,»sie denken nicht nach und scheren sich nicht um Daten. Sie setzen auf Angst und das Schüren von noch mehr Angst, was das Problem verschlimmert und Menschen in dem Fehlglauben bestärkt, dass sie mit einer Schusswaffe sicherer seien … Die Leute wollen die wissenschaftlichen Erkenntnisse nicht hören; sie haben längst ihre Schlüsse gezogen und hören nicht zu.«

Dr. Jeremy Richman wurde am 25. März 2019 im Rathaus von Newtown tot aufgefunden. Er hat sich das Leben genommen. Seine Frau Jennifer schaltete eine Anzeige mit den Worten:»Er erlag der Trauer, der er nicht entfliehen konnte.«

—

Das Gespräch mit Jeremy Richman fiel mir jedes Mal aufs Neue ein, wenn ich wieder einmal über ein Massaker in den Vereinigten Staaten berichtete, über Dutzende und Hunderte Menschen, die infolge einer komplett unsinnigen Waffenpolitik einfach ermordet wurden. Ich dachte an den Mann, der auf wissenschaftliche, rationale Weise mit dem schrecklichen Phänomen umzugehen versuchte, das zur Ermordung seiner Tochter geführt hatte, an den Weg, auf dem die Jeremy Richmans dieser Welt die Wirklichkeit zum Besseren verändern wollen, auch wenn diese sie grausam getroffen hat. Angesichts einer unerträglichen Tragödie und der bodenlosen, sadistischen Lügen, die er bekämpfte, wollte Richman die wissenschaftliche Arbeit vorantreiben, um Menschen zu therapieren – in dem Glauben, die Dinge müssten und könnten sich ändern, was schließlich durch den empirischen und wohlerwogenen Blick ins Gehirn gelingen würde. Er war entschlossen, nicht den Glauben aufzugeben, der alle Leistungen unserer Welt antreibt: den Glauben an den Fortschritt.

Daher erschien mir sein Tod, über die furchtbare menschliche Tragödie hinaus, wie eine Warnung. Ich höre Jeremy Richman immer wieder sagen,»sie hören nicht zu«, und ich fürchte, er hatte recht. Und das gilt nicht nur für die Debatte um den Waffenbesitz in den USA.

Es ist Abend. Der kleine Platz beherbergt einen der ältesten Lebensmittelmärkte Europas. Der Markt ist winzig, und das ist beinahe symbolisch in einem Viertel mit vielen Touristen und Restaurants. Der Platz wimmelt von Menschen und dröhnt von den letzten kraftvollen Rufen der italienischen Gemüsehändler. In der Mitte steht ein dunkles Denkmal, das sich von den klassischen Statuen der italienischen Hauptstadt deutlich abhebt. Der dargestellte Mann blickt nach unten. Eine Mönchskutte umhüllt Kopf und Körper, und seine verschränkten Arme halten ein Buch. Ein Fuß ist vorgeschoben, bereit für den nächsten Schritt, der nicht kommen wird. Ein paar welke rosa Blumen liegen zu seinen Füßen, und ein paar italienische Pamphlete mit Donald Trumps Namen kleben am Sockel.

Das Denkmal zeigt Giordano Bruno. Am 17. Februar 1600 war ein johlender römischer Mob hier zusammengelaufen, um ihn, auf Befehl der Inquisition, auf dem Scheiterhaufen brennen zu sehen. Man hatte ihn an den Füßen aufgehängt und ihm zuvor noch die Zunge an den Gaumen geheftet, damit er seine ketzerischen Ansichten nicht verbreiten konnte.

Bruno war ein Philosoph und religiöser Denker. Er übernahm öffentlich das von Kopernikus postulierte heliozentrische Weltbild, behauptete, das Universum habe kein Zentrum, beschuldigte die Religion, sich billiger Tricks zu bedienen, um die Massen für sich zu gewinnen, schrieb kosmologische Abhandlungen über mögliche andere Welten und verbreitete mystische Ideen, die dem damaligen Katholizismus widersprachen. In einem sieben Jahre dauernden Prozess wurden Bruno Gotteslästerung, unsittliches Verhalten und Götzendienst vorgeworfen. Der Papst höchstpersönlich bezeichnete ihn als Ketzer. Bruno weigerte sich, zu widerrufen oder Reue zu zeigen.

Der Legende nach sagte er bei der Urteilsverkündung zu seinen Richtern: »Mit wohl größerer Furcht verkündet ihr das Urteil gegen mich, als ich es entgegennehme.«[8] Er hatte recht. Sein Denkmal wurde 1899 auf dem Platz errichtet, zu einer Zeit, als die industrielle Revolution schon in vollem Gang war, und seither gehört es zum gewohnten Stadtbild Roms. Bruno machte die übliche Karriere eines verkannten Helden: erst geächtet und verurteilt, dann vergessen, bis ihm plötzlich späte Ehrungen zuteilwurden (sogar die Kirche bedauerte das Geschehene) und er schließlich erneut weitgehend vergessen wurde. Heutige Wissenschaftler meinen, er sei eher wegen seiner religiös-mystischen Irrlehren oder seines provozierenden Wesens als wegen seiner Lehrmeinung zu den Himmelskörpern hingerichtet worden. Wie dem auch sei – Bruno war einer der ersten Märtyrer der Wissenschaft.

Ich stehe vor dem Denkmal und sehe daran kleine, mit Klebestreifen befestigte Zettel. Darauf stehen handgeschriebene italienische Texte gegen Donald Trump. Für die Verfasser symbolisiert er das krasse Gegenteil zu Brunos Gedanken – und seiner Bereitschaft, sein Leben dafür zu opfern. Trump-Kritik am Denkmal für Giordano Bruno – was für ein Symbol.

Bruno starb, als in Europa ein revolutionäres Staunen umging – dass es eine Wahrheit und Fakten auf der Welt gibt, dass diese unabhängig von Volksstamm, religiösem Glauben oder Anschauung existieren, dass viele Hypothesen über die Wahrheit formuliert und empirisch überprüft werden müssen und dass Naturbeobachtung und logische Schlussfolgerungen bessere Ergebnisse bringen als starker Glaube und eifriges Beten.»Dann wird der Moment kommen, in dem die Sonne in ihrem Lauf nur freie Nationen schauen wird, die keinen anderen Herrn als ihre Vernunft anerkennen«, schrieb Marquis de Condorcet 1793.[9]»Die wissenschaftliche Revolution war keine Revolution des Wissens, sondern eine Revolution des Unwissens«, erklärt Yuval Noah Harari in seinem wegweisenden Buch *Eine kurze Geschichte der Menschheit.*»Die große Entdeckung, mit der die wissenschaftliche Revolution losgetreten wurde, war die Erkenntnis, dass wir Menschen nicht im Besitz der Wahrheit sind, und dass wir auf die wichtigsten Fragen keine Antwort wissen.«[10] Durch die Erforschung dieser Fragen hat sich die wissenschaftliche Revolution entwickelt, das Zeitalter der Aufklärung, das den Menschen heiligte, und das der industriellen Revolution. Die Lage der Menschheit verbesserte sich wesentlich, aber die Standpunkte der Inquisition waren nie verschwunden, nur durch die Erfolge des Fortschritts an den Rand gedrängt.

Mit Fortschritt meine ich nicht die deterministische Vorstellung von einer linearen Verbesserung menschlicher Gesellschaften, sondern die Werte der Aufklärung: vernunftgestützte Forschung, Akzeptanz von Wissenschaft und Technik als Mittel zur Verbesserung der *conditio humana,* Liberalismus im weitesten Sinne. Der Mensch ist Herr seines Schicksals und kann aus eigener Kraft Erlösung erlangen. Im Zeitalter des Fortschritts ist Erlösung gleichbedeutend mit Glück.

Es war eine tektonische Verschiebung von der Glorifizierung der Altvorderen und der Annahme, die Zukunft werde einen ewigen Kreislauf oder gar Rückschritt bringen, zu der Einsicht, dass menschliche Erkenntnis – erlangt durch Wissenschaft und nicht durch organisierte Religion – dazu beitragen kann, dass Gesellschaften sich verändern, anpassen und verbessern. »Es ist ein reiner Betrug, wenn man behauptet, eine Meinung, die von einem Jahrhundert zum andern, von einem Geschlecht zum andern fortgepflanzt worden, könne unmöglich ganz und gar falsch sein«, schrieb Pierre Bayle Ende des 17. Jahrhunderts.[11] Da von Natur aus revolutionär und vorwärtsdrängend, wurde der Fortschritt auch für entmenschlichende Gewalt und umfangreiche Grausamkeiten missbraucht. König Leopold II. von Belgien nannte seine genozidale Kolonisation des Kongo »einen Kreuzzug, der des Jahrhunderts des Fortschritts würdig war«.[12] Das ist natürlich kein Einzelfall. Viele totalitäre Regime im vorigen Jahrhundert bezeichneten sich als Wegbereiter des Fortschritts und sahen sich zu Gräueltaten gegen diejenigen berechtigt, die ihn »behinderten«. Dieses Vorgehen war ein Versuch, den

Fortschritt von den Werten der Aufklärung zu lösen und diese durch vollkommen gegenteilige Visionen zu ersetzen, sodass der Fortschritt seinen unentbehrlichen ethischen Nährboden verloren hätte.

DER KAMPF GEGEN DEN FORTSCHRITT

Was als »Unbehagen an der Globalisierung« begann, verwandelte sich in eine regelrechte Revolte gegen die Weltordnung, aus der wiederum der Grundkonflikt unserer Zeit hervorging – der Kampf um die Ideen des Fortschritts selbst. Ausbeutung, Ungleichheit, Umweltschäden, Bedrohung von Identität und Lokalpatriotismus, vermeintliche Willkür – all das nutzt den altbekannten Fortschrittsgegnern vom Schlag der Fundamentalisten oder rassistischen Nationalisten. Die Globalisierung mit ihren dezentralisierten Medien und engen internationalen Beziehungen liefert ihren Gegnern eigenhändig die Mittel zur Verbreitung von deren Ideen. Diese Gegner mögen vorgeben, die Interessen der armen oder der mittleren Schichten zu vertreten, doch sind ihre wahren Absichten zutiefst revolutionär.

Die Revolte bedroht den Fortschritt vor allem von zwei Seiten, zunächst durch diverse Spielarten des Neo-Luddismus.* Erörtert wurden hier bereits die Einflüsse von Migration und Welthandel sowie die populistische oder nationalistische Behauptung, beides koste die Mittelschicht Arbeitsplätze. Doch die Fakten sind eindeutig: Nicht Handel oder Zuwanderung verursachen die wachsende Jobunsicherheit für die Arbeiter während der letzten Jahrzehnte, sondern Industrialisierung und Automatisierung. Nach vorsichtiger Schätzung werden bis 2030 mindestens 8,5 Prozent der Arbeits-

---

* Die Ludditen waren im 19. Jahrhundert Maschinenstürmer aus den Reihen der Textilarbeiter.

plätze in der Industrie verschwinden und durch Roboter oder Computer ersetzt werden.[13] Laut dem Forschungsunternehmen Oxford Economics werden an die 20 Millionen Menschen ihren Job verlieren, an denen wiederum die Ernährung ganzer Familien hängt. Vielleicht wird ihnen jemand erzählen, sie könnten »umschulen« und in einem anderen Beruf »aufsteigen«, aber wie wir in früheren Kapiteln gesehen haben, ist das zumeist illusorisch. Tatsächlich werden sie ein ähnliches Schicksal wie der Berufsstand der Schmiede erleiden. 1850 machten Schmiede zwei Prozent der amerikanischen Arbeitskräfte aus. 1980 gab es in den USA keine mehr.[14]

Im Gegensatz zu früheren industriellen Revolutionen werden die wissenschaftliche Revolution und danach die Revolution der künstlichen Intelligenz vermutlich keine Arbeitsplätze schaffen, die die verschwundenen Jobs ersetzen könnten. Die Rechnung ist einfach: In den 1950er-Jahren, zu ihrer Blütezeit, waren Chrysler, General Motors und Ford die drei wichtigsten Konzerne der USA, hatten 1956 über 900 000 Mitarbeiter. Heute bringen es – in einer gewachsenen US-Bevölkerung – die drei Großen des Silicon Valley, Facebook, Apple und Google, gemeinsam auf nicht mehr als 300 000 Beschäftigte, und das obwohl ihre (realen) Gewinne höher liegen und ihr Börsenwert größer ist. Das amerikanische Bureau of Labor Statistics rechnet in den nächsten Jahren mit dem Verschwinden der Arbeitsstellen von 33 Prozent der Schreibkräfte, 28 Prozent der Elektro- und Kfz-Mechaniker, 28 Prozent des Callcenter-Personals, 27 Prozent der Postmitarbeiter, und die Liste ist noch lang.[15] Außerdem bedrohen diese Technologien, wie wir sahen, Traditionen, Gemeinschaften und Religionen. Neo-luddistische Tendenzen können nicht nur aus materialistischen Erwägungen erwachsen, sondern auch aus Angst vor jenem erstarkenden globalen Bewusstsein, das lokale Lebensweisen und Machtstrukturen bedroht und Nachfrage genauso zu vernichten wie zu schaffen vermag.

»In der Welt von Trump und danach fürchte ich mich vor Menschen mit Fackeln – und Heugabeln«, sagte mir ein Computeringenieur, und diese ängstliche Übertreibung hatte etwas Wahres an sich. Die Partys der Finanz- und Technologiewelten beschränken sich mittlerweile auf eine kleine exklusive Gruppe. Es ist wirklich nicht die Schuld der Konzerne im Silicon Valley, dass ihre Technologie effizient und disruptiv ist und Arbeitsplätze zerstört. *Ist man zu solchen Partys eingeladen, denkt man selten an die, die draußen bleiben.* Diese Konzerne haben nicht erkannt, dass Macht auch Verpflichtung mit sich bringt. Sie wagten es, schöne Reden über »eine einige vernetzte Welt« zu führen, und beförderten oder schufen daneben mit ihrem Geld und Einfluss eine lasche Regulierungspolitik, schüttelten die Konkurrenz kleinerer Unternehmer ab und entwickelten aggressive Methoden, sich auf Kosten Schwächerer vor Steuern zu drücken. Sie wiesen die Verantwortung für Hass und Hetze auf ihren Plattformen von sich – profitierten jedoch von der Popularität dieses brutalen Diskurses und verdienten an der Werbung neben den Hassbotschaften. Sie raubten literarische, journalistische und kreative Inhalte, ohne jedoch selbst direkt in solche Werke zu investieren. Für einen – gleichermaßen schrecklichen wie goldenen – Augenblick flogen diese Konzerne unter dem Radar der älteren Politiker aus der analogen Generation, handelten als totale Monopolisten allein nach kapitalistischen Grundsätzen, ungehemmt von irgendwelchen normativen Erwägungen. Dieser Moment ist vorüber. Jeden Tag sterben Wähler und Entscheidungsträger aus dem analogen Zeitalter, an deren Stelle im digitalen Zeitalter Geborene treten. Sie sehen die Dinge nüchterner, ohne die gutgläubige Bewunderung für das »Internet«. Die Gegenreaktion wird wohl heftig ausfallen. Viele denken jetzt über die Zerschlagung der Konzerne nach, um den Wettbewerb und die Demokratie zu schützen, und ihre Argumente haben Hand und Fuß. Andere wollen die technologische Entwicklung insgesamt bremsen.

Der Fox-News-Moderator Tucker Carlson, dessen Bemerkungen einen starken Einfluss auf Donald Trump ausüben, steht für diesen Trend. Er möchte autonom fahrende Autos verhindern, denn »Fahren ist der häufigste einzelne Job für Männer mit Highschool-Abschluss in diesem Land ... Die sozialen Kosten für die Eliminierung dieser Jobs ... sind so hoch, dass es nicht nachhaltig ist. Daher ist es das höhere Gut, die Bürger zu schützen.«[16] Seine Argumentation ist nachvollziehbar: In den USA gibt es dreieinhalb Millionen Lastwagenfahrer. Sie sind für relativ geringen Lohn viele Stunden unterwegs und verrichten eine schwere Arbeit, die ein einsames Leben auf den Straßen verlangt. Ihre Lage droht noch schwieriger zu werden, weil große Technologiefirmen sich mächtig anstrengen, fahrerlose Lastwagen zur Marktreife zu bringen, die dann computergesteuert, sicher und billig ans Ziel kommen sollen.

Mit diesem Argument hätte man allerdings jede technische Neuerung in der Vergangenheit blockieren können, vom Einsatz von Traktoren anstelle von Pferden bis zu den Fortschritten der modernen Medizin. Trotzdem wird diese Möglichkeit jetzt öffentlich diskutiert. Ein politisches Phänomen – Menschen, die ihre Jobs und Familien in Zeiten stagnierender Löhne schützen wollten – führte zu konkreten Debatten um die Verlangsamung oder Verhinderung technologischen Fortschritts, mit weitreichenden Implikationen. Das erinnert an Trumps Versprechen, die Schließung von Kohlekraftwerken zu stoppen, was Grundsätzen wie Effizienz oder dem von Angebot und Nachfrage auf freien Märkten widerspricht.

Die Stoßrichtung der Revolte kann sich daher leicht vom Kampf gegen Immigranten und Handel auf den Angriff gegen Technologie, künstliche Intelligenz und Roboter verlagern. Tatsächlich bedrohen sie zahlreiche Arbeitsplätze, und folglich wird sich ein Weg finden, sie und ihre Hersteller zu dämonisieren.

Die zweite Bedrohung für den Fortschritt ist gefährlicher. Im vorigen Kapitel wurde dargelegt, wie ein Übermaß an Wahrheit paradoxerweise zur Vermehrung von Misstrauen und Lügen beitrug. Die Revolte schuf eine Echokammer der Unsicherheit, die Extremisten, Verschwörungstheoretiker und profitorientierte Lügner zunehmend zur Verbreitung ihrer Erzählungen nutzen. Dazu zählen Fundamentalisten (zweifellos die ältesten Feinde des Fortschritts), Impfgegner, weiße Rassisten, Tribalisten, berufsmäßige Lügner mit politischen Ambitionen, Wissenschaftsgegner, die von einer flachen Erde fantasieren, und andere mehr. Hier handelt es sich von vornherein um Ideen, die den Fortschritt oder die ihm zugrunde liegenden Werte der Aufklärung ablehnen. Wegen des wachsenden Misstrauens gegenüber den Institutionen der Gesellschaft können diese Leute neue Kreise für ihre Ziele gewinnen. Während Neo-Ludditen auf materielle Bedürfnisse abheben, konzentrieren sich diese Fortschrittsgegner auf das Bewusstsein. Das Misstrauen gegenüber öffentlichen Institutionen und das gesunkene Ansehen von Fakten bilden einen willkommenen Nährboden für politischen Extremismus in manchen Ländern, wirken sich aber auch auf die Weltlage und die internationale Zusammenarbeit aus. Hier wurde beispielhaft die Entschlossenheit angeführt, mit der die Welt in den 1980er-Jahren dem Ozonloch entgegenwirkte, im Vergleich zu dem nachlässigen Umgang mit der gegenwärtigen Klimakrise, die weit gravierender ist. Dieser Wandel signalisiert ein gefährliches Abgleiten in die Gefilde der Torheit – nicht aufgrund einer strikten ideologischen Abkehr von den Werten der Aufklärung, sondern aus politischem Zynismus. Es geht darum, keine Wählerstimmen zu verlieren, indem man auf die Warnungen der Wissenschaft reagiert. »Esst und trinkt, denn morgen sind wir tot« – eine solche Einstellung ist nicht nur moralisch verwerflich, sondern widerspricht auch der Grundhaltung des Fortschritts, eine Verbesserung der *conditio humana* anzustreben.

Ob es um einen hetzerischen Fundamentalisten oder einen heillos zynischen Politiker geht, der der Öffentlichkeit gezielt falsche Fakten vorsetzt – beides ist eine Attacke auf den Grundgedanken des Fortschritts: Akzeptanz der Vernunft als Basis für den gesellschaftlichen Diskurs. Manchmal gerät die Wissenschaft unter Beschuss. Wenn Trump die Erderwärmung ignoriert oder Wissenschaftler verspottet, die ihm erklären, dass bestimmte Stoffe die Ozonschicht angreifen, rebelliert er nicht gegen die Weltordnung oder Handelsabkommen; er wendet sich gegen die Glaubwürdigkeit der Wissenschaft als Erklärerin der Naturerscheinungen.

In der Tat ist es ein direkter Angriff auf den rationalen Diskurs selbst, wenn viele Menschen Tatsachen für unwichtig halten und sich schwertun, zwischen wahren und falschen Informationen zu unterscheiden; wenn Nazis oder andere Rassisten von einer vermeintlichen Rassereinheit fantasieren, die sie wiederherstellen wollen; wenn es heißt, es käme nicht auf den Gehalt der Tatsachen an, sondern auf den, der sie verbreite; wenn man jegliche wissenschaftliche Erkenntnis ignorieren und weiter ungezügelt Treibhausgase ausstoßen kann, weil Konzerne und gekaufte Politiker es propagieren; wenn immer mehr Eltern im Westen auf Falschinformationen setzen und ihren Kindern den Impfschutz versagen; wenn Fundamentalismus viele Menschen zu überzeugen vermag, dass die moderne Welt gescheitert ist und eine erfundene strenge Glaubensrichtung die Antwort bietet; wenn die Welt dem Untergang entgegengeht, die Entscheidungsträger das jedoch weiterhin komplett ignorieren; wenn Millionen Menschen in einem beispiellosen Experiment gefangen sind, das die menschliche Freizügigkeit einschränkt, sie jedoch in ihrer Heimat keine Möglichkeit bekommen, ihr Leben zu verbessern; wenn Politiker mit einer gescheiterten Wirtschaftspolitik schweren Schaden anrichten und dennoch wiedergewählt werden. Das Gefühl von Willkür und Entfremdung ist charakteristisch für eine Welt, die unter dem leidet, was in diesem Buch als moralische Überlast bezeichnet wurde. Diese Empfindung bewirkt, dass große Bevölkerungskreise diesen Erscheinungen gegenüber stumm bleiben – oder dazu gebracht werden, stumm zu bleiben.

Was als Revolte gegen die Globalisierung begann, mutierte zur Ablehnung des Fortschritts.

———

Statt Quacksalber zu konsultieren oder Wallfahrtsorte aufzusuchen, wo sie vielleicht Heilung fänden, liefen die Menschen zur wissenschaftlichen Medizin über, einfach weil sie wirkte. Sie bemerkten, dass ein Barometer viel nützlicher sein konnte als die Wetterregeln, die sie von den Älteren gelernt hatten. Wissenschaftler, die ihnen höherwertiges Saatgut und Düngemittel gaben, erhöhten den Ertrag ihrer Felder und besiegten den Hunger. Menschen wehrten sich gegen die absolutistische Monarchie mit ihrem König »von Gottes Gnaden« und begannen, Demokratien zu gründen, weil sie meinten, darin besser und glücklicher leben zu können. Die Aussicht auf Erfolg veranlasst ein Unternehmen, ein ineffizientes Fließband durch Roboterarme zu ersetzen; es funktioniert einfach besser. Die Wissenschaft konnte aufgrund dieser Erfolge fortschreiten, aufgrund des sozialen, wirtschaftlichen und politischen Interesses an Forschung und Entdeckung. Max Weber schrieb über die entzauberte Moderne, es gehe um »das Wissen davon und den Glauben daran ..., dass es also prinzipiell keine geheimnisvollen, unberechenbaren Mächte gibt, die da hineinspielen, dass man vielmehr alle Dinge – im Prinzip – durch Berechnen beherrschen könne. Das aber bedeutet: die Entzauberung der Welt.«[17]

Doch ein anderer Zauber entstand in der Welt, von Menschen gemacht. *Der Erfolg ist die betörende Magie des Fortschritts.* Der Erfolg gebiert die Intuition des modernen Zeitalters: Die Welt kommt voran. Wo einst Brachland und Sümpfe waren, sind menschliche Siedlungen entstanden. Wo einst Analphabeten wohnten, stehen heute Bibliotheken. Das Leben der Großeltern war schwer, aber wir haben es leichter. Gesundheitsfürsorge und Lebensqualität werden sich weiter verbessern. Die Welt schreitet voran, und diese Bewegung lässt sich unmöglich aufhalten.

Dieser Mythos entspricht weitgehend der Realität und den Fakten, könnte man meinen. In den letzten 200 Jahren führte die industrielle Revolution dazu, dass der Lebensstandard stieg, die

Kindersterblichkeit sank und das Einkommen wuchs. Schon diese Veränderungen allein – die Schaffung von Wohlstand, die Entstehung der Mittelschicht und eine gestiegene Lebenserwartung – rechtfertigen das Gefühl, der Fortschritt habe gesiegt, das Fortschreiten der Menschheit sei unaufhaltsam. Gewiss braute sich, so sagten wir uns, zuweilen ein mächtiger Sturm über unseren Köpfen zusammen, verfinsterten Faschismus und Nationalsozialismus den Himmel, aber sie wurden besiegt, und die Demokratie ist vielleicht nicht perfekt, aber immerhin die am wenigsten schlechte Staatsform, und sie breitet sich aus und wird schließlich siegen.

Das ist jedoch ein Mythos. Nur weil die Menschheit in den letzten 200 Jahren so weit fortgeschritten ist, haben wir noch lange keine Ursache anzunehmen, dass sie auch künftig voranschreiten wird, oder im selben Rhythmus. Blickt man weiter in die Geschichte zurück, so gab es genug Episoden, in denen menschliche Gemeinschaften wegen schrecklicher Irrtümer zusammenbrachen – oder Kehrtwendungen in die Finsternis vollzogen. Gelegentlich beschließt eine Gemeinschaft die Rückkehr zu einer Lebensweise, die als »traditionell«, »egalitär«, »reinrassig« oder »strenggläubig« bezeichnet wird, tatsächlich aber töricht oder böse ist. Damit dies geschieht, muss die Gesellschaft stets den Kopf in den Sand stecken und Tatsachen, Expertenwissen, Lehren aus der Vergangenheit, gesunden Menschenverstand und Mäßigung über Bord werfen.

Erfolg ist die Rüstung und das Schwert des Fortschritts, aber wo Gesellschaften mit schweren Krisen zu kämpfen haben, verfliegt zuweilen die Magie, und an ihre Stelle tritt der faule Zauber einer illusionären Vergangenheit, eines Überlegenheitsgefühls oder des Glaubens an hohle Lügengebilde. Man könnte beispielsweise an den Iran vor 1979 denken. Das Land litt zwar unter Korruption, einem autoritären Regime und enormer Ungleichheit, aber die Unterdrückung der Frauen war rückläufig, die Wirtschaft wuchs, und der Bildungsstand stieg. Es gibt viele ähnliche Beispiele. Die Türkei wechselte von einer Militärautokratie zur begrenzten Demokratie und wandelte sich im letzten Jahrzehnt zu einer Parteiautokratie mit islamistischen Zügen. Die Lebenserwartung russischer Männer ist zehn Jahre geringer als in entwickelten Staaten und seit den 1960er-Jahren nur um vier Jahre gestiegen, was auf den grassierenden Alkoholismus und den Zusammenbruch des Gesundheits- und Bildungssystems zurückzuführen ist. Die Malaisen des US-amerikanischen Imperiums illustrieren, wie die Torheit von Anführern ganze Gemeinschaften weit zurückwerfen kann – oder sie vergiften, wie in Flint, Michigan, geschehen. Es waren Amerikaner, die einen florierenden Industriestaat in eine Finanzoligarchie verwandelten und dann einen populistischen Nationalisten an ihre Spitze wählten.

Dies sind politische Betrachtungen, aber am akutesten ist die Umweltkrise. Jared Diamond und Ronald Wright zeigen in ihren Büchern *Collapse: How Societies Choose to Fail or Succeed*[18] und *A Short History of Progress*,[19] dass die natürliche Umgebung einst die wichtigste Variable für die Stabilität und Fortentwicklung der Zivilisationen war und die gegenwärtige Ausbeutung der Ressourcen durch die Menschheit daher Kollaps und Rückschritt bringen könnte. Wright warnt, dass Bevölkerungszuwachs früher schon zu übermäßiger Ausbeutung der Ressourcen führte, die die Regenerationskraft der Natur überstieg. Diamond schildert detailliert Zivilisationen, die wegen eines Wachstums ohne Nachhaltigkeit, das ihre Ressourcen aufbrauchte, untergingen. Das Wachstum habe sich nicht bremsen lassen, weil die Gesellschaften in einer »Fortschrittsfalle« steckten, einer Aneinanderreihung von Erfolgen, die, nach dem Erreichen einer bestimmten Stufe, zur Selbstzerstörung führten. Beide Autoren gehen davon aus, dass die immer engeren Wechselbeziehungen im Zeitalter der Globalisierung schließlich zu einer einzigen »weltweiten« Zivilisation führen, wie Wright es ausdrückt. Deshalb werde die Welt des Menschen entweder gemeinsam reüssieren oder einen globalen Kollaps erleiden.[20] Das ist keine leere

Prophezeiung: Eisberge schmelzen, Arten sterben, Korallenriffe bleichen aus, die Meeresspiegel steigen, und die Wüstenbildung schreitet voran. Menschen holen Erze und Mineralien aus der Erdkruste, produzieren und verbreiten synthetische Stoffe, konsumieren enorme Mengen und verteilen überall Plastikmüll. Die Hälfte des Mutterbodens auf der Welt ist aufgrund der modernen Landwirtschaft in den letzten 150 Jahren verschwunden, obwohl wir darauf 95 Prozent unserer Nahrung anbauen.[21] Die Leugnung dieser Tatsachen bedeutet eine Abkehr von der wissenschaftlichen Revolution – und das ausgerechnet in einem Augenblick, in dem die Menschheit deren Prinzipien dringend nötig hat.

Der Fortschritt macht den Eindruck einer unerschöpflichen Naturgewalt, ist in Wahrheit jedoch höchst verletzlich. Seine Zukunft steht oder fällt mit dem Fortschrittswillen menschlicher Gemeinschaften und der Fähigkeit ihrer Anführer, Torheit zu vermeiden. Fortschritt kann nur im Schoß einer rationalen Politik gedeihen, der die natürlichen Ressourcen und die Ökologie Herzensanliegen sind und die – genauso wichtig – Einstellungen verwirft, die auf systematischen Lügen, Hass und Feindschaft beruhen.

Wir fliegen schwankend einem nebelverhangenen Horizont entgegen und hoffen, am Ende des Flugs eine einige, gerechtere und wohlhabendere Welt zu erreichen, müssen jedoch, wie unsere Vorfahren in anderen Epochen, einen weiteren großen Krieg befürchten. Das Wort »Krieg« muss ausdrücklich niedergeschrieben werden; Krieg schwebt als ultimative Gefahr über einer Welt, die über das Wissen und die Mittel verfügt, sich selbst auszulöschen.

Nicht zufällig dachte der polnische Dichter Czesław Miłosz angesichts des 1943 von den Nazis niedergebrannten Warschauer Ghettos an ein anderes Feuer – an die Verbrennung Giordano Brunos 1600 auf dem Campo de' Fiori in Rom:

... Hier, auf genau diesem Platz,
Wurde Giordano Bruno verbrannt.
Der Scheiterhaufen, vom Henker entzündet,
War umringt von Schaulustigen.

Doch kaum war die Flamme erloschen,
Waren erneut die Tavernen gefüllt,
Trugen die Händler auf ihren Köpfen
Oliven, Zitronen in Körben.

Ich sah den Campo de' Fiori vor mir,
In Warschau, beim Karussell,
An einem heiteren Frühlingsabend,

Beim Klang von beschwingter Musik.
Die lustige Musik übertönte
Die Salven hinter der Ghettomauer,
Und Paare flogen hoch in die Luft,
Hinein in den heiteren Himmel.

Der Wind trug von brennenden Häusern
Mitunter schwarze Drachen herüber,
Vom Karussell aus haschten die Menschen
Nach den Fetzen in der Luft.
Die Röcke der Frauen bauschten sich
Im Wind von brennenden Häusern,
Und die fröhliche Menge jubelte
An dem schönen Warschauer Sonntag.[22]

NACHWORT:
DAS HAUS REPARIEREN

»Wo kein Kampf ist, ist kein Fortschritt.«[1]

General James Mattis kommandierte die US-Marines im Irak. Er schilderte einmal, wie man an einem Sommertag in einem Wüstengebiet im Westen des Landes einen jungen Mann festgenommen hatte, der gerade dabei war, einen Sprengsatz zu legen, um ihn, Mattis, zu liquidieren. Der General suchte das Gespräch mit dem verhinderten Attentäter. Nach einem Kaffee und einer Zigarette erklärte der irakische Kämpfer, er habe ihn und die ihn begleitenden Marinesoldaten töten wollen, weil sie fremde Eindringlinge auf seiner Heimaterde seien. Mattis sagte, er verstehe seine Gefühle, und informierte ihn, er sei auf dem Weg in das berüchtigte Gefängnis Abu Ghraib bei Bagdad, wo es zu außerordentlich brutalen Misshandlungen kam. »Herr General«, erwiderte ihm der Iraker, »meinen Sie, dass ich, wenn ich mich im Gefängnis mustergültig führe, eines Tages nach Amerika auswandern kann?«[2]

Die Geschichte besticht durch ihre tiefen Wahrheiten. Zunächst halten sich beide Seiten für die »Guten«: der junge Iraker, weil er die Invasoren bekämpfen will, die aus einem fremden Land mit anderer Religion und Kultur in sein Land eindrangen, und der amerikanische General, weil er meint, den Irak zu befreien oder sein Heimatland vor Terror zu bewahren. Der Verhaftete kommt ins Gefängnis, nachdem der Eroberer ihm gnädig einen Kaffee und eine Zigarette spendiert. Aber das Imperium des Generals sollte bald die desaströse, todbringende Besatzung aufgeben – es ist den kulturellen und religiösen Umständen vor Ort nicht gewachsen.

Und zum Schluss der Traum von Amerika – nicht vom wahren Amerika, sondern von Amerika als Modell, als funkelnde Stadt auf dem Hügel. Der junge Mann könnte genauso gut von Schweden, Deutschland, Frankreich oder Costa Rica träumen. Es ist der Wunsch, an einem freien Ort der Fülle und Chancen zu leben. Das einzige Modell, das dies in der Geschichte der Zivilisation bisher gewährleistete, ist die liberale Demokratie. Ihre Grund- und Stützpfeiler sind die Werte der Aufklärung und des Fortschritts.

DAS HAUS

Dieses Buch ließ Schauplätze und Ereignisse aus mehr als einem Jahrzehnt Revue passieren. Geschichten über Menschen – amerikanische Arbeiter, griechische Arbeitslose, chinesische Unternehmer, syrische Flüchtlinge – führten uns durch eine schmale Schlucht der Hoffnung und Sorge. Für sie war ich ein Journalist, dem sie auf ihrem Weg begegneten, manchmal in einem Augenblick der Not und Flucht. Aber ihre Gesichter bleiben dokumentiert, von Presse oder Fernsehen für die Nachwelt festgehalten. Wo ist heute die siebzehnjährige Lilian aus Syrien mit dem Notenschlüssel-Tattoo am Hals? Und was ist aus Riyadh geworden, der auf der Flucht vor dem IS mit einer gedruckten Visitenkarte in Europa ankam, bereit, gleich morgen früh in seinem Beruf als Programmierer anzufangen?

Und die griechischen Anarchisten, die Molotowcocktails zusammenmischten – sind sie ins Bürgertum zurückgekehrt oder planen sie irgendwo in einem verlassenen Haus eine weitere Aktion gegen die kapitalistische Ausbeutung? Und wie geht es den letzten afrikanischen Pinguinen, denen ich in Gansbaai begegnet bin? Wurden einige von ihnen wieder in den Ozean entlassen?

In trübsinnigen Momenten frage ich mich insgeheim, wie es um die Nazis und anderen Rassisten steht, die ich in den Schützengräben der Revolte gegen die Globalisierung entdeckte. Ihr großer Traum nimmt schließlich in den letzten Jahren Gestalt an – eine tiefer gespaltene und zunehmend isolationistische Welt. Was haben sie vor, wo nun die Sonne über dem Westen zu sinken scheint und die Schatten länger werden?

Früher wären dies literarische Mutmaßungen gewesen, doch in unserer vernetzten Welt lässt sich alles kinderleicht herausfinden. Man schaut bei Facebook nach, schickt eine SMS oder telefoniert mit dem Smartphone. Wer dazu bereit ist, lässt einen an seiner Lebensgeschichte teilhaben, an seinen Freuden und Leiden.

Riyadh, der Flüchtling aus der Stadt Kobane, arbeitet in Deutschland und schätzt sich glücklich, dass ihm die Integration gelang, doch empfindet er eine wachsende Entfremdung. Lilian wohnt mit ihrer Familie in den Niederlanden und studiert.

Der griechische Verfasser antisemitischer Pamphlete, Konstaninos Plevris, hat seine Eleven in der Politik Fuß fassen gesehen und ist hochzufrieden.

Sampath in Sri Lanka errichtet immer noch elektrische Zäune, um die Elefanten fernzuhalten und zu retten. All diese Menschen blicken hoffnungsvoll in die Zukunft.

Untergangsprophetien waren in den letzten zweihundert Jahren eine riskante Sache. In der modernen Zeit haben die Optimisten immer wieder den Sieg über die Schwarzseher davongetragen. Wer eine weitere große Rezession voraussagte, hat geirrt. Wer meinte, die Menschheit würde sich ohnehin auslöschen, und daher gelte, »esst und trinkt, denn morgen sind wir tot«, erwies sich als Dummkopf. Die Untergangspropheten, die private Atombunker bauten und Gold horteten, blieben einsam und allein. Diejenigen, die voraussagten, die Globalisierung und ihre Werte würden eine geeinte Welt schaffen, die Tore öffnen und einen übernationalen Universalismus durchsetzen, ignorierten wiederum die hohen Kollateralschäden für die Umwelt, die Mittelschicht im Westen und die lokalen Traditionen in den Entwicklungsländern. Vorwiegend aus Hochmut oder Angst übersahen sie die Bedeutung, die Werte und Identität im Leben der Menschen einnehmen.

Was also ist die Weltordnung und die Globalisierung unter ihren Bedingungen?

Man denke sich den Rohbau eines nur teilweise überdachten Hauses inmitten einer dystopischen, atomaren Wüste. Der Bau wurde von den Überlebenden der Schrecken des Zweiten Weltkriegs errichtet. Früher einmal gab es darin eine Mauer, die später fiel. In dem großen Bau leben Vagabunden, und es herrschen die Regeln einer Diebesbande. Die Vagabunden sind in Gruppen und Untergruppen unterteilt, die in verschiedenen Räumen des Gebäudes hausen. Einige Gruppen leben unter schwierigeren Bedingungen und haben sich daher in brutale Kämpfer verwandelt; andere wohnen in so reichen Verhältnissen, dass sie schreckliche Waffen entwickeln konnten.

An manchen Stellen des Hauses regnet es stärker herein, und die dort lebenden Vagabunden leiden mehr und sterben früher. Mancherorts ist es angenehm warm, und die Vagabunden dort kommen prima voran. Wer die ideal temperierten Räume im Haus abbekommen hat, wer als Erster einzog und die guten Plätze belegte, hatte Glück. Die Situation ist ungerecht, aber nicht vollkommen statisch. Rührige Vagabunden können durch Fleiß und Findigkeit aufsteigen. Und ohne Zweifel haben die Vagabunden Gesetze. Die Reichen erkennen, dass es sich lohnt, die Armen ein wenig zu unterstützen, und kaufen ihnen etwas ab. Wenn es den Armen ganz dreckig ginge, könnten sie die Reichen nachts im Schlaf ermorden. Die Lage aller Vagabunden hat sich in den letzten Jahrzehnten stark verbessert, unter anderem dank der Übereinkunft, dass alle Gruppen relativ frei mit ihren Gütern Handel treiben. Das sorgte für mehr Leistungsfähigkeit und weniger Verschwendung, es machte die Armen etwas wohlhabender – und die Reichen noch viel reicher.

Alle wissen, dass das Haus unfertig ist. Alle wohnen darin, weil ihnen klar ist, dass es sich besser in einem Rohbau lebt als im Freien, im radioaktiven Schnee und Regen. Im Lauf der Jahre trafen immer mehr Vagabunden ein. Wer lebt außerhalb des Baus? Vor allem die Menschen, die in einem schrecklichen Verschlag namens Nordkorea als Geiseln gehalten werden.

Wohlgemerkt: Auch wenn das Haus eines Tages repariert und das Dach fertiggestellt werden wird, wird es niemals vollkommen egalitär sein. Natürlich werden einige Vagabunden bessere, wärmere und hellere Räume haben und andere weniger gute. Aber solange das Haus unfertig ist, bleiben die Verhältnisse nicht nur »ungerecht«, sondern schlicht grausam für einige seiner Insassen. Vor allem ist der Bau derart schadhaft, derart unfertig, dass die Bewohner sich und alle Lebewesen ringsum vergiften – beim Kochen, Heizen und durch andere Tätigkeiten. Besonders die reichen Vagabunden, die mehr konsumieren, verursachen die fortschreitende Vergiftung aller Bewohner. Wer stirbt zuerst? Die Armen natürlich. Die klugen Vagabunden, »die Wissenschaftler«, sagen, bei diesem Tempo würden alle Hausbewohner sterben. Aber vorerst trifft es die Schwachen, die ohnehin eine kürzere Lebenszeit haben, während die reichen Vagabunden sich zu schützen wissen.

Einige der Hausbewohner hassen andere Vagabunden. Sie hassen sie einfach dafür, dass sie von Geburt anders sind. Das sind die rabiaten Fundamentalisten oder Rassisten. Andere Bewohner sagen, das Problem des Hauses bestehe darin, dass man es überhaupt als ein und dasselbe Gebäude auffasse: Eigentlich handele es sich um mehrere Häuser. Sie ignorieren das gemeinsame Dach, die große Haustür – und den Umstand, dass auf diesem recht beengten Raum alle miteinander verbunden sind. Diese Leute sind Nationalisten und entschlossen, das Gebäude abzureißen, in dem alle Unterschlupf finden. Sie bringen endlose Beschwerden gegen den Rohbau vor, aber ihr wahres Problem ist nicht baubedingt: Sie stören sich einfach am Zusammenleben der Vagabunden – und an der Art und Weise, wie dieses Miteinander alle verändert.

Viele Vagabunden haben das Gefühl, über die Runden zu kommen, sehen jedoch ihre Lebensweise bedroht, ihre Identität infrage gestellt, meinen, einen Tiger zu reiten. Sie tun sich schwerer, Nahrung beizubringen und ein Einkommen zu finden, denken, die Hausregeln änderten sich immer schneller und ihr Leben in dem schadhaften Haus würde dadurch unerträglich. Die meisten Vagabunden sehen ein, dass der Totalabriss des Rohbaus nicht die richtige Methode ist, um die Lage zu verbessern. Sie begreifen, dass die Vagabunden als menschliche Wesen dann den Naturgewalten weit stärker ausgesetzt wären und ihr Leben kürzer und erbärmlicher werden würde. Immerhin ist schon das Vorhandensein des Rohbaus ein Grund zur Hoffnung.

Es gibt viele kluge Menschen mit ausgezeichneten Ideen für die Reparatur des Hauses. Und dazu, wo man anfangen sollte. Zum Beispiel vom nördlichen Ende des Dachs her. Oder mit der Festlegung neuer Regeln für das Geldsammeln innerhalb des Hauses, oder mit einer Kochmethode, die die Hausbewohner nicht vergiftet. Wie sollen die Finanzmittel für die Reparatur aufgebracht werden? Das ist das Hauptproblem. Die Vagabunden wollen die Befürworter einer Reparatur nicht machen lassen, denn das wäre eine große Sache, es gäbe Renovierungen mit viel Staub und Lärm, und manche Leute würden ihre gewohnten Privilegien nicht länger genießen können. Deshalb gehen viele Bewohner nachts in dem Wissen schlafen, dass ihre Kinder ein schweres Dasein und ein immer kürzeres Leben in diesem Haus haben werden.

Das ist der springende Punkt: Das größte Problem des Hauses liegt darin, dass manche Menschen gar nichts von den Problemen wissen wollen. Es ist selbstverständlich für sie geworden, oder sie haben sich an seine Vorzüge und Nachteile gewöhnt. Sie schwärmen lieber von den warmen Bettdecken in ihrer stinkenden Ecke und vergessen, dass die Risse in der Decke immer größer werden oder die Luft verseucht ist oder dass am anderen Ende des Zimmers Menschen sterben. Manche haben vergessen, dass das Haus unfertig ist, finden alles völlig in Ordnung und wollen bitte nicht in ihrer Ruhe gestört werden, denn sie laden gerade ein Foto von der Aussicht aus ihrem Fenster auf Instagram hoch. Viele Vagabunden geben ihre Stimme jetzt jemandem, der etwas lauter schreit, und populär sind in den letzten Jahren die, die sagen: Vergesst die Wissenschaftler und all das. Lebt für den Augenblick. Wir werden euch alle Wünsche erfüllen. Diese gewählten Vertreter hassen andere Vagabundengruppen im Haus, und am wenigsten wollen sie das, was am vernünftigsten wäre: das Haus gemeinsam zum Wohl aller Bewohner verwalten. Diese Vagabundenführer sind ziemliche Populisten, aber es macht Spaß mit ihnen, sie sind unterhaltsam. Doch die Tatsachen lassen sich nicht vertuschen. Das Haus funktioniert nicht gut für die vielen Vagabunden, die hungrig oder entfremdet umherstreifen, die zu Gewalttätern, Rassisten oder Fundamentalisten werden und zuweilen andere Vagabunden im Haus ermorden. Das Haus funktioniert nicht gut für die Unglücklichen, die dort hausen, wo es in die Kinderzimmer schneit. Das Haus funktioniert nicht gut, weil es alle vergiftet. Vergleiche sind immer vereinfachend, aber am Ende ist allen klar, was getan werden muss: den Rohbau reparieren und das Haus fertigstellen.

GLOBALISIERUNG OHNE ERZÄHLUNG

Wir leben in einem Moment der Entscheidungen, wie in der Mitte einer Kreuzung. Es ist eine Welt, in der die Nationalstaaten schwächer werden, ihre Bürger aber immer effizienter beherrschen, überwachen und manipulieren können. Es ist eine zunehmend vernetzte und interdependente Welt, die jedoch die menschliche Freizügigkeit immer rigoroser einschränkt und überall Zäune hochzieht. Die Lage verdankt sich dem Sieg politischer Mäßigung, aber die in sie Hineingeborenen wählen wieder Extremisten. Obwohl es leichter und billiger denn je ist, die Wahrheit zu entdecken und Tatsachen zu erfahren, fühlen sich immer mehr Menschen belogen – und lügen selbst. Die materielle Situation ist nach fast jedem Maßstab besser als in früheren Jahrzehnten, aber viele Menschen fühlen sich schlechter. Überbordender Optimismus angesichts der Errungenschaften der Menschheit und des technologischen Fortschritts geht mit der Angst vor einem Zusammenbruch der Zivilisation einher. Industrialisierung, Globalisierung und neue internationale Institutionen haben Milliarden Menschen aus bitterer Armut befreit, über hundert Millionen Kinder unter fünf Jahren vor dem Tod bewahrt und durch die Einführung internationaler Normen eine weit konfliktärmere Welt als je zuvor geschaffen. Doch die Globalisierung ist nicht länger nachhaltig – und ist es vielleicht nie gewesen. Ihre Version von *veni, vidi, vici* lautet:»Ich kam, beutete aus und verschwand.« Unterstützt durch die Geringschätzung von Identität und die Ignoranz gegenüber – nicht immer politisch korrekten – Beschwerden, säte die globale Ordnung die Saat einer legitimen Revolte. Gefordert sind nun tief greifende Reformen der Weltordnung, der Weltwirtschaft und innerhalb der Staaten. Seit die Revolte schrittweise in einen Kreuzzug gegen den Fortschritt ausartet, schließt sich das Zeitfenster dafür zusehends.

Die wichtigste Schlussfolgerung besagt, dass alles mit allem zusammenhängt und Solidarität daher kein frommer Wunsch, sondern eine Notwendigkeit ist.»Alles Leben ist untereinander verbunden, und in einem sehr realen Sinne sind wir alle in einem unentrinnbaren Netzwerk der Gegenseitigkeit gefangen, zu einer einzigen Schicksalsgemeinschaft verwoben«, sagte der große Bürgerrechtler Martin Luther King.»Was einen direkt betrifft, betrifft alle indirekt.«[3]

In den letzten beiden Jahrzehnten sind viele Korrekturen angeregt worden, einige davon sind wissenschaftlich weitgehend unbestritten. In Bezug auf *Umwelt und Klima* müssen die politischen Entscheidungsträger auf die Ansichten des Großteils der wissenschaftlichen Gemeinschaft hören. Die Welt braucht dringend ehrgeizige, verbindliche Protokolle, um die Klimakrise anzupacken und die Erderwärmung zu bremsen. Selbstverständlich muss der Westen weit mehr als bisher für die Emission von Schadstoffen und Treibhausgasen zahlen, aber vor allem gilt es, das gegenwärtige, nicht nachhaltige Wirtschaftsmodell radikal zu überdenken. Die Welt braucht einen international abgestimmten Krisenplan für den Umgang mit den äußerst zahlreichen Menschen, die wegen der sich verschärfenden Krise Haus und Lebensunterhalt verlieren könnten, und ein bindendes Programm gegen das gravierende Artensterben, wobei arme Länder angemessen für den Schutz seltener, unentbehrlicher Ökosysteme entschädigt werden müssen. *Nationalstaaten* sind keine Feinde der globalen Welt oder universaler Werte. Die trügerische Dichotomie, wonach Patriotismus und globalisierte Welt einander widersprechen, darf keine Anerkennung finden, denn das hieße, vor den Nationalisten zu kapitulieren. Die Weltgemeinschaft muss den Nationalstaaten die nötigen Mittel geben, um die Herausforderungen der Globalisierung zu meistern und ihr Scheitern zu verhindern. Das internationale System von heute verfügt über Instrumente zur Einmischung in zwischenstaatliche Konflikte, kennt aber keine umfassenden Antworten auf innere Erschütterungen. Der Kollaps von Staaten oder ihr Abgleiten in Bürgerkriege und Massenmorde kann globale Wirkung entfalten und verlangt daher die Bereitschaft zu wirtschaftlichem und humanitärem Eingreifen. Je weiter die globale Integration voranschreitet, desto dringlicher werden Interventionen bei sogenannten »lokalen« oder »regionalen« Konflikten.

Dringend erforderlich sind Veränderungen in den internationalen politischen Institutionen. Unter den *ständigen Mitgliedern des UN-Sicherheitsrats* sind Afrika und Lateinamerika heute nicht vertreten. Ohne Zweifel müssen weitreichende Reformen eingeleitet werden, um diesen Kontinenten größeren Einfluss auf das Schicksal der Welt zu gewähren und die weitere Ausbeutung des globalen Südens und die Plünderung seiner Bodenschätze zu verhindern; vor allem gilt das für die afrikanischen Staaten. Doch Repräsentation ist nur eines von mehreren Problemen: In den letzten Jahrzehnten wurden internationale Normen zunehmend aufgeweicht, sodass der Eindruck immer stärker wurde, es zähle nur die bloße Macht, ohne auch nur den Anschein völkerrechtlicher Regeln. Das hat viel mit der schwachen Führung durch die USA zu tun, die *in die globale Leitzentrale zurückkehren* müssen – in ihrem eigenen Interesse. Der Rückzug aus ihren Großmachtpflichten muss ein Ende haben, die USA müssen wieder um den Erhalt der Nachkriegsordnung kämpfen. Isolationismus ist keine kluge Option für eine Supermacht, erst recht nicht angesichts einer solchen Verschuldung und des Wunsches, dass der US-Dollar eine Weltwährung bleibt. Außerdem müssen die Vereinigten Staaten die Schwächung internationaler Institutionen beenden, stattdessen die Vereinten Nationen samt ihren Organisationen stärken und die Budgets der Weltbank, des Internationalen Währungsfonds und ähnlicher Einrichtungen aufstocken, die sie einst selbst schufen, um Stabilität und Wohlstand zu garantieren. Die politischen Klassen müssen sich Wirtschaftskriegen und einer *Beggar-thy-neighbor*-Politik enthalten, einer Korrektur der *Regeln des Welthandels* zustimmen und die Öffnung starker Märkte für schwache Staaten erzwingen, die einfache Waren oder auch Agrarerzeugnisse exportieren wollen, eine Lösung, um die man in der Doha-Runde der WTO erfolglos rang.

Angesichts des raschen Technologiewandels werden die größten politischen Herausforderungen wohl die *Beschäftigung* betreffen. Schon jetzt gibt es Vorschläge für innovative soziale Modelle wie ein bedingungsloses Grundeinkommen für jeden Bürger. Neben sozialer Absicherung sind kühne Entscheidungen zu Renteneintrittsalter, Rentensystem und Krankenversicherung gefordert. Es ist davon auszugehen, dass Gesellschaften, die einen beschleunigten technologischen Wandel erleben, mehr für soziale Sicherheit und gesellschaftliche Solidarität tun müssen – und nicht etwa weniger. Dafür sind weit höhere Steuersätze und neue Formen der Besteuerung notwendig, etwa eine progressive Verbrauchssteuer.

Wenn sich die Wirtschaftseliten weiterhin mit nationalistischen und konservativen Kräften verbünden, können die Konsequenzen heftig und weitreichend sein.

Der demografische Wandel – sinkende Geburtenraten und die Überalterung der Gesellschaft – ist mit der Beschäftigungskrise verzahnt. Derzeit bekommen besonders die Entwicklungsländer diese Entwicklung zu spüren. Einerseits behaupten optimistische Studien, dass massive staatliche Unterstützung und mehr Freizeit für Familien die Kinderzahl wieder erhöhen könnten, andererseits verringern Automatisierung und Robotereinsatz die Nachfrage nach menschlichen Arbeitskräften. Der Kapitalismus wird sich auf Gesellschaften mit sinkender Bevölkerungszahl einstellen müssen, und hier betreten wir absolutes Neuland. Daher ist *die Flüchtlingskrise eine Chance für westliche Länder.* In einer globalisierten Welt mit wachsenden Migrationsbewegungen zwischen den Kontinenten und sinkenden Geburtenraten in vielen Ländern sind letztere gut beraten, ein Migrationsnarrativ zu akzeptieren – aus schlichten Nützlichkeitserwägungen. Die traurige Geschichte des europäischen Umgangs mit Immigranten, verglichen mit den gelungenen US-amerikanischen und kanadischen Erfahrungen, zeigt, dass man nicht alles auf einmal haben kann – die Früchte der Arbeit armer Immigranten genießen, aber das Ethos eines Einwanderungslandes ablehnen. Will der Westen die Zuwanderung einschränken, tut er das am wirksamsten und billigsten durch hohe Investitionen in den Ursprungsländern der Migranten, um das Leben der Bevölkerung dort erträglicher zu machen. Auch wenn der Westen nicht bereit ist, die Verantwortung für die Folgeschäden des Kolonialismus zu übernehmen, muss er – zu seinem eigenen Wohl – weit mehr in die Entwicklung von und in die Hilfe für bedürftige Staaten investieren.

Übernationale Konzerne können nicht auf ewig moralische und rechtliche Immunität genießen, die hauptsächlich in Steuervermeidung und mangelnder Haftung für die Auswirkungen ihrer Aktivitäten zum Ausdruck kommt. Die Internetriesen sehen sich wachsender Kritik ausgesetzt, doch angesichts ihrer Größe wird es unausweichlich sein, praktische Schritte zu ihrer Zerschlagung zu unternehmen oder einen rechtlichen Rahmen zu schaffen, der diesen Monopolen gerecht wird. Wenn Staaten sich weiter um Konzerne und Investoren reißen, indem sie Unternehmenssteuern senken, wird ihre Macht schwinden, während die Konzerne zu den wahren Global Players avancieren und an die Stelle der demokratischen Institution Nationalstaat treten. Deshalb ist ein *internationales Besteuerungssystem für Großkonzerne* –und auch für Einzelpersonen – notwendig. Die OECD bemüht sich seit Langem um einen Rahmen für eine internationale Zusammenarbeit in dieser Sache. Saubere Buchführung ist ein weiteres globales Projekt, das seit Jahren auf seine Umsetzung wartet – und könnte dem weltweiten Kampf gegen Geldwäsche und Kriminalität auf die Sprünge helfen. Die Regulierung der Finanzmärkte ist ein weiteres Thema, das Wähler langweilt – bedauerlicherweise, denn ihre Renten hängen davon ab. Nachhaltiges Wirtschaftswachstum erfordert eine internationale Regulierung, die sich auch durchsetzen lässt.

In Europa zeichnet sich, als Reaktion auf den Aufstieg des Populismus, eine Stärkung der Mitte ab. Bisher wurde das Selbstverständliche noch nicht klar ausgesprochen: Eine Währungsunion wie die Eurozone kann ohne eine weitreichendere – budgetäre und politische – Integration nicht dauerhaft bestehen, und deshalb braucht Europa viel mehr Einheit und nicht etwa weniger. Die EU-Bürokratie hat sich bei vielen Bürgern der Mitgliedstaaten verhasst gemacht. Eine demokratische Reform und ein Umdenken hinsichtlich der Aufgaben des europäischen Parlaments sind notwendig, um das ehrgeizigste Projekt, das aus dem Geist der Globalisierung geboren wurde, zu wahren und auszubauen.

Dies sind nur einige Beispiele, und fast jede der genannten Lösungen ist umstritten. Einige gelten als zu revolutionär, andere als zu schwach und moderat. Aber es liegt nicht an einem Mangel an Korrekturvorschlägen oder tiefschürfenden Erwägungen zu Alternativen, dass die Globalisierung instabil und fehlerhaft geblieben ist. Zahllose Bücher und Studien befassen sich mit einer Weltregierung, einer verbesserten Handelspolitik, einer Reform der Entwicklungspolitik für die Dritte Welt und anderen Ideen, um der Globalisierung mehr Nachhaltigkeit zu verleihen. Sie bieten brillante Ideen, wie sich die aktuelle Lage verbessern ließe. *Aber die Wähler sind nicht gewillt, für irgendeine Form von Globalisierung oder für revolutionäre Ideen, die diese verbessern würden, zu kämpfen.* Aus diesem Grundproblem entspringt der aktuelle Stillstand.

Politische Anführer und Strategen wissen, dass es längst Pläne und Initiativen für eine stabilere und gerechtere Welt gibt, sind jedoch nicht bereit, für deren Umsetzung politisches Kapital zu opfern. Zu ihrer Verteidigung ließe sich einwenden, dass die Wogen des Populismus sie dabei ohnehin rasch aus ihren Ämtern spülen würden. Das heutige Zeitalter der Anklage ist nicht mehr das Zeitalter der Verantwortung, und die Staatenlenker und ihre Bürger sind nicht mehr vom Krieg und einer zerstörten Welt geprägt; die Vorsicht wurde vernachlässigt, und über »internationale Zusammenarbeit« zu sprechen, gilt vielen als belastet. Die Werte der Aufklärung werden bestenfalls für selbstverständlich und schlimmstenfalls für liberale Bevormundung gehalten. Wie dem Römischen Reich kurz vor seinem Untergang mangelt es der Globalisierung nicht an Philosophen, sondern an Kämpfern. In der Demokratie sind Kämpfer mit Wählern gleichzusetzen.

Die Globalisierung erzählt eine ausgesprochen unglaubwürdige Geschichte: »Uns allen wird es sehr gutgehen, wir alle sind ein kleines Dorf!« In den Coltan-Minen des Kongo wie in den Armenvierteln von Detroit weiß man längst, dass eine fröhliche Globalisierung nach dem Motto »der Reichtum wird hinuntersickern« komplett gelogen ist. Das alternative Narrativ ist brutal: »Die Effizienz ist Gott, nur die Starken herrschen.« Industrialisierung, Angebot und Nachfrage erklären unsere Welt zweifellos besser als illusorische Parolen. Aber wer ist bereit, sich für diese Idee zusammenzutun und zu kämpfen? Nur die oberen Zehntausend, die sich in ihren Festungen verbarrikadieren.

Beide Erzählungen sind gescheitert. In beiden ist der lokale Mensch bedroht. Sein Job ist in Gefahr. Er leidet unter Umweltverschmutzung, Bodenerosion oder einem steigenden Meeresspiegel. Die Institutionen, die er wählte, werden angesichts beängstigender globaler Willkür zunehmend als schwach empfunden. Die religiöse und nationale Identität gilt als überholt. Die Menschen sollen ihre Lebensanker aufgeben zugunsten einer universalen, ihnen fremden Gottheit, regiert von der globalen Zinspolitik oder Foren reicher, entwickelter Staaten. Die gegenwärtige Weltordnung ist zwar eindeutig ein politisches Projekt, gibt sich aber als unaufhaltsame Naturgewalt aus und fordert die Menschen auf, sich ihr zu unterwerfen und ihre Gaben zu genießen. Doch die Menschen sind klüger: Sie wissen sehr wohl, dass man die Globalisierung und ihre Werte aufhalten und ihre Institutionen in die Schranken weisen, manchmal sogar zerstören kann. Industrialisierung und internationale Beziehungen sind nicht Sonne, Wind und Wellen.

Die Aufgabe ist daher klar: nicht nur einfallsreiche, neue Wege zur Heilung der globalisierten Welt zu finden, sondern vor allem die Motivation dazu neu anzufachen. Als politische Idee darf die Globalisierung Identität, lokale Verwurzelung und Tradition nicht einebnen, sondern muss sie schützen. Das sind keine leeren Parolen, sondern Grundsätze, die weitreichende internationale Reformen verlangen. Nur die Gewissheit, dass ihre Identität nicht ausgelöscht werden soll, wird den Menschen die Energie verleihen, für weiter gespannte, die ganze Menschheit betreffende Grundsätze zu kämpfen. Nur eine Erzählung, die Gerechtigkeit einbezieht, wird sich langfristig durchsetzen können.

Im 21. Jahrhundert werden die Menschen weiter für ihre Religion, ihre Region und ihre Nation kämpfen. Aber wie viele werden bereit sein, für universale, humanitäre Werte zu kämpfen? Für Freiheit, Wissenschaft, eine vernetzte Welt, für Welthandel, Völkerrecht und internationale Zusammenarbeit? Wie kann man Menschen davon überzeugen, dass sich der Einsatz lohnt? Die Ideen und Erfolge des Fortschritts sind selbstverständlich geworden, aber diesen Kampf muss man immer wieder führen, um jede neue Generation mit an Bord zu nehmen. Nur so lässt sich sicherstellen, dass die Menschheit nicht erneut in den Strudel der Finsternis gerissen wird. Das gelingt nicht nur durch das unermüdliche Aufzählen der Errungenschaften von Fortschritt und Aufklärung. Wir müssen auch das Gefühl der Bedrohung anerkennen, das Individuen und Kollektive empfinden. Wenn Menschen überzeugt sind, dass die aktuelle Weltlage den Fortschritt verkörpert und dass dieser Zustand sie in einem Labyrinth der Entfremdung gefangen hält, werden sie denken, dass die Freiheit an das gebunden ist, was dem Fortschritt entgegenläuft – an den Rückschritt. Daher lässt sich der Fortschritt nicht durch das nostalgische Anpreisen seiner Leistungen retten, sondern durch permanentes Ringen und die Bereitschaft, ihn an aktuelle Herausforderungen anzupassen.

»Der Konflikt war aufregend, aufwühlend, allumfassend und hat vorerst alle anderen Tumulte verstummen lassen. Das muss er auch, sonst bewirkt er nichts. Wo kein Kampf ist, ist kein Fortschritt«, predigte Frederick Douglass einige Jahre vor dem amerikanischen Bürgerkrieg.[4] Dieser Kampf ist zu lange unterdrückt worden. Ohne ihn könnte der Fortschritt aufgehalten oder gar rückgängig gemacht werden. In vieler Hinsicht hat dies schon begonnen. Die Revolte ist heute überall im Gang. Sie entwickelt einen Sog, der die Überreste des vorherigen Zeitalters hinwegspült. Die Chance, die dieser radikale Moment bietet, ist größer als all seine Gefahren: eine gerechtere und nachhaltige Welt zu schaffen und nicht nur die Errungenschaften des Zeitalters der Verantwortung zu bewahren, sondern etwas Neues, weit Besseres aufzubauen. Es liegt jetzt an uns.

Gane Tikwa, Israel
    Pinakates, Griechenland, 2019

NACHWORT ZUR
DEUTSCHEN AUSGABE

Inmitten der Arbeit an den letzten Seiten dieses Buches wurde ich gebeten, zu dem Anschlag vom 9. Oktober 2019 in Halle an der Saale Stellung zu nehmen, wo ein deutscher Rechtsradikaler erfolglos versucht hatte, ein Blutbad in einer Synagoge anzurichten, und danach in der Nähe zwei unschuldige Menschen erschoss. Die Ideen, die er sich zu eigen gemacht hatte, kommen hier in den Kapiteln über Fundamentalismus, Rechtsradikalismus und Nationalismus zur Sprache, und natürlich verwundert es nicht, dass der Mann eine jüdische Einrichtung zu stürmen versuchte und anschließend einen Döner-Imbiss angriff: Juden und Muslime sind die bevorzugten Ziele einer übernationalen rassistischen Bewegung, die in ganz Europa und Nordamerika aktiv ist. Die Massenmorde, die ihre Anhänger verüben, weisen wiederkehrende radikale Merkmale auf, egal ob der Mord in einer Synagoge in San Diego, in neuseeländischen Moscheen oder in einer Kirche in Charleston, South Carolina, stattfindet. Die Bewegung arbeitet dezentral, flexibel und führungslos. Manche meinen, es sei eigentlich gar keine Bewegung, sondern lediglich eine Inspirationsquelle, ein ideelles Milieu, das Extremismus verbreitet. Es gibt schließlich weder eine einheitliche Ideologie noch eine feste Organisation. Aber das gilt für die Revolte als Ganze, die nicht so aussieht und agiert wie »politische Bewegungen«, »Terrororganisationen«, »revolutionäre Verbände« oder andere alte Zusammenschlüsse aus dem vorigen Jahrhundert. Politische Phänomene, ob gewalttätig oder gutartig, haben heutzutage typischerweise eine schwache Hierarchie, keine einheitliche Ideologie und argumentieren kaum noch mit Tatsachen. Die Rechtsradikalen unter ihnen, die sich auf den Webseiten von Holocaustleugnern und in Nachrichten-Foren für Einwanderer-Fake-News wohlfühlen, sind die Erben der Braunhemden. An die Stelle des Dröhnens lederner Schaftstiefel ist das Klackern von Computertastaturen getreten, aber die Dynamik läuft in beiden Fällen auf entfesselte Gewalt gegen den Anderen hinaus. So viel hängt derzeit von Deutschland ab. Mit dem Austritt Großbritanniens aus der Europäischen Union und der Wahl Donald Trumps in den USA hat sich bei vielen Menschen weltweit die Erkenntnis durchgesetzt, dass das wichtigste und stabilste Bollwerk liberaler Werte – in progressiver oder konservativer Spielart – in Berlin steht. Das ist die Ironie der Geschichte und ihre Hoffnung: dass das Volk, von dem einst die schlimmste Bedrohung für die Menschlichkeit ausging und dessen Vorväter für das grauenhafteste Verbrechen der modernen Zeit, den Holocaust, verantwortlich waren, heute als der größte Hoffnungsträger der freien Welt gilt und seine Staatschefin Angela Merkel als deren Anführerin – mit guten Gründen. Anders als die Vereinigten Staaten hat Deutschland seinen Mittelschichten die nötige Sicherheit gegeben und keine Schuldenberge angehäuft; anders als Frankreich hat man rechtzeitig auf wirtschaftliche Produktivität geachtet und für politische Stabilität gesorgt. Und das Allerwichtigste: Das Fundament des politischen Diskurses in Deutschland bildete die Erinnerung. Die Vorsicht und Mäßigung des Zeitalters der Verantwortung beruhten nicht auf Ideologien, sondern auf der Erinnerung an die Verwüstung zweier Weltkriege, die weite Bevölkerungskreise vor Extremismus, Oberflächlichkeit und gefährlichen Lügen bewahrte. Mit »Erinnerung« meine ich nicht die Historie, sondern das kollektive Gedächtnis der Menschen. An zwei Orten der Welt war die Erinnerung an die Verbrechen des Krieges besonders lebendig: in meiner Heimat, dem Land der Opfer, und in Deutschland, dem Land ihrer Mörder.

Doch jenes Zeitalter ist vorüber. Jene, die den Krieg miterlebt haben, scheiden aus dem Leben, und ihre Kinder werden alt und verlieren an politischem Gewicht. Die Erinnerung schwindet. So dramatisch sich die globale Lage seit dem Zweiten Weltkrieg auch verbessert hat – sie ist nicht von Dauer. Jeder Tag, der verging, seit ich die hebräische Originalfassung dieses Buches zu schreiben begann, veranschaulicht das. Deutschlands harsche Politik gegenüber seinen südlichen Nachbarn in der EU und die Erhöhung seines fiskalischen Konservatismus zu einem Grundwert, haben den Massen im In- und Ausland einen hohen Preis abverlangt. Die deutsche Politik erlebt einen Prozess beschleunigter Fragmentierung, zusehends begleitet von Enttäuschung über den Mainstream, einschließlich dem Merkel'scher Prägung. Deutsche Arbeitnehmer fühlen sich nicht mehr so sicher wie zuvor. Die jungen Menschen von »Fridays for Future« wollen auf einen von ihnen empfundenen Notstand aufmerksam machen, der ihr eigenes Überleben und das ihrer Kinder gefährdet. Die Anhänger des Gelbwesten-Protests in Frankreich waren überzeugt, dass die Verteilung der Ressourcen fehlgeleitet sei, und protestierten mit ihren populistischen, gegen das Establishment gerichteten Aktionen gegen Ungleichheit. Die Wähler, die auf die Scharlatane der deutschen AfD hereinfallen, wähnen ihre Identität, oder ihr Gemeinschaftsgefühl, in Gefahr. Jahrelang galt es im neuen Europa als politisch unkorrekt, solche Begriffe überhaupt zu verwenden, und nach und nach vergaßen große Teile der öffentlichen Elite die Bedeutung des Lokalen – und ja, auch des Nationalen – für manche Bürger. Schließlich begannen Menschen auf verschiedene Weise zu protestieren.

Keineswegs soll hier das Bestreben junger Leute, die Erdkugel und ihre Bewohner zu retten, moralisch auf eine Stufe mit der tumb raunenden Sprache der AfD gestellt werden. Ich verweise nur auf das tiefe Empfinden mancher Menschen und Gruppen, dass ein allgemeiner Aufbruch nötig sei. Rosa Luxemburg sagte einst von der Sozialdemokratie als Vertreterin des Proletariats: »Ihr eigener Führer ist in Wirklichkeit die Masse selbst, und zwar dies dialektisch in ihrem Entwicklungsprozess aufgefasst.« Das gilt heute vielleicht mehr als damals. Dieses Gefühl äußert sich übrigens nicht nur in Europa, sondern auch in der arabischen Welt, vom Irak bis zum Libanon, sowie in Lateinamerika und in Ostasien. Die Spielarten und Begründungen der Revolte sind unterschiedlich, aber das Ziel ist ähnlich: Die Machtzentren sind nach Ansicht der Rebellen zusehends irrelevant oder sogar gefährlich und müssten daher von Grund auf umgestaltet oder vollständig zerstört werden. Leider begünstigen solche radikalen Momente hauptsächlich radikale Kräfte, für die das Ziel alle Mittel heiligt. Das Wuchern der Rechtsradikalen wurde früher zumeist von staatlichen Institutionen gezügelt; deren Schwächung führt naturgemäß zum Aufstieg radikaler Kräfte, wie bei einem wild wachsenden Strauch, der plötzlich mehr Sonnenlicht erhält. Sollte erneut eine Weltwirtschaftskrise ausbrechen, könnten ihre Folgen schicksalhaft und gewaltsam sein.

Andererseits kann der globale Süden nicht tatenlos abwarten, bis der Westen, einschließlich Deutschlands, seine tiefen inneren Risse überbrückt. Er braucht Soforthilfe, und dabei geht es nicht nur um Geld, sondern auch um Engagement und Handlungsbereitschaft. Vor einigen Jahren traf ich in einem Flüchtlingsheim am Stadtrand von Berlin den Kurden Nouri, der im Irakkrieg beide Beine verloren hatte. Er saß in dem Gemüsegarten, den seine Frau Asma mit angelegt hatte, und erzählte mir, wer von seinen engeren Angehörigen umgekommen war und wie man ihn »halb tot« nach Deutschland gerettet hatte. Nouri bot mir eine Tomate an, die er selbst in deutscher Erde herangezogen hatte. Wir stimmten überein, dass sie nicht so schmeckte wie zu Hause, im Nahen Osten. Er empfand unendliches Heimweh, war Deutschland jedoch außerordentlich dankbar. Plötzlich hatte das Land eine große Aufgabe in der Welt.

Die internationale Wirklichkeit nimmt zusehends die Form einer multipolaren Landkarte an, und Deutschland ist der Kanarienvogel im Bergwerk. Es liegt an den Deutschen und den Franzosen, die Europäische Union, das ehrgeizigste politische Projekt der globalisierten Welt, neu zu erfinden. Sie wird nicht nur durch den öffentlichen Vertrauensverlust gefährdet, sondern auch durch starke geostrategische und ideologische Gegner wie Russland unter Wladimir Putin. Sollte Deutschlands fiskalische und monetäre Stabilität im nächsten Jahrzehnt erheblich leiden und sinken, wäre das ein deutliches Anzeichen dafür, dass der ganze Westen in einer Krise steckt. Wenn es Deutschland nicht gelingt, seine Mittelschicht zu schützen und wirksame Lösungen für seinen Arbeitskräftemangel zu finden, wird es wohl kaum ein anderer Staat schaffen. Sollte Deutschland – trotz wirtschaftlicher Notwendigkeit und trotz der beispiellosen Ressourcen, die darin investiert wurden – daran scheitern, seine Zuwanderer gut zu integrieren, werden andere europäische Staaten es vielleicht gar nicht erst versuchen. Sollte die starke politische und öffentliche Unterstützung für Umweltziele in Deutschland nicht in eine wahre Revolution umgesetzt werden, sieht es dafür in anderen Staaten, wo das Umweltbewusstsein erheblich geringer ist, erst recht düster aus. Sollten Antisemitismus und Rassismus im Allgemeinen in Deutschland nicht in die Schranken gewiesen werden und jüdische Existenz ausgerechnet dort gefährdet sein, wird sie überall in Gefahr geraten. Und wenn ausgerechnet in Deutschland eine Partei aufsteigt, deren Mitglieder manchmal stürmische Affären mit völkischen Ideen und der Trivialisierung des Holocaust haben, dann ist anderen weit rechts stehenden Parteien an vielen Orten der Weg geebnet. In meiner Sicht, mit den Augen eines Fremden, sind das die aktuellsten Schlussfolgerungen aus der deutschen Geschichte. Und wie gewöhnlich stellen sie besonders große Herausforderungen dar.

Zum ersten Mal seit langer Zeit trägt Deutschland Verantwortung nicht nur für die eigene Nation oder für Europa, sondern für den weltweiten Diskurs, und das nicht nur bei Wirtschaftsthemen. Die Welt blickt auf Berlin.

DANK

Dieses Buch ist das Ergebnis von rund zwei Jahrzehnten journalistischer Tätigkeit. Den Medien, bei denen ich tätig bin oder war, danke ich für das große Entgegenkommen, das sie mir gewährten, als meine Arbeit an diesem Buch unter der rapide anschwellenden Fülle von Nachrichten immer mehr ausuferte. Die Nachrichtenabteilungen der israelischen TV-Kanäle 10 und 13, die Zeitungen *Yedioth Ahronoth* und *Ma'ariv* und das Magazin *Liberal* gestatteten mir, Abschnitte und Zitate meiner Artikel und Kolumnen beziehungsweise meiner Fernsehberichte für das Buch zu verwenden, und mein Dank gilt den zuständigen Redakteuren. Der Verlag Yedioth Ahronoth Books und dort besonders Dov Eichenwald und Eyal Dadush haben erheblich zum Erfolg der hebräischen Originalausgabe beigetragen, wofür ich ihnen danken möchte. Deborah Harris ist viel mehr als meine Literaturagentin; ohne ihre Klugheit und Durchsetzungskraft hätte ich das vorliegende Manuskript nicht veröffentlichen können.

Inbal Asher überprüfte die Fakten und Quellen, trug jedoch auch Erhellendes zum Inhalt bei. Die Übersetzerin ins Deutsche, Ruth Achlama, machte sachdienliche Anmerkungen und Vorschläge und entdeckte Fehler. Dafna Maor, Auslandsredakteurin bei der Tageszeitung *Haaretz*, lektorierte das hebräische Manuskript und nahm damit wichtigen Anteil an der Arbeit. Noa Amiel Lavie und Inbar Golan übernahmen weitere Recherchen. Eine ganze Reihe von Freunden und/oder Fachleuten steuerte Ergänzungen bei und behob Fehler: Dr. Liad Mudrik, Yair Assulin, Dr. Tomer Persico, Dr. Ori Katz, Dr. Uri Shanas, Dr. Sefy Hendler, Prof. Yoav Yair, Prof. Yuval Dror, Prof. Omer Moav, Prof. Jeremy Fogel, Ruti Koren, Hilik Sharir, Ariel Elgrabli, Orit Kopel, Antonia Yamin, David Agasi, Neta Livne, Dr. Noam Gidron, Barak Ravid, Prof. Moshe Zimmermann, Shimon Stein.

Und die Wichtigste von allen, die mich über die gesamte Zeit unterstützte: Tamar Ish Shalom, meine geliebte Ehefrau und Partnerin bei einigen Abenteuern in diesem Buch. Sie war die erste und wichtigste Leserin eines jeden Wortes. Ihr und unseren Kindern, die wertvolle Familienzeit geopfert haben, danke ich von ganzem Herzen.

Jeder Fehler, der womöglich auf diesen Seiten auftaucht, ist mein eigener und von mir zu verantworten.

ENDNOTEN

EINLEITUNG

1 *World War II: An Encyclopedia of Quotations*, Langer, Horard J. (Hrsg.),
Routledge, 2013, S. 39

2 Lydgate, William A., »My Country, Right or Left?«, *The Magazine of the Year*,
1947, www.oldmagazinearticles.com/cold_war_opinion_poll-pdf

3 Ebenda, S. 3–4

4 Sempa, Francis P., »MacArthur's Farewell to West Point«, *Real Clear History*,
11. 5. 2016, www.realclearhistory.com/articles/2016/05/12/macarthurs_farewell_
to_westpoint234.html; General MacArthur, Douglas, Radio Broadcast from the
Battleship USS Missouri, 2. 9. 1945, ussmissouri.org/learn-the-history/surrender/
general-macarthurs-radio-adress; en.wikiquote.org/wiki/Douglas_MacArthur#-
Quotes_about_MacArthur

5 Kempe, Frederick, *Berlin 1961: Chruschtschow und der gefährlichste Ort der Welt*,
Siedler, 2011, S. 316

6 Dallek, Robert, »JFK vs. the Military«, *The Atlantic*, 2013, www.theatlantic.com/
magazine/archive/2013/08/jfk-vs-the-military/309496/

7 Foa, Roberto Stefan und Yascha Mounk, »The Signs of Deconsolidation«,
Journal of Democracy, Bd. 28, Nr. 1, 2017, S. 5–15

8 »Trends in Armed Conflict, 1946–2017«, Peace Research Institute Oslo (PRIO),
Mai 2018, www.prio.org/utility/DownloadFile.ashx?id=1698&type=
publicationfile

9 Roser, Max, »War and Peace«, *Our World in Data*, 2019, ourworldindata.org/
war-and-peace [Datenquellen: Conflict Catalogue von Peter Brecke; PRIO Battle
Deaths Dataset (v.3.1 nach 1945 und v2 zuvor); UCDP v.17.2. Weltbevölkerungs-
daten von HYDE und UN]

10 Roser, Max, »Global Extreme Poverty«, *Our World in Data*, 2019, ourworldindata.
org/extreme-poverty [Datenquellen: 1820–1992 aus Bourgignon, François und
Christian Morrisson, »Inequality Among World Citizens: 1820–1992«, *American
Economic Review*, Bd. 92, Nr. 4, 2002, S. 727–744; ab 1981 von der Weltbank]

11 Roser, Max, »Literacy«, *Our World in Data*, 1919, ourworldindata.org/literacy [Datenquellen: OECD, UNESCO]

12 Roser, Max, »Democracy«, *Our World in Data*, 2019, ourworldindata.org/ democracy [Datenquellen: Polity IV data; Wimmer, Andreas und Brian Min, »From Empire to Nation-State: Explaining Wars in the Modern World, 1816–2001«, *American Sociological Review*, Bd. 71, Nr. 6, 2006, S. 867–897]

13 Roser, Max, »Child-Mortality«, *Our World in Data*, 2019, ourworldindata.org/ child-mortality [Datenquellen: Gapminder; Weltbank]

14 Hellebrandt, Tomas und Paolo Mauro, »The Future of Worldwide Income Distribution«, Peterson Institute for International Economics, Working Paper Series 15–7, 2015 [Datenquellen: OECD; Consensus Forecasts; IMF/Weltbank; Authors' Forecasts for Growth, United Nations for Population Projections; Luxembourg Income Study and World Bank for Household Survey Data on Income Distribution]

15 Foa, Roberto Stefan und Yascha Mounk, »The Signs of Deconsolidation«, *Journal of Democracy*, Bd. 28, Nr. 1, 2017, S. 5–15

16 Grey, Edward, *Twenty-Five Years, 1892–1916*, Frederick A. Stokes, 1925, S. 20.

EIN ANGRIFF AUF EINE PAKISTANISCHE ZEITUNG

1 »Islamist Gang Attacks Offices of Press Group Jang in Karachi«, Reporters Without Borders, 31. 1. 2005, rsf.org/en/news/islamist-gang-attacks-offices-press-group-jang-karachi

2 Held, David und Anthony McGrew, *The Global Transformations Reader*, 2. Aufl., Polity Press, 2003 (Erstveröffentlichung von 2000), S. 67

3 »Poverty and Shared Prosperity 2018: Piecing Together the Poverty Puzzle«, Weltbank, 2018, openknowledge.worldbank.org/bitstream/handle/10986/ 30418/9781464813306.pdf

4 Alcalá, F. & Ciccone, A. (2004), »Trade and Productivity«, *The Quarterly Journal of Economics*, 119 (2), S. 613–646; Durlauf, S. N., Johnson, P. A. & Temple, J. R. (2005), »Growth Economics«, *Handbook of Economic Growth*, 1, S. 555–677

5 Riley, James C., »Estimates of Regional and Global Life Expectancy, 1800–2001«, *Population and Development Review*, Bd. 31, Nr. 3, 2005, S. 537–543; Easterlin,

Richard A., »The Worldwide Standard of Living since 1800«, *Journal of Economic Perspectives*, Bd. 14, Nr. 1, 2000, S. 7–26

6 Forsythe, David P., *Encyclopedia of Human Rights*, Bd. 1, Oxford University Press, 2009, S. 399

7 Roser, Max und Esteban Ortiz-Ospina, »Global Extreme Poverty«, *Our World in Data*, ourworldindata.org/extreme-poverty, hochgeladen 11. 1. 2018

8 Roser, Max, »Child Mortality«, *Our World in Data*, 2019, ourworldindata.org/child-mortality [Datenquellen: Gapminder; Weltbank]

9 Ravallion, Martin, »The Idea of Antipoverty Policy«, Working Paper 19210, National Bureau of Economic Research (US), 2013, www.nber.org/papers/w19210.pdf

10 Young, Arthur, 1771, zitiert in: Furniss, Edgar S., *The Position of a Labourer in a System of Nationalism: A Study in the Labor Theories of the Later English Mercantilists*, Houghton Mifflin, 1920, S. 118

11 De Mandeville, Bernard, »An Essay on Charity and Charity Schools«, in: *The Fable of the Bees: Or, Private Vices, Publick Benefits*, The Sixth Edition, London, 1732, S. 328

12 Hecquet, Philippe, 1740, zitiert in: Roche, Daniel, *The People of Paris: An Essay in Popular Culture in the Eighteenth Century*, University of California Press, 1987, S. 64

13 Kant, Immanuel, »Was ist Aufklärung?« (1784), www.rosalux.de/fileadmin/ris_uploads/pdfs/159_kant.pdf

14 Engels, Friedrich & Karl Heinrich, Marx, *Manifest der Kommunistischen Partei*, hrsg. von Sálvio M. Sorares, MetaLibri, 31. Oktober 2008, Bd. 1, S. 37, www.ibiblio.org/ml/libri/e/EngelsFMarxKH_ManifestKommunistischen_s.pdf

15 Clark, Gregory, »The British Industrial Revolution, 1760–1860«, *World Economic History*, 2005

16 Mitch, David, »The Role of Education and Skill in the British Industrial Revolution«, in: Mokyr, Joel, *The British Industrial Revolution: An Economic Perspective*, 2. Aufl., Westview, 1998 (Erstveröffentlichung 1993), S. 241–279; Becker, Sascha O., Erik Hornung und Ludger Wößmann, »Education and Catch-up in the Industrial Revolution«, *American Economic Journal: Macroeconomics*, Bd. 3, Nr. 3, 2011, S. 92–126

17 Roser, Max und Esteban Ortiz-Ospina, »Primary and Secondary Education«, *Our World in Data*, 2019, ourworldindata.org/primary-and-secondary-education [Datenquellen: Global Education (OECD+HASA 2016); clio-infra.eu via Van Zanden u. a., »How Was Life?: Global Well-Being since 1820«, OECD, 2014]

18 Galor, Oded und Omer Moav, »Das Human Kapital: A Theory of the Demise of the Class Structure«, *Review of Economic Studies,* 73, 2006, S. 85–117

19 Roser, Max und Esteban Ortiz-Ospina, »Global Extreme Poverty«, *Our World in Data*, 2019, ourworldindata.org/extreme-poverty [Datenquellen: Weltbank]

20 Voltaire, »Défense du Mondain ou l'apologie du luxe«, 1736, in: Besterman, Theodor, *Voltaire's Notebooks,* Voltaire Institute and Museum, 1952, S. 244 (engl.)

21 Clark, Gregory, »Introduction: The Sixteen-Page Economic History of the World«, in: *A Farewell to Alms: A Brief Economic History of the World*, Princeton University Press, 2007, S. 1

22 Maddison, Angus, *The World Economy*, OECD, 2001

»WIR DUSCHTEN ALLE ZWEI WOCHEN«

1 GDP Growth Rate and GDP per Capita (current US$), Google Public Data, www.google.co.il/publicdata/explore?ds=d5bncppjof8f9_&ctype=l&strail=-false&bcs=d&nselm=h&met_y=ny_gdp_mktp_kd_zg&scale_y=lin&ind_y=-false&rdim=region&idim=region:EAS&idim=country:CHN&ifdim=region&t-dim=true&tstart=169074000000&tend=1494536400000&hl=en&dl=en&ind=false&icfg

2 Angang, Hu, Hu Linlin, Chang Zhixiao, »China's Economic Growth and Poverty Reduction (1978–2002), in: *India's and China's Recent Experience with Reform and Growth*, Palgrave Macmillan UK, 2005, S. 59–90

3 *China – Systematic Country Diagnostic*, Weltbank, 2017, documents.worldbank. org/curated/en/147231519162198351/pdf/China-SCD-publishing-version-final-for-submission-02142018.pdf

4 Data for Sustainable Development Goals – China, UNESCO, 2018, uis.unesco. org/en/country/cn#slideoutmenu

5 Key Demographic Indicators – China, UNICEF, 2018, data.unicef.org/country/chn/

6 Hansen, Valerie, *The Silk Road: A New History*, Oxford University Press, 2012

7 Zitiert in Whitfield, Susan, *Life along the Silk Road*, University of California Press, 1999, S. 21

8 Nair, Mohan, »Understanding and Measuring the Value of Social Media«, *Journal of Corporate Accounting & Finance*, Bd. 22, Nr. 3, 2011, S. 45–51

9 Dobbs, Richard, James Manyika und Jonathan Woetzel, *The Four Global Forces Breaking All the Trends*, McKinsey Global Institute, 2015

10 Kalb, Don, (Hrsg.), *The Ends of Globalization: Bringing Society Back In*, Rowman & Littlefield, 2000, S. 109

11 Ortiz-Ospina, Esteban, Diana Beltekian und Max Roser, »Trade and Globalization«, 2018, *Our World in Data*, ourworldindata.org/trade-and-globalization

12 »Global Citizenship a Growing Sentiment among Citizens of Emerging Economies: Global Poll«, Globescan for BBC, 27. 4. 2016, globescan.com/wp content/uploads/2016/04/BBC_GlobeScan_Identity_Season_Press_Release_April%2026.pdf

13 Marcus, Eric C., Morton Deutsch und Yangyang Liu, »A Study of Willingness to Participate in the Development of Global Human Community«, *Peace and Conflict: Journal of Peace Psychology*, Bd. 23, Nr. 1, 2017, S. 89–92

14 Elliott, Anthony, *Contemporary Social Theory: An Introduction*, Routledge, 2014, S. 322–328

15 Mitra, Sugata, »Self Organising Systems for Mass Computer Literacy: Findings from the ›Hole in the Wall‹ Experiments«, *International Journal of Development Issues*, Bd. 4, Nr. 1, 2005, S. 71–81

16 Toffler, Alvin, *Der Zukunftsschock*, Scherz, 1970, S. 327

17 Johnson, Ian, »Chinese Activists Continue Calls for Protests«, *The New York Times*, 25. 2. 2011, www.nytimes.com/2011/02/26/world/asia/26china.html

18 Jacobs, Andrew und Jonathan Ansfield, »Catching Scent of Revolution, China Moves to Snip Jasmine«, *The New York Times*, 10. 5. 2011, www.nytimes.com/2011/05/11/world/asia/11jasmine.html

19 *Life*, Bd. 10, Nr. 7, 17. 2. 1941, S. 65

20 *Bhagavadgita*, Ü. Jürgen Dünnebier, Droemer Knaur, 1989, Kap. XI, 32, S. 221

1   James, C. L. R., *Die schwarzen Jakobiner: Toussaint L'Ouverture und die Unabhängigkeitsrevolution in Haiti*, Pahl-Rugenstein, 1984 (Originalausgabe 1938), S. 14

2   Wong, Edward, »In China, Breathing Becomes a Childhood Risk«, *The New York Times*, 22. 4. 2013, www.nytimes.com/2013/04/23/world/asia/pollution-is-radically-changing-childhood-in-chinas-cities.html

3   Volk, Heather E. et al., »Traffic-Related Air Pollution, Particulate Matter, and Autism«, *JAMA Psychiatry*, Bd. 70. Nr. 1, 2013, S. 71–77; Raaschou-Nielsen, Ole et al., »Air Pollution and Lung Cancer Incidence in 17 European Cohorts: Prospective Analyses from the European Study of Cohorts for Air Pollution Effects (ESCAPE)«, *The Lancet Oncology*, Bd. 14, Nr. 9, 2013, S. 813–822

4   Fang, Delin et al., »Clean Air for Some: Unintended Spillover Effects of Regional Air Pollution Policies«, *Science Advances*, Bd. 5, Nr. 4, 2019

5   Hatton, Celia, »Under the Dome: The Smog Film Taking China by Storm«, BBC, 2. 3. 2015, www.bbc.com/news/blogs-china-blog-31689232

6   »Air Pollution«, WHO, 2018, who.int/airpollution/en/

7   »The Cost of Polluted Environment: 1,7 Million Child Deaths a Year«, WHO, 6. 3. 2017, www.who.int/mediacentre/news/releases/2017/pollution-child-death/en

8   »9 out of 10 People Worldwide Breathe Polluted Air, but More Countries Are Taking Action«, WHO, 2. 5. 2018, www.who.int/news-room/detail/02-05-2018-9-out-of-10-people-worldwide-breathe-polluted-air-but-more-countries-are-taking-action

9   Zhang, Qiang et al., »Transboundary Health Impacts of Transported Global Air Pollution and International Trade«, *Nature*, Bd. 543, 2017, S. 705–709

10 Ebenda, S. 708–709

11 Ebenda.

12 Meng, Jing et al., »The Rise of South-South-Trade and Its Effects on Global CO_2 Emissions«, *Nature Communications*, Bd. 9, Nr. 1, 1871 (2018), S. 1–7

13 Thompson, Derek, »The Economic History of the Last 2,000 Years in 1 Little Graph«, *The Atlantic*, 19. 6. 2012, www.theatlantic.com/business/archive/2012/06/the-economic-history-of-the-last-2-000-years-in-1-little-graph/258676/

14 Leibniz, Gottfried Wilhelm Freiherr von, *Novissima Sinica – Das Neuste von China*, 1699

15 Uhalley, Stephen und Xiaoxin Wu, *China and Christianity: Burdened Past, Hopeful Future*, M. E. Sharpe, 2000, S. 160–161

16 Emperor Qianlong, »Letter to George III, 1793«, in: MacNair, Harley Farnsworth, *Modern Chinese History: Selected Readings*, Commercial Press, 1923, S. 4–5

17 Robins, Nick, *The Corporation that Changed the World: How the East India Company Shaped the Modern Multinational*, Pluto Press, 2006, S. 152

18 Jardine, William, Letter to Dr Charles Gutzlaff, 1832, zitiert in: Collis, Maurice, *Foreign Mud: Being an Account of the Opium Imbroglio at Canton in the 1830's and the Anglo-Chinese War that Followed*, New Directions Publishing, 2002 (Erstveröffentlichung 1946), S. 82

19 Chang, Hsin-pao, *Commissioner Lin and the Opium War*, Harvard University Press, 1964, S. 172–179

20 Lin, Zexu »Letter to the Queen of England«, Canton Press, 1839, in: *The Chinese Repository*, Bd. 8, 1940, S. 499

21 Maddison, Angus, *Contours of the World Economy 1–2030 AD: Essays in Macro-Economic History*, Oxford University Press, 2007, S. 379

22 Zhong, Weimin, »The Roles of Tea and Opium in Early Economic Globalization: A Perspective on China's Crisis in the 19th Century«, *Frontiers of History in China*, Bd. 5, Nr. 1, März 2010, S. 86–105

23 Gladstone, W. E., »War with China – Adjourned Debate«, Hansard Parliamentary Debates, House of Commons, 8. 4. 1840, Bd. 53, col. 817–818, api.parliament. uk/historic-hansard/commons/1840/apr/08/war-with-china-adjourned-debate#column_821

24 Stewart, Whitney, *Deng Xiaoping: Leader in a Changing China*, Twenty-First Century Books, 2001, S. 23

25 Bijian, Zheng, »The Three Globalizations and China«, *HuffPost*, 26. 11. 2014, www.huffpost.com/entry/globalization-and-china_b_4668216

26 Linchan, Paul Michael, *The Culture of Leadership in Contemporary China: Conflict, Values, and Perspectives for a New Generation*, Lexington Books, 2017

27 Gu, Y., Wong, T. W., Law, S. C. K., Dong, G. H., Ho, K. F., Yang, A. und Yim, S. H. L., »Impacts of Sectoral Emissions in China and the Implications: Air Quality,

Public Health, Crop Production, and Economic Costs«, *Environmental Research Letters*, Bd. 13, Nr. 8, 2018

28 Knight, Franklin, »The Haitian Revolution«, *American Historical Review*, Bd. 105, Nr. 1, 2000, S. 103–115

29 Library of Congress – Federal Research Division Country Profile: Haiti, Mai 2006, www.loc.gov/rr/frd/cs/profiles/Haiti.pdf

30 Ghachem, Malick W., »Prosecuting Torture: The Strategic Ethics of Slavery in Pre-Revolutionary Saint-Domingue (Haiti)«, *Law and History Review*, Bd. 29, Nr. 4, 2011, S. 985–1029; Phillips, Anthony, »Haiti, France and the Independence Dept of 1825«, *Canada Haiti Action Network*, 2008, www.canadahaitiaction.ca/sites/default/files/Haiti%2C%20France%20and%20the%20Independence%20Debt%20of%201825_0.pdf

31 Zitiert in Fick, E. Caroline, *The Making of Haiti: the Saint Domingue Revolution from Below*, University of Tennessee Press, 1990, S. 19, übers. aus: de Vaissière, Pierre, *Saint Domingue: La société et la vie créoles sous l'ancien régime (1629–1789)*, Perrin, 1909

32 Ebenda, S. 20

33 Geggus, David, *The Haitian Revolution: A Documentary History*, Hackett Publishing Company, 2014, S. 13

34 James, C.L.R., *Die schwarzen Jakobiner*, S. 87ff.

35 Ebenda, S. 271

36 Ebenda, S. 78

37 »Haitian Constitution of 1801«, *The Louverture Project*, Ü. Theodore, Charmant, 2000, thelouvertureproject.org/index.php?title=Haitian_Constitution_of_1801_ (English)

38 Mathewson, Tim, »Jefferson and the Nonrecognition of Haiti«, *American Philosophical Society*, Bd. 140, Nr. 1, 1996, S. 22–48

39 Williams, Carol J., »Quixotic Haiti Seeks French Restitution«, *Los Angeles Times*, 14. 6. 2003, www.latimes.com/archives/la-xpm-2003-jun-14-fg-haiti14-story.html

40 »Haiti's Troubled Path to Development«, *Council on Foreign Relations*, 12. 3. 2018, www.cfr.org/backgrounder/haitis-troubled-path-development

41 Thompson, Herb, »The Economic Causes and Consequences of the Bougainville Crisis«, *Resources Policy*, Bd. 17, Nr. 1, 1991, S. 69–85

42 »PNG Leader Apologises to Bougainville for Bloody 1990's Civil War«, *Australian Associated Press*, 29. 1. 2014, www.theguardian.com/world/2014/jan/29/papua-new-guinea-apologises-bougainville-civil-war

43 Flitton, Daniel, »Rio Tinto's Billion-Dollar-Mess: ›Unprincipled, Shameful and Evil‹«, *The Sydney Morning Herald*, 19. 8. 2016, www.smh.com.au/world/billiondollar-mess-a-major-disaster-the-people-do-not-deserve-to-have-20160817-gquzli.html

DAS LAND DER LETZTEN ELEFANTEN

1 Kurt, Fred, Günther B. Hartl und Ralph Tiedemann, »Tuskless Bulls in Asian Elephant *Elephas maximus*. History and Population Genetics of a Man-Made Phenomenon«, *Acta Theriologica*, 1995, S. 125–143; Sukumar, Raman, *The Living Elephants: Evolutionary Ecology, Behaviour and Conservation*, Oxford University Press, 2003, S. 287

2 Baker, Samuel White, *The Rifle and the Hound in Ceylon*, Longman, Brown, Green, and Longmans, 1854

3 Ebenda, S. 9

4 Ebenda, S. 187

5 Ebenda, S. 373

6 Grooten, M. und R. E. A. Almond. (Hrsg.), *Living Planet Report – 2018: Aiming Higher*, WWF, 2018, c402277.ssl.cf1.rackcdn.com/publications/1187/files/original/LPR2018_Full_Report_Spreads.pdf?1540487589

7 Ceballos, Gerardo, Paul R. Ehrlich, Rudolfo Dirzo, »Biological Annihilation via the Ongoing Sixth Mass Extinction Signaled by Vertebrate Population Losses and Declines«, *Proceedings of the National Academy of Sciences*, Bd. 114, Nr. 30, 2017, E6089-E6096

8 Booth, V. R. und K. M. Dunham, »Elephant Poaching in Niassa Reserve, Mozambique: Population Impact Revealed by Combined Survey Trends for Live Elephants and Carcasses«, *Oryx*, Bd. 50, Nr. 1, S. 94–103

9 Rosenberg, Kenneth V. et al., »Decline of the North American Avifauna«, *Science*, Bd. 366, Issue 6461 (2019), S. 120–124

10 Hallmann, Caspar A. et al., »More than 75 Percent Decline over 27 Years in Total

Flying Insect Biomass in Protected Areas«, *PLoS ONE*, Bd. 12, Nr. 10, 2017, e0185809

11 Christensen, Villy et al., »A Century of Fish Biomass Decline in the Ocean«, *Marine Ecology Progress Series*, Bd. 512, 2014, S. 155–166

12 »UN Report: Nature's Dangerous Decline ›Unprecedented‹; Species Extinction Rates ›Accelerating‹«, UN Sustainable Development Goals Blog, 6. 5. 2019, www.un.org/sustainabledevelopment/blog/2019/05/nature-decline-unprecedented-report/

13 Rabbi Moses ben Maimon, *Zurechtweisung der Verirrten*, 3. Teil, 13. Abschnitt, Ü. Simon Scheyer, Frankfurt am Main, Ferdinand Hauch, 1838, S. 66

14 Scott, Susan, Regisseurin, *Stroop: Journey into the Rhino Horn War*, Südafrika, 2018

»WIR WEIGERN UNS ZU STERBEN«

1 Blunden, Jessica und Derek S. Arndt, »State of the Climate in 2016«, *Bulletin of the American Meteorological Society*, Bd. 98, Nr. 8, 2016, S 220

2 »Sri Lanka: Floods and Landslides Emergency Response Plan (June-October 2017)«, UN, 2017, reliefweb.int/sites/reliefweb.int/files/resources/SriLanka_ResponsePlan_020617.pdf

3 Diffenbaugh, Noah S. und Marshall Burke, »Global Warming Has Increased Global Economic Inequality«, *Proceedings of the National Academy of Sciences*, Bd. 116, Nr. 20, 2019, S. 9808–9813

4 Burke, Marshall, Solomon M. Hsiang und Edward Miguel, »Global Non-Linear Effect of Temperature on Economic Production«, *Nature*, Bd. 527, 2015, S. 235

5 Bathiany, Sebastian et al., »Climate Models Predict Increasing Temperature Variability in Poor Countries«, *Science Advances*, Bd. 4, Nr. 5, 2018, eaar5809

6 Parry, Martin et al., »Climate Change and Hunger: Responding to the Challenge«, *World Food Programme*, 2009, www.imperial.ac.uk/media/imperial-college/grantham-institute/public/publications/collaborative-publications/Climate-change-and-hunger-WFP.pdf; Dawson, Terence P., Anita H. Perryman und Tom M. Osborne, »Modelling Impacts of Climate Change on Global Food Security«, *Climate Change*, Bd. 134, Nr. 3, 2016, S. 429–440

7 »Bangladesh: Reducing Poverty and Sharing Prosperity«, Weltbank, 15. 11. 2016,

www.worldbank.org/en/results/2018/11/15/bangladesh-reducing-poverty-and-sharing-prosperity

8 »Bangladesh Disaster Risk and Climate Resilience Program«, Weltbank, 25. 7. 2018, www.worldbank.org/en/country/bangladesh/brief/bangladesh-disaster-risk-climate-change-program

9 Le Beau, Nellie, Hugh Tuckfield, »The Change Luck City: Dhaka's Climate Refugees«, *The Diplomat*, 10. 8. 2016, thediplomat.com/2016/08/the-change-luck-city-dhakas-climate-refugees/; McDonnell, Tim, »Climate Change Creates a New Immigration Crisis for Bangladesh«, *National Geographic*, 24. 1. 2019, www.nationalgeographic.com/environment/2019/01/climate-change-drives-migration-crisis-in-bangladesh-from-dhaka-sundabans/?cjevent=92f1750735291 1e981a300f30a240612&utm_source=4003003&utm_medium=affiliates&utm_campaign=CJ www.worldbank.org/en/news/feature/2015/11/08/rapid-climate-informed-development-needed-to-keep-climate-change-from-pushing-more-than-100-million-people-into-poverty-by-2030

10 Rigaud, Kanta Kumari et al., »Groundswell: Preparing for Internal Climate Migration«, Weltbank, 2018, S. 144

11 Rozenberg, Julie, Stephane Hallegatte, "The Impacts of Climate Change on Poverty in 2030 and the Potential from Rapid, Inclusive, and Climate-Informed Development", Weltbank, 8. November 2015, documents.worldbank.org/curated/en/349001468197334987/pdf/WPS7483.pdf

12 Spalding, Mark, Corinna Ravilious und Edmund Peter Green, *World Atlas of Coral Reefs*, University of California Press, 2001; Mulhall, Marjorie, »Saving the Rainforests of the Sea: An Analysis of International Efforts to Conserve Coral Reefs«, *Duke Environmental Law and Policy Forum*, Bd. 19, 2009, S. 321–351

13 Lenzen, Manfred et al., »The Carbon Footprint of Global Tourism«, *Nature Climate Change*, Bd. 8, Nr. 6, 2018, S. 522–528

14 Frias, Xavier Romero, »The Maldive Islanders: A Study of the Popular Culture of an Ancient Ocean Kingdom«, *Nova Ethnographia Indica*, 1999, S. 443

15 Farman, Joseph C., Brian G. Gardiner und Jonathan D. Shanklin, »Large Losses of Total Ozone in Antarctica Reveal Saisonal ClOx/NOx Interaction«, *Nature*, Bd. 315, 1985, S. 207–210

16 Mackey, Robert, »Donald Trump's Hairspray Woes Inspire Climate Denial Riff«, *The Intercept*, 7. 5. 2016, theintercept.com/2016/05/06/donald-trumps-got-hairspray-riff-hes-gonna-use/

17 Adams, Douglas, *Per Anhalter durch die Galaxis*, Ü. Benjamin Schwarz, 1981 (Originalausgabe 1979), dt. Text zitiert nach: www.comedix.de/anhalter/lexikon/db/p_vogon_jeltz.php

18 Crawford, Alex, »Meet Dorsen, 8, Who Mines Cobalt to Make Your Smartphone Work«, Sky News, 28. 2. 2017, news.sky.com/story/meet-dorsen-8-who-mines-cobalt-to-make-your-smartphone-work-10784120

DIE VORBOTEN DER REVOLTE

1 »Terror in Mumbai«, CNN Transcripts, 12. 12. 2009, transcripts.cnn.com/transcripts/0912/12/se.01.html

2 Pokharel, Krishna, »Investigators Trace Boat's Last Voyage«, *The Wall Street Journal*, 2. 12. 2008, www.wsj.com/articles/SB122816457079069941#

3 Bedi, Rahul, »India's Intelligence Service ›Failed to Act on Warnings of Attacks‹«, *The Telegraph*, 30. 11. 2008, www.telegraph.co.uk/news/worldnews/asia/india/3537279/Indias-intelligence-services-failed-to-act-on-warnings-of-attacks.html

4 »Terror in Mumbai«, CNN Transcripts, 12. 12. 2009, transcripts.cnn.com/transcripts/0912/12/se.01.html

5 Eyal, Nadav, »Darkness and Terror in Mumbai«, *Maariv Daily*, 30. 11. 2008

6 Lavallée, Guillaume, »›Banned‹ Group Thrives in Pakistan«, AFP, UCA News, 10. 2. 2015, www.ucanews.com/news/banned-group-thrives-in-pakistan/72963

7 Calvert, John C. M., »The Striving Shaykh: Abdullah Azzam and the Revival of Jihad«, in: Simkins, Ronald A. (Hrsg.), »The Contexts of Religion and Violence«, *Journal of Religion & Society, Supplement Series 2*, 2007

8 Shaykh Abdullah Azzam, *Join the Caravan*, 1987, S. 24, archive.org/stream/JoinTheCaravan/JoinTheCaravan_djvu.txt

9 Ebenda, S. 10

10 Zbigniew Brzeziński to the Mujahideen: »Your Cause Is Right and God Is on Your Side!«, YouTube, 4. 9. 2014, www.youtube.com/watch?v=A9RCFZnWGE0

11 Bergen, Peter L., *Heiliger Krieg Inc.: Osama bin Ladens Terrornetz*, Berliner Taschenbuch Verlag, 2003 (Originalausgabe 2001), S. 77

12 McGregor, Andrew, »›Jihad and the Rifle Alone‹: Abdullah Azzam and the Islamist Revolution«, *Journal of Conflict Studies*, Bd. 23, Nr. 2, 2003

13 Walsh, Declan, »Taliban Gun Down Girl Who Spoke Up for Rights«, *The New York Times*, 9. 10. 2012, www.nytimes.com/2012/10/10/world/asia/teen-school-activist-malala-yousafzai-survives-hit-by-pakistani-taliban.html

14 »US Embassy Cables: Lashkar-e-Taiba Terrorists Raise Funds in Saudi Arabia«, *The Guardian*, 5. 12. 2010, www.theguardian.com/world/us-embassy-cables-documents/220186

15 Rollins, John, L. S. Wyler, Seth Rosen, »International Terrorism and Transnational Crime: Security Threats«, in: US Policy and Considerations for Congress, USA: Congressional Research Service, 2010, fas.org/sgp/crs/terror/R41004-2010.pdf

16 »Lashkar-e-Tayyiba«, Narrative Summaries of Reasons for Listing, United Nations Security Council, 2014, www.un.org/sc/suborg/en/sanctions/1267/aq_sanctions_list/summaries/entity/lashkar-e-tayyiba

17 Chatterje, Rituparna, »Dawood Ibrahim's Wife Tells TV Channel »›World's Most Wanted Terrorist Is in Karachi, Sleeping at the Moment‹«, *Huffpost*, 22. 8. 2015, www.huffingtonpost.in/2015/08/22/dawood-ibrahim_n_8024254.html

18 »Al-Mouribatoun«, Counter Extremist Project, 28. 3. 2019, www.counterextremism.com/threat/al-mourabitoun; »Mali: Group Merges with Al Qaeda«, AP, *The New York Times*, 4. 12. 2015, www.nytimes.com/2015/12/05/world/africa/mali-group-merges-with-al-qaeda.html

19 Usborne, Simon, »Dead or Alive? Why the World's Most-Wanted Terrorist Has Been Killed at Least Three Times«, *The Guardian*, 28. 11. 2016, www.theguardian.com/world/shortcuts/2016/nov/28/dead-or-alive-mokhtar-belmokhtar-most-wanted-terrorist-killed-three-times

20 Tharoor, Ishaan, »Paris Terror Suspect Is ›a Little Jerk‹, his Lawyer Says«, *The Washington Post*, 27. 4. 2016, www.washingtonpost.com/news/worldviews/wp/2016/04/27/paris-terror-suspect-is-a-little-jerk-his-lawyer-says/?noredirect=on&utm_term=.0d0887cd1bb2

21 Tassi, Paul, »ISIS Uses ›GTA 5‹ in New Teen Recruitment Video«, *Forbes*,

20. 9. 2014, www.forbes.com/sites/insertcoin/2014/09/20/isis-uses-gta-5-in-new-teen-recruitment-video/#59240edb681f

22 Przybylski, Andrew K., Netta Weinstein, »Violent Video Game Engagement Is Not Associated with Adolescents' Aggressive Behaviour: Evidence from a Registered Report«, *Royal Society Open Science*, Bd. 6, Nr. 2, 2019

23 Baudrillard, Jean, *Simulacra and Simulation*, engl. Ü. Glaser, Sheila Faria, University of Michigan Press, 1994 (Originalausgabe 1981), S. 84

24 »For What It's Worth«, Buffalo Springfield, 1966, genius.com/Buffalo-springfield-for-what-its-worth-lyrics

25 Azzam, Abdullah, »So that the Islsmic Nation Does Not Die an Eternal Death«, *Al-Jihad*, Bd. 63, 1990, S. 29

26 Lewis, Bernard und Buntzie Ellis Churchill, *Islam: The Religion and the People*, Pearson Prentice Hall, 2008, S. 153

27 Denemark, Robert Allen, Mary Ann Tréteault, *Gods, Guns and Globalization: Religious Radicalism and International Political Economy*, Lynne Rienner Publishers, 2004

28 Ebenda

29 Stevens, Michael J., »The Unanticipated Consequences of Globalization: Contextualizing Terrorism«, in: Stout, C. E. (Hrsg.), *The Psychology of Terrorism*, 2002, S. 31–56

30 Žižek, Slavoj, *Gewalt. Sechs abseitige Reflexionen*, Laika, 2011

31 Baudrillard, Jean, *Der Geist des Terrorismus*. Passagen Verlag, 2002

MIT NATIONALISTEN REDEN

1 Voltaire, François-Marie-Arouet, *Letters Concerning the English Nation*, C. Davis und A. Lyon, 1733, S. 44

2 Baldwin, Tom und Fiona Hamilton, »Times Interview with Nick Griffin: the BBC Is Stupid to Let Me Appear«, *The Times*, 22. 10. 2009, www.thetimes.co.uk/article/times-interview-with-nick-griffin-the-bbc-is-stupid-to-let-me-appear-lkqvlv6r6vk

3 »Countering Violent Extremism«, U. S. Government Accountability Office, April 2017, S. 4, www.gao.gov/products/GAO-17-300

4 »Timothy McVeigh: The Path to Death Row«, CNN transcripts, 9. 6. 2001, edition.cnn.com/transcripts/0106/09/pitn.00.html

5 Diamond, Jeremy, »Trump Embraces ›Nationalist‹ Title at Texas Rally«, CNN, 23. 10. 2018, edition.cnn.com/2018/10/22/politics/ted-cruz-election-2018-president-trump-campaign-rival-opponent/index.html

6 Freud, Sigmund, *Die Zukunft einer Illusion*, 2. Kapitel, zitiert nach: gutenberg. spiegel.de/buch/die-zukunft-einer-illusion-929/2

7 Inglehart, Ronald F. und Pippa Norris, »Trump, Brexit, and the Rise of Populism: Economic Have-Nots and Cultural Backlash«, *Harvard JFK School of Government Faculty Working Papers Series*, 2016, S. 1–52

8 Gidron, Noam, Jonathan J. B. Mijs, »Do Changes in Material Circumstances Drive Support for Populist Radical Parties? Panel Data Evidence from the Netherlands during the Great Recession 2007–2015«, *European Sociological Review*, 2019

9 Inglehart, Ronald F. und Pippa Norris, »Trump, Brexit, and the Rise of Populism: Economic Have-Nots and Cultural Backlash«, *Harvard JFK School of Government Faculty Working Papers Series*, 2016, S. 1–52

DAS WIEDERAUFLEBEN DES NAZISMUS

1 Eyal, Nadav, »Hass: Eine Reise ins Herz des Antisemitismus«, Kanal 10, Israel, 2014. 10tv.nana10.co.il/Article/?ArticleID=1085570

2 www.thueringen24.de/thueringen/article214715435/Neonazi-Hetze-auf-YouTube-Fuehrender-Kopf-der-Thueringer-Szene-verurteilt.html

3 Rogers, Thomas, »Heil Hipster: The Young Neo-Nazis Trying to Put a Stylish Face on Hate«, *Rolling Stone*, 23. 6. 2014, www.rollingstone.com/culture/culture-news/heil-hipster-the-young-neo-nazis-trying-to-put-a-stylish-face-on-hate-64736/

4 Hackett, Conrad, »5 facts about the Muslim population in Europe«, Pew Research Center, 29. 11. 2017, www.pewresearch.org/fact-tank/2017/11/29/5-facts-about-the-muslim-population-in-europe

5 »Europe's Growing Muslim Population«, Pew Research Center, 29. 11. 2017, www.pewforum.org/2017/11/29/europes-growing-muslim-population/

6 Hunter, J. D., »Fundamentalism in its Global Contours«, in: Cohen, Norman J. (Hrsg.), *The Fundamentalist Phenomenon: A View from Within, a Response from Without*, William B. Eerdmans, 1990, S. 59

7 Confino, Alon, *A World Without Jews: The Nazi Imagination from Persecution to Genocide*, Yale University Press, 2014; Shapira, Avner, »Die Nazi-Erzählung: Wie eine Fantasie über ethnische Reinheit zum Völkermord führte«, *Haaretz*, 23. 4. 2017 (hebr.), www.haaretz.co.il/gallery/literature/.premium-1.4039220

8 »International Military Trials – Nürnberg«, in: *Nazi Conspirancy and Aggression*, Bd. 4, Office of United States Chief of Counsel for Prosecution of Axis Criminality, US Government Printing Office, 1946, S. 558–572, www.loc.gov/rr/frd/Military_Law/pdf/NT_Nazi_Vol-IV.pdf

9 Salzman, Michael B., »Globalization, Religious Fundamentalism and the Need for Meaning«, *International Journal of Intercultural Relations*, Bd. 32, Nr. 4, 2008, S. 319

10 Wills, Garry, *Under God: Religion and American Politics*, Simon & Schuster, 1990, S. 15–16

11 Graff, Corinne, »Poverty, Development and Violent Extremism in Weak States«, Brookings Institute, 22. 3. 2010, www.brookings.edu/research/poverty-development-and-violent-extremism-in-weak-states/

12 General Social Survey Data (GSS), NORC at the University of Chicago, 2018, www.norc.org/Research/Projects/Pages/general-social-survey.aspx

DIE MITTELSCHICHT REBELLIERT

1 »Wall Street and the Financial Crisis: The Role of Investment Banks«, Anhörung vor dem ständigen Untersuchungsunterausschuss des Komitees für Heimatschutz und Regierungssachen, US-Senat, 111. Kongress, 2. Sitzungsperiode, Bd. 4 von 5, 27. 4. 2010, www.govinfo.gov/content/pkg/CHRG-111shrg57322/html/CHRG-111shrg57322.htm

2 Horovitz, Bruce, »Shoppers Splurge for Their Country«, *USA Today*, 3. 10. 2001, usatoday30.usatoday.com/money/retail/2001-10-03-patriotic-shopper.htm

3 »Defence Expenditure of NATO Countries (2010–2017)«, NATO Public Diplomacy Division, 15. 3. 2018, www.nato.int/nato_static_fl2014/assets/pdf/

pdf_2018_03/20180315_180315-pr2018-16-en.pdf; »Defense Budget Overview«, United States Department of Defense Fiscal Year 2020 Budget Request, 5. 3. 2019, comptroller.defense.gov/Portals/45/Documents/defbudget/fy2020/fy2020_Budget_Request_Overview_Book.pdf

4 Kuhn, M., M. Schularick, U. Steins, »Asset Prices and Wealth Inequality«, *VOX CEPR Policy Portal*, 9. 8. 2018

5 Dash, Eric und Julie Creswell, »Citigroup Saw No Red Flags Even as It Made Bolder Bets«, *The New York Times*, 22. 11. 2008, www.nytimes.com/2008/11/23/business/23citi.html?mtrref=www.google.co.il&login=facebook&mtrref=undefined

6 Lereah, David, *Are You Missing the Real Estate Boom? Why Home Values and Other Real Estate Investments Will Climb through the End of the Decade – And How You Can Profit from It*, Currency, 2005

7 Keates, Nancy, »Realtors' Former Top Economist Says Don't Blame the Messenger«, *The Wall Street Journal*, 12. 1. 2009, www.wsj.com/articles/SB123152099299568447

8 Kar-Gupta, Sudip und Yann Le Guernigou, »BNP Freezes $ 2,2 Bln of Funds over Subprime«, Reuters, 9. 8. 2007, www.reuters.com/article/us-bnpparibas-subprime-funds-idUSWEB612920070809

9 Gullapalli, Diya und Shefali Anand, »Bailout of Money Funds Seems to Stanch Outflow«, *The Wall Street Journal*, 20. 9. 2008, www.wsj.com/articles/SB122186683086958875?mod=article-outset-box#articleTabs%3Darticle

10 Haldane, Andrew G. und Piergiorgio Allessandri, »Banking on the State«, Bank of England, 25. 9. 2009, www.bis.org/review/r091111e.pdf; Haldane, Andrew G., »The Contribution of the Financial Sector – Miracle or Mirage?«, Bank of England, 14. 7. 2010, www.bis.org/review/r100716g.pdf

11 Finch, Julia und Katie Allen, »What Do Bankers Spend Their Bonuses on?«, *The Guardian*, 14. 12. 2007, www.theguardian.com/business/2007/dec/14/banking

12 »Northern Rock Besieged by Savers«, BBC, 17. 9. 2007, newsvote.bbc.co.uk/2/hi/business/6997765.stm#story

13 Greatrex, Jonny, »West Midlands Men Planning Credit Crunch Full Monty«, *Birmingham Mail*, 19. 4. 2009, www.birminghammail.co.uk/news/local-news/west-midlands-men-planning-credit-239734

14 Boston, William, »Financial Casualty: Why Adolf Merckle Killed Himself«, *Time Magazine*, 6. 1. 2009, content.time.com/time/business/article/0,8599,1870007,00. html

15 Allen, Nick und Aislinn Simpson, »City Banker spent £43,000 on Champagne«, *The Telegraph*, 20. 2. 2009, www.telegraph.co.uk/news/newstopics/ howaboutthat/4700148/City-banker-spent-43000-on-champagne.html

16 Smithers, Rebecca, »Au ATM: UK's first gold vending machine unveiled«, *The Guardian*, 1.7.2011, www.theguardian.com/money/2011/jul/01/au-atm-gold-vend- ing-machine; Xu, Wei, »Gold ATM activated, but not for long«, *China Daily*, 27.9.2011, www.chinadaily.com.cn/business/2011-09/27/content_13801006.htm; Associated Press, »Gold-Dispensing ATM Makes U. S. Debut in Fla.«, CBS News, 17.12.2010, www.cbsnews.com/news/gold-dispensing-atm-makes-us- debut-in-fla/

17 »Report of the Study Group on the Role of Public Finance in European Integration«, Bd. 1 und 2, Europäische Kommission, EU, April 1977, www.cvce.eu/ content/publication/2012/5/31/91882415-8b25-4f01-b18c-4b6123a597f3/ publishable_en.pdf, www.cvce.eu/content/publication/2012/5/31/c475e949-ed28- 490b-81ae-a33ce9860d09/publishable_en.pdf

18 »Why Europe Can't Afford the Euro«, *The Times*, 19. 11. 1997, in: Leeson, Robert und Charles G. Palm (Hrsg.), *The Collected Works of Milton Friedman*, miltonfriedman.hoover.org/friedman_images/Collections/2016c21/1997nov- timesWhyEurope.pdf

19 Klein, Ezra, »Greece's Debt Crisis, Explained in Charts and Maps«, *Vox*, 6. 7. 2015, www.vox.com/2015/7/1/8871509/greece-charts

ANARCHISTEN MIT FERRARI

1 Berstein, Serge und Jean-François Sirinelli, *Les années Giscard: Valéry Giscard d'Estaing et l'Europe, 1974–1981*, Armand Colin, 2007 (Erstveröffentlichung 2005), S. 135

2 »17 waren viel zu viele«, *Der Spiegel*, 10. 9. 2012, www.spiegel.de/spiegel/ print/d-88137160.html

3 »Taking Responsibility for Burning Boats on 30/3«, 3. 4. 2009,

bellumperpetuum.blogspot.com/search?updated-max=2009-04-30T11:55:00-07:00&max-results=50&reverse-paginate=true

4 Miller, Henry, *Der Koloss von Maroussi*, Rowohlt, 1965 (Originalausgabe 1941), S. 13

5 Oerstroem Moeller, Joergen, »The Greek Crisis Explained«, *The Huffington Post*, 22. 6. 2015, www.huffingtonpost.com/joergen-oerstroem-moeller/the-greek-crisis-explaine_b_7634564.html

6 »Europe Balks at Greece's Retire-at-50-Rules«, AP, 17. 5. 2010, www.cbsnews.com/news/europe-balks-at-greeces-retire-at-50-rules; »Pensions at a Glance 2013: OECD and G20 Indicators«, OECD, 2013, dx.doi.org/10.1787/pension_glance-2013-en

7 »Greece 10 Years Ahead: Defining Greece's New Growth Model and Strategy«, McKinsey, 2012

8 Daley, Suzanne, »Greek Wealth Is Everywhere but Tax Forms«, *The New York Times*, 1. 5. 2010, www.nytimes.com/2010/05/02/world/europe/02evasion.html?th&emc=th&mtrref=undefined&gwh=C3F3DF2E8C5C22D2A667A933C-80604C9&gwt=pay

9 Oltheten, Elisabeth et al., »Greece in the Eurozone: Lessons from a Decade of Experience«, *The Quarterly Review of Economics and Finance*, Bd. 53, Nr. 4, 2013, S. 317–335; Balzli, Beat, »Unsichtbare Miese – Wie die US-Bank Goldman Sachs der griechischen Regierung bei ihrer Schuldenkosmetik half«, *Der Spiegel*, 6/2010, www.spiegel.de/spiegel/print/d-69003645.html

10 Roussanoglou, Nikos, »Thousands of Empty Properties Face the Prospect of Demolition«, *Kathimerini*, 19. 3. 2017, www.ekathimerini.com/216998/article/ekathimerini/business/thousands-of-empty-properties-face-the-prospect-of-demolition

11 »Youth Employment Rate«, OECD Data, 2019, data.oecd.org/unemp/youth-unemployment-rate.htm

12 »Severely Materially Deprived People«, Eurostat, Juli 2019, ec.europa.eu/eurostat/databrowser/view/tipslc30/default/table?lang=en

13 »German corporate giants suspected in Greek corruption cases«, 30.8.2015, www.scmp.com/news/world/article/1853808/german-corporate-giants-suspected-greek-corruption-cases

14 Reid-Henry, Simon, *Empire of Democracy: The Remaking of the West since the Cold War, 1971–2017*, Hachette, 2019, S. 53

15 Itano, Alyssam »In Greece, Education Isn't the Answer«, Public Radio International, 14. 5. 2009, www.pri.org/stories/2009-05-14/greece-education-isnt-answer

16 Rosenberg, Alyssa, »›Girls‹ Was about the Path – and Costs – to Being ›a voice of a generation‹«, *The Washington Post*, 14. 4. 2017, www.washingtonpost.com/news/act-four/wp/2017/04/14/girls-was-about-the-path-and-costs-to-being-a-voice-of-a-generation/?utm_term=.0f1a5526c60e

17 Rocholl, J. und A. Stahmer, »Where Did the Greek Bailout Money Go?«, ESMT White Paper No. WP-16–02, 2016, static.esmt.org/publications/whitepapers/WP-16-02.pdf

18 Kraatz, Susanne, »Youth Unemployment in Greece: Situation before the Government Change«, Europäisches Parlament, 2015, www.europarl.europa.eu/RegData/etudes/BRIE/2015/542220/IPOL_BRI(2015)542220_EN.pdf

19 Tagaris, Karolina, »After Seven Years of Bailouts, Greeks Sink Yet Deeper in Poverty«, Reuters, 20. 2. 2017, www.reuters.com/article/us-eurozone-greece-poverty/after-seven-years-of-bailouts-greeks-sink-yet-deeper-in-poverty-idUSKBN15Z1NM

20 »Fertility Rates«, »Population«, OECD Data, 2019, data.oecd.org; Labrianides, Lois und Manolis Pratsinakis, »Outward Migration from Greece during the Crisis«, LSE for the National Bank of Greece, 2015, www.lse.ac.uk/europeanInstitute/research/hellenicObservatory/CMS%20pdf/Research/NBG_2014_-Research_Call/Final-Report-Outward-migration-from-Greece-during-the-crisis-revised-on-1-6-2016.pdf

21 Molloy, David, »End of Greek Bailouts Offers Little Hope to Young«, BBC, 19. 8. 2018, www.bbc.com/news/world-europe-45207092

22 Mijatović, Dunja, »Report of the Commissioner for Human Rights of the Council of Europe«, Council of Europe, 2018, rm.coe.int/report-on-the-visit-to-greece-from-25-to-29-june-2018-by-dunja-mijatov/16808ea5bd

23 Economou, Marina et al., »Enduring Financial Crisis in Greece: Prevalence and Correlates of Major Depression and Suicidality«, *Social Psychiatry and Psychiatric Epidemiology*, Bd. 51, Nr. 7, 2016, S. 1015–1024

24 Ebenda

25 Makis Voridis, siehe: Keinon, Herb,»Greek minister distances himself from past
    associations with Neo-Nazi groups«, *The Jerusalem Post*, 15.7.2019, www.jpost.
    com/Diaspora/Antisemitism/Greek-Minister-distances-himself-from-past-
    associations-with-neo-Nazi-groups-595623

26 »How Some Made Millions Betting against the Market«, NPR, 2. 5. 2011, www.
    npr.org/2011/05/02/135846486/how-some-made-millions-betting-against-the-
    market

27 Lynch, David, *Dune (Der Wüstenplanet)*, 1984

28 Cecchetti, Stephen G. und Enisse Kharroubi,»Why Does Financial Sector
    Growth Crowd out Real Economic Growth?«, Working Papers Nr. 490, Bank for
    International Settlements, 2015; Ductor, Lorenzo und Daryna Grechyna,
    »Financial Development, Real Sector, and Economic Growth«, *International
    Review of Economics & Finance*, Bd. 37, 2015, S. 393–405

29 Philippon, Thomas,»Has the US Finance Industry Become Less Efficient? On
    the Theory and Measurement of Financial Intermediation«, *American Economic
    Review*, Bd. 105, Nr. 4, 2015, S. 1408–1438

30 Khativada, Sameer,»Did the Financial Sector Profit at the Expense of the Rest
    of the Economy? Evidence from the United States«, International Institute for
    Labour Studies, Cornell University and International Labour Organization, 2010

31 »Household Debt Loans and Debt Securities (Percent of GDP)«, IMF, 2018,
    www.imf.org/external/datamapper/HH_LS@GDD/CAN/ITA/USA;»How Has
    the Percentage of Consumer Debt Compared to Household Income Changed
    over the Last Few Decades? What Is Driving These Changes?«, Federal Reserve
    Bank of San Francisco, 2009, www.frbsf.org/education/publications/doctor-
    econ/2009/july/consumer-debt-household-income/

32 »Household Debt and Credit Report (Q1 2019)«, Federal Reserve Bank of New
    York, 2019, www.newyorkfed.org/microeconomics/hhdc.html

33 Wolf, Martin,»Bank of England's Mark Carney Places a Bet on Big Finance«,
    Financial Times, 29. 10. 2013, www.ft.com/content/08dea9d4-4002-11e3-8882-
    00144feabdc0

34 »Report on the Economic Well-Being of U. S. Households (SHED)«, Federal
    Reserve Board's Division of Consumer and Community Affairs (DCCA), 2018,

www.federalreserve.gov/publications/report-economic-well-being-us-households.htm

EIN EXODUS

1 Shire, Warsan, »Home«, London, 2013, genius.com/Warsan-shire-home-annotated

2 »Forced Displacement in 2017«, Global Trends, UNHCR, 19. 6. 2018, www.unhcr.org/5d08d7ee7.pdf

3 UNHCR Statistics, 2019, www.unhcr.org/576408cd7

4 »Syria Refugee Crisis Explained«, UNHCR, 7. 3. 2019, www.unrefugees.org/emergencies/syria/9

5 Roser, Max, »War and Peace after 1945«, Our World in Data, 2019, ourworldindata.org/war-and-peace#war-and-peace-after-1945, (Datenquellen: UCDP; PRIO)

6 UNHCR Statistics, 2019, popstats.unhcr.org

7 Kaldor, Mary, *New and Old Wars: Organized Violence in a Global Era*, Polity Press, 1999

8 »Venezuela Situation«, UNHCR, 2019, www.unhcr.org/venezuela-emergency.html

9 Passel, Jeffrey S., D'vera Cohn und Ana Gonzalez-Barrera, »Mexico, by the Numbers«, Pew Research Center, 23. 4. 2012, www.pewhispanic.org/2012/04/23/v-mexico-by-the-numbers/[Datenquellen: Weltbank; International Comparison Program Database for 1984–1988; Consejo nacional de evaluación de la politíca de Desarrollo social (CONEVAL), medición de la pobreza 2010 for 1992–2010]

10 Enamorado, Ted, Luis-Felipe Lopez-Calva, Carlos Rodriguez-Castelan, Hernan Winkler, »Income Inequality and Violent Crime – Evidence from Mexico's Drug War«, Latin America and the Caribbean Region, Poverty Reduction and Economic Management Unit, Weltbank, 1. 6. 2014

11 Heinle, Kimberly, Octavio Rodriguez Ferreira, David A. Shirk, »Drug Violence in Mexico«, Department of Political Science & International Relations, University of San Diego, 2017

12 »Mid-Year Trends 2018«, UNHCR, 2018, www.unhcr.org/statistics/unhcrstats/5c52ea084/mid-year-trends-2018.html

13 »Suffering in Silence: Iraqi Refugees in Syria«, Amnesty International, 2008, S. 1, www.amnesty.org/download/Documents/56000/mde140102008eng.pdf

14 Naylor, Hugh, »Desperate for Soldiers, Assad's Government Imposes Harsh Recruitment Measures«, *The Washington Post*, 28. 12. 2014, www.washingtonpost. com/world/middle_east/desperate-for-soldiers-assads-government-imposes-harsh-recruitment-measures/2014/12/28/62f99194-6d1d-4bd6-a862-b3ab46c6b33b_story.html?utm_term=.9c5fac25179f; Kilbride, Erin, »Forced to Fight: Syrian Men Risk All to Escape Army Snatch Squads«, *Middle East Eye*, 3. 4. 2016, www.middleeasteye.net/news/escape-assads-army-373201818

15 »Gen. Breedlove's Hearing with the House Armed Services Committee«, United States European Command Library, 25. 2. 2016, www.eucom.mil/media-library/transcript/35355/gen-breedloves-hearing-with-the-house-armed-services-committee

EIN EXPERIMENT – UND SEIN PREIS

1 Allgemeine Erklärung der Menschenrechte, Artikel 13, Nr. 2, UN, www.un.org/en/universal-declaration-human-rights/

2 Veitia Linaje, José, »Norte de la contratación de las Indias Occidentales«, Iuan Francisco de Blas, 1672, auf Englisch zitiert in: Moses, Bernard, »The Casa de Contratacion of Seville«, 1896, S. 111, spanischer Originaltext: archive.org/details/A178076/pege/n255

3 Prudentius, »The Divinity of Christ«, in engl. Ü. von Thomson, H. J., *Prudentius*, Bd. 1, William Heinemann und Harvard University Press, 1949, S. 161

4 Beinart, Haim, *The Expulsion of the Jews from Spain*, Littman Library of Jewish Civilization, 2001, S. 285

5 Soyer, François, »King João II of Portugal ›O Principe Perfeito‹ and the Jews (1481–1495)«, *Sefarad*, Bd. 69, Nr. 1, 2009, S. 75–99

6 Orfali, Moises und Yom Tov Assis (Hrsg.), *Portuguese Jewry at the Stake: Studies on Jews and Crypto-Jews*, Hebrew University Magnes Press, 2009 (hebr.), S. 30

7 Zimler, Richard, »Identified as the Enemy: Being a Portuguese New Christian at the Time of the Last Kabbalist of Lisbon«, *European Judaism*, Bd. 33, Nr. 1, 2000, S. 32–42

8 Zelnick-Abramovitz, Rachel, *Not Wholly Free: The Concept of Manumission and the Status of Manumitted Slaves in the Ancient Greek World*, Brill, 2005

9 Torpey, John C., *The Invention of the Passport Surveillance, Citizenship and the State*, Cambridge University Press, 2018 (Erstveröffentlichung 2000), S. 27

10 Ebenda

11 Dowty, Alan, *Closed Borders: The Contemporary Assault on the Freedom of Movement*, Yale University Press, 1987; Berkowitz, Bonnie, Shelly Tanand und Kevin Uhrmacher, »Beyond the Wall: Dogs, Blimps and Other Things Used to Secure the Border«, *The Washington Post*, 8. 2. 2019, www.washingtonpost.com/ graphics/2019/national/what-is-border-security/?utm_term=.cd9d7eb58313

12 Ngai, Mae M., »Nationalism, Immigration Control, and the Ethnoracial Remapping of America in the 1920's«, *OAH Magazine of History*, Bd. 21, Nr. 3, 2007, S. 11–15

13 Turack, Daniel C., »Freedom of Movement and the International Regime of Passports«, *Osgoode Hall Law Journal*, Bd. 6, Nr. 2, 1968, S. 230

14 Plender, Richard, *International Migration Law*, Martinus Nijhoff, 1988; Lloyd, Martin, *The Passport, the History of Man's Most Travelled Document*, Queen Anne's Fan, 2008 (Erstveröffentlichung 2003), S. 95–155

15 Ebenda, S. 99

16 Ngai, Mae M., *Impossiblie Subjects: Illegal Aliens and the Making of Modern America*, Princeton University Press, 2014

17 Henry, Susan, *Anonymous in Their Own Names: Doris E. Fleischman, Ruth Hale, and Jane Grant*, Vanderbilt University Press, 2012

18 Pines, Giulia, »The Contentious History of the Passport«, *National Geographic*, 16. 5. 2017, www.nationalgeographic.com/travel/features/a-history-of-the-passport/

19 »Immigration Timeline«, The Statue of Liberty – Ellis Island Foundation, www.libertyellisfoundation.org/immigration-timeline

20 Zitiert im *Manchester Guardian*, 23. 5. 1936, in: Sherman, A. J., *Island Refuge, Britain and the Refugees from the Third Reich, 1933–1939*, University of California Press, 1973, S. 112

21 »Russell Brand: Messiah Complex (2013) – Full Transcript«, Scraps from the Loft, 7. 11. 2017, https://scrapsfromtheloft.com/2017/11/07/russell-brand-messiah-complex-2013-full-transcript/

22 May, Theresa, »Theresa May's Conference Speech in Full«, *The Telegraph*, 5. 10. 2016, www.telegraph.co.uk/news/2016/10/05/theresa-mays-conference-speech-in-full/

23 Skovgaard-Smith, Irene und Flemming Poulfelt, »Imagining ›Non-Nationality‹: Cosmopolitanism as a Source of Identity and Belonging«, *Human Relations*, Bd. 71, Nr. 2, 2018, S. 129–154; Werbner, Pnina (Hrsg.), *Anthropology and the New Cosmopolitanism: Rooted, Feminist and Vernacular Perspectives*, Berg, 2008; Appiah, Kwame Anthony, »Cosmopolitical Patriots«, *Critical Inquiry*, Bd. 23, Nr. 3, 1997, S. 617–639

24 World Economic Forum (2017), Global Shapers Annual Survey 2017, www.shaperssurvey2017.org/

25 »Global Citizenship a Growing Sentiment among Citizens of Emerging Economics: Global Poll«,GlobeScan for BBC, 27. 4. 2016, globescan.com/wp-content/uploads/2016/04/BBC_GlobeScan_Identity_Season_Press_Release_April%2026.pdf

26 Blizzard, Brittany und Jeanne Batalova, »Refugees and Asylees in the United States«, Migration Policy Institute, 13. 6. 2019, www.migrationpolicy.org/article/refugees-and-asylees-united-states

27 Bump, Philip, »Rep. Steve King Warns that ›Our Civilization‹ Can't Be Restored with Somebody Else's Babies«, *The Washington Post*, 12. 3. 2017, www.washingtonpost.com/news/politics/wp/2017/03/12/rep-steve-king-warns-that-our-civilization-cant-be-restored-with-somebody-elses-babies/?utm_term=.a175304b00c9

28 Reagan, Ronald, 19. 1. 1989, in: *Public Papers of the Presidents of the United States: Ronald Reagan, 1988–1989*, U. S. Government Printing Office, 1990, S. 1752, www.nytimes.com/2019/07/14/us/politics/trump-twitter-squad-congress.html

29 Rogers, Katie und Nicholas Fandos, »Trump Tells Freshman Congresswomen to ›Go Back‹ to the Countries They Came From«, *The New York Times*, 14. 7. 2019, www.nytimes.com/2019/07/14/us/politics/trump-twitter-squad-congress.htm

1 »Global Views on Immigration and the Refugee Crisis«, Ipsos, 13. 9. 2017, www.ipsos.com/sites/default/files/ct/news/documents/2017-09/ipsos-global-advisor-immigration-refugee-crisis-slides_0.pdf

2 Jaumotte, Florence, Ksenia Koloskova und Sweta Chaman Saxena, »Impact of Migration on Income Levels in Advanced Economies«, International Monetary Fund, 2016, www.imf.org/en/Publications/Spillover-Notes/Issues/2016/12/31/Impact-of-Migration-on-Income-Levels-in-Advanced-Economies-44343

3 Groeger, Lena, »The Immigration Effect«, Adam Ozimek und Mark Zandi für ProPublica, 19. 7. 2017, projects.propublica.org/graphics/gdp

4 Mussa, Abeba, Uwaoma G. Nwaogu und Susan Pozo, »Immigration and Housing: A Spatial Economic Analysis«, *Journal of Housing Economics*, Bd. 35, 2017, S. 13–25

5 »Second Generation Americans, A Portrait of the Adult Children of Immigrants«, Pew Research Center, 7. 2. 2013, www.pewsocialtrends.org/2013/02/07/second-generation-americans/

6 »The Progressive Case for Immigration«, *The Economist*, 18. 3. 2017, www.economist.com/news/finance-and-economics/21718873-whatever-politicians-say-world-needs-more-immigration-not-less?fsrc=scn/tw/te/bl/ed/

7 Edwards, Ryan, Francesc Ortega, »The Economic Contribution of Unauthorized Workers: An Industry Analysis«, *Regional Science and Urban Economics*, Bd. 67, 2017, S. 119–134

8 Blau, Francine D. und Christopher Mackie, *The Economic and Fiscal Consequences of Immigration*, The National Academic Press 2017

9 Borjas, George J., »The Labor Demand Curve Is Downward Sloping: Reexamining the Impact of Immigration on the Labor Market«, *The Quarterly Journal of Economics*, Bd. 118, Nr. 4, 2003, S. 1335–1374

10 Borjas, George J., »Among Many Other Things, that Current Policy Creates a Large Wealth Transfer from Workers to Firms«, *National Review Magazine*, 22. 9. 2016, www.nationalreview.com/article/440334/national-academies-sciences-immigration-study-what-it-really-says

11 Dustmann, Christian, Uta Schönberg und Jan Stuhler, »Labor Supply Shocks,

Native Wages, and the Adjustment of Local Employment«, *Quarterly Journal of Economics*, Bd. 132, Nr. 1, 2017

12 Borjas, George J., »The Wage Impact of the Marielitos: A Reappraisal«, *ILR Review*, Bd. 70, Nr. 5, 2017, S. 1077–1110

13 Clemens, Michael A. und Jennifer Hunt, »The Labor Market Effects of Refugee Waves: Reconciling Conflicting Results«, *ILR Review*, Bd. 72, Nr. 4, 2019, S. 818–857

14 Radford, Jynnah, »Key Findings about U. S. Immigrants«, Pew Research Center, 17. 6. 2019, www.pewresearch.org/fact-tank/2019/06/17/key-findings-about-u-s-immigrants/ [Datenquellen: US Census Bureau, American Community Survey (IPUMS)]

15 »Proportion of Resident Population Born Abroad, England and Wales, 1951–2011«, Office for National Statistics (UK), 2013, www.ons.gov.uk/ons/rel/census/2011-census-analysis/immigration-patterns-and-characteristics-of-non-uk-born-population-groups-in-england-and-wales/chd-figure-1.xls; »Population of the UK by Country of Birth and Nationality: 2018«, Office for National Statistics (UK), 24. 5. 2019, www.ons.gov.uk/peoplepopulationandcommunity/populationandmigration/internationalmigration/bulletins/ukpopulationby-countryofbirthandnationality/2018

16 Higgins, Matthew und Thomas Klitgaard, »How Has Germany's Economy Been Affected by the Recent Surge in Immigration?«, Federal Reserve Bank of New York, 20. 5. 2019, libertystreeteconomics.newyorkfed.org/2019/05/how-has-germanys-economy-been-affected-by-the-recent-surge-in-immigration.html [Datenquelle: Statistisches Bundesamt]

17 Krogstad, Jens Manuel, Jeffrey S. Passel und D'vera Cohn, »5 Facts about Illegal Immigration in the U. S.«, Pew Research Center, 12. 6. 2019, www.pewresearch.org/fact-tank/2019/06/12/5-facts-about-illegal-immigration-in-the-u-s/

18 »An Edgy Inquiry«, *The Economist*, 4. 4. 2015, www.economist.com/news/europe/21647638-taboo-studying-immigrant-families-performance-fraying-edgy-inquiry [Datenquellen: Insee – National Institute of Statistics and Economic Studies (France), France Strategie]

19 »Settling In 2018 Indicators of Immigrant Integration«, OECD, 2018, www.oecd.org/publications/indicators-of-immigrant-integration-2018-9789264307216-en.htm

20 Noack, Rick, »Some French Wanted to Find out how Racist Their County Is.

They Might Get Sued for It«, *The Washington Post*, 4. 2. 2016, www.washingtonpost.com/news/worldviews/wp/2016/02/04/why-it-can-be-illegal-to-ask-people-about-their-religion-or-ethnicity-in-france/?utm_term=.21f58814349b

21 »Enoch Powell's ›Rivers-of-Blood‹ Speech«, *The Telegraph*, 6. 11. 2007 (Datum der Rede: 20. 4. 1968), www.telegraph.co.uk/comment/3643823/Enoch-Powells-Rivers-of-Blood-speech.html

22 »Timeline: Deadly Attacks in Western Europe«, Reuters, 17. 8. 2017, www.reuters.com/article/us-europe-attacks-timeline-idUSKCN1AX2EV; Batty, David, »Timeline: 20 Years of Terror that Shook the West«, *The Guardian*, 14. 11. 2015, www.theguardian.com/world/2015/nov/14/paris-attacks-timeline-20-years-of-terror

23 »Perils of Perception 2018«, Ipsos Mori, 2018, www.ipsos.com/sites/default/files/ct/news/documents/2018-12/ipsos-mori-perils-of-perception-2018-slides.pdf

24 Hackett, Conrad, »5 Facts about the Muslim Population in Europe«, Pew Research Center, 29. 11. 2017, www.pewresearch.org/fact-tank/2017/11/29/5-facts-about-the-muslim-population-in-europe/

25 Ipsos Mori, 2018; Duncan, Pamela, »Europeans Greatly Overestimate Muslim Population, Poll Shows«, *The Guardian*, 13. 12. 2016, www.theguardian.com/society/datablog/2016/dec/13/europeans-massively-overestimate-muslim-population-poll-shows

26 »German Spy Agency Says ISIS Sending Fighters Disguised as Refugees«, Reuters, 5. 2. 2016, www.reuters.com/article/us-germany-security-idUSKCN0VE0XL; Faiola, Anthony und Suoad Mekhennet, »Tracing the Path of Four Terrorists Sent to Europe by the Islamic State«, *The Washington Post*, 22. 4. 2016, www.washingtonpost.com/world/national-security/how-europes-migrant-crisis-became-an-opportunity-for-isis/2016/04/21/ec8a7231-062d-4185-bb27-cc7295d35415_story.html?utm_term=.7cf4615e01c9

27 Travis, Alan, »Net Immigration to UK Nears Peak as Fewer Britons Emigrate«, *The Guardian*, 26. 5. 2016, www.theguardian.com/uk-news/2016/may/26/net-migration-to-uk-nears-peak-fewer-britons-emigrate

28 Stewart, Heather und Rowena Mason, »Nigel Farage's Anti-Migrant Poster Reported to Police«, *The Guardian*, 16. 6. 2016, www.theguardian.com/

politics/2016/jun/16/nigel-farage-defends-ukip-breaking-point-poster-queue-of-migrants

29 »The Vote to Leave the EU«, in *British Social Attitudes 34*, The National Centre for Social Research, 2017, www.bsa.natcen.ac.uk/media/39149/bsa34_brexit_final.pdf

30 Boffey, Daniel, »Poll Gives Brexit Campaign Lead of Three Percentage Points«, *The Observer (The Guardian)*, 5. 6. 2016, www.theguardian.com/politics/2016/jun/04/poll-eu-brexit-lead-opinium

31 Meleady, Rose, Charles R. Seger und Marieke Vermue, »Examining the Role of Positive and Negative Intergroup Contact and Anit-Immigrant Prejudice in Brexit«, *British Journal of Social Psychology*, Bd. 56, Nr. 4, 2017, S. 799–808

32 Zayed, Yago, »Hate Crimes: What Do the Stats Show?«, House of Commons Library, 8. 4. 2019, commonslibrary.parliament.uk/home-affairs/justice/hate-crimes-what-do-the-stats-show/[Datenquellen: Home Office, Office for National Statistics]

33 Corcoran, Hannah und Kevin Smith, »Hate-Crime, England and Wales, 2015/16«, Home Office (UK), 13. 10. 2016, assets.publishing.service.gov.uk/government/uploads/system/uploads/attachment_data/file/559319/hate-crime-1516-hosb1116.pdf

34 Peracha, Qasim, »How Hate Crimes Have Spiked in London since the Brexit Referendum«, *My London*, 3. 5. 2019, www.mylondon.news/news/zone-1-news/how-hate-crimes-spiked-london-16217897 [Datenquelle: London Metropolitan Police]; »Hate Crime or Special Crime Dashboard«, London Metropolitan Police, 2019, www.met.police.uk/sd/stats-and-data/met/hate-crime-dashboard/

35 Booth, Robert, »Racism Rising since Brexit Vote, Nationwide Study Reveals«, *The Guardian*, 20. 5. 2019, www.theguardian.com/world/2019/may/20/racism-on-the-rise-since-brexit-vote-nationwide-study-reveals [Datenquelle: Opinion Survey 2014–2016]

36 Solms-Laubach, Franz, »Mehr als 6 Millionen Flüchtlinge auf dem Weg nach Europa«, *Bild*, 23. 5. 2017, www.bild.de/politik/ausland/fluechtlinge/6-millionen-warten-auf-reise-nach-europa-51858926.bild.html

37 Heather, Peter, *Invasion der Barbaren*

38 »Two Americas: Immigration«, 18. 8. 2016, YouTube, youtube/3mKzYPtoBu4

39 »Transcript of the Second Debate«, *New York Times*, 10. 10. 2016, www.nytimes.
   com/2016/10/10/us/politics/transcript-second-debate.html

40 »Exit Polls«, CNN, 23. 11. 2016, edition.cnn.com/election/results/exit-polls/
   national/president; Bump, Philip, »In Nearly Every Swing State, Voters Preferred
   Hillary Clinton on the Economy«, *The Washington Post*, 2. 12. 2016,
   www.washingtonpost.com/news/the-fix/wp/2016/12/02/in-nearly-every-swing-
   state-voters-preferred-hillary-clinton-on-the-economy/?utm_term=.cf8fbdc0763f

EIN UNTERTAN DES IMPERIUMS SPRICHT

1 Wiener, Jon, »Relax, Donald Trump Can't Win«, *The Nation*, 21. 6. 2016,
   www.thenation.com/article/trump-cant-win/

2 Chait, Jonathan, »Why Hillary Clinton Is Probably to Win the 2016 Election«,
   New York Magazine, 12. 4. 2105, nymag.com/daily/intelligencer/2015/04/
   why-hillary-clinton-is-probably-going-to-win.html

3 »Thomas Jefferson to James Madison, 27. 4. 1809«, National Archives, founders.
   archives.gov/documents/Jefferson/03-01-02-0140

4 De Tocqueville, Alexis, *Über die Demokratie in Amerika*, dtv, 1987, (Originalausgabe 1835)

5 »Animated Soviet Propaganda – American Imperialist: Someone Else's Voice«,
   YouTube, 4. 7. 2009 (ursprünglich 1949), www.youtube.com/watch?v=GRx5-
   UoRe2s

6 Goodhart, David, »The Road to Somewhere: The Populist Revolt and the
   Future of Politics«, C. Hurst & Co., 2017

7 McClory, Jonathan, »The Soft Power 30, A Global Ranking of Soft Power, 2018«,
   Portland and USC Center on Public Diplomacy, Juli 2018,
   www.uscpublicdiplomacy.org/sites/uscpublicdiplomacy.org/files/useruploads/
   u39301/The%20Soft%20Power%2030%20Report%202018.pdf

8 Olivié, Iliana und Manuel Garcia, »Elcano Global Presence Report 2018«,
   Elcano Royal Institute, 2018, www.realinstitutoelcano.org/wps/wcm/connect/
   897b80cc-47fa-4130-9c3d-24e16c7f0a66/Global_Presence_2018.pdf?MOD=-
   AJPERES&CACHEID=897b80cc-47fa-4130-9c3d-24e16c7f0a66

9 Churchill, Winston, »We Shall Fight on the Beaches«, House of Commons,

4. 6. 1940, International Churchill Society, winstonchurchill.org/resources/ speeches/1940-the-finest-hour/we-shall-fight-on-the-beaches/

10 Hensch, Mark, »Cheney: Obama Rejects American Exceptionalism«, 2. 9. 2015, thehill.com/blogs/blog-briefing-room/news/252551-cheney-obama-rejects-american-exceptionalism

11 Vergil, *Aeneis*, 6. Buch, Zeile 851–853, übersetzt von W. Hertzberg, überarbeitet von E. Gottwein, gottwein.de/Lat/verg/aeno6.de.php (verfasst 29–19 v. Chr.)

12 Niebuhr, Reinhold, *The Irony of American History*, University of Chicago Press, 2008, S. 74 (Erstveröffentlichung 1952)

13 »The ›Marshall Plan‹ Speech at Harvard University, 5 June 1947«, OECD, www.oecd.org/general/themarshallplanspeechatharvarduniversity5june1947.htm

14 Bethell, John T., »How the Press Missed ›Mr. Marshall's Hint‹«, *The Washington Post*, 25. 5. 1997, www.washingtonpost.com/wp-srv/inatl/longterm/marshall/bethell.htm

15 Mee, Charles L. Jr., *The Marshall Plan*, Simon & Schuster, 1985, S. 99–100

16 Jones, Bruce D. (Hrsg.), *The Marshall Plan and the Shaping of American Strategy*, Brookings Institution Press, 2017

17 Ferguson, Niall, *Empire: The Rise and Demise of the British World Order and the Lessons for Global Power*, Basic Books, 2003

18 Ignatieff, Michael, »American Empire (Get Used to It)«, *New York Times Magazine*, 5. 1. 2003, www.nytimes.com/2003/01/05/magazine/the-american-empire-the-burden.html

19 Immerman, Richard H., *Empire for Liberty: A History of American Imperialism from Benjamin Franklin to Paul Wolfowitz*, Princeton University Press, 2010, S. 3

20 Ivins, Molly, »Cheneys Card: The Empire Writes Back«, *The Washington Post*, 30. 12. 2003, www.washingtonpost.com/archive/opinions/2003/12/30/cheneys-card-the-empire-writes-back/18317ced-c7d4-4ea2-a788-d9a67cd72f86/

21 Ignatieff, Michael, 2003

22 Belasco, Amy, »The Cost of Iraq, Afghanistan, and Other Global War on Terror Operations Since 9/11«, Congressional Research Service, Report RL33110, 2014, fas.org/sgp/crs/natsec/RL33110.pdf

23 Stiglitz, Joseph und Linda Bilmes, *The Three Trillion Dollar War*, Norton & Company, 2008

24 Crawford, Neta C., »United States Budgetary Costs of the Post-9/11 Wars Through FY2019: $ 5,9 Trillion Spent and Obligated«, Brown University, 14. 11. 2018, watson.brown.edu/costsofwar/files/cow/imce/papers/2018/ Crawford_Costs%20of%20War%20Estimates%20Through%20FY2019.pdf

25 »Israeli Journalist Mines a Story in Marianna«, *Observer-Reporter*, 30. 7. 2016, observer-reporter.com/news/localnews/israeli-journalist-mines-a-story-in-marianna/article_923b8bbb-e3a8-54c8-992b-90e65404d987.html

»MEINE MUTTER IST HIER ERMORDET WORDEN«

1 »Hutchins Intermediate School«, 1922, detroiturbex.com/content/schools/ hutchins/index.html

2 Detroit City, Michigan, Quick Facts, United States Census Bureau, 2018, www.census.gov/quickfacts/fact/table/detroitcitymichigan/PST045218

3 »1950 Census of Population, Population of Michigan by Counties«, United States Census Bureau, 1. 4. 1950, www2.census.gov/library/publications/ decennial/1950/pc-02/pc-2-36.pdf

4 Diese Begegnung ist in meiner Berichtsreihe »Amerika nahe kommen« für die Nachrichtensendung des israelischen TV-Kanals Channel 10 im Oktober 2016 dokumentiert.

5 Mazza, Ed, »Ron Baity, Baptist Preacher, Claims God Will Send Something Worse Than Ebola As Punishment For Gay Marriage«, *Huffpost*, 15. 10. 2014, www.huffpost.com/entry/ron-baity-ebola-gay-marriage_n_5987210

6 North, Anna und Catherine Kim, »The ›Heartbeat‹ Bills that Could Ban Almost All Abortions, Explained«, Vox, 28. 6. 2019, www.vox.com/policy-and-politics/2019/4/19/18412384/abortion-heartbeat-bill-georgia-louisiana-ohio-2019; Gershman, Jacob und Arian Campo-Flores, »Antiabortion Movement Begins to Crack, After Decades of Unity«, *The Wall Street Journal*, 17. 7. 2019, www.wsj.com/articles/antiabortion-movement-begins-to-crack-after-decades-of-unity-11563384713

7 Twitter, 2. 3. 2018, twitter.com/realDonaldTrump/status/969525362580484098

8 »All Employees: Total Nonfarm Payrolls«, Federal Reserve Bank of St. Louis, 2019, fred.stlouisfed.org/graph/?g=4EKm [Datenquelle: U. S. Bureau of Labor Statistics]

9 »Nixon and the End of the Bretton Woods System, 1971–1973«, Milestones:
   1969–1976, Office of The Historian, U. S. Department of State, 2016, history.state.
   gov/milestones/1969-1976/nixon-shock; Irwin, Douglas A., »The Nixon Shock
   after Forty Years: The Import Surcharge Revisited«, *World Trade Review*, Bd. 12,
   Nr. 1, 2013, S. 29–56

10 Ohanian, Lee E., »Competition and the Decline of the Rust Belt«, Economic
    Policy Paper Nr. 14–6, Federal Reserve Bank of Minneapolis, 2014

11 Wilson, Reid, »Watch the U. S. Transition from a Manufacturing Economy to a
    Service Economy, in One Gif«, *The Washington Post*, 3. 9. 2014,
    www.washingtonpost.com/blogs/govbeat/wp/2014/09/03/watch-the-u-s-
    transition-from-a-manufacturing-economy-to-a-service-economy-in-one-gif/

12 Autor, David H., David Dorn und Gordon H. Hanson, »The China Shock:
    Learning from Labor-Market Adjustment to Large Changes in Trade«, *Annual
    Review of Economics*, Bd. 8, 2016, S. 205–240

13 Aleem, Zeeshan, »Another Kick in the Teeth: A Top Economist on How Trade
    with China Helped Elect Trump«, *Vox*, 29. 3. 2017, www.vox.com/new-
    money/2017/3/29/15035498/autor-trump-china-trade-election*

14 Case, Anne und Angus Deaton, »Mortality and Morbidity in the 21st Century«,
    Brookings Papers on Economic Activity, Bd. 1, 2017, S. 397–476

15 Buncombe, Andrew, »Donald Trump's Detroit Speech: Read the Full Tran-
    script«, *The Independent*, 8. 8. 2016, www.independent.co.uk/news/world/
    americas/us-elections/donald-trumps-detroit-speech-read-the-full-
    transcript-a7179421.html

16 Hicks, Michael J. und Srikant Devaraj, »The Myth and the Reality of Manufac-
    turing in America«, Center for Business and Economic Research, Ball State
    University, 2015

17 Decker, Ryan A. et al., »Where Has All the Skewness Gone? The Decline in
    High-Growth (Young) Firms in the US«, *European Economic Review*, Bd. 86, 2016,
    S. 4–23 [Datenquelle: U. S. Census Bureau]

18 Jarmin, Ronald S., Shawn D. Klimek und Javier Miranda, »The Role of Retail
    Chains: National, Regional and Industry Results«, in: Dunne, Tim (Hrsg.),
    Producer Dynamics: New Evidence from Micro Data, University of Chicago Press,
    2009, S. 237–262

19 Banerjee, Neela, Lisa Song und David Hasemyer, »Exxon's Own Research Confirmed Fossil Fuels' Role in Global Warming Decades Ago«, *Inside Climate News*, 16. 9. 2015, insideclimatenews.org/news/15092015/Exxons-own-research-confirmed-fossil-fuels-role-in-global-warming

20 Supran, Geoffrey und Naomi Oreskes, »Assessing ExxonMobil's Climate Change Communications (1977–2014)«, *Environmental Research Letters*, Bd. 12, Nr. 8, 2017

21 Van Zee, Art, »The Promotion and Marketing of Oxycontin: Commercial Triumph, Public Health Tragedy«, *American Journal of Public Health*, Bd. 99, Nr. 2, 2009, S. 221–227

22 Piketty, Thomas, Emmanuel Saez und Gabriel Zucman, »Distributional National Accounts: Methods and Estimates for the United States«, *The Quarterly Journal of Economics*, Bd. 133, Issue 2, 2017, S. 553–609

23 Alvaredo, Facundo, Lucas Chancel, Thomas Piketty, Emmanuel Saez, Gabriel Zucman, »World Inequality Report, 2018«, World Inequality Lab, 2018, wir2018. wid.world/files/download/wir2018-full-report-english.pdf

24 Sacerdote, Bruce, »Fifty Years of Growth in American Consumption, Income and Wages«, Working Paper Nr. 23292, National Bureau of Economic Research, 2017; Strain, Michael R., »The Link Between Wages and Productivity Is Strong«, American Enterprise Institute, 2019, www.aei.org/wp-content/uploads/2019/02/The-Link-Between-Wages-and-Productivity-is-Strong.pdf

25 »Average Weekly Earnings of Production and Nonsupervisory Employees, 1982–84 Dollars, Total Private, Seasonally Adjusted«, data.bls.gov/pdq/SurveyOutputServletEmployment, Hours, and Earnings from the Current Employment Statistics Survey (National), Bureau of Labor Statistics (U. S.), 2019, www.bls.gov/webapps/legacy/cesbtab8.htm

26 DeSilver, Drew, »For Most U. S. Workers, Real Wages Have Barely Budged in Decades«, Pew Research Center, 7. 8. 2018, www.pewresearch.org/fact-tank/2018/08/07/for-most-us-workers-real-wages-have-barely-budged-for-decades/

27 »The Distribution of Household Income, 2016«, Congressional Budget Office, Juli 2019, www.cbo.gov/system/files/2019-07/5541338 -CBO-distribu-tion-of-household-income-2016.pdf

28 Leonhardt, David, »Our Broken Economy, in One Simple Chart«, *The New York*

Times, 7. 8. 2017, www.nytimes.com/interactive/2017/08/07/opinion/leon-hardt-income-inequality.html?smid=tw-share

29 Chetty, Raj, David Grusky, Maximilian Hell, Nathaniel Hendren, Robert Manduca und Jimmy Narang, »The Fading American Dream: Trends in Absolute Income Mobility since 1940«, *Science*, Bd. 354, Nr. 6336, 2017, S. 398–406

30 Alvaredo, Facundo, Lucas Chancel, Thomas Piketty, Emmanuel Saez, Gabriel Zucman, »World Inequality Report, 2018«, World Inequality Lab, 2018, S. 45, wir2018.wid.world/files/download/wir2018-full-report-english.pdf

31 Alexander, Raquel Meyer, Stephen W. Mazza und Susan Scholz, »Measuring Rates of Return for Lobbying Expenditures: An Empirical Case Studie of Tax Breaks for Multinational Corporation«, *Journal of Law and Politics*, Bd. 25, Nr. 401, 2009

32 Autor, David, David Dorn, Gordon Hanson und Kaveh Majlesi, »Importing Political Polarization? The Electoral Consequences of Rising Trade Exposure«, National Bureau of Economic Research, Working Paper Nr. w22637, 2016, S. 936–953

33 Data USA, 2017, datausa.io/profile/geo/waynesburg-pa/?compare=-pennsylvania#about [Datenquelle: US Census Bureau]

34 Turner, Julian, »Lean and Clean: Why Modern Coal-Fired Power Plants Are Better by Design«, 21. 6. 2016, www.power-technology.com/features/featurelean-and-clean-why-modern-coal-fired-power-plants-are-better-by-design-4892873/

35 Walsh, Bryan, »How the Sierra Club Took Millions from the Natural Gas Industry – and Why They Stopped«, *Time*, 2. 2. 2012, science.time.com/2012/02/02/exclusive-how-the-sierra-club-took-millions-from-the-natural-gas-industry-and-why-they-stopped/

36 Bell, Alexander M., Raj Chetty, Xavier Jaravel, Neviana Petkova und John Van Reenen, »Who Becomes an Inventor in America? The Importance of Exposure to Innovation«, *The Quarterly Journal of Economics*, Bd. 134, Nr. 2, 2018, S. 647–713

37 »Donald Trump Rally – Charleston, West Virginia – 5/5/16«, YouTube, 13. 5. 2016, www.youtube.com/watch?v=Ff3Vpzu9uko

38 Irwin, Neil, »How Are American Families Doing? A Guided Tour of Our Financial Well-Being«, *The New York Times*, 8. 9. 2014, www.nytimes.com/2014/09/09/upshot/how-are-american-families-doing-a-guided-tour-of-our-financial-well-being.html?module=inline

39 *Terminator 2: Judgement Day* (Tag der Abrechnung), James Cameron, 1991

1 Telefongespräch zwischen Familie Quigley und der Rechercheurin, die mit mir zusammenarbeitet, Inbar Golan, Juli 2019

2 Fisher, Marc und Will Hobson, »Donald Trump Masqueraded as Publicist to Brag about Himself«, *The Washington Post*, 13. 5. 2016, www.washingtonpost.com/politics/donald-trump-alter-ego-barron/2016/05/12/02ac99ec-16fe-11e6-aa55-670cabef46e0_story.html

3 Cillizza, Chris, »Donald Trump's ›John Miller‹ Interview Is Even Crazier than You Think«, *The Washington Post*, 16. 5. 2016, www.washingtonpost.com/news/the-fix/wp/2016/05/16/donald-trumps-john-miller-interview-is-even-crazier-than-you-think//

4 Kristol, Bill, Twitter, 13. 5. 2016, twitter.com/BillKristol/status/731089205737209856

5 Keefe, Patrick-Radden, »How Mark Burnett Resurrected Donald Trump as an Icon of American Success«, *The New Yorker*, 27. 12. 2018, www.newyorker.com/magazine/2019/01/07/how-mark-burnett-resurrected-donald-trump-as-an-icon-of-american-success

6 Fahrenthold, David A., »Trump Recorded Having Extremely Lewd Conversation about Women in 2005«, *The Washington Post*, 8. 10. 2016, www.washingtonpost.com/politics/trump-recorded-having-extremely-lewd-conversation-about-women-in-2005/2016/10/07/3b9ce776-8cb4-11e6-bf8a-3d26847eeed4_story.html

7 »Transcript of Mitt Romney's Speech on Donald Trump«, *The New York Times*, 3. 3. 2016, www.nytimes.com/2016/03/04/us/politics/mitt-romney-speech.html

8 Plumer, Brad, »Full Transcript of Donald Trump's Acceptance Speech at the RNC«, *Vox*, 21. 7. 2016, www.vox.com/2016/7/21/12253426/donald-trump-acceptance-speech-transcript-republican-nomination-transcript

9 Timberg, Craig und Tony Romm, »New Report on Russian Disinformation, Prepared for the Senate, Shows the Operation's Scale and Sweep«, *The Washington Post*, 17. 12. 2018, www.washingtonpost.com/technology/2018/12/16/new-report-russian-disinformation-prepared-senate-shows-operations-scale-sweep/; Howard, Philip N., Bharath Ganesh und Dimitra Liotsiou, »The IRA, Social Media and Political Polarization in the United States, 2012–2018«,

University of Oxford, 2018, comprop.oii.ox.ac.uk/wp-content/uploads/
sites/93/2018/12/The-IRA-Social-Media-and-Political-Polarization.pdf

10 Sanger, David E. und Catie Edmondson, »Russia Targeted Election Systems in
All 50 States, Report Finds«, *The New York Times*, 25. 7. 2019, www.nytimes.
com/2019/07/25/us/politics/russian-hacking-elections.html; »Report of the
Select Committee on Intelligence United States Senate on Russian Active
Measures Campaigns and Interference in the 2016 U. S. Election«, Bd. 1, *Russian
Efforts against Election Infrastructure*, U. S. Senate, 25. 7. 2019, www.intelligence.
senate.gov/sites/default/files/documents/Report_Volume1.pdf

11 »Transcript: Donald Trump's Foreign Policy Speech«, *The New York Times*,
27. 4. 2016, www.nytimes.com/2016/04/28/us/politics/transcript-trump-for-
eign-policy.html

12 »Simulacra«, *Encyclopedia of Ideas*, haraayonot.com/idea/simulacra; Baudrillard, Jean, *Simulacra & Simulation*, University of Michigan Press, 1981

13 »Speech: Donald Trump Holds a Political Rally in Houston, Texas«, Factbase,
22. 10. 2018, factba.se/transcript/donald-trump-speech-maga-rally-houston-tx-
october-22-2018

14 Zito, Salena, »Taking Trump Seriously, Not Literally«, *The Atlantic*, 23. 9. 2016,
www.theatlantic.com/politics/archive/2016/09/trump-makes-his-case-in-
pittsburgh/501335/

15 Gray, Rosie, »Trump Defends White-Nationalist Protesters: ›Some Very Fine
People on Both Sides‹«, *The Atlantic*, 15. 8. 2017, www.theatlantic.com/politics/
archive/2017/08/trump-defends-white-nationalist-protesters-some-very-fine-
people-on-both-sides/537012/

16 Rogers, Katie und Nicholas Fandos, »Trump Tells Congresswomen to ›Go Back‹
to the Countries They Came From«, *The New York Times*, 14. 7. 2019,
www.nytimes.com/2019/07/14/us/politics/trump-twitter-squad-congress.html

17 Waldman, Paul, »Trump Sucks up to Putin, Embarrassing Us yet Again«, *The
Washington Post*, 28. 6. 2019, www.washingtonpost.com/opinions/2019/06/28/
trump-sucks-up-putin-embarrassing-us-yet-again/

18 De Cleen, Benjamin, »Populism and Nationalism«, in: Rovira Kaltwasser,
Cristóbal, Paul A. Taggart, Paulina Ochoa Espejo und Pierre Ostiguy (Hrsg.), *The
Oxford Handbook of Populism*, Oxford University Press, 2017, S. 342–362

19 Orwell, George, »Notes on Nationalism«, *Polemic*, Bd. 1, Oktober 1945

DIE IMPLOSION DER WAHRHEIT

1 Jaffe, Alexandra, »Kellyanne Conway: WH Spokesman Gave ›Alternative Facts‹ on Inauguration Crowd«, NBC, 22. 1. 2017, www.nbcnews.com/storyline/ meet-the-press-70-years/wh-spokesman-gave-alternative-facts-inauguration-crowd-n710466

2 »Income Inequality in the San Francisco Bay Area«, Silicon Valley Institute for Regional Studies, Juni 2015, jointventure.org/images/stories/pdf/income-inequality-2015-06.pdf

3 »California Homelessness Statistics«, United States Interagency Council on Homelessness, 2018, www.usich.gov/homelessness-statistics/ca

4 Schleifer, Theodore, »One out of Every 11,600 People in San Francisco Is a Billionaire«, *Vox*, 9. 5. 2019, https://www.vox.com/recode/2019/5/9/18537122/ billionaire-study-wealthx-san-francisco; »The Wealth-X Billionaire Census 2019«, Wealth-X, 9. 5. 2019, www.wealthx.com/report/the-wealth-x-billionaire-census-2019/?utm_campaign=bc-2019&utm_source=broadcast&utm_medium=-referral&utm_term=bc-2019-press&utm_source=broadcast&utm_medium=referral

5 Cook, Tim, »Tim Cook to Grads: This Is Your World to Change«, *Time Magazine*, 18. 5. 2015, time.com/collection-post/3882479/tim-cook-graduation-speech-gwu/

6 Isaac, Mike und Scott Shane, »Facebook's Russia-Linked Ads Came in Many Disguises«, *The New York Times*, 2. 10. 2017, www.nytimes.com/2017/10/02/ technology/facebook-russia-ads-.html?rref=collection%2Fbyline%2Fmike-isaac &action=click&contentCollection=undefined%C2%AEion=stream&mod-ule=stream_unit&version=latest&contentPlacement=5&pgtype=collection

7 Silverman, Craig, »This Analysis Shows How Viral Fake Election News Stories Outperformed Real News on Facebook«, BuzzFeed, 17. 11. 2016, www.buzzfeed. com/craigsilverman/viral-fake-election-news-outperformed-real-news-on-face-book?utm_term=.uyRyVedQ2P#.hj5KkW1nXJ

8 Wagner, Kurt, »Two-Thirds of Americans Are Now Getting News from Social Media«, *Vox*, 7. 9. 2017, www.vox.com/2017/9/7/16270900/social-media-news-americans-facebook-twitter; »In 2017 Two-Thirds of U. S. Adults Get News from

Social Media«, Pew Research Center, 5. 9. 2017, www.journalism.org/2017/09/07/news-use-across-social-media-platforms-2017/pi_17-08-23_socialmedia-update_0-01/

9 Guess, Andrew, Brendan Nyhan und Jason Reifler, »Selective Exposure to Misinformation: Evidence from the Consumption of Fake News during the 2016 US Presidential Campaign«, European Research Council, 9. 1. 2018, www.dartmouth.edu/~nyhan/fake-news-2016.pdf

10 Subramanian, Samanth, »The Macedonian Teens Who Mastered Fake News«, *Wired*, 15. 2. 2017, www.wired.com/2017/02/veles-macedonia-fake-news/

11 Frankovic, Kathy, »Belief in Conspiracies Largely Depends on Political Identity«, YouGov, 27. 12. 2016, today.yougov.com/news/2016/12/27/belief-conspiracies-largely-depends-political-iden/

12 Goldman, Adam, »The Comet Ping Pong Gunman Answers our Reporter's Questions«, *The New York Times*, 7. 12. 2016, www.nytimes.com/2016/12/07/us/edgar-welch-comet-pizza-fake-news.html

13 Fuller, Thomas, »Internet Unshackled, Burmese Aim Venom at Ethnic Minority«, *The New York Times*, 15. 6. 2012, www.nytimes.com/2012/06/16/world/asia/new-freedom-in-myanmar-lets-burmese-air-venom-toward-rohingya-muslim-group.html?searchResultPosition=8&module=inline

14 »Report of the Independent International Fact-Finding Mission on Myanmar«, Human Rights Council, UN 17. 9. 2018, www.ohchr.org/EN/HRBodies/HRC/Pages/NewsDetail.aspx?NewsID=23575&LangID=E

15 Müller, Karsten und Carlo Schwarz, »Fanning the Flames of Hate: Social Media and Hate Crime«, 2018. Zugänglich auf SSRN 3082972

16 Abramowitz, Alan I., »Did Russian Interference Affect the 2016 Election Results?«, Sabato's Crystal Ball, University of Virginia Center for Politics, 8. 8. 2019, crystalball.centerforpolitics.org/crystalball/articles/did-russian-interference-affect-the-2016-election-results/; Marietta, Morgan, »Did Russian Interference Change Votes in 2016?«, *Psychology Today*, 15. 8. 2019, www.psychologytoday.com/us/blog/inconvenient-facts/201908/did-russian-interference-change-votes-in-2016; Benkler, Yochai, Robert Faris und Hal Roberts, *Network Propaganda: Manipulation, Disinformation and Radicalization in American Politics*, Oxford University Press, S. 235–268, 2018

17 McLuhan, Herbert Marshall, *Die magischen Kanäle*, Econ 1970 (Originalausgabe 1964)

18 Walker, Mason und Jeffrey Gottfried, »Republicans Far More Likely than Democrats to Say Fact-Checkers Tend to Favor One Side«, Pew Research Center, 27. 6. 2019, www.pewresearch.org/fact-tank/2019/06/27/republicans-far-more-likely-than-democrats-to-say-fact-checkers-tend-to-favor-one-side/

19 »Fake News, Filter Bubbles, Post-Truth and Trust«, Ipsos, September 2018, www.ipsos.com/sites/default/files/ct/news/documents/2018-09/fake-news-filter-bubbles-post-truth-and-trust.pdf

20 Chadwick, Andrew und Christian Vaccari, »News Sharing on UK Social Media Misinformation, Disinformation, and Correction«, Online Civic Culture Centre, Loughborough University, 2. 5. 2019, www.lboro.ac.uk/media/media/research/03c/Chadwick%20Vaccari%20O3C-1%20News%20Sharing%20on%20UK%20Social%20Media.pdf

21 Prose, Francine, »Truth Is Evaporating Before Our Eyes«, *The Guardian*, 19. 12. 2016, www.theguardian.com/commentisfree/2016/dec/19/truth-is-evaporating-before-our-eyes

22 Vosoughi, Soroush, Deb Roy und Sinan Aral, »The Spread of True and False News Online«, *Science*, Bd. 359, Nr. 6380, 2018, S. 1146–1151

23 Ipsos, September 2018

24 Stocking, Galen, »Political Leaders, Activists Viewed as Prolific Creators of Made-Up News; Journalists Seen as the Ones to Fix It«, Pew Research Center, 5. 6. 2019, www.journalism.org/2019/06/05/political-leaders-activists-viewed-as-prolific-creators-of-made-up-news-journalists-seen-as-the-ones-to-fix-it/

25 Guterres, António, »Secretary-General's Remarks to UNA-USA Global Engagement Summit«, United Nations, Secretary-General, UN, 22. 2. 2019, www.un.org/sg/en/content/sg/statement/2019-02-22/secretary-generals-remarks-una-usa-global-engagement-summit-delivered

26 Algan, Yann und Pierre Cahue, »Inherited Trust and Growth«, *American Economic Review*, Bd. 100, Nr. 5, 2010, S. 2060–2092; Dincer, Oguzhan C. und Eric M. Uslaner, »Trust and Growth«, *Public Choice*, Bd. 142, 2010, S. 59–67

27 »2019 Edelman Trust Barometer, Global Report«, Edelman, 2019, www.edelman.com/sites/g/files/aatuss191/files/2019-03/2019_Edelman_Trust_

Barometer_Global_Report.pdf?utm_source=website&utm_medium=global_report&utm_campaign=downloads

28 »Trust in Government«, Directorate for Public Governance, OECD, 2019, https://www.oecd.org/gov/trust-in-government.htm

29 Public Opinion, Eurobarometer Interactive, Europäische Kommission, Juni 2019, ec.europa.eu/commfrontoffice/publicopinion/index.cfm/Chart/getChart/themeKy/18/groupKy/98 ec.europa.eu/commfrontoffice/publicopinion/index.cfm/ResultDoc/download/DocumentKy/83548

30 »Confidence in Institutions«, Gallup, 2019, news.gallup.com/poll/1597/confidence-institutions.aspx; »Public Trust in Government: 1958–2019«, Pew Research Center, 11. 4. 2019, www.people-press.org/2019/04/11/public-trust-in-government-1958-2019/

31 Gramlich, John, »Young Americans Are Less Trusting of Other People – and Key Institutions – Than Their Elders«, Pew Research Center, 6. 8. 2019, www.people-press.org/2019/04/11/public-trust-in-government-1958-2019/ www.pewresearch.org/fact-tank/2019/08/06/young-americans-are-less-trusting-of-other-people-and-key-institutions-than-their-elders/

32 Ortiz-Ospina, Esteban und Max Roser, »Trust«, Our World in Data, 2019, ourworldindata.org/trust#in-the-us-people-trust-each-other-less-now-than-40-years-ago [Datenquelle: US General Survey Data, 2014]; US General Survey Data, 2018, gssdataexplorer.norc.org/variables/441/vshow

33 Trustlab, OECD, 2019, www.oecd.org/sdd/trustlab.htm [Datenquelle: OECD Survey Data, 2016–2018]

34 Gramlich, John, »Young Americans Are Less Trusting of Other People – and Key Institutions – Than Their Elders«, Pew Research Center, 6. 8. 2019, www.people-press.org/2019/04/11/public-trust-in-government-1958-2019/ www.pewresearch.org/fact-tank/2019/08/06/young-americans-are-less-trusting-of-other-people-and-key-institutions-than-their-elders/

35 Alesina, Alberto und Eliana La Ferrera, »The Determinants of Trust«, National Bureau of Economic Research, Working Paper Nr. 7621, 2000; Jordahl, Henrik, »Economic Inequality«, in: Svendsen, Gert Tinggaard und Gunnar Lind Haase (Hrsg.), *Handbook of Social Capital*, Edward Elgar, S. 323–336, 2009

36 Rainie, Lee und Andrew Perrin, »Key Findings About Americans' Declining
    Trust in Government and Each Other«, Pew Research Center, 22. 7. 2019,
    www.pewresearch.org/fact-tank/2019/07/22/key-findings-about-americans-
    declining-trust-in-government-and-each-other/

37 Masten, Susan J., Simon H. Davies und Shawn P. McElmurry, »Flint Water
    Crisis: What Happened and Why?«, *American Water Works Association*, Bd. 108,
    Nr. 12, 2016, S. 22–34

38 Smith, Mitch, Julie Bosman und Monica Davey, »Flint's Water Crisis 5 Years
    Ago. It's Not Over«, *The New York Times*, 25. 4. 2019, www.nytimes.com/2019/04/25/
    us/flint-water-crisis.html

39 »High Lead Levels in Flint, Michigan – Interim Report«, United States
    Environmental Protection Agency, 24. 6. 2015, flintwaterstudy.org/wp-content/
    uploads/2015/11/Miguels-Memo.pdf

40 Grossman, Daniel S. und David J. G. Slutsky, »The Effect of an Increase in Lead
    in the Water System on Fertility and Birth Outcomes: The Case of Flint,
    Michigan«, University of West Virginia and University of Kansas, 2017

41 Salzman, James, *Drinking Water: A History*, Revised Edition, Abrams, 2017,
    S. 149–150

42 Gibbons, Lauren, »See How Voter Turnout Changed in Every Michigan County
    from 2012 to 2016«, *Michigan Live*, 11. 11. 2016, www.mlive.com/news/2016/11/
    see_how_every_michigan_county.html

43 Lezzoni, Lisa I., Sowmya R. Rao et al., »Survey Shows that at Least Some
    Physicians Are Not Always Open or Honest with Patients«, *Health Affairs*, Bd. 31,
    Nr. 2, S. 383–391; Frellick, Marcia, »Physicians, Nurses Draw Different Lines for
    When Lying Is OK«, *Medscape*, 31. 1. 2019, www.medscape.com/viewarticle/908418

44 Jellison, Jerald M., *I'm Sorry, I Didn't Mean To, and Other Lies We Love to Tell*,
    Chatham Square Press, 1977

45 Feldman, Robert S., James A. Forrest und Benjamin R. Happ, »Self-Presentation
    and Verbal Deception: Do Self-Presenters Lie More?«, *Basic and Applied Social
    Psychology*, Bd. 24, Nr. 2, 2002, S. 163–170

46 Serota, Kim B., Timothy R. Levine und Franklin J. Boster, »The Prevalence of
    Lying in America: Three Studies of Self-Reported Lies«, *Human Communication
    Research*, Bd. 36, Nr. 1, 2010, S. 2–25

47 Carney, Dana, Andy J. Yap, Brian J. Lucas und Pranjal H. Mehta, *People with Power Are Better Liars*, Columbia Business School, 2017, S. 2

48 Sullivan, Danny, »Google Now Handles at Least 2 Trillion Searches per Year«, *Search Engine Land*, 24. 5. 2016, searchengineland.com/google-now-handles-2-999-trillion-searches-per-year-250247

49 Sood, Nikita, David E. Jimenez, Tammy B. Pham, Kyla Cordrey, Nicol Awadallah und Ruth Milanaik, »Paging Dr. Google: The Effect of Online Health Information on Trust in Pediatricians' Diagnoses«, *Clinical Pediatrics*, Bd. 58, Nr. 8, 2019, S. 889–896

50 Wilson, Reid, »Fury Fuels the Modern Political Climate in US«, *The Hill*, 20. 9. 2019, thehill.com/homenews/state-watch/351432-fury-fuels-the-modern-political-climate-in-us [Datenquelle: Gallup]; Newport, Frank, »American Confidence in Institutions Edges Up«, Gallup, 26. 6. 2017, news.gallup.com/poll/212840/americans-confidence-institutions-edges.aspx

51 Gramlich, John, »Young Americans Are Less Trusting of Other People – and Key Institutions – Than Their Elders«, Pew Research Center, 6. 8. 2019, www.people-press.org/2019/04/11/public-trust-in-government-1958-2019/ www.pewresearch.org/fact-tank/2019/08/06/young-americans-are-less-trusting-of-other-people-and-key-institutions-than-their-elders/

52 Stephens-Davidowitz, Seth, *Everybody Lies: Big Data, New Data, and What the Internet Can Tell Us About Who We Really Are*, Harper Collins, 2017

53 »Exclusive Third Rail with OZY-Marist Poll September 2017«, Marist-Poll, 2017, www.pbs.org/wgbh/third-rail/episodes/episode-1-is-truth-overrated/americans-value-ideal-truth-american-society/

54 Mitchel, Amy, Jeffrey Gottfried, Michael Barthel und Nami Sumida, »Distinguishing Between Factual and Opinion Statements in the News«, Pew Research Center, 18. 6. 2018, www.journalism.org/2018/06/18/distinguishing-between-factual-and-opinion-statements-in-the-news/

55 Arendt, Hannah, Elemente und Ursprünge totaler Herrschaft: Antisemitismus, Imperialismus, totale Herrschaft, Piper, 1986 (Originalausgabe 1951), S. 802

DER KAMPF UM DEN FORTSCHRITT

1 Shakespeare, William, *Macbeth*, 1. Aufzug, 1. Szene, *Shakespeares Werke*, Bd. 1,
Ü. Dorothea Tieck (diese Zeilen nach August Wilhelm von Schlegel), Verlag
»Das Bergland Buch«, 1952, S. 429 (Original 1606)

2 Stiglitz, Joseph E., *Making Globalization Work*, W. W. Norton & Company, 2006,
S. 292

3 »CNBC Transcript: French Presidential Candidate & National Front Party
Leader Marine le Pen Speaks with CNBC's Michelle Caruso-Cabrera Today«,
CNBC, 21. 11. 2016, www.cnbc.com/2016/11/21/cnbc-transcript-french-
presidential-candidate-national-front-party-leader-marine-le-pen-speaks-with-
cnbcs-michelle-caruso-cabrera-today.html

4 Foa, Roberto Stefan und Yascha Mounk, »The Danger of Deconsolidation: The
Democratic Disconnect«, *Journal of Democracy*, 2016, S. 5–17

5 Yeats, William Butler, »The Second Coming«, in: *Michael Robartes and the
Dancer*, Irish University Press, 1920. Deutsche Übersetzung: sonett-archiv.com/
forum/showthread.php?tid = 360

6 Bradner, Eric, »Trump Praises 9/11 Truther's ›Amazing‹ Reputation«, CNN,
2. 12. 2015, edition.cnn.com/2015/12/02/politics/donald-trump-praises-9-11-
truther-alex-jones/index.html

7 The Avielle Foundation, aviellefoundation.org/about-the-foundation/
welcome-message/

8 Waley Singer, Dorothea, *Giordano Bruno: His Life and Thought*, Henry Schuman,
1950, S. 179

9 Caritat, Marie Jean-Antoine-Nicolas, Marquis de Condorcet, *Outlines of an
Historical View of the Progress of the Human Mind*, Ü. aus dem Französischen J.
Johnson, 1795, S. 327

10 Harari, Yuval Noah, *Eine kurze Geschichte der Menschheit*, Pantheon, 2013
(Originalausgabe 2011), S. 306

11 Bayle, Pierre, *Verschiedene einem Doktor der Sorbonne mitgeteilte Gedanken über
den Kometen, der im Monat Dezember 1680 erschienen ist*, Philipp Reclam jun.
Leipzig, 1975 (Originalausgabe 1682), S. 225

12 Zitiert in: Twain, Mark, *King Leopold's Soliloquy* (König Leopolds Selbst-gespräch), LeftWord Books, 1970 (Erstausgabe 1905), S. 12

13 »How Robots Change the World«, Oxford Economics, Juni 2019, www.oxfordeconomics.com/recent-releases/how-robots-change-the-world

14 Bui, Quoctrung, »How Machines Destroy (and Create!) Jobs, in 4 Graphs«, *NPR*, 18. 5. 2015, www.npr.org/sections/money/2015/05/18/404991483/how-machines-destroy-and-create-jobs-in-4-graphs [Datenquelle: IPUMS-USA, University of Minnesota]

15 »Fastest Declining Occupations, 2018 and Projected 2028«, The Bureau of Labor Statistics, United States Department of Labor, 4. 9. 2019, www.bls.gov/emp/tables/fastest-declining-occupations.html

16 »Ben Shapiro und Tucker Carlson Debate the Impact of Driverless Cars«, YouTube, 4. 11. 2018, www.youtube.com/watch?v=o5zPKxpPHFk

17 Weber, Max, *Wissenschaft als Beruf*, München 1919, hier zitiert nach Wikipedia, Stichwort: Entzauberung der Welt

18 Diamond, Jared, *Collapse: How Societies Choose to Fail or Succeed*, Viking, 2005 (deutsch: *Kollaps. Warum Gesellschaften überleben oder untergehen*, S. Fischer, 2005)

19 Wright, Ronald, *A Short History of Progress*, House of Anansi, 2004 (deutsch: *Eine kurze Geschichte des Fortschritts*, Rowohlt, 2006)

20 Wright, Ronald, a. a. O., S. 64; Diamond, Jared, a. a. O., S. 118–119

21 Cosier, Susan, »The World Needs Topsoil to Grow 95 % of Its Food – but It's Rapidly Disappearing«, *The Guardian*, 30. 5. 2019, www.theguardian.com/us-news/2019/may/30/topsoil-farming-agriculture-food-toxic-america; »Soil Erosion and Degradation«, World Wildlife Foundation, 2019, www.worldwildlife.org/threats/soil-erosion-and-degradation

22 Miłosz, Czesław, »Campo de' Fiori«, *DAS: und andere Gedichte*, Hanser 2004, Ü. Doreen Daume, www.faz.net/aktuell/feuilleton/czeslaw-milosz-der-magnetismus-der-poesie-11-1178689-p2.html

NACHWORT: DAS HAUS REPARIEREN

1 Douglass, Frederick, »West India Emancipation Speech«, 3. 8. 1857, in: Foner, Philip S. (Hrsg.), *Frederick Douglass on Slavery and the Civil War: Selections from His Writings*, Courier Corporation, 2003, S. 42

2 Burns, Robert, »Away from Washington, a More Personal Mattis Reveals Himself«, Associated Press, 9. 1. 2018, www.apnews.com/667bd4c51217464487e44948ccf6b631

3 King, Martin Luther Jr., »Methodist Student Leadership Conference Address«, Lincoln, Nebraska, 1964, *American Rhetoric*, 7. 2. 2017, americanrhetoric.com/speeches/mlkmethodistyouthconference.htm

4 Douglass, Frederick, »West India Emancipation Speech«, 3. 8. 1857, in: Foner, Philip S. (Hrsg.), *Frederick Douglass on Slavery and the Civil War: Selections from His Writings*, Courier Corporation, 2003, S. 42

Michael Kraske

Der Riss

Wie die Radikalisierung
im Osten unser
Zusammenleben zerstört

Gebunden mit Schutzumschlag.
Auch als E-Book erhältlich.
www.ullstein-buchverlage.de

MICHAEL KRASKE

Wie die
Radikalisierung
im Osten unser
Zusammenleben
zerstört

*Der Osten in Nahaufnahme – eine einmalige deutsch-
deutsche Perspektive*

Der Rechtsruck im Osten kam nicht über Nacht, sondern hat eine lange Tradition. Michael Kraske, der kurz
nach der Wende aus dem Sauerland nach Leipzig zog,
beschreibt, wie nicht nur in Sachsen über viele Jahre
eine Gewöhnung an rechtsextreme Ideologie, Strukturen und Gewalt die Gesellschaft radikalisiert hat. Wahl-
erfolge der AfD, eine Zunahme rechter Straftaten, aber
auch systematisches Versagen von Politik, Polizei und
Justiz sind das Ergebnis. Kraske erzählt nicht nur drastische Geschichten von Tätern und Opfern, sondern versucht die grassierende Wut zu verstehen, ihren wahren
Kern aufzuspüren und er zeigt die drastischen Folgen.
Er schreibt an gegen Missstände und gefährliche Entwicklungen, denen entgegengewirkt werden muss mit
einem »New Deal Ost«.